Manfred Prenzel · Ingrid Gogolin · Heinz-Hermann Krüger (Hrsg.)

Kompetenzdiagnostik

Zeitschrift für Erziehungswissenschaft
Sonderheft 8 | 2007

Manfred Prenzel
Ingrid Gogolin
Heinz-Hermann Krüger (Hrsg.)

Kompetenzdiagnostik

Zeitschrift für
Erziehungswissenschaft

Sonderheft 8 | 2007

VS VERLAG FÜR SOZIALWISSENSCHAFTEN

Zeitschrift für Erziehungswissenschaft

herausgegeben von:
Jürgen Baumert (Schriftleitung), Hans-Peter Blossfeld, Yvonne Ehrenspeck, Ingrid Gogolin (Schriftleitung), Stephanie Hellekamps, Frieda Heyting (1998–2003), Heinz-Hermann Krüger (Schriftleitung), Dieter Lenzen (Schriftleitung, Geschäftsführung), Meinert A. Meyer, Manfred Prenzel, Thomas Rauschenbach, Hans-Günther Roßbach, Uwe Sander, Annette Scheunpflug, Christoph Wulf

Herausgeber des Sonderheftes Kompetenzdiagnostik:
Manfred Prenzel, Ingrid Gogolin und Heinz-Hermann Krüger

Redaktion:
Friedrich Rost, (und Rezensionen), Thorsten Junge

Anschrift der Redaktion:
Zeitschrift für Erziehungswissenschaft
c/o Freie Universität Berlin, Arbeitsbereich Philosophie der Erziehung,
Arnimallee 10, D-14195 Berlin
Tel.: (++49) 030 838-55888; Fax: -55889
E-Mail: zfe@zedat.fu-berlin.de   URL: http://zfe-online.de   Volltexte: http://zfe-digital.de

Beirat:
Neville Alexander (Kapstadt), Jean-Marie Barbier (Paris), Jacky Beillerot† (Paris), Wilfried Bos (Dortmund), Elliot W. Eisner (Stanford/USA), Frieda Heyting (Amsterdam), Axel Honneth (Frankfurt a. M.), Marianne Horstkemper (Potsdam), Ludwig Huber (Bielefeld), Yasuo Imai (Tokyo), Jochen Kade (Frankfurt a. M.), Anastassios Kodakos (Rhodos), Gunther Kress (London), Sverker Lindblad (Uppsala), Christian Lüders (München), Niklas Luhmann † (Bielefeld), Joan-Carles Mèlich (Barcelona), Hans Merkens (Berlin), Klaus Mollenhauer † (Göttingen), Christiane Schiersmann (Heidelberg), Wolfgang Seitter (Marburg), Rudolf Tippelt (München), Gisela Trommsdorff (Konstanz), Philip Wexler (Jerusalem), John White (London), Christopher Winch (Northampton)

VS Verlag für Sozialwissenschaften | GWV Fachverlage GmbH | Abraham-Lincoln-Str. 46 | 65189 Wiesbaden

Geschäftsführer: Dr. Ralf Birkelbach (Vors.) *Gesamtleitung Anzeigen:* Thomas Werner
 Albrecht F. Schirmacher *Gesamtleitung Produktion:* Ingo Eichel
  Gesamtleitung Vertrieb: Gabriel Göttlinger

Leserservice: Tatjana Hellwig, Telefon (0611) 7878-151, Telefax (0611) 7878-423
 E-Mail: Tatjana.Hellwig@gwv-fachverlage.de
Abonnentenbetreuung: Ursula Müller, Telefon (05241) 801965, Telefax (05241) 809620
 E-Mail: Ursula.Mueller@gwv-fachverlage.de
Marketing: Ronald Schmidt-Serrière M.A., Telefon (0611) 7878-280, Telefax (0611) 7878-440
 E-Mail: Ronald.Schmidt-Serriere@vs-verlag.de
Anzeigenleitung: Christian Kannenberg, Telefon (0611) 7878-369, Telefax (0611) 7878-430
 E-Mail: Christian.Kannenberg@gwv-fachverlage.de
Anzeigendisposition: Monika Dannenberger, Telefon (0611) 7878-148, Telefax (0611) 7878-443
 E-Mail: Monika.Dannenberger@gwv-fachverlage.de
Produktion/Layout: Frieder Kumm, Telefon (0611) 7878-175, Telefax (0611) 7878-468
 E-Mail: Frieder.Kumm@gwv-fachverlage.de

Bezugsmöglichkeiten: Jährlich vier Hefte. Jahresabonnement 2008: 89,– € (für Privatpersonen), 139,– € (für Institutionen), für Studenten bei Vorlage einer Studienbescheinigung 35,– €. (Alle Preise zuzüglich Versandkosten). Alle Preise und Versandkosten unterliegen der Preisbindung. Die Bezugspreise beinhalten die gültige Mehrwertsteuer. Kündigungen des Abonnements müssen spätestens 6 Wochen vor Ablauf des Bezugszeitraumes schriftlich mit Nennung der Kundennummer erfolgen.
Zuschriften, die den Vertrieb oder Anzeigen betreffen, bitte nur an den Verlag.

© VS Verlag für Sozialwissenschaften | GWV Fachverlage GmbH, Wiesbaden 2008

Der VS Verlag für Sozialwissenschaften ist ein Unternehmen von Springer Science+Business Media.

Alle Rechte vorbehalten. Kein Teil dieser Zeitschrift darf ohne schriftliche Genehmigung des Verlages vervielfältigt oder verbreitet werden. Unter dieses Verbot fällt insbesondere die gewerbliche Vervielfältigung per Kopie, die Aufnahme in elektronische Datenbanken und die Vervielfältigung auf CD-ROM und allen anderen elektronischen Datenträgern.

Gedruckt auf säurefreiem und chlorfrei gebleichtem Papier.
Printed in the Netherlands

ISBN 978-3-531-15495-4

Zeitschrift für Erziehungswissenschaft Sonderheft 8/2007

10. Jahrgang, Sonderheft 8/2007

Inhaltsverzeichnis

Manfred Prenzel/ Ingrid Gogolin/ Heinz-Hermann Krüger	Editorial	5

I KOMPETENZBEGRIFF

Eckhard Klieme/ Johannes Hartig	Kompetenzkonzepte in den Sozialwissenschaften und im erziehungswissenschaftlichen Diskurs	11

II KOMPETENZMODELLE

Marcus Hammann/ Titan Hoi Phan/ Horst Bayrhuber	Experimentieren als Problemlösen: Lässt sich das SDDS-Modell nutzen, um unterschiedliche Dimensionen beim Experimentieren zu messen?	33
Frank Achtenhagen/ Martin Baethge	Kompetenzdiagnostik als Large-Scale-Assessment im Bereich der beruflichen Aus- und Weiterbildung	51
Heinz Reinders	Diagnostik jugendlichen Kompetenzerwerbs durch außerschulische Aktivitäten	71

III KOMPETENZENTWICKLUNG

Sabine Weinert	Kompetenzentwicklung und Kompetenzstruktur im Vorschulalter	89
Kristina Reiss/ Aiso Heinze/ Reinhard Pekrun	Mathematische Kompetenz und ihre Entwicklung in der Grundschule	107

| Doris Edelmann/ Rudolf Tippelt | Kompetenzentwicklung in der beruflichen Bildung und Weiterbildung | 129 |

IV Erfassung von Kompetenzen

| Detlev Leutner/ Jens Fleischer/ Christian Spoden/ Joachim Wirth | Landesweite Lernstandserhebungen zwischen Bildungsmonitoring und Individualdiagnostik | 149 |

| Andreas Frey/ Timo Ehmke | Hypothetischer Einsatz adaptiven Testens bei der Überprüfung von Bildungsstandards | 169 |

V Anwendungen

| Hartmut Ditton | Kompetenzdiagnostik bei Übergangsentscheidungen | 187 |

| Tina Seidel/ Manfred Prenzel | Wie Lehrpersonen Unterricht wahrnehmen und einschätzen. Die Erfassung pädagogisch-psychologischer Kompetenzen mit Videosequenzen | 201 |

Manfred Prenzel/Ingrid Gogolin/Heinz-Hermann Krüger

Editorial

Vor einem Jahr hat die Deutsche Forschungsgemeinschaft entschieden, ein Schwerpunktprogramm mit dem Thema „Kompetenzmodelle zur Erfassung individueller Lernergebnisse und zur Bilanzierung von Bildungsprozessen" einzurichten. Diese Entscheidung spiegelt das außerordentliche Interesse an der Untersuchung von Kompetenzen wider, dass sich in den letzten Jahren – nicht nur in Deutschland – entwickelt hat. Kompetenzmodelle und Kompetenzdiagnostik kann man als Beispiel nehmen für ein „emerging field" der Erziehungswissenschaft. Der Kompetenzbegriff wird dabei nicht, wie vielleicht Skeptiker einwenden, als neues Modewort zur Bezeichnung altbekannter pädagogischer Herausforderungen beschrieben. Vielmehr kann man die theoretischen Diskussionen zum Kompetenzbegriff und die zahlreichen empirischen Bemühungen um Prüfung tragfähiger Modelle als weiterführenden Ansatz begreifen, der bisher ungelöste Probleme bearbeitet.

Die Problemorientierung lässt sich nachzeichnen, wenn man die Erfolgsgeschichte des Kompetenzbegriffs verfolgt. In aller Munde ist der Kompetenzbegriff seit kurzem, nämlich seit der Veröffentlichung von Ergebnissen internationaler Vergleichsstudien wie das „Programme for International Student Assessment" (PISA). Freilich war Kompetenz als Konstrukt bereits lange vorher in fachwissenschaftlichen Ansätzen, zum Beispiel linguistischen oder psychologischen Theorien, definiert worden. Diese Konzepte waren aber nur zum Teil auf erziehungswissenschaftliche Fragestellungen übertragen worden. Im Kontext internationaler Vergleichsstudien konnte der Kompetenzbegriff gewissermaßen eine konzeptuelle Leerstelle füllen: Der Gegenstand einer Studie wie PISA wäre mit Begriffen wie „Schülerleistung" oder „Bildungsergebnisse" unzutreffend beschrieben. „Schülerleistung" bezieht sich auf eng curricular definierte Anforderungen und nicht so sehr auf das Potential, Gelerntes in unterschiedlichen Zusammenhängen zum Zweck der Problemlösung oder des Weiterlernens anzuwenden. „Bildungsergebnisse" wiederum sind zu weit gefasst, denn die Tests konzentrieren sich auf bestimmte transferrelevante inhaltliche Schlüsselbereiche und dabei oft auf Voraussetzungen für weiterführende Bildungsprozesse. Freilich ist es nicht so, dass der Kompetenzbegriff erst nachträglich auf die Vergleichsstudien angewendet worden wäre. Die OECD hatte bereits lange Zeit vor der Entwicklung von Testkonzeptionen Expertenkommissionen gebeten, Vorstellungen über zukunftsrelevante menschliche Potentiale – „Kompetenzen" nämlich – auszuarbeiten. Diese Überlegungen beeinflussten dann die Entwicklung der Testkonzeptionen für PISA.

Die Ergebnisse der Vergleichsuntersuchungen zeigten dann, insbesondere für Deutschland, dass anwendungsorientierte Testansätze, die Potentiale für ein weiterführendes kumulatives Lernen erfassen, zu niederschmetternden Ergebnissen führen können. Es ist ja keineswegs so, dass die Schülerinnen und Schüler an den Schulen in Deutschland bis zu ihrem fünfzehnten Lebensjahr nichts gelernt hätten. Sie haben zweifellos viel gelernt, aber, so der Eindruck, sie haben kaum Kompetenzen entwickelt. Aus der pädagogischen Perspektive betrachtet, scheint es kaum jemand aufgefallen zu sein, dass viel träges Wissen gelernt wurde. Offensichtlich hatten Lehrkräfte, Schulaufsicht, aber wohl auch die erziehungswissenschaftlichen Disziplinen in Deutschland kein Problembewusstsein und keinen Blick für fachliche und überfachliche Kompetenzen entwickelt. Vor der diagnostischen Schwäche dürfte die konzeptuelle gestanden haben: Es fehlten Modellvorstellungen von kognitiven, aber auch motivationalen und metakognitiven Komponenten, die benötigt werden, um bestimmte Aufgaben- und Problemstellungen bewältigen zu können. Noch weniger ausgeprägt waren wohl die Vorstellungen darüber, wie diese Komponenten entwickelt werden. Fest steht allerdings: Diese Entwicklung folgt nicht normativen Modellen, wie auch immer diese begründet sein mögen. Im Zusammenhang der Vergleichsstudien erwiesen sich pragmatische Ansätze, anspruchsvolle Kompetenzen empirisch zuverlässig zu erfassen, als durchaus realisierbar. Die aktuelle Diskussion über Kompetenzmodelle und Kompetenzdiagnostik wird entsprechend von der Zuversicht bestimmt, empirisch tragfähige und pädagogisch gehaltvolle Theorien zu entwickeln.

Das vorliegende Sonderheft will einen Einblick in aktuelle Forschungszugänge vermitteln. Auf einen grundlegenden konzeptuellen Beitrag folgen Beispiele für Arbeiten an Kompetenzmodellen, die sich um eine Strukturierung von Komponenten bemühen und diese empirisch zu rekonstruieren versuchen. Eine andere Perspektive liegt den Arbeiten zur Kompetenzentwicklung zugrunde. Sie behandeln Modelle des Aufbaus von Kompetenzen. Einem vierten Bereich „Erfassung von Kompetenzen" zugeordnet wurden zwei Beispiele für methodische Zugänge zur Kompetenzdiagnostik. Das Sonderheft schließt mit Beiträgen, die stärker auf Anwendungsfragen für Kompetenzmodelle und Kompetenzdiagnostik eingehen.

In ihrem für das Heft begrifflich grundlegenden Beitrag geben Eckhard KLIEME und Johannes HARTIG einen Überblick über Verwendungen des Kompetenzbegriffs in den Sozialwissenschaften und in der Erziehungswissenschaft. Insbesondere grenzen sie Kompetenzen von anderen weit gefassten Begriffen (z. B. Intelligenz, Bildung) ab und differenzieren relevante Aspekte einer empirisch orientierten Modellierung von Kompetenzen.

Die Beiträge zur strukturellen Modellierung von Kompetenzen rücken zwangsläufig thematische Aspekte in den Blickpunkt, die unterschiedlich breit beziehungsweise spezifiziert bearbeitet werden.

Thematisch relativ eng fokussiert hier der Beitrag von Marcus HAMMAN, PHAN Titan Hoi und Horst BAYRHUBER Kompetenzen, die dem Experimentieren in den Naturwissenschaften zugrunde liegen. Ausgehend von einem theoretischen Modell, das naturwissenschaftliche Erkenntnisprozesse als Suche in unterschiedlichen Problemräumen versteht, überprüfen sie die Dimensionalität eines von ihnen entwickelten Tests.

Der Beitrag von Frank ACHTENHAGEN und Martin BAETHGE bezieht sich demgegenüber breiter gefasst auf berufliche Kompetenzen, die in der Aus- und Weiterbildung entwickelt werden und in einem Large-Scale Assessment erhoben werden sollen. Im Zentrum steht die Frage der Strukturierung und Operationalisierung beruflicher Handlungskompetenzen unter den Rahmenbedingungen von Berufsfeldern und Ausbildungskonstellationen.

In dem Beitrag von Heinz REINDERS wird das in Deutschland bislang wenig untersuchte Thema der Kompetenzmessung bei Jugendlichen in den Feldern der außerschulischen Bildung diskutiert. Ausgehend von einem Klassifikationsschema zu außerschulischen Aktivitäten und Kompetenzbereichen werden die quantitativen Messverfahren gesichtet, die sich für eine Diagnostik jugendlichen Kompetenzerwerbs im Kontext außerschulischer Aktivitäten eignen könnten. Das Fazit des Beitrages ist, dass soziale Kompetenzen besonders häufig gemessen werden, Fragebogeninstrumente noch dominieren und die deutschsprachige Forschung noch der Weiter- und Neuentwicklung von Forschungsdesigns und Messverfahren bedarf.

Die Reihe von Artikeln zu Kompetenzentwicklungsmodellen eröffnet Sabine WEINERT in einem Beitrag, der den Zusammenhang zwischen Kompetenzkonzepten und Prozessen des Kompetenzerwerbs thematisiert. Dabei macht sie vor dem Hintergrund empirischer Ergebnisse deutlich, dass sich aus Kompetenzstrukturmodellen nicht in einfacher Weise Entwicklungsmodelle ableiten lassen. Am Beispiel der Relationen zwischen den verschiedenen Komponenten des Spracherwerbs sowie der Entwicklungsbeziehungen zwischen der sprachlichen und der kognitiven Entwicklung bei Kindern im Vorschulalter wird aufgezeigt, dass die Entwicklungsaufgaben der Kinder oft quer zu diesen psychologischen Unterscheidungen liegen und dass Entwicklungsfortschritte nicht nur kumulativ erfolgen, sondern auch einem lerntheoretisch erklärbaren qualitativen Wandel unterliegen können. Außerdem wird verdeutlicht, dass sich die Einflussrichtungen zwischen Fertigkeits- und Fähigkeitsbereichen inklusive der dominanten Einflussvarianten entwicklungstypisch verändern können.

Auch der Beitrag von Kristina REISS, Aiso HEINZE und Reinhard PEKRUN behandelt den Übergang von einem Struktur- zu einem Entwicklungsmodell der mathematischen Kompetenz. Sie schlagen ein theoretisches Modell der Entwicklung mathematischer Kompetenz im Grundschulalter vor. Sie überprüfen das Modell mit Daten einer längsschnittlich angelegten Studie, die Aufgaben aus Orientierungsarbeiten verwendete.

In dem Artikel von Doris EDELMANN und Rudolf TIPPELT wird ein umfassender Überblick über den Stand der Kompetenzdiskussionen in der beruflichen Bildung und der Erwachsenenbildung gegeben. Dabei zeigen sie auf, dass sich der lange Weg zu Kompetenzentwicklungsmodellen in der beruflichen Bildung und der Weiterbildung im Grad der Elaboriertheit von jenem in der Schulforschung noch deutlich unterscheidet. Ausgehend von der Debatte um Schlüsselqualifikationen in den 1970er Jahren werden aktuelle Modelle zur Kompetenzklassifizierung im Berufs- und Weiterbildungsdiskurs auf nationaler und internationaler Ebene vorgestellt sowie zentrale Entwicklungen im Bereich von Kompetenzbilanzen aufgezeigt. Abschließend wird ein Einblick in laufende konzeptionelle Studien zu international vergleichenden Messungen von beruflichen und sozialen Kompetenzen gegeben.

Stärker methodisch ausgerichtete Fragen werden im nachfolgenden Block von Beiträgen behandelt. Detlev LEUTNER, Jens FLEISCHER, Christian SPODEN und Joachim WIRTH befassen sich mit Testverfahren und Daten aus landesweiten Lernstandserhebungen, die grundlegende Kompetenzen in Deutsch, Englisch und Mathematik erfassen sollen. Sie versuchen insbesondere die Frage zu klären, inwieweit die vorwiegend zur Selbstevaluation eingesetzten Verfahren psychometrischen Mindestanforderungen genügen und kriteriale wie soziale Kompetenzvergleiche auf Klassenebene zulassen.

Andreas FREY und Timo EHMKE wenden sich der Frage zu, inwieweit bei Untersuchungen im Kontext der Überprüfung von Bildungsstandards adaptive Testverfahren eingesetzt werden können. Computergestützte adaptive Tests weisen einige Vorzüge gegenüber herkömmlichen Papier- und Bleistift-Tests auf. Basierend auf empirischen Daten einer Prüfung der Standarderreichung in der Mathematik überprüfen sie in einer Simulationsstudie die Messeffizienz und Differenzierungsfähigkeit der unterschiedlichen Testzugänge.

Bei den Beiträgen zu Anwendungsfragen beschäftigt sich Hartmut DITTON mit der Frage der Kompetenzdiagnostik bei Übergangsentscheidungen im deutschen Bildungssystem. Dazu wird zunächst der Begriff des Übergangs definiert sowie theoretische Grundlagen für Übergangsuntersuchungen vor allem in Gestalt von Rational-Choice-Modellen skizziert. Anschließend werden ausgewählte Ergebnisse einer quantitativen Längsschnittstudie an bayerischen Grundschulen vorgestellt, die neben Schulanmeldungen, den Übergangsempfehlungen der Lehrkräfte, auch die Bildungsaspirationen der Eltern, Zeugnisnoten sowie die fachlichen Leistungen in Deutsch und Mathematik mit lehrplanvaliden Tests erfasst hat. Ausgehend von diesen Resultaten wird abschließend die Frage diskutiert, ob durch eine „Objektivierung" der Übergangsdiagnostik auf der Grundlage standardisierter Testverfahren die Übergangsentscheidungen treffsicherer und weniger sozial selektiv ausfallen würden.

Tina SEIDEL und Manfred PRENZEL wenden sich schließlich in ihrem Artikel der Diagnose von pädagogisch-psychologischen Kompetenzen bei Lehrpersonen zu. Sie nutzen Unterrichtsaufzeichnungen und konfrontieren Lehrkräfte mit strukturierten Erhebungsverfahren, um ihre Wahrnehmung und Einschätzung von Unterricht zu rekonstruieren. Wie die Skalierungen belegen, können theoretisch differenzierte Facetten der Kompetenz von Lehrkräften mit videogestützten Unterrichtsaufzeichnungen zuverlässig erfasst werden.

I KOMPETENZBEGRIFF

Eckhard Klieme/Johannes Hartig

Kompetenzkonzepte in den Sozialwissenschaften und im erziehungswissenschaftlichen Diskurs

Zusammenfassung
Der Begriff der Kompetenz ist seit vielen Jahren ein Modebegriff der Sozial- und Erziehungswissenschaften, er ist in vielfältiger unterschiedlicher Weise genutzt und immer wieder neu gefasst worden. Der vorliegende Aufsatz versucht, die sozialwissenschaftlichen Wurzeln des Kompetenzbegriffs und den darauf aufbauenden Diskurs in der Erziehungswissenschaft nachzuzeichnen. Damit wird der Kontext skizziert, in dem die aktuelle empirische Forschung zur Modellierung und Messung von Kompetenzen angesiedelt ist. Die Bedeutung des Kompetenzbegriffs in sprachwissenschaftlichen sowie sozialisationstheoretischen Zusammenhängen muss hierbei ebenso berücksichtigt werden wie funktional-pragmatische Kompetenzkonzepte in der Psychologie. Schließlich ist der Kompetenzbegriff in den Erziehungswissenschaften zentral zur Beschreibung der Ziele von schulischer und beruflicher Bildung. Die Komplexität des Kompetenzbegriffs stellt die empirische Forschung vor hohe Herausforderungen. Interessierende Kompetenzkonstrukte müssen präzisiert werden und in angemessene Messmodelle und -instrumente umgesetzt werden. Eine angemessene Modellierung von Kompetenzen kann sowohl Auswertungsroutinen für Messverfahren bereitstellen als auch die Zusammenhänge zwischen individuellen Fähigkeiten und Fertigkeiten und erfolgreichem Handeln in spezifischen Kontexten beschreiben.

Summary
The Concept of Competence in Social and Educational Sciences
Competence is a popular concept in cognitive, social and educational sciences. However, the term "competence" is associated with a wide variety of definitions and meanings. The present paper depicts the history of the concept of competence in different social and cognitive sciences and briefly describes the partly controversial discussion associated with the concept in educational research. The heterogeneity and history of the concept have to be considered to understand the context of present research on competence. Different meanings of the concept in linguistics, sociology, psychology and education have to be taken into account. For empirical research, working definitions of specific competencies need to be delineated. The development of adequate measurement models and procedures remains a permanent challenge for empirical research. Ideally, a theoretically sound and empirically validated model of competence can simultaneously provide routines for empirical measurement as well as a representation of relations of individual abilities and skills to successful action in specific contexts.

Der Begriff der Kompetenz ist seit fünfzig Jahren – mit wechselnden Konjunkturen – ein Modebegriff der Sozial- und Erziehungswissenschaften. Seine Popularität begann vor allem mit Noam CHOMSKY und seiner Theorie der Sprachkompetenz, die zu Theorien des kommunikativen Handelns erweitert und dadurch mit einem gesellschaftskritischen und emanzipatorischen Bedeutungsgehalt aufgeladen wurde. Parallel dazu entwickelten sich eher pragmatisch-funktionalistische Kompetenzkonzepte in der Psychologie. Beide Traditionen überlagern sich – manchmal in schwer durchschaubarer oder widersprüchlicher Weise – in der deutschsprachigen erziehungswissenschaftlichen Diskussion, die den Kompetenzbegriff seit Anfang der 1970er-Jahre verwendet, um zwischen traditionellen Konzepten der allgemeinen Bildung einerseits, arbeitsplatz- oder berufsbezogenen Qualifikationszielen andererseits zu vermitteln. Wenn erziehungswissenschaftlich von Kompetenzen gesprochen wird, geht es immer auch um das Verhältnis von akademisch-wissensbezogenen, situativ-handlungsbezogenen und auf Persönlichkeitsentfaltung bezogenen Bildungsbegriffen.

Das Konzept der „beruflichen Handlungskompetenz" stellt heute ein wesentliches Fundament der Berufs- und Wirtschaftspädagogik dar, während Theorie und Praxis der allgemeinen Schulbildung – auf dem Umweg über internationale Schulleistungsstudien wie PISA und daran orientierte Bildungsstandards – von funktionalen und fachbezogenen Kompetenzkonzepten beeinflusst werden. Wichtige Forschungs- und Anwendungsprobleme, die sich in allen Bereichen des Bildungswesens gleichermaßen stellen, sind nach wie vor (a) die Frage nach der Reichweite von Kompetenzen (Gibt es „Schlüsselkompetenzen" oder generative Kompetenzen von großer Reichweite?), (b) Möglichkeiten der Modellierung, Messung, Bewertung und Zertifizierung von Kompetenzen sowie (c) Fragen der Kompetenzentwicklung und -förderung.

Im vorliegenden Aufsatz versuchen wir, die sozialwissenschaftlichen Wurzeln und den darauf aufbauenden Diskurs in der Erziehungswissenschaft nachzuzeichnen, soweit dies in einem einzelnen Zeitschriftenbeitrag leistbar ist.[1] Unsere Auswahl an Argumenten und Belegstellen zielt darauf ab, den Kontext zu bestimmen, in dem die aktuelle empirische Forschung zur Modellierung und Messung von Kompetenzen angesiedelt ist. Eine wichtige Rolle spielt die Begriffsbestimmung des Kompetenzkonzeptes für das im Herbst 2007 startende DFG-Schwerpunktprogramm „Kompetenzmodelle zur Erfassung individueller Lernergebnisse und zur Bilanzierung von Bildungsprozessen" (vgl. KLIEME/LEUTNER 2006), denn der fachliche und fachgeschichtliche Kontext des Kompetenzbegriffs bestimmt den Rahmen dieses empirischen Programms, verursacht aber mitunter auch Missverständnisse.

1 „Kompetenz" – Versuch einer ersten Begriffsbestimmung und Abgrenzung

„Kompetenz" ist ein in der deutschen Alltagssprache geläufiges Wort; nach Zählung des Projekts Deutscher Wortschatz (2006) findet es sich unter den 5000 am häufigsten verwendeten deutschen Wörtern – noch knapp vor alltäglichen Wörtern wie „Freizeit" oder „Unterhaltung", „Leidenschaft" oder „Witz". Aber auch im fachlichen Bereich ist das Wort allgegenwärtig. NUISSL, SCHIERSMANN und SIEBERT (2002) bezeichneten „Kompetenzentwicklung" als „Begriff des Jahres" in der Erwachsenenbildung. Eine aktuelle Stichwortsuche in der Literaturdatenbank des FIS Bildung liefert für *Kompetenz* 8.889 Treffer, in der Datenbank PsycInfo finden sich ab 1985 für *competence, competency* und *competencies* 27.255 Treffer – das entspricht über den gesamten Zeitraum drei bis vier, in jüngster Zeit sogar zehn Veröffentlichungen pro Tag.[2] In den vergangenen zehn Jahren haben die Publikationen mit diesem Stichwort einen bemerkenswerten Anteil an der Gesamtzahl psychologischer Veröffentlichungen gehalten, während sich ihre absolute Zahl verdoppelte, wie Abbildung 1 dokumentiert.

Der Kompetenzbegriff ist in den Sozial- und Erziehungswissenschaften vermutlich deshalb immer wieder neu gefasst und vielfach genutzt worden, weil er auf Qualitäten menschlichen Denkens und Tuns verweist, auf die man nur schwer verzichten kann, wenn man über menschliches Handeln reflektiert, es theoretisch und auch empirisch erfassen will. Vom Alltagsverständnis ausgehend, lässt sich festhalten: „Kompetenz hat offenbar irgendwie zu tun mit Zuständigkeit und mit Fähigkeit und mit Bereitschaft und damit, dass Zuständigkeit, Fähigkeit und Bereitschaft sich in Deckung befinden" (MARQUARD 1981, S. 24; vgl. analog die Definition laut Du-

Abbildung 1: Absolute (links) und relative (rechts) Häufigkeiten von Publikationen zu „Kompetenzen" in der psychologischen Literaturdatenbank PsychInfo

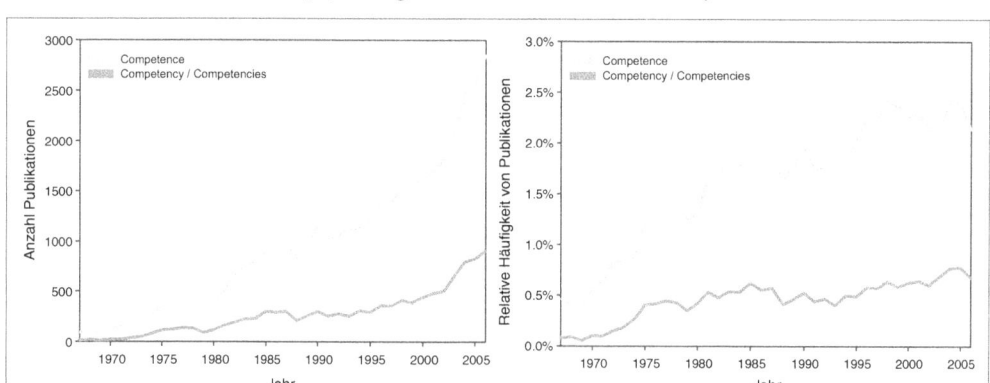

den-Fremdwörterbuch). Eine Sozialwissenschaft, die nach den Grundlagen menschlichen Handelns und womöglich auch nach deren Lehr- und Lernbarkeit fragt, muss sich mit den mehr oder minder stabilen psychischen Dispositionen befassen, die Handeln möglich machen („Fähigkeit"), aber auch mit motivationalen und volitionalen Aspekten der kontext- und situationsspezifischen Nutzung und Umsetzung dieser Fähigkeiten (also der sie ergänzenden „Bereitschaft"); und dies hat – jedenfalls wenn es um Erziehung und Bildung geht – eine normative Komponente, bei der reflektiert wird, wer warum welche Dispositionen erwerben und nutzen soll bzw. darf („Zuständigkeit").

Dieser Aspektreichtum führt in der wissenschaftlichen und professionell-pädagogischen Literatur dazu, dass der Kompetenzbegriff recht Unterschiedliches bezeichnet – unterschiedliche Sachverhalte, theoretische Konstrukte oder auch normative Zielvorstellungen: Kompetenz zeigt sich im je situativen Bewältigen von Anforderungen (in der „Performanz" des Handelns), wird aber als Disposition interpretiert. Dementsprechend ist Kompetenz kontextualisiert und spezifisch, aber auf Transfer und Verallgemeinerung angelegt. Kompetenz bezieht sich sowohl auf Handlungsvollzüge als auch auf die ihnen zugrunde liegenden mentalen Prozesse und Kapazitäten, zu denen Kognition, Motivation und Volition bzw. Wissen und Können gehören. Im wissenschaftlichen Kontext verbindet sich mit dem Kompetenzkonstrukt die Erwartung, dieses Wissen und Können in ökologisch valider Weise beschreiben und womöglich messen zu können. Im Bildungskontext verbindet sich „Kompetenzorientierung" zunächst ganz allgemein mit dem geschärften Blick auf die tatsächlich erreichten Lernergebnisse. Kompetenzorientierung bedeutet hier auch, Wissen und Können so zu vermitteln, dass keine „trägen" und isolierten Kenntnisse und Fähigkeiten entstehen, sondern anwendungsfähiges Wissen und ganzheitliches Können, das z. B. reflektive und selbstregulative Prozesse einschließt.

Die Tatsache, dass man den Kompetenzbegriff mit all diesen teils empirischen, teils theoretischen, teils normativen Bedeutungen versehen kann, impliziert keineswegs, dass diese im wissenschaftlichen Verständnis oder gar in der pädagogischen Arbeit systematisch verbunden wären. Die Gefahr der Verwendung einer so breiten Kategorie liegt darin, eine Verbindung bzw. Vermittlung zu suggerieren, die allenfalls als Leitvorstellung besteht. „Das Konzept der Kompetenzentwicklung verspricht eine Verknüpfung von wirtschaftlichen und pädagogischen Maßstäben, von Alltagslernen und institutionalisierter Weiterbildung, von Erfahrungswissen und wissenschaftlichem Wissen, von Kennen und Können, von Bedarfen und Bedürfnissen", diagnostizieren NUISSL, SCHIERSMANN und SIEBERT (2002, S. 5) im Bereich der Erwachsenenbildung; im allgemeinbildenden Bereich übernimmt neuerdings das Konzept der „Kompetenzorientierung" eine ähnliche Funktion. Damit verbundene „Erlösungshoffnungen" (GEIẞLER/ORTHEY 2002, S. 73) machen aber lediglich auf ungelöste Theorie- und Praxisfragen aufmerksam.

Vielleicht stellt, so meinen manche Autoren inzwischen, der Kompetenzbegriff selbst ein Problem dar, weil er völlig unspezifisch, allumfassend und damit eigentlich inhaltsleer geworden sei (vgl. etwa ARNOLD 2002; GEIẞLER/ORTHEY 2002). Ein Begriff, der im Aufbau von Theorien keine spezifische Funktion hat, muss gemäß den Regeln der Wissenschaftstheorie dem Ockham'schen „Rasiermesser" zum Opfer fallen.

Allerdings hilft es aus unserer Sicht nicht weiter, den Kompetenzbegriff einfach zu streichen. Die mit ihm angesprochenen Theorie- und Praxisprobleme bleiben bestehen. Und es wird übersehen, dass der Kompetenzbegriff ganz so beliebig nicht ist. Er ist, wie ARNOLD (2002, S. 28) zu Recht schreibt, nicht „vogelfrei", d. h. beliebig verfüg- und definierbar. Wer ihn nutzt, stellt damit heraus, dass er Fähigkeit und Bereitschaft (a) im Blick auf konkrete Situationen und Aufgaben betrachtet und zugleich (b) ihre Anwendbarkeit in einer Vielzahl solcher Situationen und Aufgaben unterstellt. „Den Kompetenzbegriff zeichnet aus, dass er den professionellen Blick für Vorgänge des Lernens in den Ernstfallsituationen gesellschaftlichen Lebens und Arbeitens öffnet" (BRÖDEL 2002, S. 39). Wer kompetent zu handeln vermag, verfügt nicht nur über träges Wissen, sondern ist nachweislich in der Lage, reale Anforderungssituationen zu bewältigen. Und dies nicht nur einmalig oder gar zufällig, sondern auf der Basis eines latenten Merkmals, das gewissermaßen garantiert, dass der kompetent Handelnde in immer neuen Situationen adäquate Handlungen „generieren" kann.

Dementsprechend werden im DFG-Schwerpunktprogramm „Kompetenzmodelle zur Erfassung individueller Lernergebnisse und zur Bilanzierung von Bildungsprozessen" Kompetenzen als „*kontextspezifische Leistungsdispositionen*, die sich funktional auf Situationen und Anforderungen in bestimmten *Domänen* beziehen" verstanden (KLIEME/LEUTNER 2006). Allerdings mit einer wesentlichen Eingrenzung, die forschungsstrategisch begründet ist (siehe unten, Abschnitt 4): der Eingrenzung auf kognitive Leistungsdispositionen.

Auch im vorliegenden Beitrag halten wir am Kompetenzbegriff fest, den wir als Konstrukt einer empirisch fundierten sozial- und erziehungswissenschaftlichen Forschung für nützlich erachten. Dies schließt die Operationalisierung von Kompetenzzielen ebenso ein wie Analysen zu deren Erreichbarkeit sowie zum Zusammenhang mit anderen Bildungs- und Erziehungszielen. Allerdings spannen wir im vorliegenden Aufsatz bewusst einen breiteren Bogen, der neben kognitiven auch affektive und soziale Kompetenzen einbezieht, um der thematischen Breite der Forschung gerecht werden zu können. Nicht eingeschlossen wird jedoch eine normative Verwendung des Kompetenzbegriffs im Sinne der expliziten Setzung oder Legitimation von Zielen.

2 Sozialwissenschaftliche Fundamente des Kompetenzbegriffs

Die sozialwissenschaftliche Verwendung des Kompetenzbegriffs hat vermutlich drei Wurzeln, die voneinander unabhängig sind: Die Soziologie Max WEBERs, die Linguistik Noam CHOMSKYs, und die pragmatisch-funktionale Tradition der amerikanischen Psychologie, die ab Ende der 1950er-Jahre menschliches Handeln jenseits der Kategorien von Behaviorismus und psychometrischer Intelligenzforschung verstehen wollte (vgl. zur Begriffsgeschichte auch VONKEN 2005). Während in der Weberschen Theorie der Herrschaft, etwa in der Beschreibung von bürokratischen Organisationsformen, Kompetenz im Sinne von Zuständigkeit und Verfügung über Zwangsmittel verwendet wird, geht es in der linguistischen und der psychologischen Tradition um Kompetenz im Sinne von Fähigkeit und Bereitschaft.

2.1 Sprachwissenschaftliche, entwicklungs- und sozialisationstheoretische Grundlagen

CHOMSKY grenzte sich in seiner Sprachtheorie gegen die seinerzeit vorherrschende behavioristische Linguistik ab, die Sprache mit den beobachtbaren Laut- und Satzmustern gleich setzte. CHOMSKY (1968, S. 4) hält dagegen: „If we are ever to understand how language is used or acquired, then we must abstract for separate and independent study a cognitive system, a system of knowledge and belief, that develops in early childhood and that interacts with many other factors to determine the kinds of behaviour that we observe; to introduce a technical term, we must isolate and study the system of *linguistic competence* that underlies behavior but that is not realized in any direct or simple way in behaviour." CHOMSKY zeigt sich hier als Wegbereiter des modernen Kognitivismus, der allerdings denkgeschichtlich auf Descartes und Wilhelm von Humboldt aufbaut. Ihnen schreibt er die Idee zu, Sprache als ein generatives Regelsystem zu verstehen, das es Menschen erlaubt, kreativ zu sein, d. h. immer neue Gedanken in immer neuen Situationen auszudrücken. Der Begriff der Kompetenz wird, wie das Zitat deutlich macht, als technischer Terminus (d. h. ohne Rückgriff auf seine Wortgeschichte) eingeführt, um das kognitive System zu beschreiben, das diesen kreativen sprachlichen Leistungen unterliegt.

Die Frage nach der Messung von je individuellen Kompetenzausprägungen hat bei CHOMSKY eigentlich keinen Sinn. Ihm geht es darum, die allen Menschen gemeinsame kognitive Basis des sprachlichen Handelns zu verstehen. Unterschiedlich ausgeprägt ist in diesem Sinne nur die Performanz, also die jeweilige Realisierung der Kompetenz, die von personalen und situativen Faktoren beeinflusst werden kann und theoretisch nicht weiter interessiert.

In der breiteren sozialwissenschaftlichen Diskussion wurde, vor allem durch HABERMAS (1981), das Konzept der sprachlichen Kompetenz sensu CHOMSKY wesentlich verallgemeinert zur kommunikativen Kompetenz als Inbegriff der sozial-kognitiven Regeln und Strukturen, die es Individuen ermöglichen, kommunikative Situationen zu generieren. Dies war bis in die 1990er-Jahre die vorherrschende Rahmung, unter der deutschsprachige Sozialwissenschaftler den Kompetenzbegriff verwendeten,[3] wie beispielsweise SCHNEEWIND und PEKRUN (1994, S. 21) in ihrer Übersicht zu Theorien der Erziehungs- und Sozialisationspsychologie: „In letzter Konsequenz schält sich als zentrales Sozialisationsziel die Entwicklung kommunikativer Kompetenz heraus, die den Einzelnen befähigen soll, sich einerseits am Diskurs der ‚idealen Sprechsituation' beteiligen zu können, andererseits aber auch dazu beitragen soll, diejenigen gesellschaftlichen Bedingungen zu problematisieren, die der Ermöglichung einer idealen Sprechsituation entgegenstehen".

Wie hier im Fall der kommunikativen Kompetenz wird die Ausdifferenzierung unterschiedlicher Kompetenzausprägungen (ggf. im Sinne von Stufen) sowohl empirisch als auch theoretisch relevant, wenn es gilt, die Entwicklung von Kompetenzen in der Ontogenese nachzuzeichnen. Generative Modelle im Sinne Chomskys bzw. der Piaget-Tradition halten dabei an der Unterscheidung von Kompetenz und Performanz fest. Die Frage, wie man Kompetenz darstellen und ob man sie messen kann, ist in solchen Theorien identisch mit der Frage, wie man ein kognitives System, das kontingentes Verhalten (Performanz) erzeugt, aber nicht mit diesem identisch ist, verstehen, beschreiben und hinsichtlich seiner Funktionsmerkmale abschätzen kann.

Generative Modelle der Kompetenz und ihrer Entwicklung werden in der Regel nicht durch quantitative Messungen, sondern im weitesten Sinne rekonstruktiv begründet. Zu solchen rekonstruktiven Methoden kann man mathematische Modellierungen zählen, wie sie CHOMSKY und seine Nachfolger für die generative Sprachgrammatik vorgelegt haben, aber auch Computersimulationen, die in der nachfolgenden Phase der „Cognitive Science" immer populärer wurden, oder die Regelsysteme, mit denen R. SIEGLER die kognitiven Leistungen von Kindern bei der Bewältigung von Piaget-Aufgaben darstellte – wobei „für ihn die Regeln über die Performanz hinaus auch die *Kompetenz* repräsentieren, d. h. das Wissen des Kindes, das unabhängig von der spezifischen Aufgabe ‚präexperimentell' existiert" (WILKENING 2006, S. 273). Empirisch sind solche Modellierungen weniger in Messungen an größeren Stichproben begründet als in Fallbeobachtungen, die qualitativ ausgewertet und – sei es hermeneutisch oder mit formalen Methoden – rekonstruiert werden. Die Unterscheidung von Kompetenz und Performanz führt hier zu der Frage, „inwieweit Kompetenzschätzungen (...) durch Beobachtungen in experimentellen und freien Settings, durch die Vorgabe von Items in entsprechenden Präferenzurteilen oder durch die Verwendung von ‚klinischen Interviews' angemessener sind", wie ECKENSBERGER und PLATH (2006, S. 411) am Beispiel sozialer Kognitionen formulieren. Besonders intensiv ist die Frage der Modellierung und der empirischen „Abschätzung" von Kompetenzen in der Forschung zu Sprachtests diskutiert worden, wo immer wieder Testkonzepte, die im doppelten Sinne pragmatisch orientiert sind (i. auf Sprachverwendung bezogen, ii. eher praktisch als theoretisch begründet), mit dem Chomskyschen Kompetenzkonzept in Konflikt geraten: „There is a difference between competence and performance, where competence equals ability equals trait, while performance refers to the actual execution of tasks" (SHOHAMY 1996, S. 148; vgl. hierzu auch BECK/KLIEME 2007). Mit der Gleichsetzung von „Kompetenz" und „Trait" öffnet dieses Zitat einen Weg zur Messung von individuellen Kompetenzausprägungen in größeren Personengruppen, den wir unten (Abschnitt 4) aufgreifen werden.

Zunächst soll jedoch diejenige Tradition des sozialwissenschaftlichen Nachdenkens über Kompetenzen aufgearbeitet werden, die der von CHOMSKY begründeten Tradition gleichsam antipodisch gegenüber steht, auch wenn sie in der Wendung gegen den Behaviorismus ähnliche Motive hat.

2.2 Funktional-pragmatische Kompetenzkonzepte in der Psychologie

In der funktional-psychologischen Sichtweise interessiert gerade nicht das generative, situations-unabhängige kognitive System, sondern die Fähigkeit einer Person, situativ geprägte Anforderungen zu bewältigen. Als „Kompetenz" wird hier, um es holzschnittartig zu formulieren, gerade das verstanden, was bei CHOMSKY und seinen Nachfolgern „Performanz" ist.

Die offenbar erste Quelle für diese funktional-psychologische Sichtweise ist ein 1959 vorgelegter Versuch, behavioristische und psychoanalytische Ansätze in der Motivationspsychologie zu verknüpfen. WHITE (1959, S. 317) sah ein gemeinsames Problem der beiden damals in scharfem Kontrast stehenden Paradigmen der Psychologie darin, dass sie die Entwicklung einer „effective interaction of the individual with the environment" nicht hinreichend erklären konnten. Diese effektive, also wirkungsvolle Interaktion eines Individuums mit seiner Umwelt bezeichnet White als Kompetenz, und er nimmt als eine wichtige Grundlage der Motivationspsychologie an, dass Menschen ein Bedürfnis nach Kompetenz, d. h. nach wirkungsvollem Austausch mit ihrer Umwelt haben.

Anfang der 1970er-Jahre wurde mit analoger Ausrichtung eine sozialpsychologisch fundierte Kritik an der traditionellen Intelligenzdiagnostik formuliert. So forderte MCCLELLAND (1973) „testing for competence rather than for ‚intelligence'" (S. 1). Während Intelligenztests bewusst dekontextualisiert angelegt sind, benötigt die Psychologie nach Meinung dieser Kritiker Konzepte und Erhebungsverfahren, welche der Situierung und Kontextabhängigkeit des menschlichen Handelns Rechnung tragen. Eine kompetenzorientierte Diagnostik war mit der Hoffnung verbunden, die Passung zwischen Testinhalten und Anforderungen in realen (z. B. beruflichen) Situationen zu erhöhen und damit Leistungsunterschiede in diesen Situationen besser vorhersagen zu können. Empirische Unterstützung für die von McClelland geübte Kritik an der traditionellen kognitiven Leistungsdiagnostik steht allerdings aus (vgl. BARRETT/DEPIMET, 1991). Inhaltlich bezeichnen „Kompetenzen" nach MCCLELLAND die für eine spezifische Tätigkeit notwendigen Voraussetzungen, wobei er selbst keine genauere konzeptuelle oder theoretische Klärung des Begriffs vornimmt. Aus dieser Perspektive kann jedes beliebige Konstrukt als „Kompetenz" betrachtet werden, wenn es der Vorhersage der Bewährung in konkreten Leistungssituationen dient: „Some of these competencies may be rather traditional cognitive ones involving reading, writing, and calculating skills. Others should involve what traditionally have been personality variables, although they might better be considered competencies" (MCCLELLAND 1973, S. 10).

Ein Schlüsselmerkmal des Kompetenzbegriffs ist fachhistorisch also zunächst der stärkere Bezug zum „wirklichen Leben". Der Sozialpsychologe BANDURA (1990) fasst dies folgendermaßen zusammen: „Wissen und Fähigkeiten zu besitzen, ist etwas deutlich anderes, als sie in unterschiedlichen Situationen erfolgreich anzuwenden, die oft mehrdeutige, unvorhersagbare und stresserzeugende Elemente enthalten." Besonders prägnant bezeichnen CONNELL, SHERIDAN und GARDNER (2003, S.142) Kompetenzen als „realised abilities". Auch für WEINERT (2001a, S. 59), der in einem einflussreichen, für die OECD erstellten Gutachten eine Übersicht über verschiedene Kompetenz-Definitionen erstellte, ist die Kontextspezifität von Kompetenzen zentral. Während in der Intelligenzforschung kognitive Leistungskonstrukte untersucht werden, die über eine breite Vielfalt von Situationen generalisierbar sind, beziehen sich Kompetenzkonstrukte auf spezifische Anforderungsbereiche. Die Frage „kompetent wofür?" ist notwendiger Bestandteil jeder Kompetenzdefinition.

Einzelne Kompetenzbeschreibungen werden sich aber dahingehend unterscheiden, inwieweit die postulierten Kompetenzen über unterschiedliche Situationen hinweg benutzt werden können. WEINERT (2001a) spricht in seinem Gutachten unter anderem „Schlüsselkompetenzen" an, die durch besondere Transferbreite charakterisiert sind, wie etwa sprachliche Kompetenzen, sowie „Metakompetenzen", welche sowohl den Erwerb als auch die Anwendung spezifischer Kompetenzen erleichtern. Zu den Metakompetenzen gehören einerseits Denk-, Lern-, Planungs- und Steuerungsstrategien, andererseits gehört dazu das Wissen um Aufgaben, Strategien, und um die eigenen Stärken und Schwächen.

Weil Kompetenzen kontextabhängig ausgeprägt sind, lässt sich ihr Aufbau nur als Ergebnis von Lernprozessen denken, in denen sich das Individuum mit seiner Umwelt auseinandersetzt. Kognitive Grundfunktionen hingegen sind in wesentlich geringerem Maße erlernbar und trainierbar (WEINERT 2001a, S. 57). Daraus ergibt sich als weiterer grundlegender Aspekt des Kompetenzkonzepts, dass Kompetenzen durch Lernen erworben werden können bzw. erworben werden müssen. Kompetenzen können also durch Erfahrung in relevanten Anforderungssituationen erworben, durch Training oder andere äußere Interventionen beeinflusst und durch langjährige Praxis möglicherweise zur Expertise in der jeweiligen Domäne ausgebaut werden. Dementsprechend bündelt MAYER (2003, S. 265) neuere Ansätze einer „Psychology of abilities, competencies, and expertise" folgendermaßen: „Ability can be defined as one's potential for learning knowledge that supports cognitive performance. (...) Competency can be defined as the specialised knowledge one has acquired that support cognitive performance, and expertise is a very high level of competency". Man kann die Erlernbarkeit daher zu einem der definitorischen Abgrenzungsmerkmale von Kompetenzen gegen andere Dispositionskonstrukte machen (z. B. HARTIG/ KLIEME, 2006). SIMONTON (2003, S. 230) versteht competency als „any acquired skill or knowledge that constitutes an essential component for performance or achievement in a given domain" und erläutert dies am Beispiel eines Komponisten, der Kompetenzen im Umgang mit Melodie, Rhythmik, Orchestrierung, Dramatisierung usw. besitzen muss.

Zusammenfassend werden Kompetenzen in dieser psychologischen Tradition als erlernbare kontextspezifische Leistungsdispositionen verstanden, die sich funktional auf Situationen und Anforderungen in bestimmten Domänen beziehen. Die Breite dieser Domänen bzw. der relevanten Situationen kann zwischen spezifischen Kompetenzen und Schlüsselkompetenzen variieren, aber grundlegend sind ein Kontextbezug und die Erlernbarkeit.

2.3 Offene Forschungsfragen und Ansätze zu einer handlungstheoretischen Integration

Zwei Fragen bleiben bei dieser funktionalen Begriffsdefinition offen: Welche Rolle spielen motivationale und volitionale Komponenten? Und welche psychischen Prozesse und Strukturen bilden letztlich die Basis von Kompetenzen?

Hinsichtlich der Abgrenzung zwischen kognitiven und motivationalen sowie volitionalen Aspekten von Kompetenz ist gerade WEINERT in seinen Publikationen nicht ganz eindeutig. Grundsätzlich definiert er Kompetenzen als „die bei Individuen verfügbaren oder durch sie erlernbaren kognitiven Fähigkeiten und Fertigkeiten, um bestimmte Probleme zu lösen, sowie die damit verbundenen motivationalen, volitionalen und sozialen Bereitschaften und Fähigleiten, um die Problemlösungen in variablen Situationen erfolgreich und verantwortungsvoll nutzen zu können" (WEINERT 2001b, S. 27 f.) – eine Definition, die beispielsweise auch in der Expertise zu Bildungsstandards zu Grunde gelegt wurde (KLIEME et al. 2003). Versteht man ganz allgemein Kompetenz als „the mental conditions necessary for cognitive, social, and vocational achievement" (WEINERT 2001a, S. 56), so gehört in der Tat Motivation unzweifelhaft zu diesen „mentalen Voraussetzungen". Wenn man Leistungen in bestimmten Situationen erklären will, kommt man ohne Bezug auf motivationale Einflüsse nicht aus, und auch die langfristige Entwicklung von Kompetenz und Expertise ist stark von motivationalen Anreizen und Einstellungen abhängig. Dementsprechend bezieht sich WEINERT (2001a, S. 49) positiv auf die motivationspsychologische Begründung des Kompetenzbegriffs durch WHITE (1959). Allerdings schlägt er vor, in empirischen Untersuchungsdesigns kognitive Kompetenzen einerseits, motivationale Tendenzen bzw. Orientierungen andererseits getrennt zu erfassen, gerade weil nur so ihre Wechselwirkung analytisch dargestellt werden kann. Im Endergebnis kommt er somit zu einer engen, rein kognitiven Definition von Kompetenzen, während deren Verknüpfung mit anderen Dispositionen als „Handlungskompetenz" bezeichnet wird und eine spezifische Bedeutung erhält: Dies sind Kompetenzen, „die neben kognitiven auch soziale, motivationale, volitionale und oft moralische Kompetenzen enthalten und es erlauben, erworbene Kenntnisse und Fertigkeiten in sehr unterschiedlichen Lebenssituationen erfolgreich, aber auch verantwortlich zu nutzen" (WEINERT 2001b, S. 28).

Auch der Begriff der Handlungskompetenz wird allerdings in der Literatur nicht eindeutig im Sinne einer solchen Kopplung von Motivation und Kognition verstanden. AEBLI (1980), beispielsweise identifiziert Handlungskompetenz mit dem jeweils verfügbaren Repertoire an (kognitiven) Handlungsschemata, die der Bewältigung von Problemsituationen dienen, deren Umsetzung in reales Handeln aber zusätzliche motivationale und volitionale Prozesse erfordert.

Eine mögliche Lösung des Problems wird in Auseinandersetzung mit Weinerts Begriff der „Metakompetenzen" von HASTE (2001, S. 112 ff.) und RIDGEWAY (2001, S. 209 ff.) herausgearbeitet. Beide betonen, dass handlungsrelevante Kompetenz weniger an der jeweiligen Ausprägung motivationaler und affektiver Tendenzen abzulesen sei, die von mannigfaltigen personalen, kontextuellen und kulturellen Faktoren abhängen, als an deren „Management". Der entscheidende, zumindest begrenzt verallgemeinerbare Kompetenzaspekt liege vielmehr im „Management" dieser Tendenzen, also in der Fähigkeit zur Selbstregulation (BOEKAERTS 1999), deren Untersuchung durchaus mit einem kognitiven Kompetenzbegriff kompatibel ist.

Die entscheidende Frage eines psychologischen Zugangs zu Kompetenzen ist aus unserer Sicht nicht die (letztlich scholastische) Frage, welche Dispositionen man mit diesem Begriff belegen "darf" – kognitive, metakognitive, motivationale, volitionale oder/und soziale, generative oder situierte, funktionale oder kreativ-emanzipatorische –, sondern die Frage danach, welches im Einzelnen deren „mentale Bedingungen" sind. Es geht also immer noch – wie bei Chomsky – um die Frage, welches „system of knowledge and belief" den jeweils erfolgreichen Handlungen zugrunde liegt, d. h. die angemessene Bewältigung von Anforderungssituationen ermöglicht. Die psychologische Modellierung von Kompetenzen zielt darauf ab, diese „mentalen Bedingungen" zu rekonstruieren, wobei – je nach Art der Modellierung für die jeweilige Domäne – unterschiedliche psychologische Konstrukte herangezogen werden können.

Manche kognitionspsychologisch orientierte Autoren wie etwa MAYER (2003) oder CSÁPO (2004) setzen Kompetenz mit deklarativem und prozeduralem Wissen gleich, welches erfolgreiches Verhalten bzw. Handeln ermöglicht. Mit SIMONTON (2003) kann man andererseits Wissen von Fertigkeiten (skills) unterscheiden, die erst gemeinsam eine Leistung ermöglichen. Schließlich kann man wie CECI und Mitautoren (2003, S. 71) Kompetenzen als im Lebenslauf erworbene Fertigkeiten (*skills*) einführen. In einer rein funktionalen Betrachtungsweise lassen sich diese verschiedenen psychologischen Konzeptualisierungen nicht unterscheiden. Jedenfalls ist davon auszugehen, dass sich im situativen Vollzug, im „kompetenten" Handeln deklaratives Wissen, prozedurales Wissen und Fertigkeiten, Einstellungen (*beliefs*) sowie Regulationskomponenten (z. B. metakognitive Strategien) verknüpfen. In diesem Sinne kann Kompetenz verstanden werden als die Verbindung von Wissen und Können in der Bewältigung von Handlungsanforderungen (vgl. KLIEME 2004).

3 Kompetenz und Bildung: erziehungswissenschaftliche Perspektiven

3.1 Ausgangspunkt: Der Kompetenzbegriff bei Heinrich Roth

Aus erziehungswissenschaftlicher Sicht knüpft der Kompetenzdiskurs an die Debatte um materiale und formale Bildung an, die an dieser Stelle nicht nachgezeichnet werden kann (vgl. hierzu aber REUSSER 2001). Explizit und systematisch ist der Kompetenzbegriff wohl zuerst von Heinrich ROTH verwendet worden. Mit der Einführung des Kompetenzbegriffs im 1971 erschienenen zweiten Band von ROTHS „Pädagogischer Anthropologie" verbindet sich interessanterweise ein Wechsel von einem traditionellen zu einem emanzipatorischen Erziehungsbegriff. Im ersten Band wurde Erziehung noch definiert als „Eingriff in das Verhalten des jungen Menschen, um es in Richtung auf ein *wertvolleres Verhalten* zu ändern", mit dem Hinweis: „Was ein wertvolles Verhalten ist, wird von Sitte, Kultur und Religion eines Volkes bestimmt, aber auch vom Gewissen des schöpferischen einzelnen" (ROTH 1966, S. 77). Fünf Jahre später und um die Erfahrungen der Umbruchzeit um 1968 reicher, sieht Roth in „Mündigkeit als Kompetenz für verantwortliche Handlungsfähigkeit" das zentrale Ziel von Erziehung. Indem er Mündigkeit erläutert als „seelische Verfassung einer Person, bei der die Fremdbestimmung soweit wie möglich durch Selbstbestimmung abgelöst ist" (ROTH 1971, S. 180), schließt er unmittelbar an die Tradition des aufgeklärten Bildungsbegriffs an, auch wenn er diesen (nach einem eher missglückten Versuch im ersten Band des Werkes) als explizite Kategorie meidet.

ROTH begründet die Verwendung des Kompetenzbegriffs nicht weiter und zitiert hierzu auch keine Literatur. Anzunehmen ist jedoch, dass er die sozialwissenschaftlichen Varianten des Begriffs kannte und darauf aufbaute, zumal er an anderer Stelle desselben Buches (S. 291) die Fachliteratur zur Entwicklung von Kompetenzmotivation im Sinne von WHITE (1959) aufgreift. Jedenfalls versteht er – als psychologisch geschulter Erziehungswissenschaftler – Kompetenzen als individuelle Fähigkeiten im Sinne von Dispositionen für Handeln und Urteilen: „Mündigkeit, wie sie von uns verstanden wird, ist als Kompetenz zu interpretieren, und zwar in einem dreifachen Sinne: a) als Selbstkompetenz (self competence), d. h. als Fähigkeit, für sich selbstverantwortlich handeln zu können, b) als Sachkompetenz, d. h. als Fähigkeit, für Sachbereiche urteils- und handlungsfähig und damit zuständig sein zu können, und c) als Sozialkompetenz, d. h. als Fähigkeit, für sozial, gesellschaftlich und politisch relevante Sach- oder Sozialbereiche urteils- und handlungsfähig und also ebenfalls zuständig sein zu können" (ROTH 1971, S. 180). Interessant ist, dass Roth einen – gemessen an der sozialwissenschaftlichen Diskussion – sehr breiten Kompetenzbegriff hat. Wenn er von „Fähigkeiten" spricht, sind nicht nur kognitive Leistungsdispositionen gemeint, sondern eine umfassende Handlungsfähigkeit, die auch den affektiv-motivationalen Bereich einschließt (a. a. O., S. 183 ff.). In emanzipatorischer Absicht wird Kompetenz schließlich auch mit dem Anspruch an Zuständigkeit verbunden.

3.2 Kompetenzkonzepte in der erziehungswissenschaftlichen Diskussion und in aktuellen Studien

Einflussreich wurde in der Folge vor allem die Trias von Selbst-, Sach- und Sozialkompetenz. Sie ist – mit gewissen Modifikationen, z. B. der Ausdifferenzierung von Sachkompetenz in Fach- und Methodenkompetenz – bis heute grundlegend für die Kompetenzdiskussion in der Berufspädagogik (vgl. ARENDS 2006, S. 82), aber auch darüber hinaus (z. B. bei WIATER 2001); selbst in den Präambeln mancher Lehrpläne finden sich entsprechende Zieldefinitionen. Die Trias spiegelt sich auch in WEINERTS (1999) Diskussion allgemeiner, bereichsunabhängiger Schlüsselkompetenzen, wobei Sachkompetenz als „Fähigkeit zum Umgang mit Informationen" und „Entscheidungsfähigkeit" präzisiert wird, Selbstkompetenz durch metakognitive Planungs-, Monitorings- und Evaluationskompetenz sowie Lernstrategien. Die von Roth vorgeschlagenen drei Kompetenzbereiche haben schließlich – nicht zuletzt vermittelt durch FEND (1993) und WEINERT – die internationale Diskussion um „cross curricular competencies" und „key competencies" beeinflusst. Im Abschlussdokument des OECD-Projekts „Definition and Selection of Competencies" werden dementsprechend drei Kategorien von Schlüsselqualifikationen genannt, die für private, gesellschaftliche und berufliche Handlungsfähigkeit in modernen demokratischen Gesellschaften bedeutsam seien: „acting autonomously", „using tools interactively" (wobei „tools" sehr weit gefasst sind und u. a. den Gebrauch von Sprache und Wissen beinhalten) sowie „joining and functioning in socially heterogeneous groups" (RYCHEN/HERSH SALGANIK 2001). Auf diesem Weg hat die Kompetenztrias letztlich auch das Erhebungsprogramm für Schulleistungsstudien wie PISA beeinflusst:

− Sachkompetenz wurde nicht nur bezogen auf fachliche Domänen wie Mathematik und Naturwissenschaften erfasst, sondern darüber hinaus als „Reading Literacy" sowie als allgemeine Problemlösekompetenz (KLIEME/LEUTNER/WIRTH 2005).
− Selbstkompetenz im Sinne von Selbstregulationsfähigkeiten wurde schon bei PISA 2000 in einer internationalen Ergänzungsstudie erfasst (ARTELT et al. 2003).
− Soziale Kompetenzen wurden im deutschen Ergänzungsprogramm zu PISA 2000 mittels Fragebogen und einer Gruppenaufgabe (KUNTER/STANAT/KLIEME 2003) erfasst, wobei sich jedoch zeigte, dass die Messqualität dieser Instrumente nicht an die Messqualität kognitiver Verfahren heranreichte.

Heinrich ROTH war zum Zeitpunkt des Erscheinens seiner „Pädagogischen Anthropologie" Mitglied der Bildungskommission des Deutschen Bildungsrats, über deren Empfehlungen zur Neuordnung der Sekundarstufe II der Kompetenzbegriff auch unmittelbar für Bildungspolitik und Bildungspraxis relevant wurde. Hier wurde der Kompetenzbegriff nicht zuletzt gebraucht, um der Integration von allgemeiner und beruflicher Bildung ein gemeinsames Fundament zu geben, das zwischen dem akademischen Bildungsbegriff und beruflichen Qualifikationskonzepten vermitteln konnte. „Jeder Bildungsgang muß die über das spezielle Ausbildungsinteresse hinausreichende menschliche Entwicklung des Jugendlichen sichern. Dafür sind integrierte Lernprozesse erforderlich, die mit der Fachkompetenz zugleich humane und gesellschaftlich-politische Kompetenzen vermitteln. Humane Kompetenz heißt in diesem Zusammenhang, dass der Lernende sich seiner selbst als eines verantwortlich Handelnden bewusst wird, dass er seinen Lebensplan im mitmenschlichen Zusammenleben selbständig fassen und seinen Ort in Familie, Gesellschaft und Staat richtig zu finden und zu bestimmen vermag" (DEUTSCHER BILDUNGSRAT 1974, S. 49). Wenn in diesen Empfehlungen „die Bewältigung von Lebenssituationen sowie Urteils- und Handlungsfähigkeit in den verschiedenen Bereichen des Lebens" als allgemeines Ziel des Lernens bezeichnet wird (a. a. O., S. 54), und wenn Kompetenzen als Inbegriff des so verstandenen Lernerfolgs verstanden werden (a. a. O., S. 65), wird der Bezug zur aktuellen Debatte um Kompetenzmodelle als Explikation von Bildungszielen und Standards deutlich (vgl. etwa KLIEME et al. 2003).

Unmittelbar umgesetzt wurde die Idee einer Verbindung von allgemeiner und beruflicher Bildung und damit auch das Kompetenzkonzept in der nordrhein-westfälischen „Kollegstufe", die von Herwig BLANKERTZ und Mitarbeitern evaluiert wurde. Im Abschlussbericht der Kommission wird „Kompetenzentwicklung" als zentrales Evaluationskriterium benannt, wobei unter Kompetenz „der Aufweis jeder Form des ‚Könnens' verstanden (wird), das die Schüler in unterschiedlichen Situationen befähigt, in sinnvoller und funktionaler Weise Aufgaben ihrer Ausbildung beziehungsweise ihres Berufs zu erfüllen. Kompetenz verweist damit gleichermaßen auf Wissen, Fertigkeiten und Einstellungen des Schülers" (BLANKERTZ 1986, S. 658). In der konkreten Ausgestaltung von Modellen der Kompetenzentwicklung nahm die Arbeitsgruppe auf gängige psychologische Konzepte Bezug wie verhaltensleitende Schemata und Operationen, Einstellungen, Formen der Wissensorganisation und Handlungspläne (a. a. O., S. 19). Ziel der empirischen Arbeit der Gruppe um BLANKERTZ war dementsprechend die Modellierung von Kompetenzen in genau jenem Sinne, wie wir es oben (am Ende von Abschnitt 2) definiert haben – wobei die Autoren allerdings Wert darauf legten, nicht nur Performanz zu beschreiben. Kompetenzen seien „nicht in ihrer jeweils konkreten Form, (...) in ihren zufälligen und isolierten Präsentationen interessant", vielmehr gehe es um „die in einer Handlung deutlich werdenden Fähigkeiten zu generativem Problemlösungsverhalten und die (...) leitenden Orientierungen" (a. a. O., S. 658). Aktuell bedeutsam ist der Bezug zwischen dieser Bildungsgangforschung, heute vertreten durch A. GRUSCHKA (z. B. 2006) und F. RAUNER (z. B. RAUNER/BREMER 2004), und der psychometrisch fundierten Kompetenzforschung im Sinne von KLIEME und LEUTNER (2006).

Unsere Darstellung zeigt, dass die von Heinrich Roth begründete Kompetenzkonzeption in der pädagogisch-praktischen, erziehungswissenschaftlichen und pädagogisch-psychologischen Diskussion einschließlich der empirischen Forschung sehr einflussreich geworden ist. Zentrale Bestandteile des Begriffsverständnisses, die immer wieder zu Tage treten, sind die folgenden: Kompetenzen sind Dispositionen, die im Verlauf von Bildungs- und Erziehungsprozessen erworben (erlernt) werden und die Bewältigung von unterschiedlichen Aufgaben bzw. Lebenssituationen ermöglichen. Sie umfassen Wissen und kognitive Fähigkeiten, Komponenten der Selbstregulation und sozial-kommunikative Fähigkeiten wie auch motivationale Orientierungen. Pädagogisches Ziel der Vermittlung von Kompetenzen ist die Befähigung zu selbstständigem und selbstverantwortlichem Handeln und damit zur Mündigkeit.

Dieses erziehungswissenschaftliche Kompetenzkonzept ist mit dem psychologischen Konzept der Handlungskompetenz, wie es AEBLI und vor allem WEINERT ausgearbeitet haben, kompatibel. Eine Spezifik der erziehungswissenschaftlichen Ansätze besteht in der Breite der einbezogenen Kompetenzbereiche – ohne Reduktion auf kognitive Leistungen – und in dem normativen „Bedeutungsüberhang", der mit dem Ziel des selbstverantwortlichen Handelns verbunden ist.[4]

3.3 Kompetenz und Bildung

Kompetenzkonzepte sind in der deutschsprachigen Erziehungswissenschaft allerdings regelmäßig kritisch kommentiert worden, weil in ihnen eben jener normative „Bedeutungsüberschuss" – anders als in den klassischen Kategorien der Bildungstheorie – nicht aufgehoben sei.

Dabei lassen sich zwei Argumentationslinien unterscheiden: Bildung, verstanden als Prozess der Selbstentfaltung und Aneignung, müsse *mehr* sein als Kompetenzerwerb im Sinne eines Erwerbs funktionalen Wissens, verlangt die eine Linie (z. B. GRUSCHKA 2006). Bildung im Sinne der Entfaltung einer persönlichen Identität und der Teilhabe an sozialem Austausch müsse *unabhängig* vom erreichten Kompetenzniveau möglich sein, argumentiert SCHLÖMERKEMPER (1986, S. 410 f.): „Bildung muss von bestimmten Kompetenzansprüchen, Leistungsmaßstäben etc. abgekoppelt werden. (...) Dies zielt auf die Gleichwertigkeit aller Menschen, auch wenn deren Kompetenz – aus welchen Gründen auch immer – nach Art und Grund unterschiedlich sein sollten". In einer neueren Publikation wird vorgeschlagen, das Konzept fachorientierter Kompetenz, wie es KLIEME et al. (2003) konzipiert haben, abzugrenzen gegen Bildung im Sinne der Entwicklung persönlicher Identität einerseits, Leistung im Sinne des relativen Abschneidens in Prüfungssituationen andererseits (SCHLÖMERKEMPER 2007).

Betrachtet man die Verbindung des Kompetenzbegriffs mit Kategorien wie „Mündigkeit" bei ROTH (1971) und „Humane Kompetenz" beim DEUTSCHEN BILDUNGSRAT (1974), kann von der Vernachlässigung eines anspruchsvollen Bildungskonzepts wohl kaum gesprochen werden. Die Trias der Selbst-, Sach- und Sozialkompetenz und ihre Umsetzung in der OECD-Programmatik kommt „letztlich der Diskussion allgemeiner Bildungsziele sehr nahe" (OELKERS/REUSSER, im Druck, S. 14). Konkrete Messkonzepte, wie sie die PISA-Studien oder die neueren Bildungsstandards beinhalten, bedeuten notwendigerweise aus bildungstheoretischer Sicht eine Reduktion: Sie konzipieren ausgewählte Zieldimensionen statt allumfassender Normen, fokussieren dabei kulturelle Basiskompetenzen, insbesondere *literacy* im Sinne der Fähigkeit zum Umgang mit sprachlichen und mathematisch-naturwissenschaftlichen Symbolsystemen in Alltagskontexten, und konkretisieren diese durch Testaufgaben. Diese Konkretionen sind „an allgemeinen Bildungszielen orientiert" (KLIEME et al. 2003). Sie fallen nicht mit diesen zusammen, stehen auch nicht in einem Ableitungsverhältnis, decken aber einen pragmatisch bedeutsamen Kern ab.

BAUMERT (2002) konfrontiert das Konzept der „basalen Sprach- und Selbstregulationskompetenzen (Kulturwerkzeuge)", wie es neueren nationalen und internationalen Studien zugrunde liegt, mit den tradierten „Modi der Weltbegegnung". Die Basiskompetenzen, allen voran die Beherrschung der Verkehrssprache, seien nicht identisch mit jenen kanonischen Bildungsgegenständen, eröffneten aber den Zugang zu ihnen. „Bildung und literacy, Basiskompetenzen und Modi des Umgangs mit der hohen Kultur bezeichnen deshalb auch nicht disjunkte Klassen von Wissen und Verhaltensweisen, sondern bestimmte Ausprägungen einer einzigen und derselben Dimension menschlicher Praxis" (TENORTH 2006, S. 7). Entgegen der häufig geäußerten bildungstheoretischen Kritik sind Kompetenzerwartungen also durchaus kompatibel mit Bildungszielen und können zu deren Realisierung beitragen, auch wenn beide nicht identisch sind.

3.4 Handlungskompetenz und Kompetenzerwerb im beruflichen Bereich

Das Konzept der beruflichen Handlungskompetenz schließt in seiner in der Berufspädagogik weithin akzeptierten Definition an das allgemeine Konzept der Handlungskompetenz sowie die Trias von Sach-, Selbst- und Sozialkompetenz an. Als Komponenten der beruflichen Handlungskompetenz betrachtet BADER (1989, S. 75)

„– Fachkompetenz als die Fähigkeit und Bereitschaft, Aufgabenstellungen selbständig, fachlich richtig, methodengeleitet zu bearbeiten und das Ergebnis zu beurteilen;
– Humankompetenz als die Fähigkeit und Bereitschaft, als Individuum die Entwicklungschancen und Zumutungen in Beruf, Familie und öffentlichem Leben zu durchdenken und zu beurteilen, eigene Begabungen zu entfalten und Lebenspläne zu fassen und fortzuentwickeln;
– Sozialkompetenz als Fähigkeit und Bereitschaft, sich mit anderen rational und verantwortungsbewusst auseinanderzusetzen und zu verständigen."

Auch dieses Konzept hat einen normativen Charakter. Er speist sich zum einen aus der Idee des „Berufes", die in der deutschsprachigen Tradition mit der Idee von Identitäts- und Wertbildung verbunden ist. Zugleich integriert dieses Kompetenzkonzept, wie schon der DEUTSCHE BILDUNGSRAT (1974), allgemeine Bildungserwartungen in die berufliche Ausbildung.

Dieser normative „Bedeutungsüberhang" führt dazu, dass in der Berufsbildungsforschung die Forderung nach „ganzheitlichen" Ansätzen und die Kritik an Messverfahren mindestens so stark verbreitet sind wie im allgemeinbildenden Bereich. Das Ideal besteht darin, die berufliche Ausbildung wie auch die zugehörigen Prüfungsverfahren in „vollständigen beruflichen Handlungen" zu organisieren, d. h. als Handlungsabläufe, die vom Auszubildenden selbstständig geplant, durchgeführt und kontrolliert werden. Trotz erster, begrenzter Ansätze einer in diesem Sinne „handlungsorientierten" Kompetenzmessung aus den 1990er-Jahren (vgl. etwa KLOFT et al. 1997) scheint es auch heute noch keine in größeren Stichproben anwendbaren Methoden zu geben (ARENDS 2006; BAETHGE et al. 2005). Deshalb finden in Deutschland die in den angelsächsischen Staaten, in Dänemark und den Niederlanden entwickelten Konzepte zur Definition und Messung von beruflichen Kompetenzen (vgl. ARENDS 2006; HAAHR/SHAPIRO/SØRENSEN 2004; NIJHOFF/STREUMER 1998) kaum Akzeptanz: „Up to today, performance-based notions of competence, in terms of assessing measurable behaviour, are not being accepted" (ARENDS 2006, S. 63).

Paradoxerweise gibt es aber in Deutschland eine Fülle von Publikationen, die sich mit „Kompetenzmessung" und „-beobachtung", „Kompetenzmodellen" und „-bilanzen" (ERPENBECK/VON ROSENSTIEL 2003) oder „Kompetenzanalysen" und zugehörigen Zertifizierungssystemen (GILLEN/KAUFHOLD 2005) beschäftigen und einen wissenschaftlichen Anspruch haben. Die auf ERPENBECK zurückgehenden Konzepte entstammen eher der betriebswirtschaftlichen Managementpraxis als der (berufs-) pädagogischen oder psychologischen Forschung, auch wenn dort verschiedentlich Anleihen gemacht werden. Die Aussage „Kompetenzen bezeichnen (...) Selbstorganisationsdispositionen physischen und psychischen Handelns" (ERPENBECK/VON ROSENSTIEL 2003, S. XXIX) ist im Prinzip mit den oben vorgelegten Konzepten kompatibel, wenn man davon absieht, dass Kompetenzen Dispositionen *sind* und nicht *bezeichnen*. Wissenschaftlich angreifbar werden die Ausführungen aber, wenn die Autoren Kompetenz als Teil von Performanz ansehen, Selbstorganisation mit „schöpferisch Neuem" assoziieren (a. a. O., S. XI) sowie schließlich subjektive (!) Fremd- und Selbsteinschätzungen unterschiedlichster Art als „Beobachtung" von Kompetenzen und sogar als „Kompetenzmessverfahren" bezeichnen (a. a. O., S. XIX bis XXII). Die Berufung darauf, dass die Psychologie auch mit qualitativen und hermeneutischen Verfahren arbeitet, übersieht, dass auch und gerade qualitativ arbeitende Sozialwissenschaftler ihre Daten weder als Messung noch als Diagnose von Dispositionsausprägungen interpretieren würden. Die im „Handbuch Kompetenzmessung" aufgelisteten 43 Verfahren mögen nützlich sein für betriebliche Personalentwicklung; wissenschaftlich seriös sind sie durchweg nicht.

Am Beispiel der berufsbezogenen Kompetenzen zeigt sich, wie groß die Kluft zwischen postulierten Kompetenzkonstrukten und empirischen Verfahren sein kann. Auch im OECD-Projekt „Definition and Selection of Competencies" (DeSeCo) lag das Problem nicht darin, relevante Kompetenzkonstrukte zu identifizieren, die nach übereinstimmender Ansicht der Experten für ein erfolgreiches Leben in modernen demokratischen Gesellschaften erforderlich sind und daher international vergleichend erfasst werden sollten. Schwierigkeiten bereitete vielmehr die Tatsache, dass viele der postulierten Dimensionen – vor allem solche sozialer und motivationaler Art – nicht auf spezifische Situationen bezogen, in zuverlässige empirische Instrumente übersetzt und interkulturell vergleichend erfasst werden konnten (HARRIS 2001, S. 226). Dasselbe Problem scheint sich derzeit auf Ebene der EU zu wiederholen, wo mit dem sogenannten „European Qualifications Framework" ein Beschreibungssystem für berufliche und allgemeine Kompetenzen geschaffen wird, das Grundlage für Zertifizierungen und Anerkennungsverfahren sein soll, dem aber (noch) die theoretischen und empirischen Grundlagen fehlen.

4 Modellierung und Messung von Kompetenzen: Ausblick auf aktuelle Forschungsthemen

Die Verbindung von pädagogischen Konstrukten, psychologischen Kompetenzmodellen und Messverfahren ist eines der schwierigsten Probleme der Kompetenzforschung, ohne dessen Lösung auch die weiteren eingangs genannten Fragen – jene nach der Reichweite von Kompetenzen, nach deren Entwicklung und Förderung – nicht untersucht werden können. Das anlaufende DFG-Schwerpunktprogramm konzentriert sich daher auf die Modellierung und Messung von Kompetenzen.

Um Kompetenzen als empirischen Forschungsgegenstand zugänglich zu machen, müssen individuelle Kompetenzausprägungen empirisch möglichst eindeutig bestimmt werden. Da Kompetenzen Dispositionen sind, reicht es zur Diagnose einer Kompetenzausprägung nicht aus, eine einzelne Beobachtung anzustellen. Kompetenzen lassen sich nur auf der Basis einer Palette von Einzelbeobachtungen bei unterschiedlichen Aufgaben bzw. in variierenden Situationen abschätzen. Die konsistente Zusammenfassung solcher Einzelbeobachtungen zu einer Aussage über das individuelle Kompetenzniveau ist das, was in der psychometrischen Fachsprache als Messung bezeichnet wird. Kompetenzmessung hat also nicht, wie es in manchen erziehungswissenschaftlichen Kommentaren immer noch scheint, mit einer „Normierung" von Gedanken zu tun oder mit einem bloßen Abzählen von Richtigantworten. Messungen können in durchaus komplexen Aussagen resultieren. Ohne Messung aber kann es allenfalls kasuistische Verhaltensinterpretationen geben, keine systematische Zuschreibung von Kompetenzausprägungen.

Für viele wissenschaftliche Fragestellungen muss die Messung notwendigerweise in Form von standardisierten, ökonomischen Testverfahren geschehen, da Beobachtungen und Bewertungen des Handelns in realen Situationen für größere Stichproben nicht realisierbar sind. Auch im Kontext des nationalen und internationalen Bildungsmonitorings, der Evaluation von Bildungsmaßnahmen und der sogenannten Förderdiagnostik besteht ein Bedarf an Messverfahren, mit denen individuelle Kompetenzausprägungen in einer über Personen hinweg vergleichbaren, standardisierten Form erfasst werden können.

4.1 Bedeutung der Kompetenzdefinition für die Operationalisierung

Bevor eine empirische Messung möglich ist, muss die interessierende Kompetenz hinreichend präzise definiert sein, um spezifizieren zu können, in welchen Situationen sich inter- und intraindividuelle Kompetenzunterschiede in welcher Weise äußern sollten. Eine solche Spezifikation erlaubt prinzipiell die Operationalisierung der interessierenden Kompetenz in einem entsprechenden Messverfahren. Aus der Definition der relevanten Situationen lassen sich Testinhalte ableiten, und aus der Definition kompetenten Handelns lässt sich ableiten, welches Verhalten in der Testsituation als Hinweis auf die Kompetenz des Handelnden gewertet wird. Hier soll nicht weiter auf diesen im Einzelfall sehr anspruchsvollen Prozess eingegangen werden, vgl. hierzu WILSON (2005, S. 41 ff.). Zu erwähnen ist, dass die Operationalisierung eines zu erfassenden Merkmals, auch einer Kompetenz, mit zunehmender Komplexität der inhaltlichen Definition immer schwieriger wird. Um bei der empirischen Untersuchung von Kompetenzen präzise Hypothesen formulieren zu können und inhaltlich aussagekräftige Messungen vornehmen zu können, ist es daher günstiger, mehrere präzise definierte Konstrukte zu unterscheiden und separat zu messen (z. B. kognitive Fähigkeiten und motivationale Dispositionen), als unterschiedliche Aspekte in einem breiten Konstrukt zusammenzufassen.

Ein Beispiel für die Schwierigkeiten, die etwa mit der Definition sozialer Kompetenzen verbunden sein können, findet sich im Kontext des Projekts DeSeCo bei RIDGEWAY (2001, S. 207): „People whose occupations require them to analyze the perspective of diverse others, sometimes develop enhanced skills in this regard and even receive formal training to do so. Therefore, skills in taking the role of diverse others should be teachable and measureable." Die Autorin demonstriert einen Kurzschluss, wie er in Kompetenzdiskussionen immer wieder festzustellen ist: Dass eine „Kompetenz" (hier: Rollen- bzw. Perspektivenübernahme) mit einem Begriff bezeichnet werden kann und dass die Alltagserfahrung diese „Kompetenz" für lehrbar und transferierbar hält, gilt bereits als Beleg für die Nachweisbarkeit im Sinne einer wohl definierten und messbaren Disposition. Die präzise Modellierung der Kompetenz durch Spezifikation von relevanten Situationen und Kompetenzindikatoren muss jedoch dem Nachweis der Lehr- bzw. Lernbarkeit vorausgehen, wenn solche zirkulären Argumente vermieden werden sollen.

4.2 Modelle zur Messung von Kompetenzen

Für die Auswertung von empirischen Messinstrumenten werden psychometrische Modelle benötigt. Diese Modelle beinhalten zum einen Annahmen über Zusammenhänge zwischen der zu erfassenden Kompetenz und dem in einer Testsituation beobachtbaren Verhalten, zum anderen leiten sich aus ihnen die Auswertungsroutinen für die Bildung von Messwerten ab. Wenn etwa im einfachsten Fall alle Aufgabenlösungen zu einem gemeinsamen Testwert zusammengefasst werden (z. B. prozentualer Anteil gelöster Aufgaben), so liegt diesem Vorgehen ein Modell zugrunde, in dem (a) die zu erfassende Kompetenz als ein einzelnes quantitatives Kontinuum beschrieben werden kann und (b) das Lösen oder Nichtlösen aller Aufgaben auf interindividuelle Unterschiede in dieser Kompetenz zurückgeht.

Eine ausführliche Behandlung von psychometrischen Modellierungsfragen bei der Messung von Kompetenzen ist hier nicht möglich, es soll lediglich kurz auf drei Aspekte hingewiesen werden: (1) Vorteile von so genannten probabilistischen oder Item-Response-Modellen, (2) Möglichkeiten mehrdimensionaler Modelle und (3) die Möglichkeit des Einbezugs von Aufgabeneigenschaften.

Vorteile der IRT: Modelle der Item-Response-Theorie beschreiben den Zusammenhang zwischen dem Lösungsverhalten bei Bearbeitung einzelner Aufgaben und dem zugrunde liegenden (latenten) Dispositionsmerkmal durch Wahrscheinlichkeitsfunktionen. Diese Modelle ermöglichen gewissermaßen die Rekonstruktion von Kompetenz aus der beobachteten Performanz. Sie haben bei der Auswertung von Testdaten eine Reihe konzeptueller und forschungspraktischer Vorteile. Ein für die Messung von Kompetenzen besonders interessanter Vorteil ist, dass individuelle Messwerte mit den Schwierigkeiten von Aufgaben verglichen werden können (vgl. EMBRETSON, 2006, S. 51 f.). Bei der Erfassung von kontextualisierten Konstrukten wie Kompetenzen ist dies deswegen besonders wertvoll, weil dieser Vergleich den Bezug individueller Kompetenzausprägungen auf spezifische situative Anforderungen und somit die Beschreibung von Kompetenzniveaus ermöglicht. Dies ist bei der Auswertung mit Methoden der klassischen Testtheorie (wenn also schlicht der Anteil gelöster Aufgaben als Testwert verwendet wird) nicht möglich.

Möglichkeiten mehrdimensionaler Modelle: Die meisten Testauswertungen basieren auf der Annahme, dass für die Lösung einer Aufgabe jeweils nur ein zu messendes Merkmal relevant ist. Da eine spezifische Kompetenz jedoch primär durch einen bestimmten Handlungskontext definiert ist, ist es durchaus möglich, dass eine erfolgreich handelnde Person in diesem Kontext über verschiedene Fähigkeiten und Fertigkeiten verfügen muss. In diesem Fall ist der Einsatz mehrdimensionaler psychometrischer Modelle angemessen, mit denen differenziertere Aussagen über die Kompetenzen und Teilkompetenzen handelnder Personen möglich werden.

Einbezug von Aufgabeneigenschaften: In den meisten psychometrischen Auswertungsmodellen, auch in der IRT, sind keine Annahmen über Charakteristika der Testinhalte enthalten. Es ist jedoch gerade bei der empirischen Erfassung von Kompetenzen interessant, auch die kontextuellen Anforderungen, die erfolgreiches Handeln begünstigen oder erschweren, zum Forschungsgegenstand zu machen und sie bei der Messung individueller Kompetenzausprägungen zu berücksichtigen. Dies ermöglicht es, die Messwerte nicht nur auf einzelne Aufgaben, sondern auf allgemeine Handlungsanforderungen zu beziehen (vgl. HARTIG 2007, S. 88 ff.).

Gerade komplexe, fächer-übergreifende oder nicht-kognitive Kompetenzen lassen sich nur selten durch ein einfaches Messmodell beschreiben. So zeigen sich etwa soziale Kompetenzen oder Selbstregulationsfähigkeiten häufig darin, dass man in der Lage ist, eine situationsadäquate Balance zwischen unterschiedlichen Anforderungen herzustellen. Das optimale Verhalten lässt sich dann nicht nach der Logik „je mehr, desto besser" identifizieren, wie sie IRT-Modellen in der Regel zugrunde liegt (vgl. MAAG MERKI 2004). Hier könnten möglicherweise kategoriale Messmodelle oder Mischverteilungsmodelle (ROST 1996) weiter helfen.

4.3 Ausblick

Werden verschiedene Möglichkeiten der psychometrischen Modellierung von Kompetenzen in einem Gesamtmodell kombiniert, so kann ein solches Modell weit mehr leisten als Auswertungsroutinen für Messverfahren bereitzustellen. Vielmehr ist ein solches psychometrisches Modell zugleich ein komplexes inhaltliches Modell davon, wie verschiedene Fähigkeiten und Fertigkeiten von Personen im Kontext spezifischer situativer Anforderungen mit erfolgreichem Handeln zusammenhängen (vgl. HARTIG, im Druck). Wenngleich hinsichtlich der statistischen Modelle, die für eine komplexe Modellierung von Kompetenzen in Frage kommen, noch Forschungsbedarf besteht, kann doch bereits jetzt konstatiert werden, dass eine Anzahl psychometrischer Modelle verfügbar ist. Eine größere Herausforderung als die rein technische Entwicklung statistischer Modelle stellt zweifellos die Formulierung fundierter theoretischer Kompetenzmodelle und deren Umsetzung in empirisch prüfbare Modelle und Messverfahren dar. Sie erfordert die gemeinsame Anwendung von pädagogisch-psychologischer und fachdidaktischer Expertise in der jeweiligen Domäne.

Modellierung und Messung von Kompetenzen sind sicherlich nicht die einzigen Aufgaben, die sozial- und erziehungswissenschaftliche Forschung auf dem Hintergrund der hier referierten Diskurse zum Kompetenzbegriff bewältigen muss. Aber ohne Fortschritte in diesem Bereich sind differenziertere Ergebnisse etwa in der Erforschung von Schul- und Unterrichtseffekten nicht zu erwarten.

Anmerkungen

1 Für Unterstützung bei der Aufarbeitung der Forschungsliteratur danken wir Astrid JURECKA, Nina JUDE und Martina DIEDRICH. Für Anregungen haben wir auch vielen Kolleginnen und Kollegen zu danken, die bei unterschiedlichen Gelegenheiten mit uns über Kompetenzkonzepte diskutiert haben.
2 Stand jeweils März 2007. Zum Vergleich: Obwohl PsycInfo eine primär psychologische Datenbank ist, erzielt sogar das Suchwort *intelligence* eine etwas niedrigere Trefferzahl von 26.572.
3 Noch im 2006 erschienenen, von SCHNEIDER und SODIAN herausgegeben Band „Kognitive Entwicklung" der Enzyklopädie der Psychologie findet man den Begriff der Kompetenz nur in der Bedeutung von sozialer und von metakognitiver Kompetenz.
4 Eine andere Lesart des Kompetenzbegriffs, die offenbar unabhängig von ROTH durch BREZINKA (1988) vorgelegt wurde, inhaltsneutral und ohne normative Setzungen formuliert ist und somit dem psychologischen Konzept noch eher entspricht, wurde in der Erziehungswissenschaft kaum rezipiert. Der Autor führt „competence" als Übersetzung des deutschen Wortes „Tüchtigkeit" ein und erläutert: „Competence is a relatively permanent personal quality to satisfy certain requirements to their full extent. It is aquired through individual effort and is positively valued by the community" (S. 78).

Literatur

AEBLI, H. (1980): Denken. Das Ordnen des Tuns. Bd. 1: Kognitive Aspekte der Handlungstheorie. – Stuttgart.
ARENDS, L. (2006): Vocational competencies from a life-span perspective. – Norderstedt.
ARNOLD, R. (2002): Von der Bildung zur Kompetenzentwicklung. In: NUISSL, E./SCHIERSMANN, CH./SIEBERT, H. (Hrsg.) und Deutsches Institut für Erwachsenenbildung (DIE): Literatur- und Forschungsreport Weiterbildung. – Bd. 49 – Bielefeld, S. 26-38.
ARTELT et al. (2003) = ARTELT, C./BAUMERT, J./JULIUS-MCELVANY, N./PESCHAR, J. (2003): Learners for Life. Student Approaches to Learning. Results from PISA 2000. – Paris.
BADER, R. (1989): Berufliche Handlungskompetenz. In: Die Berufsbildende Schule, 41. Jg., H. 2, S. 73-77.
BAETHGE, M./ACHTENHAGEN, F./ARENDS, L./BABIC, E./BAETHGE-KINSKY, V./WEBER, S. (2005): Approaches towards an international large-scale assessment of vocational education and training (PISA-VET): Feasibility study (unpublished draft). – Göttingen.
BANDURA, A. (1990): Conclusion: Reflections on nonability determinants of competence. In: STERNBERG, R./KOLLIGIAN JR., J. (Eds.): Competence considered. – New Haven, pp. 315-362.
BARRETT, G. V. D./DEPINET, R. L. (1991): A Reconsideration of Testing for Competence Rather than for Intelligence. In: American Psychologist, Vol. 46, pp. 1012-1024.
BAUMERT, J. (2002): Deutschland im internationalen Bildungsvergleich. In: KILLIUS, N./KLUGE, J./REISCH, L. (Hrsg.): Die Zukunft der Bildung. – Frankfurt am Main, S. 100-150.
BECK, B./KLIEME, E. (2007): Einleitung. In: Dies. (Hrsg.): Sprachliche Kompetenzen. Konzepte und Messung. – Weinheim, S. 1-8.
BLANKERTZ, H. (Hrsg.) (1986): Lernen und Kompetenzentwicklung in der Sekundarstufe II. Abschlussbericht der wissenschaftlichen Begleitung Kollegstufe NW. – Soest.
BREZINKA, W. (1988): Competence as an aim of education. In: SPIECKER, B./STRAUGHAN, R. (Eds.): Philosophical Issues in Moral Education and Development. – Milton Keynes, pp. 75-98.
BOEKAERTS, M. (1999): Self-regulated learning: where we are today. In: International Journal of Educational Research, Vol. 31, pp. 445-457.
BRÖDEL, R. (2002): Relationierungen zur Kompetenzdebatte. In: Literatur- und Forschungsreport Weiterbildung, Jg. 49, S. 39-47.
CECI, S. J./BARNETT, S. M./KANAYA, T. (2003): Developing childhood proclivities into adult competencies: the overlooked multiplier effect. In: STERNBERG, R. J./GRIGORENKO, E. L. (Eds.): The psychology of abilities, competencies, and expertise. – Cambridge, pp. 70-92.
CHOMSKY, N. (1968): Language and Mind. – New York.
CONNELL, M. W./SHERIDAN, K./GARDNER, H. (2003): On Abilities and Domains. In: STERNBERG, R. J./GRIGORENKO, E. L. (Eds.): The Psychology of Abilities, Competencies, and Expertise. – Cambridge, pp. 126-155.

CSAPÓ, B. (2004): Knowledge and competencies. In: LETSCHERT, J./BRON, J./HOOGHOFF, H. (CIDREE) (Eds.): The integrated person. – Enschede, pp. 35-50.
Deutscher Bildungsrat (1974): Empfehlungen der Bildungskommission. Zur Neuordnung der Sekundarstufe II. – Bonn, S. 49-65.
ECKENSBERGER, L.H./PLATH, I. (2006): Soziale Kognition. In: SCHNEIDER, W./SODIAN, B. (Hrsg.): Enzyklopädie der Psychologie, Serie X, Entwicklungspsychologie – Band 2: Kognitive Entwicklung – Göttingen, S. 409-493.
EMBRETSON, S. E. (2006): The continued search for nonarbitrary metrics in psychology. In: American Psychologist, Vol. 61, pp. 50-55.
ERPENBECK, J./ROSENSTIEL, L. VON (Hrsg.) (2003): Handbuch Kompetenzmessung. – Stuttgart.
FEND, H. (1993): Self-concept and social competence. Paper prepared for the meeting of Network A of the OECD INES project on Educational Indicators. – February 1993, Vilamoura, Portugal.
GEIßLER, K. A./ORTHEY, F. M. (2002): Kompetenz: Ein Begriff für das verwertbare Ungefähre. In: NUISSL, E./SCHIERSMANN, C./SIEBERT, H. (Hrsg.) und Deutsches Institut für Erwachsenenbildung (DIE): Literatur- und Forschungsreport Weiterbildung. – Bd. 49 – Bielefeld, S. 69-79.
GILLEN, J. /KAUFHOLD, M. (2005): Kompetenzanalysen – kritische Reflexion von Begrifflichkeiten und Messmöglichkeiten. In: Zeitschrift für Berufs- und Wirtschaftspädagogik, Jg. 101, H. 3, S. 364-378.
GRUSCHKA, A. (2006): Bildungsstandards oder das Versprechen, Bildungstheorie in empirischer Bildungsforschung aufzuheben. In: FROST, U. (Hrsg.): Unternehmen Bildung. Sonderheft Vierteljahresschrift für Wissenschaftliche Pädagogik. – Paderborn, S. 140-158.
HAAHR, J. H./SHAPIRO, H./SØRENSEN, S. (2004): Defining a Strategy for the Direct Assessment of Skills – Funded by the Leonardo da Vinci Programme European Commission. – Danish Technological Institute, Taarstrup.
HABERMAS, J. (1981): Theorie der kommunikativen Kompetenz. – 2 Bde. – Frankfurt a. M.
HARRIS, B. (2001): Are All Key Competencies Measurable? An Education perspective. In: RYCHEN, D. S./HERSH SALGANIK, L. (Eds.): Defining and Selecting Key Competencies. – Seattle, S. 222-227.
HARTIG, J. (2007): Skalierung und Definition von Kompetenzniveaus. In: BECK, B./KLIEME, E. (Hrsg): Sprachliche Kompetenzen. Konzepte und Messung. – Weinheim, S. 83-99.
HARTIG, J. (im Druck): Psychometric models for the assessment of competencies. In: HARTIG, J./KLIEME, E./LEUTNER, D. (Eds.): Assessment of competencies in educational contexts. – Göttingen.
HARTIG, J./KLIEME, E. (2006): Kompetenz und Kompetenzdiagnostik. In: SCHWEIZER, K. (Hrsg.): Leistung und Leistungsdiagnostik. – Berlin, S. 127-143.
HASTE, H. (2001): Ambiguity, Autonomy, and Agency: Psychological Challenges to new Competence. In: RYCHEN, D. S./HERSH SALGANIK, L. (Eds.): Defining and Selecting Key Competencies. – Seattle, S. 93-120.
KLIEME et al. (2003) = KLIEME, E./AVENARIUS, H./BLUM, W./DÖBRICH, P./GRUBER, H./PRENZEL, M./REISS, K./RIQUARTS, K./ROST, J./TENORTH, H.-E./VOLLMER, H. J. (2003): Zur Entwicklung nationaler Bildungsstandards. Eine Expertise. – Berlin.
KLIEME, E. (2004): Was sind und wie misst man Kompetenzen? In: Pädagogik, Jg. 56, H. 6, S. 10-13.
KLIEME, E./LEUTNER, D. (2006): Kompetenzmodelle zur Erfassung individueller Lernergebnisse und zur Bilanzierung von Bildungsprozessen. Beschreibung eines neu eingerichteten Schwerpunktprogramms der DFG. In: Zeitschrift für Pädagogik, Jg. 52, H. 6, S. 876-903.
KLIEME, E./LEUTNER, D./WIRTH, J. (Hrsg.) (2005): Problemlösekompetenz von Schülerinnen und Schülern. Diagnostische Ansätze, theoretische Grundlagen und Empirische Befunde der deutschen PISA-2000-Studie. – Wiesbaden.
KLOFT et al. (1997) = KLOFT, C./HAASE, K./KLIEME, E./HENSGEN, A. (1997): Projekt PROOF – Abschlußbericht. – Bonn.
KUNTER, M./STANAT, P./KLIEME, E. (2003): Kooperatives Problemlösen bei Schülerinnen und Schülern: Die Rolle von individuellen Eingangsvoraussetzungen und Gruppenmerkmalen bei einer kooperativen Problemlöseaufgabe. In: BRUNNER, E.J./NOACK, P./SCHOLZ, G./SCHOLL, I. (Hrsg.): Diagnose und Intervention in schulischen Handlungsfeldern. – Münster, S. 89-109.
MAAG MERKI, K. (2004): Überfachliche Kompetenzen als Ziele beruflicher Bildung im betrieblichen Alltag. In: Zeitschrift für Pädagogik, Jg. 50, H. 2, S. 202-222.
MARQUARD, O. (1981): Abschied vom Prinzipiellen. Philosophische Studien. – Stuttgart.
MAYER, R. E. (2003): What Causes Individual Differences in Cognitive Performance? In: STERNBERG, R. J./GRIGORENKO, E. L. (Eds.): The Psychology of Abilities, Competencies, and Expertise. – Cambridge, pp. 263-274.

MCCLELLAND, D. C. (1973): Testing for competence rather than for intelligence. In: American Psychologist, Vol. 28, pp. 1-14
NIJHOFF, W. J./STREUMER, J. N. (Eds.) (1998): Key Qualifications in Work and Education. – Dordrecht.
NUISSL, E./SCHIERSMANN, CH./SIEBERT, H. (2002): Editorial. In: Dies. (Hrsg.) und Deutsches Institut für Erwachsenenbildung (DIE): Literatur- und Forschungsreport Weiterbildung. – Bd. 49 – Bielefeld, S. 5.
OELKERS, J./REUSSER, K. (im Druck): Expertise „Qualität entwickeln – Standards sichern – mit Differenz umgehen." – Zürich.
Projekt Deutscher Wortschatz (2006): Deutscher Wortschatz. Universität Leipzig, URL: http://wortschatz.uni-leipzig.de. – Download vom 12.10.06.
RAUNER, F./BREMER, R. (2004): Bildung im Medium beruflicher Arbeitsprozesse. Die berufspädagogische Entschlüsselung beruflicher Kompetenzen im Konflikt zwischen bildungstheoretischer Normierung und Praxisaffirmation. In: Zeitschrift für Pädagogik, Jg. 50, H. 2, S. 149-161.
REUSSER, K. (2001): Unterricht zwischen Wissensvermittlung und Lernen lernen. In: FINKHEINER, C./SCHNAITMANN, G. W. (Hrsg.): Lehren und Lernen im Kontext empirischer Forschung und Fachdidaktik. – Donauwörth, S. 106-140.
RIDGEWAY, C. (2001): Joining and Functioning in Groups, Self-concept and Emotion management. In: RYCHEN, D. S./HERSH SALGANIK, L. (Eds.): Defining and Selecting Key Competencies. – Seattle, pp. 205-211.
ROST, J. (1996): Lehrbuch Testtheorie – Testkonstruktion. – Göttingen.
ROTH, H. (1966): Pädagogische Anthropologie. – Bd. 1 – Hannover.
ROTH, H. (1971): Pädagogische Anthropologie. – Bd. 2 – Hannover.
RYCHEN, D. S./HERSH SALGANIK, L. (Eds.) (2001): Defining and Selecting Key Competencies. – Seattle.
SCHNEEWIND, K. A./PEKRUN, R. (1994): Theorien der Erziehungs- und Sozialisationspsychologie. In: SCHNEEWIND, K. A. (Hrsg.): Psychologie der Erziehung und Sozialisation. – Göttingen, S. 3-40.
SCHNEIDER, W./SODIAN, B. (Hrsg.) (2006): Enzyklopädie der Psychologie, Serie X, Entwicklungspsychologie, Band 2: Kognitive Entwicklung. – Göttingen.
SCHLÖMERKEMPER, J. (1986): Bildung für alle. Über das Verhältnis von Egalität und Bildung. In: Die Deutsche Schule, Jg. 78, H. 4, S. 405-416.
SCHLÖMERKEMPER, J. (2007): Lob des Könnens – oder: Wie „Leistung" wieder attraktiv werden kann. www.boall.de/de/04_thema/215.html.
SHOHAMY, E. (1996): Competence and performance in language testing. In: BRONN, G./MALMKJER, K./WILLIAMS, J. (Eds.): Performance and Competence in Second Language Acquisition, pp. 136-151.
SIMONTON, D. K. (2003): Expertise, Competence, and Creative Ability: The Perplexing Complexities. In: STERNBERG, R. J./GRIGORENKO, E. L. (Eds.): The Psychology of Abilities, Competencies, and Expertise. – Cambridge, pp. 213-239.
TENORTH, H.-E. (2006): Basiskompetenzen – Über die Selbstverständlichkeiten im Bildungsprozess. Vortrag beim Symposium „Die Zukunft der Bildung und die Bildung der Zukunft". – Berlin.
VONKEN, M. (2005): Handlung und Kompetenz. – Wiesbaden.
WEINERT, F. E. (1999): Concepts of competence. Max-Planck-Institut für Psychologische Forschung, München.
WEINERT, F. E. (2001a): Concept of Competence: A Conceptual Clarification. In: RYCHEN, D. S./HERSH SALGANIK, L. (Eds.) (2001): Defining and Selecting Key Competencies. – Seattle.
WEINERT, F. E. (Hrsg.) (2001b): Leistungsmessung in Schulen. – Weinheim.
WHITE, R. W. (1959): Motivation Reconsidered: The Concept of Competence. In: Psychological Review, Vol. 66, pp. 297-333.
WIATER, W. (Hrsg.) (2001): Kompetenzerwerb in der Schule von morgen. – Donauwörth.
WILKENING, F. (2006): Informationsverarbeitungs-Theorien zur kognitiven Entwicklung. In: SCHNEIDER, W./WILKENING, F. (Hrsg.): Theorien, Modelle und Methoden der Entwicklungspsychologie. Enzyklopädie der Psychologie, Bd. C-V-1. – Göttingen, S. 265-310.
WILSON, M. (2005): Constructing Measures: An Item Response Modelling Approach. – Mahwah, N.J.

Anschriften der Verfasser: Prof. Dr. Eckhard Klieme, Direktor des Deutschen Instituts für Internationale Pädagogische Forschung, Schloßstr. 29, 60486 Frankfurt am Main; Tel.: (069) 24708-107, E-Mail: klieme@dipf.de; Dr. Johannes Hartig, ebenfalls DIPF

II   KOMPETENZMODELLE

Marcus Hammann/Titan Hoi Phan/Horst Bayrhuber

Experimentieren als Problemlösen: Lässt sich das SDDS-Modell nutzen, um unterschiedliche Dimensionen beim Experimentieren zu messen?

Zusammenfassung

Auf Grundlage des „Scientific Discovery as Dual Search"-Modells (SDDS) wurde ein Test zur Messung von Kompetenzen beim Experimentieren entwickelt, um zu überprüfen, ob sich die drei Dimensionen des Experimentierens anhand von Multiple-Choice-Aufgaben in reliable Skalen überführen lassen. Da dies mit zufriedenstellender Reliabilität gelang, wurde die Binnenstruktur des Konstrukts „Experimentieren als Problemlösen" untersucht. Dies geschah faktorenanalytisch und korrelationsstatistisch sowie mit multivariaten Methoden. Die konfirmatorische faktorenanalytische Überprüfung des Testdesigns lieferte Hinweise auf die Existenz zweier Dimensionen des eingesetzten Tests. Zwischen den Dimensionen wurden mittlere bis hohe Interkorrelationen ermittelt, wobei die erwarteten Ähnlichkeiten zwischen denjenigen Dimensionen bestätigt wurden, welche stärker vom bereichsspezifischen inhaltlichen Vorwissen bestimmt werden, ebenso wie die Unterschiede dieser Dimensionen zur Dimension „Testen von Hypothesen", die stärker vom methodischen Wissen über Ziele und Vorgehensweisen beim Experimentieren bestimmt wird. Die ermittelten Korrelationen zwischen dem bereichsspezifischen Vorwissen und den Dimensionen des Experimentierens liegen auf einem wesentlich geringeren Niveau als die Interkorrelationskoeffizienten.

Schlüsselwörter: Experimentieren; Kompetenzen; Diagnostik

Summary

Experimentation as Problem-Solving: Can the SDDS-model be used to measure different dimensions of experimentation

Based on the "Scientific Discovery as Dual Search" model (SDDS), a paper-and-pencil test was developed to assess competencies in experimentation. We investigated whether the three dimensions of experimentation form reliable scales when multiple-choice-items are used. Since the reliability of the scales was found to be satisfactory, it was possible to investigate the inner structure of the construct "experimenting as problem-solving". For this, factor analysis, correlation statistics and multivariate methods were used. A confirmatory factor analysis revealed two dimensions of the test used. Medium to high intercorrelations were found between the dimensions, and correlation statistics confirmed the expected similarities between those dimensions that are dependent upon the domain-specific content knowledge as well as the differences between these dimensions and the dimension "testing hypotheses" which is dependent upon methodological knowledge about the aims and processes of experimentation. The correlations between the domain-specific prior-knowledge and the three dimensions of experimentation were considerably lower than the intercorrelations between the dimensions.

Keywords: experimentation; competencies; diagnostics

1 Hintergründe

Die Vermittlung von Kompetenzen beim Experimentieren wird als wichtiges Bildungsziel der naturwissenschaftlichen Fächer angesehen. Die Messung von Kompetenzen beim Experimentieren findet zudem Berücksichtigung in internationalen Schulleistungsstudien (OECD 2003, 2006; ROST et al. 2004). Begründet wird diese Schwerpunktsetzung mit der erkenntnistheoretisch zentralen Stellung des Experiments, denn das Experiment stellt neben der Beobachtung und dem Vergleich eine wesentliche Methode der Gewinnung naturwissenschaftlichen Wissens dar (PUTHZ 1988). Die Schulung von Kompetenzen beim Experimentieren findet zunehmend Berücksichtigung in der Praxis der naturwissenschaftlichen Fächer (HAMMANN 2004; HAMMANN et al. 2006). Basierend auf der Unterscheidung zwischen „hands-on" und „minds-on" Experimenten, wurden beispielsweise im Rahmen des BLK-Modellversuchs „Steigerung der Effizienz des mathematisch-naturwissenschaftlichen Unterrichts" (vgl. PRENZEL 2000) Alternativen zum vorwiegend mechanischen Abarbeiten experimenteller Arbeitsanleitungen entwickelt, um die Schülerinnen und Schüler stärker gedanklich einzubinden in die wesentlichen Schritte des Experimentierens, nämlich die Formulierung von Fragestellung und Hypothesen, die Planung und Durchführung eines Experiments, die Analyse der Daten vor dem Hintergrund der gebildeten Hypothesen sowie die Anwendung der gewonnenen Ergebnisse.

Bildungspolitisch fand diese Schwerpunktsetzung jüngst ihren Niederschlag in der Formulierung der KMK-Bildungsstandards für den mittleren Schulabschluss der Fächer Biologie, Chemie und Physik. Sie weisen übereinstimmend den Kompetenzbereich Erkenntnisgewinnung aus, in dem auch diejenigen Bildungsstandards verortet sind, welche auf die experimentelle Methode bezogen sind. Exemplarisch seien einige Bildungsstandards des Faches Biologie genannt, die Kompetenzen beim Experimentieren in den Mittelpunkt stellen: Schülerinnen und Schüler führen „Untersuchungen mit geeigneten qualifizierenden und quantifizierenden Verfahren durch" (E 5), „planen einfache Experimente, führen diese durch und / oder werten sie aus" (E 6), „wenden Schritte aus dem experimentellen Weg der Erkenntnisgewinnung zur Erklärung an" (E7) und „erörtern Tragweite und Grenzen von Untersuchungsanlage, -schritten und -ergebnissen" (E 8) (Konferenz der Kultusminister 2005).

2 Messung von Kompetenzen beim Experimentieren

Die Messung derartig breit gefächerter Kompetenzen beim Experimentieren stellt eine Herausforderung für die Entwicklung aussagekräftiger Testverfahren dar. Grundsätzlich zu unterscheiden sind einerseits Testverfahren, bei denen Schülerinnen und Schüler praktisch arbeiten – die sogenannten praktischen Tests („practical test" oder „laboratory performance test") – und andererseits die sogenannten „paper-and-pencil" Tests, bei denen nicht praktisch gearbeitet wird. Auf die praktischen Tests soll im Rahmen dieses Beitrags nicht weiter eingegangen werden, obwohl nachgewiesen wurde, dass Schülerleistungen in praktischen und nicht-praktischen Tests lediglich schwach korrelieren (BEN-ZVI et al. 1977; COMBER/KEEVES 1973; ROBINSON 1969; TAMIR 1972, 1974). Typische Vertreter der paper-and-pencil Tests sind beispielsweise der „Test of Science Processes", der aus 96 Multiple-Choice-Aufgaben besteht, in dem das Experimentieren eine von 8 Unterskalen bildet (TANNENBAUM 1971). Die Reliabilität der Skala „Experimentieren" (10 Items) betrug allerdings je nach Klassenstufe (Klassen 7-9) und Einzugsgebiet lediglich .45 bis .55 und die Korrelationskoeffizienten dieser Skala zu den anderen Skalen (Beobachten, Vergleichen, Klassifizieren, Quantifizieren, Messen, Schlussfolgern, Vorhersagen) betrugen .353 – .557. Ein anderes Beispiel dieser Testart ist der „Test of Enquiry Skills, (TOES)" (FRASER 1980). Dieser besteht aus neun Skalen, von denen insbesondere Skala 8: "Design experimenteller Verfahren" (Reliabilität: .50 bis .60 in den Klassen 7-10) und Skala 9: „Schlussfolgern und Verallgemeinern" (Reliabilität .62 – .75 in den Klassen 7-10) hervorgehoben werden sollen, die mit dem Experimentieren in direkter Verbindung stehen. Die Interkorrelationen der neun Skalen dieses Tests betrugen im Mittel 0,47. Eine historische Besonderheit dieses Testansatzes besteht darin, dass die Aufgaben des TOES derart konzipiert wurden, dass sie inhaltsfrei sind, d. h. ohne Vorwissen über die zugrundeliegenden naturwissenschaftlichen Inhalte gelöst werden können. Hiermit wurde der Versuch unternommen, allgemeine Denkfähigkeiten zu erheben. Im Gegensatz hierzu wird in der vorliegenden Studie der Einfluss des bereichspezifischen Wissens auf Kompetenzen beim Experimentieren zu einem der Untersuchungsgegenstände gemacht.

3 Fragestellungen und Hypothesen

Die vorliegende Studie stellt einen Beitrag zur Messung von Kompetenzen beim Experimentieren dar. Auf der Grundlage des SDDS-Modells (KLAHR 2000) kann das Experimentieren als Problemlösen begriffen werden. Als Teildimensionen des Experimentierens werden hier benannt: „Suche im Hypothesenraum", „Testen von Hypothesen" und „Analyse von Evidenzen". Auf dieser Grundlage wurden ein Kompetenztest und ein unabhängiger Wissenstest zu biologischen Inhalten konzipiert, um die folgenden drei Fragestellungen zu untersuchen:

(1) Lassen sich die drei Dimensionen des Konstrukts „Experimentieren als Problemlösen" (SDDS Modell) anhand von Multiple-Choice-Items operationalisieren und in reliable Skalen überführen? Diese Forschungsfrage richtet sich grundsätzlich auf die Testbarkeit des Konstrukts, wobei hier zunächst nur nach der Reliabilität gefragt wird. Hintergrund dieser Schwerpunktsetzung ist die oben beschriebene Tatsache, dass ältere Skalen zum Experimentieren häufig eine geringe Reliabilität aufweisen.

(2) Welche korrelativen Zusammenhänge bestehen zwischen den drei Dimensionen des Experimentierens und welche Kompetenzprofile lassen sich ermitteln? Im Unterschied zu den oben genannten älteren Testansätzen zum Experimentieren wird das Konstrukt in dieser Studie theoriegeleitet in Teildimensionen untergliedert und in separaten Skalen gemessen. Hintergrund der Frage nach den Interkorrelationen der Dimensionen ist die begründete Vermutung, dass diese von unterschiedlichen Wissensarten abhängig sein dürften. Die Dimension „Testen von Hypothesen" dürfte u. a. von methodischem Wissen über Ziele und Vorgehensweisen beim Experimentieren abhängen. Es konnte nämlich gezeigt werden, dass Schülerinnen und Schüler mit umfangreicherem methodischem Vorwissen bei der Planung von Experimenten systematischer vorgehen als Personen mit eingeschränkterem methodischem Vorwissen (CAREY et al. 1989; SCHAUBLE et al. 1991). Im Gegensatz hierzu dürften die Dimensionen „Suche im Hypothesenraum" und „Analyse von Evidenzen" stärker abhängig vom bereichspezifischen Vorwissen sein. Je nach Umfang des Vorwissens über das zu erklärende Phänomen unterschieden sich nämlich Personen bezüglich der Suche im Hypothesenraum (DUNBAR/KLAHR 1989). Gut belegt sind auch die Einflüsse inhaltlicher Überzeugungen auf die Interpretation experimenteller Ergebnisse, beispielsweise die Wirkung von Schülervorstellungen auf die Analyse nicht-bestätigender Daten (CHINN/ BREWER 1998). Mit multivariaten Methoden wird anschließend überprüft, ob unterschiedliche Kompetenzprofile bei Schülerinnen und Schülern bestehen, und ob es deshalb vorteilhaft sein könnte, Aussagen über die einzelnen Dimensionen beim Experimentieren anhand separater Scores – anstatt eines Gesamtscores – zu treffen.

(3) Welche korrelativen Zusammenhänge bestehen zwischen dem biologischen Vorwissen und den drei Dimensionen beim Experimentieren? Diese Frage richtet sich auf die Bereichsspezifität

der Dimensionen der Kompetenz. Hintergrund dieses Erkenntnisinteresses ist die Überzeugung, dass Kompetenzentwicklung eng an die Bewältigung bereichsspezifischer Aufgaben gebunden ist, so dass ein wichtiges Anliegen fachdidaktischer Forschung darin besteht, bei der Erstellung von Kompetenzentwicklungsmodellen zwischen bereichsspezifischen und bereichsübergreifenden Aspekten einer Kompetenz zu unterscheiden (HAMMANN 2004). Aus dem unter der zweiten Forschungsfrage ausgeführten Darstellungen lassen sich für diese Fragestellung die Hypothesen bilden, dass die Dimensionen „Suche im Hypothesenraum" und „Testen von Hypothesen" stärker an das bereichsspezifische Vorwissen gebunden sein dürften als die Dimension „Hypothesen testen", da es unabhängig von dem zu erklärenden Phänomen bei der Planung von Experimenten notwendig ist, beispielsweise zwischen verschiedenen Variablentypen unterscheiden oder einen Kontrollansatz planen zu können.

4 Das SDDS-Modell

Im SDDS-Modell (KLAHR 2000) werden die verschiedenen Teilaspekte des naturwissenschaftlichen Erkenntnisprozesses aus Sicht der Problemlöseforschung modelliert. Das Akronym SDDS steht für „Scientific Discovery as Dual Search", wobei die beiden Problemräume, in denen nach Problemlösungen gesucht werden muss, der Hypothesenraum und der Experimentraum sind. Hauptkomponenten des SDDS-Modells sind die „Suche im Hypothesen-Raum", das „Testen von Hypothesen" und die „Analyse von Evidenzen" (siehe Abbildung 1). Mit der Suche im Hypothesen-Raum beginnt das Lösen eines naturwissenschaftlichen Problems, da zunächst auf der Grundlage eingeschränkten bereichsspezifischen Wissens eine überprüfbare Hypothese gebildet werden muss, mit der das vorliegende Phänomen erklärt werden kann. Der anschließende Prozess ist das „Testen von Hypothesen". Hierfür müssen Experimente geplant werden, mit denen Evidenzen hervorgebracht werden können, welche für bzw. gegen die vorliegende Hypothese sprechen. Wichtiger Teilaspekt der Komponente „Testen von Hypothesen" ist die „Suche im Experiment-Raum", denn aus dem Experiment-Suchraum stammen diejenigen experimentellen Ergebnisse, welche benötigt werden, um Hypothesen zu bewerten. Schließlich folgt die „Analyse von Evidenzen", wo entschieden wird, ob die vorliegende Hypothese akzeptiert, zurückgewiesen oder weiter geprüft werden muss.

Abbildung 1: Die drei übergeordneten Komponenten des SDDS-Modells

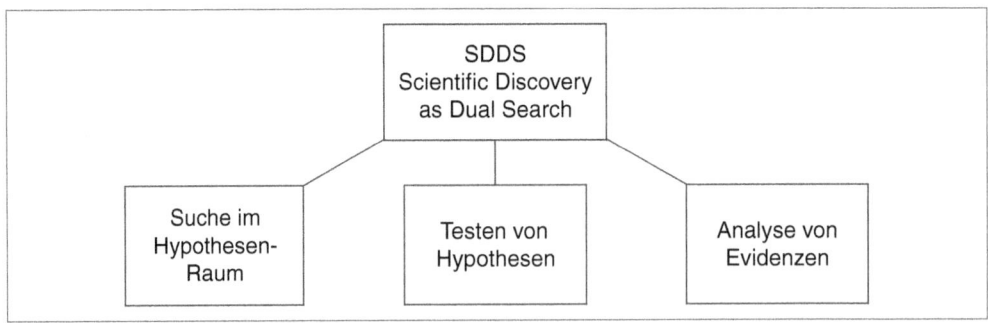

5 Testentwicklung

Die Entwicklung des Tests folgte einer Reihe dokumentierter Schritte (PHAN 2007) vom anfänglichen Kognitiven Laboratorium (n = 6) im Mai 2004 zur ersten Erprobung zweier unterschiedlich komplexer Fassungen des Kompetenztests im Februar 2005 (n = 799). Zwei weitere kleinere Vortests (n = 122, n = 77) schlossen sich im September 2005 und Juli 2006 an, um das Antwortformat des Wissenstests zu optimieren. Berichtet wird an dieser Stelle über die Ergebnisse der Hauptstudie (n = 1006), die im März 2007 durchgeführt wurde.

Tabelle 1: Testdesign: Zu den vier biologischen Themen „Brot backen", „Kleine Küken", „Samenkeimung" und „Apfelwein" wurden ein Wissenstest und ein Kompetenztest entwickelt (SMC = Simple Multiple-Choice).

	Einheit „Brot backen"	Einheit „Kleine Küken"	Einheit „Samenkeimung"	Einheit „Apfelwein"
Wissens-Test	8 Items (SMC)	8 Items (SMC)	7 Items (SMC)	8 Items (SMC)
Kompetenz-Test Dimension „Suche im Hypothesen-Raum"	2 Items (SMC)	2 Items (SMC)	2 Items (SMC)	2 Items (SMC)
Kompetenz-Test Dimension „Testen von Hypothesen"	2 Items (SMC)	2 Items (SMC)	2 Items (SMC)	2 Items (SMC)
Kompetenz-Test Dimension „Analyse von Evidenzen"	2 Items (SMC)	2 Items (SMC)	2 Items (SMC)	2 Items (SMC)

Das Testdesign (siehe Tabelle 1) ist gekennzeichnet durch zwei unabhängige Tests, einen Wissenstest mit 31 Items und einen Kompetenztest mit 24 Items (je 8 Items in den drei Dimensionen des Experimentierens), die von allen Teilnehmern innerhalb einer Schulstunde (45 Minuten) bearbeitet wurden. Es handelt sich um ein Facetten-Design, bei dem alltagsnahe biologische Inhalte (Brot backen, Kleine Küken, Samenkeimung und Apfelwein) mit Kompetenzen gekreuzt wurden. Die Beispielitems (Abbildungen 2-5) verdeutlichen, dass sich sowohl die Wissens-Items als auch die Kompetenz-Items auf denselben biologischen Gegenstand beziehen. Das Antwortformat der Items ist ein einfaches Multiple-Choice mit einer richtigen Antwort und drei Distraktoren.

Abbildung 2: Beispiel-Item: Wissen über Samenkeimung (richtige Lösung D)

Welche Aussage ist richtig?	
A Samen brauchen Erde, um zu keimen.	❏
B Samen müssen Nährstoffe aufnehmen, um zu keimen.	❏
C Samen keimen schneller, wenn sie gedüngt werden.	❏
D Samen können im Dunkeln keimen.	❏

Abbildung 3: Beispiel-Item des Kompetenztests
(Skala: „Suche im Hypothesenraum", richtige Antwort: D)

Samenkeimuung

Andreas macht ein Experiment zur Samenkeimung. Er verwendet dafür zwei Töpfe mit Erde. Er sät Bohnensamen in die Töpfe aus und sorgt dafür, dass beide Töpfe im Licht bei einer Temperatur von 22°C stehen. Topf 2 erhält kein Wasser (siehe Abbildungen).

Topf 1	Topf 2
Erde / Wasser / Licht / 22°C	Erde / kein Wasser / Licht / 22°C

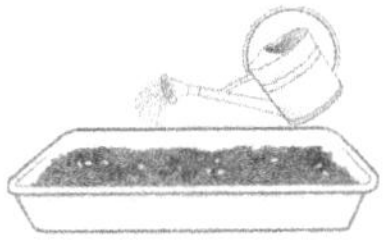

Warum macht Andreas dieses Experiment? Kreuze die richtige Antwort an.

A Weil er Samen dazu bringen will, schneller auszukeimen. ❏

B Weil er vermutet, dass Licht und Erde für die Samenkeimung notwendig sind. ❏

C Weil er vermutet, dass Wasser und Wärme für die Keimung notwendig sind. ❏

D Weil er vermutet, dass Wasser für die Samenkeimung notwendig ist. ❏

Abbildung 4: Beispiel-Item des Kompetenztests
(Skala: „Analyse von Evidenzen", richtige Antwort: B)

Nach einigen Tagen konnte Andreas Folgendes feststellen: Die Samen im Topf 1 waren gekeimt. Im Topf 2 waren die Samen nicht gekeimt (siehe Abbildung).

Topf 1	Topf 2
Erde / Wasser / Licht / 22°C	Erde / kein Wasser / Licht / 22°C

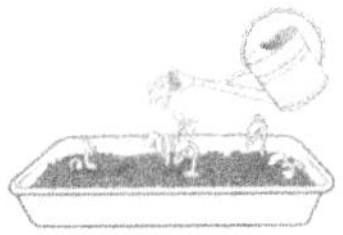

Wie lautet die beste Erklärung für das Ergebnis?

A Das Experiment klappte nicht, weil die Samen im Topf 2 nicht keimten. ❏

B Das Experiment zeigte, dass Samen Wasser brauchen, um zu keimen. ❏

C Das Experiment zeigte, dass die Samen Licht und Erde brauchen, um zu keimen. ❏

D Das Experiment zeigte, dass Samen Wasser und Wärme brauchen, um zu keimen. ❏

Abbildung 5: Beispiel-Item des Kompetenztests
(Skala: „Testen von Hypothesen", richtige Antwort: D)

Anna vermutet, **dass Samen schneller keimen, wenn sie in die Wärme gestellt werden.**
Sie plant ein Experiment, um diese Vermutung zu überprüfen.
Sie legt Bohnensamen in einen Topf mit Erde, hält die Erde feucht, stellt ihn ins Licht bei einer Temperatur von 22°C.
Anna braucht aber noch einen zweiten Topf (Topf 2), um diesen mit Topf 1 zu vergleichen.

Topf 1

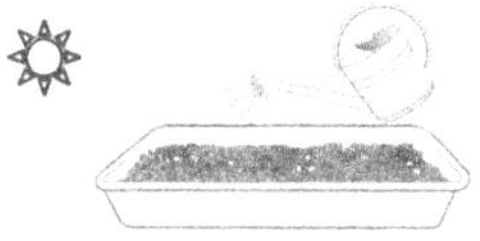

Erde / Licht / 22°C

Welchen Topf sollte Anna wählen, damit sie ihre Vermutung überprüfen kann?

Topf A	Topf B	Topf C	Topf D
keine Erde / kein Licht / 10°C	keine Erde / Licht / 10°C	Erde / kein Licht / 10°C	Erde / Licht / 10°C

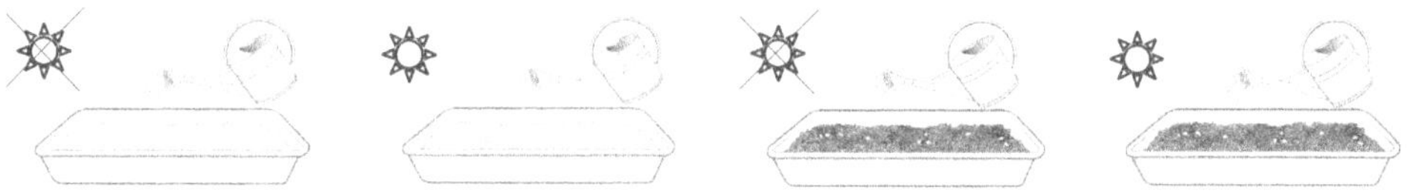

Kreuze die richtige Antwort an!

A: Topf A ☐

B: Topf B ☐

C: Topf C ☐

D: Topf D ☐

---

6 Stichprobe

Der Test richtet sich an Schülerinnen und Schüler der Klassenstufe 5-6. Es handelt sich um eine opportunistische Stichprobe, da Lehrerinnen und Lehrer, die den Autoren dieser Studie aus verschiedenen Projekten (z. B. GLOBE, Biologie im Kontext – BIK) bekannt waren, gebeten wurde, den Test in ihren eigenen Klassen einzusetzen und in ihrer Schule um Mitwirkung weiterer Kollegen zu werben. Diese Altersstufe wurde gewählt, da bei der Testentwicklung der Versuch unternommen wurde, Distraktoren auf der Basis evidenzbasierter Beschreibungen von Kompetenzstufen beim Experimentieren zu entwickeln, die bereits für diesen Lernabschnitt vorgenommen wurden (HAMMANN 2004). Dies geschah, um die Möglichkeiten zu untersuchen, Kompetenzstufen zu testen. Über die Ergebnisse dieses Teilaspektes der Studie wird an anderer Stelle berichtet. An der Hauptstudie, über deren Ergebnisse hier berichtet wird, nahmen 1006 Schülerinnen und Schüler teil (511 weiblich, 495 männlich). 753 Schülerinnen und Schüler waren in der Klassenstufe 6, 253 in der Klassenstufe 5. Das mittlere Alter der Schülerinnen und Schüler be-

Tabelle 2: Verteilung der Schülerinnen und Schüler der Stichprobe auf die unterschiedlichen Schularten und Klassenstufen

	Klasse 5	Klasse 6
Hauptschule	24	28
Realschule	100	219
Gesamtschule	44	73
Gymnasium	85	433

trug 11 Jahre und 8 Monate (STD 8 Monate, 7 Tage). Tabelle 2 gibt einen Überblick über die Verteilung der Schülerinnen und Schüler auf die unterschiedlichen Schularten.

Ergebnisse zu Fragestellung 1: Lassen sich die drei Dimensionen des Konstrukts „Experimentieren als Problemlösen" (SDDS Modell) anhand von Multiple-Choice-Items operationalisieren und in reliable Skalen überführen?

Bei der Auswertung des Tests wurden die Verfahren der traditionellen Itemanalyse eingesetzt. Die mittleren Lösungswahrscheinlichkeiten der Items des Kompetenztests lagen je nach Einheit und Klassenstufe zwischen 46,5% und 72,3% (siehe Tabelle 3). Dabei unterschieden sich die Lösungswahrscheinlichkeiten der Klassenstufen 5 und 6 erwartungsgemäß, da die Items für die Klassenstufe 5 geringfügig schwieriger waren als für die Klassenstufe 6. Die Lösungswahrscheinlichkeiten der Items der drei Skalen „Suche im Hypothesenraum", „Analyse von Evidenzen" und „Testen von Hypothesen" unterschieden sich lediglich geringfügig, wobei die Items der Skala „Testen von Hypothesen" gegenüber den anderen beiden Skalen für die untersuchte Stichprobe etwas schwerer zu lösen waren (siehe Tabelle 4).

Tabelle 3: Mittlere Lösungswahrscheinlichkeiten (in %) für die Items der vier Einheiten des Kompetenztests

	Einheit „Samenkeimung" (6 Items)	Einheit „Kleine Küken" (6 Items)	Einheit „Apfelwein" (6 Items)	Einheit „Brot backen" (6 Items)
Klassenstufe 5 (n = 253)	52.0	46.5	53.8	61.6
Klassenstufe 6 (n = 753)	64.2	57.3	67.0	72.3
Gesamtstichprobe (n = 1006)	61.2	54.6	63.7	69.7

Die Ergebnisse der Reliabilitätsanalyse des Kompetenztests werden in den Tabellen 5 und 6 dargestellt. Die Items weisen durchgängig Trennschärfenkoeffizienten größer 0,2 auf und der Test besitzt akzeptable Skaleneigenschaften mit Reliabilitätskoeffizienten um 0,70. Dies gilt insbesondere für die Klassenstufe 6, da die Reliabilitäten der Einzelskalen und des Gesamttests für die Klassenstufe 5 durchgängig niedriger liegen als diejenigen der Klassenstufe 6. Insbesondere weist für die Klassenstufe 5 die Skala „Testen von Hypothesen" einen nicht akzeptablen niedrigen Cronbach's Alpha auf. Hingegen lässt sich der Test selbst in der Klassenstufe 5 einsetzen, wenn über die Gesamtskala berichtet wird.

Eine faktorenanalytische Überprüfung der Grundannahmen der Testkonstruktion erfolgte bei vorgegebener Anzahl von drei Faktoren (VariMax Rotation), wobei 37,06% der Varianz erklärt

Tabelle 4: Mittlere Lösungswahrscheinlichkeiten (in %) für die Items der drei Skalen sowie die Items des gesamten Kompetenztests

	Skala „Suche im Hypothesenraum" (8 Items)	Skala „Analyse von Evidenzen" (8 Items)	Skala „Testen von Hypothesen" (8 Items)	Gesamttest (24 Items)
Klassenstufe 5 (n = 253)	54.2	57.5	48.7	53.5
Klassenstufe 6 (n = 753)	68.1	66.7	60.9	65.2
Gesamtstichprobe (n = 1006)	64.6	64.4	57.8	62.3

Tabelle 5: Trennschärfenkoeffizenten der Items sowie Reliabilitätkoeffizienten (Cronbach's Alpha) für die Skalen „Suche im Hypothesenraum", „Evidenzen analysieren" und „Hypothesen testen" bezogen auf die Gesamtstichprobe (n = 1006)

Einheit	Item	Skala „Suche im Hypothesenraum"	Skala „Analyse von Evidenzen"	Skala „Testen von Hypothesen"
Samenkeimung	1	.46	.34	.34
	2	.44	.33	.41
Kleine Küken	1	.37	.32	.41
	2	.50	.25	.41
Apfelwein	1	.57	.48	.44
	2	.51	.49	.41
Brot backen	1	.52	.43	.36
	2	.54	.44	.44
Cronbach's alpha		0.78	0.69	0.71

Tabelle 6: Reliabilitätkoeffizienten (Cronbach's Alpha) für die Skalen „Suche im Hypothesenraum", „Evidenzen analysieren" und „Hypothesen testen" sowie für den gesamten Kompetenztest

	Skala „Suche im Hypothesenraum" (8 Items)	Skala „Analyse von Evidenzen" (8 Items)	Skala „Testen von Hypothesen" (8 Items)	Gesamtskala des Kompetenztests (24 Items)
Klassenstufe 5 (n = 253)	.76	.63	.56	.84
Klassenstufe 6 (n = 753)	.78	.70	.74	.89
Gesamtstichprobe (n = 1006)	.78	.69	.71	.88

Tabelle 7: Interkorrelationen zwischen den drei Dimensionen des Experimentierens

	Skala „Suche im Hypothesenraum"	Skala „Analyse von Evidenzen"	Skala „Testen von Hypothesen"
Skala „Suche im Hypothesenraum"	1,00	0,78** (Klassenstufe 6) 0,74** (Klassenstufe 5)	0,64** (Klassenstufe 6) 0,38** (Klassenstufe 5)
Skala „Analyse von Evidenzen"	–	1,00	0,66** (Klassenstufe 6) 0,38** (Klassenstufe 5)
Skala „Testen von Hypothesen"	–	–	1,00

Tabelle 8: Ergebnisse der konfirmatorischen Faktorenanalyse des Kompetenztests (VariMax Rotation, Anzahl der Faktoren vorgegeben). Die Hauptladung wird durch graue Schattierung gekennzeichnet. Mit einem Stern wird die Tendenz eines Items markiert, auf zwei Faktoren zu laden.

Items (Name der Dimension, Nummer des Items_Einheit)	Faktoren		
	1	2	3
Suche im Hypothesenraum 1_Apfelwein	.643	.137	.207
Suche im Hypothesenraum 2_Brot backen	.632	.090	.152
Analyse von Evidenzen 4_Apfelwein	.620	.185	.175
Suche im Hypothesenraum 1_Brot backen	.608	.079	.153
Analyse von Evidenzen 3_Apfelwein	.597	.059	.153
Suche im Hypothesenraum 2_Apfelwein	.554	.115	.260
Analyse von Evidenzen 4_Brot backen	.538	.134	.132
Analyse von Evidenzen 3_Brot backen	.495	.144	.131
Suche im Hypothesenraum 2_Kleine Küken	.474	.211	.304
Hypothesen testen 5_Apfelwein	.431*	.389*	.118
Analyse von Evidenzen 4_Kleine Küken	.409	.188	.017
Analyse von Evidenzen 3_Kleine Küken	.357	.238	.118
Suche im Hypothesenraum 1_Kleine Küken	.337	.184	.126
Hypothesen testen 6_Samenkeimung	–.014	.716	.141
Hypothesen testen 5_Kleine Küken	.228	.572	.011
Hypothesen testen 6_Kleine Küken	.324	.544	–.082
Hypothesen testen 6_Brot backen	.170	.486	.226
Hypothesen testen 5_Brot backen	.166	.475	.191
Hypothesen testen 5_Samenkeimung	–.063	.461	.451
Hypothesen testen 6_Apfelwein	.355*	.428*	.047
Suche im Hypothesenraum 2_Samenkeimung	.219	.085	.660
Analyse von Evidenzen 3_Samenkeimung	.190	.174	.660
Suche im Hypothesenraum 1_Samenkeimung	.345	.145	.586
Analyse von Evidenzen 4_Samenkeimung	.243	.024	.538

wurden. Die Faktorenladungen werden in Tabelle 8 dargestellt. Es zeigte sich, dass die Items der Dimensionen „Suche im Hypothesenraum" und „Analyse von Evidenzen" gemeinsam in einem Faktor auftraten. Die Items der Dimension „Testen von Hypothesen" luden auf einen zweiten Faktor. Der dritte Faktor bestand aus vier Items der Einheit Samenkeimung, wobei hier wiederum nur Items der Dimensionen „Suche im Hypothesenraum und "Analyse von Evidenzen" zusammengefasst wurden. Bei einer Wiederholung der Faktorenanalyse mit vorgegebenen zwei Faktoren, zeigten sich die beschriebenen beiden ersten Faktoren wieder, wobei auf den ersten

Faktor alle Items der Dimensionen „Suche im Hypothesenraum" und „Analyse von Evidenzen" luden, während der zweite Faktor durch alle Items der Dimension „Testen von Hypothesen" gebildet wurde.

7 Diskussion der Ergebnisse zu Fragestellung 1

Gemessen an älteren Ansätzen, bei denen Kompetenzen beim Experimentieren ebenfalls anhand von Multiple-Choice-Aufgaben gemessen wurden (TANNENBAUM 1971; FRASER 1980), ist es als Erfolg zu bewerten, dass es in dieser Studie gelang, reliable Skalen zu den drei Dimensionen des Experimentierens zu entwickeln. Die höhere Reliabilität des vorliegenden Tests ist dabei nicht ausschließlich auf die größere Skalenlänge zurückzuführen, da die eingesetzten Einzelskalen mit einer Skalenlänge von 8 Items durchaus vergleichbar mit der Skalenlänge des „Test of Science Processes" (TANNENBAUM 1971) sind. Zudem gelang die Entwicklung von reliablen Skalen zu Teildimensionen des Experimentierens, die aus dem SDDS-Modell abgeleitet wurden.

Über die Gründe für die vorliegenden besseren Skalenqualitäten können keine gesicherten Aussagen getroffen werden. Allerdings soll an dieser Stelle herausgehoben werden, dass die Items innerhalb einer Skala wenig Variationen aufweisen. Die Items der Skala „Suche im Hypothesenraum" folgen dem Muster, dass anhand eines vorgegebenen Experiments die Hypothese zu identifizieren ist, die getestet werden kann. Diese Möglichkeit der Operationalisierung ist nach dem SDDS Modell gegeben, da der Experimentraum zur Hypothesenbildung durchsucht werden kann, wie dies bei den sogenannten „Experimentatoren" der Fall ist (DUNBAR/KLAHR 1989). Items der Skala „Analyse von Evidenzen" präsentieren die experimentellen Ergebnisse des bereits dargestellten Experiments. Die Anforderung beim Lösen dieses Itemtyps besteht darin, experimentelle Ergebnisse auf vorgegebene Erklärungen zu beziehen. Items der Dimension „Testen von Hypothesen" erfordern die Unterscheidung zwischen der Testvariable und den zu kontrollierenden Variablen, um ein unkonfundiertes Experiment auszuwählen, mit dem eine vorgegebene Hypothese getestet werden kann (vgl. Abbildungen 3-5). Die Homogenität der Items innerhalb einer Dimension stellt zwar eine Erklärungsmöglichkeit für die gegebene Skalengüte dar. Interessanterweise weist auch die Kombination der verschiedenen Itemtypen zu einer Gesamtskala eine hohe Reliabilität (0,84 für Klassenstufe 5, 0,89 Klassenstufe 6) auf, was als ein Hinweis auf hohe Interkorrelationskoeffizienten zwischen den Skalen gedeutet werden kann. Diese werden im folgenden Auswertungsteil genauer untersucht.

Die Ergebnisse der konfirmatorischen Faktorenanalyse lassen sich dahingehend interpretieren, dass entgegen der Annahme dreier Dimensionen beim Experimentieren mit dem vorliegenden Test wohl eher zwei Dimensionen des Experimentierens erhoben werden. Auffälligerweise traten diejenigen Items der beiden Dimensionen in Kombination auf, von denen erwartet wurde, dass sie stärker vom inhaltlichen Vorwissen abhängen als vom methodischen Vorwissen, nämlich die Items der Dimensionen „Suche im Hypothesenraum" und „Analyse on Evidenzen". Zur Lösung der Items dieser Dimensionen muss ein vorgegebenes experimentelles Design verstanden werden, um entweder eine Hypothese zu identifizieren, die getestet werden kann („Suche im Hypothesenraum"), oder um experimentelle Befunde zu interpretieren („Analyse von Evidenzen"). Ein gemeinsames Merkmal dieser beiden Itemtypen besteht somit darin, dass in den Items ein experimentelles Design vorgegeben wird, das interpretiert werden muss. Im Gegensatz hierzu wird bei den Items der Dimension „Testen von Hypothesen" kein experimentelles Design vorgegeben, sondern eine zu testende Hypothese. Die Lösung des Items erfordert es, ein Experiment im Rahmen der Möglichkeiten dieses Itemformats zu gestalten. Die ermittelten faktorenanalytischen Befunde lassen sich somit auf Ähnlichkeiten und Unterschiede zwischen den Dimensionen bzw. eingesetzten Itemtypen zurückführen.

8 Ergebnisse zu Fragestellung 2: Welche korrelativen Zusammenhänge bestehen zwischen den drei Dimensionen des Experimentierens? Welche Kompetenzprofile lassen sich ermitteln?

In Tabelle 7 werden die Interkorrelationen der Dimensionen des Experimentierens getrennt für die beiden Klassenstufen 5 und 6 aufgeführt, da einige der Skalen des Kompetenztests für die Klassenstufe 5 keine genügend hohe Reliabilität aufwiesen. Für die Klassenstufe 6 konnten Interkorrelationen mit Koeffizienten von 0,64 bis 0,78 ermittelt werden, so dass sich diese auf einem mittleren bis hohen Niveau bewegen (siehe Abbildung 6). Ähnlich hohe Korrelationen wurden auch in zwei Vorstudien ermittelt, über die an anderer Stelle berichtet wird (PHAN 2007). Die Unterschiede zwischen den Interkorrelationskoeffizienten für die Klassenstufen 5 und 6 sind auf die nicht reliablen Skalen des Kompetenztests für die Klassenstufe 5 zurückzuführen und finden keine weitere Beachtung.

Abbildung 6: Interkorrelationen zwischen den Dimensionen des Experimentierens (Klassenstufe 6, n = 753)

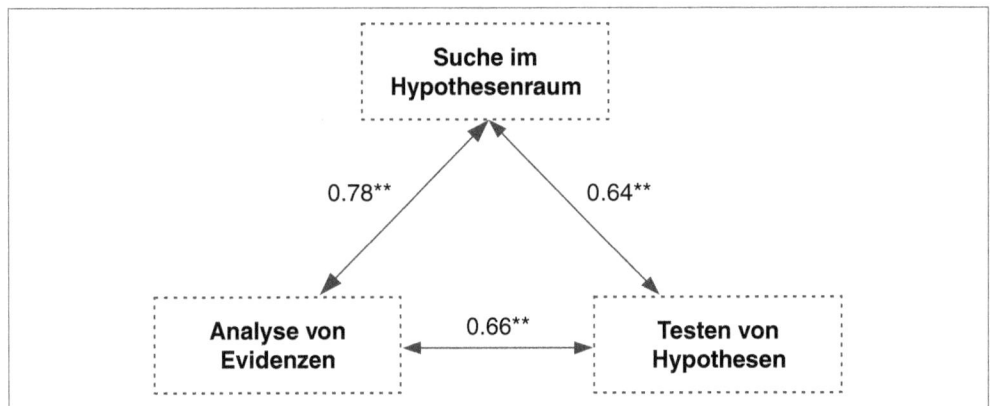

Anhand von Z-Tests wurde überprüft, ob die Unterschiede der ermittelten Interkorrelationskoeffizienten für die Klassenstufe 6 signifikant sind. Der Korrelationskoeffizient 0,73 für die Variablen „Suche im Hypothesenraum" und „Analyse von Evidenzen" unterscheidet sich signifikant von den Korrelationskoeffizienten der anderen beiden Variablenpaarungen, nämlich „Testen von Hypothesen" und „Suche im Hypothesenraum" (r = 0,64) sowie „Testen von Hypothesen" und „Analyse von Evidenzen" (r = 0,67). In ähnlicher Weise wie bei den Ergebnissen der konfirmatorischen Faktorenanalyse zeigen sich hier korrelationsanalytisch größere Ähnlichkeiten zwischen den Dimensionen „Suche im Hypothesenraum" und „Analyse von Evidenzen" als zwischen den Dimensionen „Testen von Hypothesen" und „Analyse von Evidenzen" bzw. „Testen von Hypothesen" und „Suche im Hypothesenraum".

In Ergänzung zu den korrelationsstatistischen Methoden wurden die Daten dieser Studie mithilfe probabilistischer Testmodelle analysiert, um zu ermitteln, ob in der gesamten Stichprobe qualitative Personenunterschiede im Hinblick auf die drei Dimensionen des Experimentierens über das Profil der Itemantworten beschrieben werden können. Durchgeführt wurde eine Analyse latenter Klassen (LCA) mit dem Programm WINMIRA (VON DAVIER 1997, 2001). Aufgrund des BIC und CAIC-Index wurde eine 3-Klassen Lösung gewählt (siehe Abbildung 7). Die Itemprofile der drei Klassen zeigen keine Überschneidungen bezüglich der drei Dimensionen, so dass

Abbildung 7: Itemprofile der drei latenten Klassen des klassifizierenden Testmodells

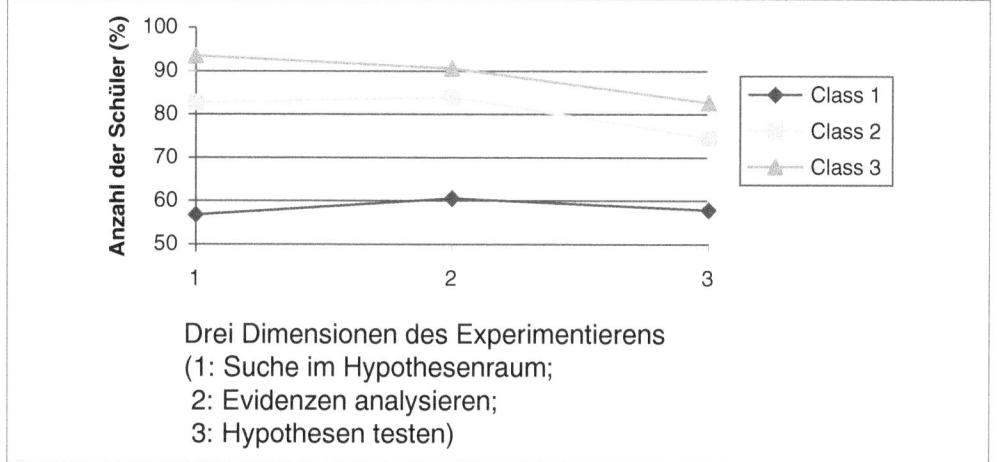

keine qualitativ unterschiedlichen Antwortmuster vorliegen, sondern die Staffelung der Itemprofile als Hinweis auf unterschiedliche Leistungsniveaus angesehen werden muss.

9 Diskussion der Ergebnisse zur Fragestellung 2

Die mittleren bis hohen Interkorrelationen, die zwischen den drei getesteten Dimensionen des Experimentierens ermittelt wurden, und die gestaffelten Itemprofile, die keine Überkreuzungen aufweisen, sprechen für eine Eindimensionalität des Konstrukts. Allerdings zeigten sich auf diesem recht hohen Korrelationsniveau signifikante Unterschiede zwischen den Korrelationskoeffizienten der verschiedenen Variablenpaarungen, welche die eingangs formulierten Erwartungen unterstützen. Es wurde nämlich vermutet, dass für die Planung von Experimenten (Dimension: „Testen von Hypothesen") hauptsächlich methodisches Wissen über die Vorgehensweise beim Experimentieren benötigt wird. Die Korrelationen dieser Dimension mit den anderen beiden Dimensionen unterschied sich signifikant von dem Korrelationskoeffizient der Variablenpaarung „Analyse von Evidenzen" und „Suche im Hypothesenraum". Items dieser beiden zuletzt genannten Dimensionen erfordern die Analyse von Daten und die Bildung von Hypothesen. Hierfür dürfte in der Hauptsache inhaltliches Wissen über die biologischen Zusammenhänge notwendig sein, die dem Experiment zugrunde liegen. Somit scheint es gerechtfertigt, in dem vorliegenden Test zur Messung von Kompetenzen beim Experimentieren zwei Dimensionen anzunehmen, die sich im vorherigen Auswertungsteil auch faktorenanalytisch bestätigen ließen.

10 Ergebnisse zu Fragestellung 3: Welche korrelativen Zusammenhänge bestehen zwischen dem biologischen Vorwissen und den drei Dimensionen beim Experimentieren?

Zur Beantwortung dieser Fragestellung wurde ein unabhängiger Wissenstest zu den vier biologischen Themen „Samenkeimung", „Kleine Küken", „Apfelwein" und „Brot backen" entwickelt und mit den Ergebnissen des Kompetenztests korreliert. Der Wissenstest umfasste 31 Items (siehe Tabelle 1 und Abbildung 2). Trotz mehrfacher Vortests, bei denen sowohl die Inhalte der Items als auch das Antwortformat optimiert wurde, gestaltete es sich als schwierig, für die gewählten Klassenstufen einen reliablen Wissens-Test zu entwickeln. Zum Einsatz kam schließlich ein Test dessen Gesamtskala bei der vorliegenden Stichprobe eine Reliabilität von 0,65 (Klassenstufe 6) und 0,61 (Klassenstufe 5) aufwies. Dies schränkt die Aussagekraft der nachfolgend aufgeführten Korrelationsanalysen ein. Außerdem wird nur über Ergebnisse der Klassenstufe 6 berichtet. Dies geschieht aus Gründen der bereits erwähnten niedrigen Güte zweier Skalen des Kompetenztests für die Klassenstufe 5. Zudem ist zu berücksichtigen, dass sowohl beim Wissenstest als auch beim Kompetenztest die Skalenbildung über die vier verschiedenen biologischen Themengebiete hinweg erfolgte, so dass nur recht generell die Interaktionen zwischen dem biologischen Vorwissen und Kompetenzen beim Experimentieren beschrieben werden können.

Es bestehen geringe Korrelationen zwischen dem biologischen Vorwissen und den Kompetenzen beim Experimentieren für die Klassenstufe 6 (siehe Abbildung 8). Für die Dimension „Suche im Hypothesenraum" betrug der Korrelationskoeffizient r = 0,38, für die Dimension „Analyse von Evidenzen" r = 0,36 und für die Dimension „Testen von Hypothesen" r = 0,37. Anhand von Z-Tests wurde ermittelt, dass keine signifikanten Unterschiede zwischen den Korrelationskoeffizienten bestehen.

Abbildung 8: Korrelationen zwischen dem Vorwissen über biologische Inhalte und den drei untersuchten Dimensionen des Experimentierens (Klassenstufe 6, n = 753)

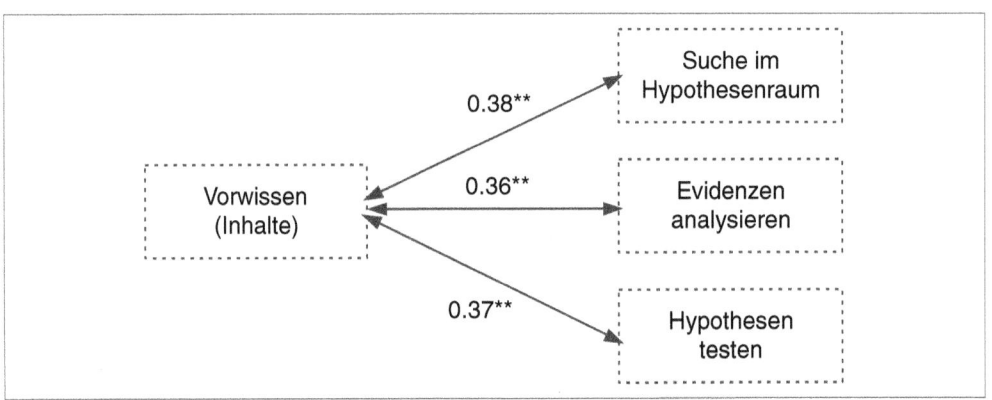

11 Diskussion der Ergebnisse zu Fragestellung 3

Die Ergebnisse müssen aufgrund der geringen Reliabilität des Wissenstests mit Vorsicht interpretiert werden. Auffällig ist allerdings, dass die Korrelationen zwischen Wissen und Kompetenzen beim Experimentieren auf einem niedrigeren Niveau liegen als die Interkorrelationen zwischen den Dimensionen des Experimentierens, die als mittel bzw. hoch bezeichnet werden können, und dass die erwarteten Unterschiede zwischen den Dimensionen ausblieben, die stärker vom methodischen bzw. inhaltlichen Vorwissen abhängen. Ob dieser Befund die Diskussion der Ergebnisse zu Fragestellung 2 relativiert, kann an dieser Stelle aufgrund der unzureichenden Reliabilität des Wissenstests nicht entschieden werden.

12 Zusammenfassung und Gesamtdiskussion

Die vorliegende Studie zeigt, dass es möglich ist, Kompetenzen beim Experimentieren mit Multiple-Choice-Aufgaben zu testen, wobei sich die verwendeten Skalen als reliabler herausstellten als dies in der Vergangenheit der Fall war (TANNENBAUM 1971; FRASER 1980). Zwischen den drei Dimensionen des Tests bestehen mittlere bis hohe Korrelationen, die zudem höher sind als die schwachen Korrelationen zwischen dem bereichsspezifischen Vorwissen und den drei Dimensionen des Experimentierens. Dieses Ergebnis wirft weiterführende Fragen auf, da empirisch gut dokumentiert wurde, dass das bereichsspezifische Wissen einen wichtigen Einfluss auf Problemlösefähigkeiten und Kompetenzen beim Experimentieren hat (CHI/FELTOVICH/GLASER 1981; CAREY 1985). Für die Unterrichtspraxis wurde auf der Grundlage dieser Erkenntnisse die Empfehlung ausgesprochen: „[...] school science instruction needs to pay deeper attention to the *interaction* of evolving domain-specific knowledge and evolving scientific methods" (METZ 2003, 87). Bei der Beschreibung eines konzeptuellen Rahmens zur Entwicklung deutscher Bildungsstandards wurde ebenfalls der Tatsache Rechnung getragen, dass Kompetenzen eng an die Bewältigung von Aufgaben gebunden sind, zu deren Bearbeitung bereichsspezifisches Wissen notwendig ist (KLIEME et al. 2003). Im Gegensatz hierzu ließen sich die Items dieses Tests wohl weitgehend ohne umfangreiches Vorwissen über die zugrunde liegenden biologischen Sachverhalte lösen. Mögliche Gründe hierfür liegen einerseits in der Tatsache, dass die Items des Wissenstests auch Aspekte testeten, die nicht zur Lösung der Items des Kompetenztests erforderlich waren. Eine weitere Ursache liegt in der Art und Weise, wie in den Testaufgaben Kompetenzen beim Experimentieren operationalisiert wurden. Dies soll genauer diskutiert werden.

Die Dimension „Suche im Hypothesenraum" lässt sich grundsätzlich dadurch operationalisieren, dass Hypothesen entweder aus dem Vorwissen oder aus dem Hypothesenraum generiert werden (DUNBAR/KLAHR 1989). In dieser Studie wurde die zweite – weitgehend vorwissensunabhängige – Variante gewählt, so dass eine weiterführende Fragestellung darin besteht, ob bei Verwendung eines anderen Itemtyps die Interaktionen zwischen Vorwissen und Kompetenzen stärker zu Tage getreten wären. Als alternativer Itemtyp bietet es sich an, im Stimulus-Material des Items ein multifaktoriell bedingtes Phänomen darzustellen und anschließend verschiedene Erklärungsmöglichkeiten generieren zu lassen. Es ist vor dem Hintergrund der hier beschriebenen Schwierigkeiten, einen genügend reliablen Wissenstest zu entwickeln, selbstverständlich völlig offen, ob sich mit derartigen Items eine reliable Skala bilden lässt, die sich – im Gegensatz zu den vorliegenden Befunden – faktorenanalytisch von den Items der Dimension „Analyse von Evidenzen" unterscheidet. Allerdings wäre beim Einsatz derartiger Items ein eigener Faktor für die Bildung von Hypothesen schon deshalb zu erwarten, weil die erfolgreiche Bearbeitung von Items der Dimension „Analyse von Evidenzen", die hier anscheinend weitgehend unbeeinflusst von inhaltlichen Schülervorstellungen erfolgte, stärker mit logischen Denkfähigkeiten oder mit der Intelligenz zusammenhängen könnte als mit dem Umfang des Vorwissens.

Grundsätzliche Aussagen über die Faktoren, die zu einer erfolgreichen Bearbeitung der vorliegenden Aufgaben beitragen, lassen sich vor dem Hintergrund der eingesetzten Testinstrumente nicht treffen. In diesem Zusammenhang wäre der Einsatz eines Intelligenztests auch deshalb interessant, um die Frage zu klären, ob die Lösung der Items der Dimension „Testen von Hypothesen" stärker durch logische Denkfähigkeit gesteuert wurde oder durch die Verfügbarkeit methodischen Wissens über das Experimentieren. Diese Frage ist relevant, weil der Besitz methodischen Wissens über Ziele und Vorgehensweisen beim Experimentieren als Voraussetzung für Kompetenzen bei der Planung von Experimenten angesehen wird (SCHAUBLE/KLOPFER/RAGHAVAN 1991). Einige Skalen bestehender NOS-Tests ließen sich eventuell in modifizierter Form nutzen, um Aussagen über das methodische Wissen der Schülerinnen und Schüler zu treffen und mit den Ergebnissen des vorliegenden Kompetenztests in Beziehung zu setzen. Es wäre auch denkbar, dass

Rückschlüsse auf das methodische Wissen der Schülerinnen und Schüler durch Items mit offenem Antwortformat gezogen können, bei denen größere Gestaltungsfreiräume für die Planung von Experimenten bestehen als dies bei Multiple-Choice-Aufgaben der Fall ist.

Abschließend soll die Frage diskutiert werden, die im Titel dieses Beitrags formuliert wurde, nämlich ob sich das SDDS-Modell nutzen lässt, um Kompetenzen beim Experimentieren zu messen. Erprobt wurde eine relativ fein abgestufte Messung von Teilkompetenzen auf der Grundlage des SDDS Modells, da angenommen wurde, dass es vorteilhaft sein könnte, statt eines Gesamtscores zu Kompetenzen beim Experimentieren differenziertere Aussagen über verschiedene Dimensionen zu treffen. Allerdings zeigen die vorliegenden Befunde, dass zu feine Unterscheidungen getroffen wurden und dass der Test aus zwei Dimensionen besteht. Im Gegensatz zu Simulationen, die häufig im Rahmen der Forschungen zum SDDS Modell eingesetzt werden (KLAHR 2000), bietet ein „paper-and-pencil" Test zudem nicht die Möglichkeiten eines interaktiven Mediums, erfasst also beispielsweise keine Reaktionen auf veränderte Parameter, und die eingesetzten Aufgaben stellen vermutlich geringere Anforderungen als dies beim Lösen komplexer Probleme der Fall wäre. Eine interessante weiterführende Fragestellung besteht deshalb darin, die Kompetenzen von Schülerinnen und Schülerinnen in derartigen computerbasierten Testaufgaben mit den vorliegenden Aufgaben zu vergleichen.

Literatur

BEN-ZVI et al. = BEN-ZVI, R./HOFSTEIN, A./SAMUEL, D./KEMPA, R. F. (1977): Modes of instruction in high school chemistry. In: Journal of Research in Science Teaching, Vol. 14, pp. 433-439.

CAREY, S. (1985). Are Children Fundamentally Different Thinkers Than Adults? In: CHIPMAN, S./SEGAL, J./GLASER, R. (Hrsg.), Thinking and Learning Skills: Volume 2: Research and Open Questions. – Hillsdale, pp. 485-517.

CAREY et al. = CAREY, S./EVANS, R./HONDA, M./JAY, E./UNGER, C. (1989): An Experiment Is When You Try It and See If It Works: A Study of Grade 7 Students' Understanding of the Construction of Scientific Knowledge. In: International Journal of Science Education, Vol. 11, pp. 514-529.

CHI, M. T. H./FELTOVICH, P. J./GLASER, R. (1981): Categorization and representation of physics problems by experts and novices. In: Cognitive Science, Vol. 5, pp. 121-152.

CHINN, C. A./BREWER, W. F. (1998): An empirical test of a taxonomy of responses to anomalous data in scientific science. In: Journal of Research in Science Teaching, Vol. 35(6), pp. 623-654.

COMBER, L. C./KEEVES, J. P. (1973): Science Education in Nineteen Countries. – New York.

DAVIER, M. VON (1997): WINMIRA – program description and recent enhancements. Methods of Psychological Research Online. 2 (2). URL: http://www.pabst-publishers.de/mpr/ – Download vom 1.2.2007

DAVIER, M. VON (2001): WINMIRA 2001 [Computersoftware] Kiel: Leibniz-Institut für die Pädagogik der Naturwissenschaften 2001.

DUNBAR, K./KLAHR, D. (1989): Developmental differences in scientific discovery processes. In: KLAHR, D./KOTOVSKY, K. V. (Eds.): Complex information processing: The impact of Herbert SIMON. – Hillsdale, pp. 109-143.

FRASER, B. (1980): Development and validation of a test of enquiry skills. In: Journal of Research in Science Teaching, Vol. 17(1), pp. 7-16.

HAMMANN, M. (2004): Kompetenzentwicklungsmodelle: Merkmale und ihre Bedeutung – dargestellt anhand von Kompetenzen beim Experimentieren. In: MNU 57(4), S. 196-203.

HAMMANN, M./PHAN, T. T. H./EHMER, M./BAYRHUBER, H. (2006): Fehlerfrei experimentieren. In: MNU 59(5), S. 292-299.

KLAHR, D. (2000): Exploring Science: The Cognition and Development of Discovery processes. – Cambridge.

KLIEME et al. = KLIEME, E./AVENARIUS, H./BLUM, W./DÖBRICH, P./GRUBER, H./PRENZEL, M./REISS, K./RIQUARTS, K./ROST, J./TENORTH, H.-E./VOLLMER, H. J. (2003): Zur Entwicklung nationaler Bildungsstandards: Eine Expertise. URL: http://www.bmbf.de/pub/zur_entwicklung_nationaler_bildungsstandards.pdf – Download vom 1.2.2007

Konferenz der Kultusminister (2005): Bildungsstandards für den mittleren Schulabschluss – Biologie, URL: http://www.kmk.org/schul/Bildungsstandards/Biologie_MSA_16-12-04.pdf – Download vom 1.2.2007.
METZ, K. E. (2003). Scientific Inquiry Within Reach of Young Children. In: FRASER, B. J./TOBIN, K. G. (Eds.): International Handbook of Science Education. – Dordrecht, pp. 81-96.
OECD (2003): The PISA 2003 Assessment Framework – Mathematics, Reading, Science and Problem Solving Knowledge and Skills. – Paris.
OECD (2006): Assessing Scientific, Reading and Mathematical Literacy: A Framework for PISA 2006. – Paris.
PHAN, T. T. H. (2007): Testing Levels of Competencies in biological experimentation. Diss. Christian-Albrechts Universität. – Kiel.
PRENZEL, M. (2000): Steigerung der Effizienz des mathematisch-naturwissenschaftlichen Unterrichts: Ein Modellversuchsprogramm von Bund und Ländern. In: Unterrichtswissenschaft, 28. Jg., S. 103-126.
PUTHZ, V. (1988): Experiment oder Beobachtung? Überlegungen zum Erkenntnisgewinn in der Biologie. In: Unterricht Biologie, Bd. 12, S. 11-13.
ROBINSON, J. (1969): Evaluating laboratory work in high school biology. In: American Biology Teacher, Vol. 31, pp. 236-240.
ROST u. a. = ROST, J./WALTER, O./CARSTENSEN, C.-H./SENKBEIL, M./PRENZEL, M. (2004): Naturwissenschaftliche Kompetenz. In: PRENZEL, M./BAUMERT, J./BLUM, W./LEHMANN, R./LEUTNER, D./NEUBRAND, M./PEKRUN, R./ROLFF, H.-G./ROST, J./SCHIEFELE, U. (Hrsg.), PISA 2003. Der Bildungsstand der Jugendlichen in Deutschland – Ergebnisse des zweiten internationalen Vergleichs. – Münster, S. 111-146.
SCHAUBLE, L./KLOPFER, E. L./RAGHAVAN, K. (1991): Students' transition from an engineering model to a science model of experimentation. In: Journal of Research in Science Teaching, Vol. 28, pp. 859-882.
TAMIR, P. (1972): The practical mode of performance in biology: A distinct mode. In: Journal of Biology Education, Vol. 6, pp. 175-182.
TAMIR, P. (1974): An inquiry oriented laboratory examination. In: Journal of Educational Measurement, Vol. 11, pp. 25-33.
TAMIR, P. (1989): Training teachers to teach effectively in the laboratory. In: Science Education, Vol. 73(1), pp. 59-69.
TANNENBAUM, R. S. (1971): The Development of the Test of Science Processes. In: Journal of Research in Science Teaching, Vol. 8(2), pp. 123-136.

Anschriften der Verfasser: Prof. Dr. Marcus Hammann, Westfälische Wilhelms-Universität Münster, Institut für Didaktik der Biologie, Fliednerstr. 21, 48149 Münster; Tel.: (0251) 83 31362, Fax: (0251) 83 31330, E-Mail: hammann.m@uni-muenster.de; Prof. Dr. Horst Bayrhuber, IPN – Leibniz-Institut für die Pädagogik der Naturwissenschaften, Olshausenstr. 61, 24098 Kiel, Tel.: (04346) 7172, E-Mail: bayrhuber@ipn.uni-kiel.de; Dr. Phan Titan Hoi, IPN – Leibniz-Institut für die Pädagogik der Naturwissenschaften, Olshausenstr. 61, 24098 Kiel, Tel.: (0431) 880-1616, E-Mail: phanthanhhoi@yahoo.de

Frank Achtenhagen/Martin Baethge

Kompetenzdiagnostik als Large-Scale-Assessment im Bereich der beruflichen Aus- und Weiterbildung

Zusammenfassung
Der Beitrag stellt Probleme der Vorbereitung und Durchführung einer internationalen Vergleichsstudie im Bereich der beruflichen Bildung als Large-Scale-Assessment dar. Dabei werden Unterschiede der Anlage einer solchen Studie zu den Prinzipien herausgestellt, die für TIMSS oder PISA gegolten haben und gelten. Angesichts der grundlegenden ökonomischen und sozialen Wandlungen stehen die Beschäftigungs- und Ausbildungssysteme aller Industriestaaten vor neuen Herausforderungen, die mit unterschiedlichem Erfolg gemeistert werden. Angemessene Beurteilungen der entsprechenden Bemühungen haben die Zielstruktur beruflicher Bildungsprozesse zu berücksichtigen. Im Hinblick auf die Erfassung der Leistungsfähigkeit unterschiedlicher Berufsbildungssysteme geht es in dem vorgestellten Projekt um Fragen der Messung beruflicher Handlungskompetenz, um die Erfassung der relevanten Rahmenbedingungen sowie um die Identifikation von international vergleichbaren Berufsfeldern und Erwerbstätigkeiten. Es werden erste Schritte zur Beantwortung dieser Fragen gegangen und zugleich die Schwierigkeiten der entsprechenden Operationalisierungsprozesse behandelt. Hinweise auf Probleme bei der Anlage der Studie sowie der Stichprobenziehung bilden den Schluss.

Schlüsselwörter: Vergleichsstudie, international; Berufsbildungssystem; Handlungskompetenz, berufliche

Summary
Competence Diagnosis as Large-scale Assessment in the Field of Vocational Education and Training (VET)
The article covers problems of the preparation and implementation of an international large-scale assessment study in the field of VET (Vocational Education and Training). It discusses the differences to studies in the area of academic education, such as TIMSS and PISA. Starting point is the fact that all industrialized countries are challenged by so-called "megatrends", i. e. radical economic and social changes which heavily influence the structure of work, and consequently, of VET. As the individual countries master these challenges with different success, the study might help to identify strengths and weaknesses of different systems and approaches of VET. However, different overall strategies for VET systems should be taken into account. We show, at a first glance, how VET competencies might be measured, together with the prevailing institutional and political frame. The expected difficulties – especially with regard to the multitude of necessary operationalization processes – are discussed as well as first steps of designing the study and sampling.

Keywords: comparative study; international; vocational training systems; vocational skills

0 Vorbemerkung

Der vorliegende Text fasst Erkenntnisse zusammen, die im Rahmen eines Auftrags des Bundesministeriums für Wirtschaft und Arbeit gewonnen wurden. Gegenstand des Auftrags war, eine Machbarkeitsstudie für ein Large-Scale-Assessment im Bereich der beruflichen Aus- und Weiterbildung zu erstellen (vgl. BAETHGE et al. 2006a, 2006b). Zielsetzung einer solchen Erhebung ist es, eine Basis zu schaffen, um zuverlässige und valide Aussagen über die Leistungsfähigkeit unterschiedlicher Ausbildungsinstitutionen in Europa zu machen. Ein systematisches Benchmark der nationalen Ausbildungssysteme kann allerdings nicht Ziel der Untersuchung sein; Ausbildungssysteme sind in den einzelnen Ländern zu unterschiedlich und zu komplex. Die Studie soll Einsichten in die Stärken und Schwächen von in den verschiedenen Staaten unterschiedlichen Berufsbildungsformen in verschiedenen Ausbildungsfeldern vermitteln und eine Möglichkeit dafür schaffen, dass unterschiedliche Länder voneinander lernen können[1].

1 Die Bedeutung internationaler Vergleiche in der Berufsbildung

Der politische und ökonomische Sinn einer „internationalen Vergleichsstudie zur beruflichen Bildung", die als „Large-Scale-Assessment" durchgeführt werden soll, liegt auf der Hand: Die fortschreitende Internationalisierung der ökonomischen Austauschbeziehungen auf den Güter- und Arbeitsmärkten sowie das ökonomische, politische und soziale Zusammenwachsen Europas unter der Bedingung steigender Wissensintensität der Arbeitsprozesse weisen den Bildungs- und dabei besonders den Berufsbildungssystemen eine erhöhte Bedeutung sowohl für die internationale Innovations- und Wettbewerbsfähigkeit der Unternehmen als auch für die Sicherung der Kompetenzen für (internationale) berufliche Mobilität und eigenständige Lebensführung zu.

Die Europäische Union hat in den letzten Jahren ihre Bemühungen intensiviert, mit der Entwicklung eines Europäischen Qualifizierungsrahmens (EQF) und eines europäischen Leistungspunktesystems (ECVET) mehr Transparenz über die Berufsbildung in Europa zu schaffen und die Gleichstellung von beruflichen Abschlüssen zu regeln. Gleichstellungsregelungen stellen eine notwendige *normative Definition* zur Klassifizierung von Ausbildungsgängen und -abschlüssen dar. Sollen sie ihren Hauptzweck, Glaubwürdigkeit und Vertrauen bei den Ausbildungseinrichtungen sowie institutionellen und individuellen Arbeitsmarktakteuren zu schaffen (Kommission der Europäischen Gemeinschaften 2006, S. 6 f.), erfüllen, muss man wissen, welche Kompetenzen in den unterschiedlichen europäischen Berufsbildungssystemen tatsächlich erworben werden. Bei der Vielfalt der Berufsbildungsformen in Europa kann solches Wissen auch dazu beitragen, dass die Länder in der Berufsbildung voneinander lernen.

Die wissenschaftlichen Ziele liegen in der Verbesserung des Kenntnisstands über die Leistungsfähigkeit unterschiedlicher Ausbildungssysteme bzw. besser: Ausbildungsformen, um Grundlagen zur Optimierung von Organisation und Didaktik von Ausbildungsprozessen zu gewinnen. Gegenwärtig wissen wir wenig darüber, was Jugendliche tatsächlich in der beruflichen Bildung lernen, was sich an Kompetenzen hinter erworbenen Zertifikaten verbirgt und von welchen institutionellen und individuellen Bedingungen und Voraussetzungen die berufliche Kompetenzentwicklung in welcher Weise abhängig ist.

Wie die Ziele so lassen sich auch die Erträge eines „Berufsbildungs-PISA" auf einer politisch-pragmatischen und auf einer wissenschaftlichen Ebene skizzieren.

Auf der *politischen* Ebene ist ein erheblicher Gewinn an Steuerungswissen für die Gestaltung von Berufsbildungsprozessen zu erwarten, der insbesondere folgende Aspekte betrifft:

- Das Verhältnis von individuellen/biografischen Merkmalen, Ausbildungsformen und Kompetenzerwerb;
- Zusammenhänge zwischen in Abschlussprüfungen zertifizierten und gemessenen Kompetenzen;
- Verbindungen zwischen den Ergebnissen der vergleichenden Kompetenzmessung und institutionellen Ordnungen der Berufsbildungssysteme (Aufdecken der Stärken und Schwächen verschiedener Ausbildungsformen in unterschiedlichen Ländern);

– die Einordnung unterschiedlicher Berufsbildungsabschlüsse in die internationalen Klassifikationen (ISCED; EQF), um die Anerkennungsverfahren zur Gleichstellung von Zertifikaten auf der europäischen Ebene zu verbessern.

Auf der *wissenschaftlichen* Ebene erwarten wir als Ertrag zunächst eine vertiefte Hypothesenbildung und ein valides und reliables Methodenensemble für eine international vergleichende Längsschnittstudie zur Leistungsfähigkeit von Berufsbildungsorganisationen als Large-Scale-Assessment.

Darüber hinaus darf man auf der *inhaltlichen* Ebene fundierte Erkenntnisse über die Zusammenhänge erwarten zwischen

– Kompetenzniveaus, Ausbildungsformen und Kontextvariablen,
– unterschiedlichen Kompetenz-Dimensionen (berufsfachlichen und fachübergreifenden) sowie
– Berufskompetenzen und Outcomes am Arbeitsmarkt und in der Erwerbsarbeit.

2 Das zugrunde liegende Berufsbildungskonzept

Ein internationaler Vergleich der Leistungsfähigkeit beruflicher Bildung via Kompetenzmessung bedarf eines gemeinsamen Verständnisses von den Zielen der Berufsbildung. Ein solches gemeinsames Verständnis kann nicht unterstellt, es muss konsensuell wissenschaftlich, gegebenenfalls auch politisch hergestellt werden. Es macht für eine Vergleichsstudie einen Unterschied, ob man das Ziel beruflicher Bildung eng auf die Fähigkeit hin definiert, die funktionalen Anforderungen eines spezifischen Arbeitsplatzes erfüllen zu können, oder einer weiteren Zieldefinition folgt, nach der Berufsbildung neben funktionalen Qualifikationen auch allgemeinere Kompetenzen zu vermitteln hat, d. h. solche Fähigkeiten, die Individuen benötigen, um erfolgreich auf dynamischen Arbeitsmärkten handeln und lebenslanges Lernen selbständig organisieren zu können.

In Anlehnung an die aktuelle internationale wissenschaftliche Debatte haben wir auf der Systemebene drei zentrale Zieldimensionen definiert, denen Ausbildungssysteme sich stellen müssen und die dementsprechend auch den Bezugspunkt für die Definition von Kompetenzen darstellen, die in der Berufsbildung vermittelt werden müssten:

(1) die Entwicklung der individuellen beruflichen Regulationsfähigkeit – unter einer individuellen Nutzerperspektive und dem zentralen Aspekt der personalen Autonomie;
(2) die Sicherung der Humanressourcen einer Gesellschaft und
(3) die Gewährleistung gesellschaftlicher Teilhabe und Chancengleichheit.

Um diese Zieldimensionen angemessen diskutieren, kritisieren und weiterentwickeln zu können, werden sie im Folgenden ein wenig weiter ausdifferenziert:

Ad (1): Die *individuelle Regulationsfähigkeit* (persönliche und biografische Nutzerperspektive) zielt auf das Vermögen des Individuums, sein Verhalten und Verhältnis zur Umwelt, die eigene Biografie und das Leben in der Gemeinschaft selbständig zu gestalten; individuelle Regulationsfähigkeit meint neben den rein fachlichen auch solche Kompetenzen, die auf Selbstorganisationsfähigkeit, Problemlösungsverhalten, Kommunikativität und Reflexivität (Metakognition) zielen.

Ad (2): Die *Sicherstellung der Humanressourcen* (gesellschaftliche Bedarfs wie auch individuelle ökonomische Nutzerperspektive); hier sind alle Aspekte des Ausbildungssystems angesprochen, welche die individuelle Handlungsfähigkeit in der Erwerbsarbeit und auf dem Arbeitsmarkt fördern sowie den quantitativen und qualitativen Arbeitskräftebedarf sichern helfen. Angesprochen ist die Angemessenheit der Berufsbildungsprozesse im Hinblick auf die Entwicklung im Beschäftigungssystem – wie sie auch im Konzept der Mega-Trends gefasst werden (vgl. ACHTENHA-

GEN/NIJHOF/RAFFE 1995; ACHTENHAGEN/GRUBB 2001; BAETHGE/BUSS/LANFER 2003). Man kann bei dieser Betrachtung einen eher quantitativen sowie einen eher qualitativen Aspekt unterscheiden. Unter einer eher quantitativen Perspektive geht es vor allem um die Vermeidung von Disproportionalitäten zwischen Berufsbildungs- und Beschäftigungssystem; hierzu gehören zum Beispiel die Vermeidung zu geringer Ausbildungsangebote in stark nachgefragten oder einer Überausbildung in wenig nachgefragten oder wenig zukunftsträchtigen Berufsfeldern. Unter einer eher qualitativen Perspektive geht es vor allem um eine angemessene Vorbereitung auf jeweilig fachlich definierte Tätigkeitsfelder bis hin zur Ausbildung von Wissen und Fähigkeiten, die eine flexible Aufnahme von Tätigkeiten in unterschiedlichen Arbeitsmarktsektoren erlauben. In der einschlägigen Diskussion wird diese Thematik unter den Aspekten der „Spezialisierung" vs. „Generalisierung" behandelt; hier liegen auch Schwerpunkte für die Bereiche der beruflichen Weiterbildung und des lebenslangen Lernens.

Ad (3): Die *Gewährleistung gesellschaftlicher Teilhabe und Chancengleichheit* (Integrations- bzw. Inklusionsperspektive); hierunter fallen alle Aspekte, welche das Verhältnis von Ausbildung und sozialer Strukturierung kennzeichnen; sie beziehen sich auf den Beitrag, den berufliche Ausbildung zum einen zur Verringerung der Herkunftsabhängigkeit von Erwerbs-, Bildungs- und Lebenschancen, zum anderen zur gesellschaftlichen Integration und dazu leistet, dass junge Menschen an der Gestaltung der sozialen und politischen Gemeinschaft teilnehmen können.

Um die Leistungsfähigkeit nationaler Berufsbildungssysteme bezogen auf diese drei Ziele zu messen und zu vergleichen und sie zugleich auf institutionelle Strukturen und Inputkriterien beziehen zu können, sind mindestens drei methodologische Probleme zu lösen:

- Erstens, wie können berufliche Kompetenzen gemessen und verglichen werden?
- Wie können zweitens die relevanten mikro- und makrostrukturellen Bedingungen von Berufsbildungssystemen in verschiedenen Ländern analysiert und verglichen werden?
- Drittens, wie können bei der Differenz von Berufsklassifikationsschemata in den teilnehmenden Ländern Berufsfelder und Erwerbstätigkeiten für einen Vergleich präzise identifiziert werden?

Die drei Methodenaspekte sollen – auch mit Blick auf mögliche Lösungen – in den folgenden Abschnitten diskutiert werden.

3 Kompetenzkonzepte und Messinstrumente in der Berufsbildung

3.1 Herausforderungen für die Kompetenzmessung in der Berufsbildung

Eine der Hauptforschungsfragen des Projekts ist es festzulegen, wie angemessene Messinstrumente für eine internationale Vergleichsstudie auf dem Gebiet der Berufsbildung identifiziert werden können.

Eine Kompetenzmessung im Bereich der Berufsbildung gestaltet sich komplexer als im Bereich der Allgemeinbildung. Während internationale Large-Scale-Assessments wie z. B. TIMSS (Third International Mathematics and Science Study) und PISA (Programme for International Student Assessment) sich darauf beschränken konnten, die Leistungen von Viert- und Achtklässlern in der Mathematik und den Naturwissenschaften zu erheben (TIMSS) bzw. bei PISA Kompetenzen in den Bereichen Lesen, Mathematik, Naturwissenschaften und Problemlösen bei 15-Jährigen (PRENZEL et al. 2004), muss ein VET-LSA sich auf die individuelle Performanz am Arbeitsplatz und auf dem Arbeitsmarkt sowie auch auf praktische Aspekte (motorische Fähigkeiten, Geschicklichkeit) beziehen. Darüber hinaus konnten sich die internationalen Leistungsvergleiche wie TIMSS und PISA auf sorgfältig begründete Forschungstraditionen und international validierte Konzepte stützen, wie z. B. auf ein weitgehend globalisiertes Curriculum für Mathematik. Im Vergleich dazu kann ein VET-LSA nicht auf vergleichbare Konzepte zurückgreifen, mit deren Hilfe sich die Struktur und die Entwicklung beruflicher Expertise in verschiedenen Berufsbereichen darstellen lassen. Die Differenz zwischen Messungen im Bereich der Berufsbildung und dem Bereich der Allgemeinbildung lässt sich in mehrfacher Weise beschreiben.

(1) Messungen im Bereich der Berufsbildung sind immer *handlungs- und aktivitätsbezogen*:
- Eine reliable und valide Kompetenzmessung hat zusätzlich zur kognitiven Dimension die affektive und psychomotorische Dimension sowie die entsprechenden Persönlichkeitseigenschaften zu berücksichtigen (ACHTENHAGEN/GRUBB 2001).
- Neuere Forschungsergebnisse zeigen, dass die Verknüpfung von kognitiven Zielen und Wissen mit metakognitiven Eigenschaften zunehmend an Bedeutung gewinnt (ANDERSON/KRATHWOHL 2001).
- Eine weitere wichtige Unterscheidung betrifft die „trait"- und „state"-Perspektiven der Persönlichkeit. „Trait" bezieht sich auf relativ stabile Persönlichkeitsmerkmale, wohingegen „state" die situationsspezifischen Verhaltensaspekte widerspiegelt. Die trait-Variablen vermögen nicht hinreichend die Leistungsvariationen oder das Kompetenzniveau zu erklären; hierfür ist die Erfassung der state-Variablen erforderlich. Von daher ist die Erfassung von state-Komponenten für das VET-LSA vorzusehen.

(2) *Handlungen und Aktivitäten* im Bereich der Berufsbildung *sind sehr spezifisch* – nicht allein im Hinblick auf die jeweilige nationale Festlegung von Berufen in den verschiedenen Ländern, sondern auch innerhalb der Berufe selbst:
- Die Variation und die Verschiedenheit der einzelnen beruflichen Tätigkeiten, sogar innerhalb eines Landes, lassen es äußerst schwierig erscheinen, eine internationale Übereinkunft hinsichtlich konsistenter Kompetenzstandards zu erreichen (z. B. zeigte eine Analyse im Bereich des Kraftfahrzeughandwerks auf der europäischen Ebene grundlegende Differenzen: Während in einem Land nur eine Person im Hinblick auf die Durchsicht und Reparatur eines gesamten Autos ausgebildet wurde, ließen sich in einem anderen Land mehr als zehn verschiedene Handwerker finden, die jeweils für verschiedene Teile eines Autos zuständig waren. Hätte man ohne Kenntnis dieses Sachverhalts einen internationalen Vergleich zur Ausbildung im Kraftfahrzeughandwerk durchgeführt, wäre man zu unzutreffenden Schlussfolgerungen gekommen).
- Für den Bereich der Berufsbildung existiert zurzeit kaum Forschung zur Erarbeitung international vergleichbarer valider Konzepte bzgl. der Struktur und der Entwicklung beruflicher Expertise in verschiedenen beruflichen Bereichen. Ebenso fehlt eine internationale Übereinkunft bezüglich kompetenzbasierter beruflicher Standards oder Niveaus. Zurzeit könnte auf der europäischen Ebene die Entwicklung eines standardisierten europäischen Qualifikationsrahmens (EQR) und eines European Credit Transfer System for Vocational Education and Training (ECVET) eine Basis für weitere Entwicklungen abgeben. Ein VET-LSA vermag diese Ansätze zu unterstützen und Lösungen für ihre wissenschaftliche Absicherung bereitzustellen.
- Bezogen auf die Differenzen zwischen den jeweiligen nationalen Arbeitsmärkten und -kulturen muss auch der Einfluss der curriculumbasierten Ziele erörtert werden: Der Mehrheit der Berufsbildungssysteme liegen keine formalen Qualifikationen zugrunde (vgl. Deutschland, Österreich, Schweiz); die Curriculuminhalte und -ziele dienen als Grundlage für den Übergang in den Arbeitsmarkt. Von daher ist unter einer politischen und institutionellen Perspektive die Frage nach dem Vergleich curricularer Inhalte und Ziele einer der zentralen Aspekte ei-

nes VET-LSA; dabei sind ebenso Aspekte der Erfassung und der Erforschung von Lehr- und Lernprozessen von Bedeutung.
- In Übereinstimmung mit den gesetzten drei umfassenden Zielen beruflicher Bildung muss ein VET-LSA sich auf unterschiedliche Kompetenzbereiche und ihre Wechselwirkungen beziehen:
  - *Allgemeine inhaltsbezogene Kompetenzen*, wie Lesen, Schreiben, Mathematik und Problemlösen, sind bereits seit langem im Kontext der internationalen Vergleichsstudien im Bereich der Allgemeinbildung diskutiert worden.
  - *Allgemeine berufliche Kompetenzen* sind auf eine erfolgreiche Performanz auf dem Arbeitsmarkt bezogen. Sie werden für gewöhnlich unter den Begriff „Schlüsselqualifikationen" subsumiert; dabei sind auch ein Wissen über Wirkungen von Organisationsstrukturen und Arbeitsmärkten, die Interaktion in sozialen, durchaus heterogenen Gruppen, ein autonomes Handeln und der interaktive Gebrauch von Werkzeugen und Programmen eingeschlossen (RYCHEN/SALGANIK 2003).
  - *Berufliche inhaltsspezifische Kompetenzen* beziehen sich auf die individuellen Voraussetzungen, die erforderlich sind, berufliche Identitäten zu entwickeln und Arbeitsaufgaben zu bewältigen.
  - *Inhaltsbezogene Fertigkeiten* beziehen sich auf die erfolgreiche Bewältigung spezifischer beruflicher Aufgaben (diese Fertigkeiten umfassen spezifische berufliche Inhalte, spezifische Handlungen, aber auch betriebsspezifische Fertigkeiten; vgl. OATES 2004).

(3) International bekannt gewordene Schemata zur Beschreibung beruflicher Kompetenzen beziehen sich auf Kognitionen und die kognitive Dimension, berücksichtigen aber nicht hinreichend die *Verschiedenheit von Wissensdimensionen*:

- In der internationalen lernpsychologischen Forschung besteht Einigkeit darüber, dass die Wissensdimension explizit zu berücksichtigen sei, um Lernleistungen und Lernergebnisse angemessen beschreiben zu können (BRANSFORD/BROWN/COCKING 2000). Diese Sichtweise wird auch durch Arbeiten unterstützt, die zu einer Revision der Bloomschen Taxonomie für den kognitiven Bereich geführt haben, bei der die formale Klassifikation von Lernzielen im Hinblick auf verschiedene Wissensdimensionen erfolgt (ANDERSON/KRATHWOHL 2001).
- Ohne eine ausführliche Beschreibung der Wissensdimensionen für die beruflichen Handlungen und Aktivitäten können die erforderlichen Kompetenzen nicht angemessen erfasst werden (vgl. ACHTENHAGEN 2004).
- Es wird empfohlen, deklaratives, prozedurales und strategisches Wissen zu unterscheiden. Deklaratives Wissen ist auf das Wissen von Fakten, Strukturen und Wissensnetzen bezogen. Für den Bereich des prozeduralen Wissens wird die Wissensanwendung erfasst, das heißt das Operieren mit Fakten, Strukturen, Wissensnetzen und ihren entsprechenden Elementen. Die Entwicklung strategischen Wissens kann als eines der zentralen Ziele der beruflichen Bildung angesehen werden. Der Schwerpunkt liegt dabei auf den Bedingungen eines inhaltsbasierten Problemlösens, das auf vertieftes deklaratives und prozedurales Wissen zurückgreift und dabei die möglichen angestrebten Haupteffekte sowie die ungewollten möglichen Nebeneffekte zugleich in Betracht zieht. Entscheidungen werden so in voller Kenntnis möglicher negativer Konsequenzen getroffen.

(4) Berufliche *Handlungen und Aktivitäten* erfordern Kompetenzen, die auf berufliche Aufgaben am Arbeitsplatz sowie auf die gegebenen sozialen Beziehungen hin ausgerichtet sind. Diese Kompetenzen lassen sich unter der Überschrift „Employability" fassen.

Eine weitere wichtige Frage ist es, wie sich Kompetenzen im allgemeinbildenden Bereich und Kompetenzen im berufsbildenden Bereich aufeinander beziehen lassen. Diese Frage erfordert bildungspolitische Aufmerksamkeit: Reicht es aus, allgemeine höhere Qualifikationen im allgemeinbildenden Bereich zu erwerben, bevor man in den Arbeitsmarkt eintritt, oder ist es notwendig, eine Lehrlingsausbildung in einem dualen System zu absolvieren – mit drei bis vier Tagen pro Woche im Betrieb und zwei bis einem Tag in der Berufsschule? – Es besteht kein Zweifel daran, dass betriebliches Lernen notwendig ist, um den Übergang von der Schule in die Arbeitswelt zu unterstützen; allerdings ist wenig bekannt, welche Vorteile und Nachteile die verschiedenen Ausgestaltungen der Berufsbildung aufweisen – der zentrale Forschungspunkt eines VET-LSA.

3.2 Arbeitsdefinition für ein Kompetenzkonzept

In Anbetracht der Differenzen zwischen einer Kompetenzmessung im beruflichen und im allgemeinbildenden Bereich ist es so gut wie unmöglich, ein Schema festzulegen, mit dessen Hilfe sich berufliche Kompetenzen beschreiben und messen lassen, ohne dass es zu schwerwiegenden Überlappungen der Kategorien käme. Beispielsweise wurde von WINTERTON/DELAMARE-LE DEIST und STRINGFELLOW (2005) ein Schema im Kontext des ECVET entworfen, für das bereits existierende nationale Typologien im Detail ausgewertet und verglichen wurden. Die Autoren entwickelten eine prototypische Typologie von „Knowledge", „Skills" und „Competencies" (KSC) als eine einheitliche Vorgabe für alle Länder: Unter „Knowledge" verstehen sie kognitive Kompetenzen, unter „Skills" Fertigkeiten und Verhaltensweisen und unter „Behaviours and Attitudes" Sozialkompetenz in einem weiten Sinne (d. h. Interaktion mit anderen, Verhaltensweisen, Fertigkeiten, Motivation, Metakognition).

Eine gründliche Inspektion dieser Kategorien und ihrer Operationalisierung zeigt, dass dieser Ansatz keine Grundlage dafür bildet, Kompetenzen im Bereich der Berufsbildung auf eine zuverlässige und gültige Weise zu klassifizieren. Dabei stellt die fehlende Differenzierung von Wissensdimensionen ein zentrales Problem dar.

Für die Machbarkeitsstudie wurde eine große Anzahl von vergleichbaren Vorschlägen überarbeitet – mit dem Ergebnis, dass zumindest drei Kompetenzdimensionen unterschieden werden sollten:

– Eine Dimension muss auf theoretische/analytische Anforderungen bezogen sein und dabei das Wissen als Grundlegung für das Anwenden von Konzepten berücksichtigen: „Sachkompetenz".
– Eine zweite Dimension muss auf technische/praktische/funktionelle Anforderungen bezogen sein; das schließt die Kompetenz ein, Werkzeuge, Ausrüstungen und technische Ressourcen angemessen zu nutzen: „Methodenkompetenz".
– Eine dritte Dimension muss auf zwischenmenschliche Anforderungen bezogen sein: das Interagieren mit anderen während der Aufgabenerfüllung am Arbeitsplatz: „Sozialkompetenz."
– Alle drei Dimensionen interagieren mit individuellen Kapazitäten wie Einstellungen, Werten, Wahrnehmungen, Anreizen, Motivation und Metakognition und Lernstrategien. Wir bezeichnen diese Dimension als „Selbstkompetenz". Die Erfassung des Zusammenhangs der Selbstkompetenz mit den anderen drei Kompetenzdimensionen stellt ein schwieriges methodologisches Problem dar.

Diese Differenzierung wurde in den letzten Jahrzehnten in verschiedenen Kontexten auf der nationalen wie internationalen Ebene entwickelt (z. B. NIJHOF/STREUMER 1998; auch TRAMM/SEMBILL/KLAUSER/JOHN 1999; vor allem: REETZ 1999). Dieses breite Konzept dominiert gegenwärtig nicht nur die deutsche Diskussion über berufliche Kompetenzen, sondern auch Reformstrategien in anderen EU-Ländern. Es kann auch in den Kategorien gefunden werden, die den europäischen Qualifikationsrahmen definieren.

Bereits jetzt muss auf den heuristischen Charakter dieser Annahmen hingewiesen werden; denn die vier Kompetenzdimensionen lassen sich nicht voneinander trennen. Zum Beispiel ist Wissen nicht auf den Bereich der Sachkompetenz beschränkt, da verschiedene Arten von Wissen auch für die Bereiche der Methoden- und Sozialkompetenz erforderlich sind (Wissen wird für das Ausführen von theoretischen berufsgebundenen Aufgaben, den Gebrauch von Werkzeugen, Ausrüstung und technischen Ressourcen benötigt, aber auch für Interaktionen mit anderen). Der Erwerb und die Anwendung von Wissen wird beherrscht von Motiven und Einstellungen; die Reflexion der Wissensanwendung wird unter dem Aspekt der Metakognition erfasst.

Der zweidimensionale Bezug von Selbstkompetenz und den anderen Kompetenzdimensionen soll eine konsistente Messung beruflicher Kompetenz gewährleisten und damit den Vergleich zwischen verschiedenen beruflichen Tätigkeiten national wie international ermöglichen.

Abbildung 1 erläutert unsere Annahmen, vor allem das Zusammenspiel von Selbstkompetenz mit den Dimensionen der Sach-, Methoden- und Sozialkompetenz.

Zurzeit schlägt die Arbeitsgruppe die folgenden Operationalisierungsschritte vor:

Selbstkompetenz. Selbstkompetenz umfasst jeden Aspekt der persönlichen Entwicklung: Kognition, Emotion, Motivation und Moral (ACHTENHAGEN 1996, S. 27).

Nach REETZ (1999) bezieht sich Selbstkompetenz auf „die Fähigkeit zu moralisch selbstbestimmtem humanen Handeln. Dazu gehört neben der Behauptung eines positiven Selbstkonzepts (Selbstbildes) vor allem die Entwicklung zu moralischer Urteilsfähigkeit" (S. 42).

Für ein VET-LSA muss es darum gehen, allgemeine Persönlichkeitsmerkmale zu erfassen, denen ein Einfluss auf die berufliche Leistung zugesprochen werden kann. Hierher gehören vor allem Einstellungen, Werte, Wahrnehmungen, Antriebe, Motivation und metakognitive Strategien.

Die Probleme der Beschreibung der Komponenten von Selbstkompetenz sind beeinflusst von Annahmen über ihre Entwicklung in einzelnen Lebensabschnitten. Dabei bestehen große Forschungslücken. Dass ein Großteil der Literatur zum Lebenslangen Lernen die Einflüsse von Motivation und Metakognition systematisch vernachlässigt, ist schwer nachvollziehbar (ACHTENHAGEN/LEMPERT 2000). Messungen von Motivation und Metakognition sind aber notwendig, um Einblicke in Prozesse einer integrierten Kompetenzentwicklung und der entsprechenden kognitiven und prozeduralen Strukturen zu gewinnen. Die PISA-Studie zeigte, dass es sinnvoll und notwendig ist, Aspekte von Einstellungen, Werten, Wahrnehmungen und Motivation zu messen (OECD 2006). Deshalb sollten vergleichbare Instrumente auch in einem VET-LSA Anwendung finden. Wir empfehlen, Items zu verwenden, die in vergleichbaren Studien sehr hohe Werte von CRONBACH's α gezeigt haben. Hauptziel soll es sein, Informationen über die individuelle Persönlichkeitsstruktur im Hinblick auf Einstellungen, Werte und Wahrnehmungen zu erhalten. Selbstwirksamkeit ist eine zentrale Dimension für die Einschätzung des Verhaltens am Arbeitsplatz. Die Kurzfassung eines Fragebogens zu den „Big Five" der Persönlichkeit kann wesentliche Informationen zu zentralen Persönlichkeitseigenschaften liefern (die Reliabilität dieses Fragebogens kann als ausreichend betrachtet werden). Aspekte der Antriebe und der Motivation sowie der Lernstrategien und Metakognition lassen sich anhand von Skalen messen, die den Fortschritt von Lernprozessen beschreiben. Außerdem schlägt die Arbeitsgruppe vor, Items zur Messung von „state"-Komponenten der Motivation einzusetzen.

Die vorgesehenen Items stellen ein Minimum an für wünschenswert gehaltenen Instrumenten unter Berücksichtigung der zur Verfügung stehenden Testzeit dar. Auf jeden Fall ermöglichen sie die Gewinnung reliabler und valider Ergebnisse, die sich auf die Resultate der Messungen in den Dimensionen der Sach-, Methoden- und Sozialkompetenz beziehen lassen.

Sachkompetenz. Neuere empirische Studien belegen, dass die Berücksichtigung des Wissensbegriffs und dabei die Differenzierung nach Wissensarten: deklaratives, prozedurales, strategisches

Abbildung 1: Beschreibung der Kompetenzdimensionen

	Kompetenzbereiche (Performanz in verschiedenen berufsspezifischen Kontexten)		
Individuelle Fähigkeiten (in Anspruch genommen und interpretiert in verschiedenen Kontexten)	Selbstkompetenz		
	Sachkompetenz	*Methodenkompetenz*	*Sozialkompetenz*
	(theoretische, analytische Anforderungen) „Umgang mit Konzepten"	*(technische, funktionale Anforderungen)* „Umgang mit technischer Ausstattung"	*(interpersonale Anforderungen)* „Umgang mit anderen"
Einstellungen Werte Wahrnehmungen	Selbstwirksamkeit (Selfefficacy) als Prädiktor für den Leistungsbereich (4 Items) (in der PISA-Studie eingesetzt: KUNTER et al.2002, S. 168)		
Antriebe Motivation	Handlungskontrolle in der Leistungssituation (4 Items) (in der PISA-Studie eingesetzt: KUNTER et al. 2002, S. 171)		
	State-Komponenten der Motivation, Anstrengung und Ausdauerbereitschaft; Kompetenzstreben; Lernhandeln durch Aufgabenvalenz (12 Items; WINTHER, 2006)		
	Interesse und Motivation (18 Items) (PRENZEL et al. 2001; verkürzte Version; im DFG-Schwerpunktprogramm eingesetzt)		
	Selbstkonzept (verbal) (3 Items) (in der PISA-Studie eingesetzt: KUNTER et al. 2002, S. 169)		
Metakognitive Strategien	LIST-Fragebogen zu Lernstrategien (WILD/SCHIEFELE 1994); verkürzte Version aus eigenem DFG-Projekt: 22 Items (α = 0,74-0,81)		
Deklaratives Wissen	Komplexe Aufgaben zur simultanen Erfassung von Sach- und Methodenkompetenz		Fragebogen zu „kritischen sozialen Situationen" („mindful identity negotiation") (17 Items; α = 0,89; WEBER, 2005) (enthält Items zum deklarativen, prozeduralen und strategischen Wissen im Bereich der Sozialkompetenz)
Prozedurales Wissen			
Strategisches Wissen	Je nach Berufsfeld: komplexe Aufgabe zur Sachkompetenz	komplexe Aufgabe zur Methodenkompetenz	
Allgemeine Fähigkeiten	Literacy; Numeracy		

Wissen, plausibel und zugleich praktikabel sind (vgl. BRANSFORD/BROWN/COCKING 2000). Für den Bereich des deklarativen Wissens, d. h. vor allem Faktenwissen, geht es um neue Muster, die in höherem Maße betrieblichen Anforderungen entsprechen. Angesichts der Komplexität und Vernetztheit betrieblicher Prozesse sollen deklarative Wissensbestände gerade nicht mehr linearisiert, mechanisch-abstrakt und zerstückelt, sondern vielmehr vernetzt aufgebaut sein.

Für den Bereich des prozeduralen Wissens geht es dann um die Anwendung von Wissen, d. h. vor allem darum, wie mit solchen Wissensnetzen und ihren Elementen umzugehen ist.

Ein zentrales Ziel beruflicher Bildung stellt der Auf- und Ausbau strategischen Wissens dar. Hierbei sind Verhaltensbedingungen und Problemlösungen angesprochen, die sich auf ein reichhaltiges deklaratives und prozedurales Wissen stützen und dabei insbesondere die gewünschten Haupteffekte und die unerwünschten Nebeneffekte versuchen, gegeneinander abzuwägen. Entscheidungen sind dann in Kenntnis ihrer möglichen negativen Konsequenzen zu treffen. Das gilt für alle Bereiche und Niveaustufen der beruflichen Bildung.

Um Ausprägungen des strategischen Wissens zu messen, werden komplexe Aufgaben vorgegeben. Von den Testpersonen wird erwartet, dass sie in der Lage sind, Argumente gegeneinander abzuwägen und zu wohlbegründeten Lösungen zu kommen, indem sie die angestrebten Haupteffekte und die möglichen ungewollten Nebeneffekte einander gegenüberstellen. Typische Beispiele für den kaufmännisch-verwaltenden Bereich sind Investitionsentscheidungen oder die Festlegung von Marketingstrategien.

Methodenkompetenz. Um zu klären, was für die einzubeziehenden Ausbildungsgänge und die beruflichen Tätigkeitsprofile, auf die sie vorbereiten sollen, zentrale fachliche Kompetenzen sind, soll ein Forschungsbeispiel, dass sich auf Ausbildungsprofile bedeutender Berufe/Tätigkeiten in Deutschland bezieht, eingeführt werden. Vergleichbare Beobachtungen lassen sich auch international finden. Auf der Basis von Arbeitsplatzstudien, die vom Soziologischen Forschungsinstitut in Göttingen durchgeführt und durch Interviews mit Experten für die jeweiligen beruflichen Bereiche ergänzt wurden (BAETHGE/BAETHGE-KINSKY 2006[2]), wurden Basis Skill-Listen erstellt, die sich auf signifikante Aktivitäten (als Performanz) in unterschiedlichen beruflichen Situationen bezogen. Die in diesen Listen aufgeführten Anforderungen wurden nach ihrer strategischen Relevanz für die Bewältigung der beruflichen Handlungssituation ausgewählt und entsprechend der verschiedenen Kompetenzbereiche klassifiziert. Betrachtet wurden industrielle Metall- und Elektro-Facharbeiter, Bankkaufleute, IT-Fachkräfte und Krankenpflegepersonal.

Zentrale Ergebnisse für die verschiedenen beruflichen Tätigkeitsprofile waren:
– Domänenspezifisches, fachliches Wissen ist für jede berufliche Tätigkeit fundamental.
– Für alle Tätigkeitsfelder gilt, dass die verschiedenen Wissensarten im Hinblick auf soziale Prozesse, auf Analyse- und Abstraktionsvermögen, auf Methoden- und Lernkompetenzen wie auch im Hinblick auf organisatorische Strukturen und die eigene Einbindung in den Betrieb eine zentrale Rolle spielen.
– Für alle beruflichen Funktionen besitzen je spezifische Wahrnehmungsfähigkeiten eine Bedeutung.
– Sensu-motorische Fähigkeiten sind ebenso wichtig (im besonderen bei industriellen Fachkräften in der Produktion oder im Handel).

Die Frage der Arbeitsproben, d. h. der externalen Erhebung, stellt sich für den Bereich der Methodenkompetenz (wie auch folgend für den der Sozialkompetenz) in besonderem Maße. Hier werden Maßnahmen der Datenerhebung, die sich auf das Konzept der „vollständigen Handlung" beziehen oder auf Simulationen zurückgreifen, eine besondere Rolle spielen.

Sozialkompetenz. Sozialkompetenz umfasst die Gesamtheit der Fähigkeiten eines Individuums, die in kooperativen Situationen erforderlich sind, um im Umgang mit anderen sich bewegen und erfolgreich handeln zu können. Wie beim Kompetenzbegriff allgemein kann man mit KANNING (2003) bei Sozialkompetenz zwei Aspekte unterscheiden: Einerseits bezieht er sich auf das Potential eines Individuums, bestimmte Verhaltensweisen zeigen zu können (sozial kompetentes Verhalten), was die nicht-beobachtbaren individuellen Fähigkeiten bzw. internen Voraussetzungen einer Person umfasst; andererseits bezieht er sich auf das Verhalten von Individuen in konkreten, beobachtbaren Situationen (soziale Kompetenz). Soziale Kompetenz ist kontextabhängig und äußert sich unterschiedlich in Abhängigkeit von den Berufsfeldern (ibid., S. 14). Darüber hinaus können *allgemeine soziale Kompetenzen*, d. h. ohne Spezifizierung auf bestimmte Situationen, wie beispielsweise Perspektivenübernahme, und *spezifische soziale Kompetenzen,* über die nur Personen mit entsprechenden Lernerfahrungen (z. B. Altenpfleger, Verkäufer) verfügen, unterschieden werden. Das gilt vor allem für die Dimension der „Mindful Identity Negotiation" (WEBER 2005).

Darunter können sowohl spezifische Kompetenzen als auch eine auf Erfahrung basierende Ausdifferenzierung allgemeiner sozialer Kompetenzen verstanden werden, da diese sich nur selten völlig unabhängig voneinander entwickelt haben dürften. Sowohl die allgemeinen als auch die spezifischen sozialen Kompetenzen können entscheidend zur Generierung eines sozial kompetenten Verhaltens in einer konkreten Situation beitragen. Im Hinblick auf die Messung von Sozialkompetenz besteht das Problem, wie sich die Interaktionen mit anderen mit Hilfe von Fragebogen oder Interviews ohne entsprechende Analysen des Verhaltens am Arbeitsplatz messen lassen. Wir schlagen vor, einen Fragebogen zur Erfassung des Konzepts der „Mindful Identity Negotiation" einzusetzen. Die entsprechenden Items bilden die Interaktion in interkulturellen Aktivitäten ab und zeichnen sich durch eine hohe Reliabilität und Validität aus.

3.3 Probleme der Operationalisierung und Messung von Kompetenzen

Externe versus interne Messung. Forschungsergebnisse zeigen, dass es zwei grundlegende Ansätze zur Erfassung von Kompetenzen gibt – zum einen auf der Grundlage von externen Tätigkeiten, zum anderen auf der Grundlage von internen Bedingungen:

(1) die Erfassung von Verhalten während der Arbeit (Performanz);
(2) die Erfassung von Kompetenzen über die Durchführung von Tests (die Arbeitsproben einschließen können).

Gegen die Erfassung von Verhaltensleistungen während der Arbeit sind drei gravierende Einwände im Hinblick auf die Durchführung eines VET-LSA zu erheben, die für die Messung berufsfachlicher Kompetenz ein hohes Maß an Bedeutung besitzen:

– Die Erbringung spezifischer Arbeitsaufgaben setzt eine Einigung über den Stellenwert der zu erbringenden Leistung für die untersuchten Berufe bzw. das untersuchte Aufgabenbündel voraus. Zugleich muss sichergestellt werden, dass die zu untersuchenden Aufgaben in den verschiedenen Ländern in vergleichbarer Weise als relevant angesehen werden. Unsere Analysen haben deutlich gemacht, dass es sehr schwierig ist, solche länderübergreifend gleichermaßen berufstypischen Aufgaben zu definieren.
– Ein zweiter Einwand betrifft die zeitliche Erstreckung der Erhebung. Will man die Erbringung von Arbeitsproben valide, reliabel und objektiv für die Vergleichsstudie vorsehen, so muss mit einem erheblichen Zeitaufwand für die Durchführung gerechnet werden. Zieht man als Beispiel die sogenannten Berufsolympiaden heran, so sieht man, dass die dort zu erbringenden Arbeitsproben einen Zeitaufwand von bis zu 20 Stunden erfordern. Dieses Vorgehen lässt sich dort angesichts der geringen Teilnehmerzahl mit weitgehend identischen Arbeitsbedingungen realisieren.

– Der dritte Einwand betrifft die Begrenztheit des Ansatzes im Hinblick auf die Erhebung der von uns für die Berufsbildung für notwendig gehaltenen und hervorgehobenen Zielsetzungen: Sicher ließen sich so die Qualifizierungsaspekte abbilden, nicht aber die Aspekte der allgemeinen Persönlichkeitsentwicklung oder der gesellschaftlichen Teilhabe.

Von daher scheidet für unseren Vorschlag diese Variante aus theoretischen und methodischen Gründen aus, auch wenn sie für die Messung berufsfachlicher Kompetenzen eine hohe Validität haben könnte.

Unsere Einschätzung deckt sich mit den Nachteilen, die in vielen Einzelbeiträgen und resümierenden Stellungnahmen in den beiden zusammenfassenden, jüngst erschienenen Kompendien von ERPENBECK/VON ROSENSTIEL (2003) und Arbeitsgemeinschaft Betriebliche Weiterbildungsforschung (2005) hervorgehoben werden, die zugleich auch auf Lehrbücher zur Arbeitspsychologie verweisen. Übereinstimmend wird herausgestellt, dass Leistungserhebungen in den Arbeitsprozessen selbst zu aufwändig und zeitraubend wären. Zudem wäre unter dem Aspekt der Repräsentativität das Arbeits- und Tätigkeitsbündel sehr umfassend zu ermitteln. Vor allem die Frage selten im Arbeitsprozess abgefragter, aber äußerst wichtiger Tätigkeiten spielt hier hinein wie auch der Sachverhalt, dass eine Versuchsperson zwar über die notwendigen Kompetenzen verfügt, diese sich aber in der Analyse nicht zeigen bzw. zeigen müssen. Von daher wird für die Kompetenzerfassung durchgängig von Messungen während der Arbeitsprozesse selbst abgeraten und auf Simulationen, komplexe Erhebungsverfahren sowie biographische Aufzeichnungen verwiesen.

Für die Kompetenzmessung im Bereich beruflicher Tätigkeiten gibt es drei Anforderungen, die sich wie folgt am Beispiel kaufmännisch-verwaltender Berufe veranschaulichen lassen:

– Die erste Anforderung betrifft die Lerngebiete für eine berufliche Tätigkeit, die durch eine systematische Lehre und/oder eine Ausbildung am Arbeitsplatz zu behandeln sind. Für den kaufmännischen Bereich sind das beispielsweise das Rechnungswesen, der Einkauf, der Vertrieb, die Organisation und das Personalwesen.
– Die zweite Anforderung ist auf die Zielsetzung des Ausbildungsprogramms bezogen: Soll dieses vorrangig kundenorientiert sein, sich auf interne betriebliche Strukturen beziehen oder anderen Zielsetzungen genügen?
– Die dritte Anforderung bezieht sich auf eher formale Kriterien. Ist das Ausbildungsprogramm eher auf netzwerkartige, systemische Strukturen hin ausgerichtet oder folgt es einer linearen, abstrakten, kaum miteinander verknüpften Abfolge von Zielen und Inhalten?

Im kaufmännischen Bereich beziehen sich die Kernkompetenzen als eine Grundlage der Messprozesse vor allem auf die folgenden Aufgaben:

– Problemlösen,
– Dienstleistungsorientierung,
– Kundenbeziehungen,
– Systemdenken,
– Marktorientierung,
– Rechnungswesen.

Das folgende Beispiel zeigt, wie Sach- und Methodenkompetenz gemessen werden könnten, indem zugleich die verschiedenen Wissensdimensionen mit in Betracht gezogen werden. Es gilt, komplexe Aufgaben zu entwickeln. Das Beispiel bezieht sich auf das Lerngebiet des Rechnungswesens, das mit Hilfe eines integrierten systemorientierten Ansatzes abgebildet wird.

Startpunkt ist ein komplexer betrieblicher Prozess, der systemorientiert abgebildet wird. *Abbildung 2* veranschaulicht die vernetzte Organisation einer Kettenfabrik mit einer Inselfertigung. Diese Abbildung kann als Startpunkt genommen werden, Aufgaben und Testitems zu entwi-

Abbildung 2: Organisationsplan für eine Kettenfabrik mit Inselfertigung

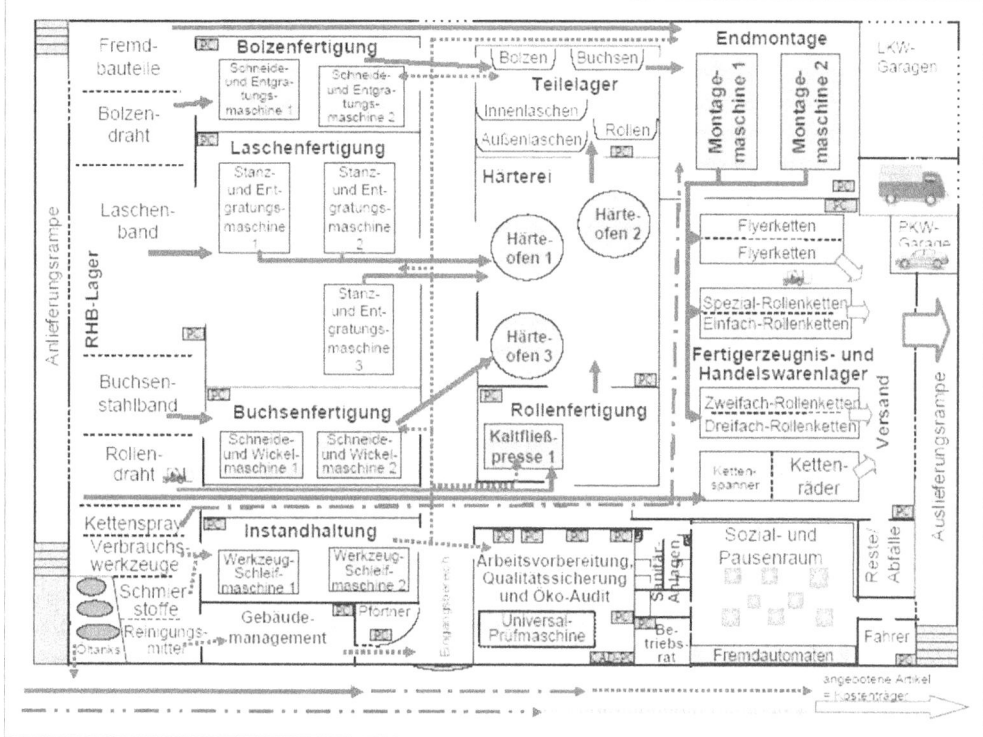

ckeln, mit deren Hilfe sich für das auszuwählende kaufmännisch-verwaltende Berufsfeld Kompetenzen auf dem Gebiet der Kosten- und Leistungsrechnung erfassen lassen.

Das hier vorgestellte Konzept der Kompetenzmessung ist mit vier schwerwiegenden Problemen konfrontiert:

- Die Differenzierung im Hinblick auf Sachkompetenz (prozedurales Wissen) und Methodenkompetenz ist eindeutig zu gestalten und entsprechend zu operationalisieren.
- Das Arbeiten (vor allem das Auswerten) mit komplexen Aufgaben ist äußerst zeitaufwändig.
- Es muss entschieden werden, ob die Wissensdimensionen ausschließlich auf der Basis komplexer Aufgaben erfasst werden sollen oder ob es sich anbietet, zusätzlich Itembatterien für weitere Erhebungen im Bereich des deklarativen und prozeduralen Wissens einzusetzen.
- Die Unterscheidung zwischen domänenspezifischen, domänenverbundenen und allgemeinen Kompetenzen: In welchem Maße benötigen die Testpersonen allgemeine und domänenverbundene Kompetenzen, um eine gegebene domänenspezifische Aufgabe zu lösen? So sind domänenverbundene Kompetenzen (hier als „Economic literacy") erforderlich, um Graphen zu verstehen und sie angemessen zu interpretieren. Darüber hinaus ist es notwendig, über allgemeine Kompetenzen zu verfügen (hier: Numeracy), um die Abweichungen (z. B. als Gewinne oder Verluste) absolut und prozentual zu berechnen. Damit ist dieses Problem auf die grundlegende Kenntnis von Numeracy und Literacy als Vorbedingungen eines effektiven und effizienten Messens beruflicher Handlungen und Aktivitäten bezogen (vgl. *Abbildung 1:* allgemeine Fähigkeiten).

Wir schlagen vor, in dem VET-LSA die internen Bedingungen der Performanz zu messen. Die entsprechenden Testitems müssen sowohl auf einer nationalen als auch auf einer internationalen Basis entwickelt werden. Eine Möglichkeit, Aussagen zu externen Bedingungen zu integrieren, mag darin bestehen, im Sinne einer Triangulation auf den Ansatz der General Work Activities (GWA) zurückzugreifen (PETERSON et al. 1999).

3.4 Messung und Skalierung beruflicher Kompetenzen

Im Zentrum der Kompetenzmessung stehen komplexe berufsfeldbezogene Aufgaben, mit deren Hilfe unterschiedliche Inhalte und Dimensionen beruflicher Kompetenzen gemessen werden können. Zu einer systematischen Definition und Bestimmung dieser berufsfeldspezifischen Inhalte und Dimensionen müssen entsprechende Testkonzeptionen (Frameworks) und Instrumente erst entwickelt und fachdidaktisch begründet und legitimiert werden.

Daher lässt sich die Komplexität der Testentwicklung und -optimierung zum jetzigen Zeitpunkt noch nicht präzise bestimmen. Dies hängt auch von den jeweiligen berufsfeldspezifischen Testkonzeptionen samt Inhalten und Dimensionen ab. Unabhängig hiervon sollten – um reliable Messungen zu gewährleisten – für jede Dimension (pro Berufsfeld) etwa 20 Items entwickelt werden. Der Begriff Item bedeutet in diesem Zusammenhang eine individuelle Reaktion einer Testperson im Rahmen einer komplexen Aufgabe. Dies kann die Antwort auf ein Multiple-Choice-Item oder eine kurze bzw. ausführliche Antwort auf eine offene Aufgabenstellung sein. Jede komplexe Aufgabe enthält verschiedene solcher Items. Damit eine hinreichende Reliabilität erzielt werden kann, sollten verschiedene Itemformate (Multiple-Choice, Short Answer, Extended Response) verwendet werden.

Für die Aufgabenentwicklung ist es notwendig, etwa doppelt so viele Items – wie für das VET-LSA vorgesehen – in einem Feldtest zu erproben. Ein solcher Feldtest muss in allen beteiligten Ländern durchgeführt werden. Um eine hinreichende Menge an Aufgaben erproben zu können, soll auf multiple Testformen (Multi-Matrix-Design) zurückgegriffen werden.

Skalierung der Kompetenzen. Wie in internationalen Schulleistungsstudien (z. B. die Third International Mathematics and Science Study (TIMSS); BAUMERT/BOS/LEHMANN 2000; BAUMERT/BOS/WATERMANN 1998; MULLIS et al. 1998) basieren die in VET-LSA verwendeten Modelle zur Bestimmung berufsspezifischer Kompetenzen auf der *Item Response Theory* (IRT) (LORD 1980; WRIGHT/STONE 1979). Ein Vorzug der IRT-Modelle und der Plausible Value-Technologie gegenüber der Klassischen Testtheorie liegt darin, dass sich Personen, auch wenn sie unterschiedliche Aufgaben bearbeitet haben, in ihren Leistungen auf einer gemeinsamen Skala abbilden lassen (RUBIN 1987; MISLEVY/SHEEHAN 1987). Für ein kohortendifferenziertes Design hieße dies, dass die Kompetenzen der Personen auch dann auf einer gemeinsamen Fähigkeitsdimension abgebildet werden können, wenn unterschiedlich schwierige, zugleich jedoch überlappende Aufgaben, vorgegeben werden.

Ein weiterer Vorzug dieser Modelle besteht darin, dass Personenfähigkeit und Aufgabenschwierigkeit auf einer gemeinsamen Skala abgetragen werden können. Auf diese Weise ist es möglich, die erzielten Testwerte ähnlich wie in TIMSS oder PISA auch inhaltlich sinnvoll zu interpretieren und das Niveau beruflicher Kompetenzen zu definieren.

4 Institutionelle und individuelle Einflussfaktoren für die Qualität in Berufsbildungsprozessen

Im Zentrum eines „Berufsbildungs-LSA" steht die Messung von Kompetenzen, die in der beruflichen Erstausbildung vermittelt werden. Allerdings kann sich eine solche Studie nicht in der Messung von Kompetenzen erschöpfen. In der internationalen Bildungsforschung ist man sich weitgehend darüber einig, dass die institutionellen und individuellen Bedingungen von Bildungsprozessen von entscheidender Bedeutung für die individuelle Kompetenzentwicklung sind (vgl. Europäische Union 2001). Erklärungsmächtig im Hinblick auf den Informationsgehalt der Kompetenzmessung sind demnach neben den vorgängigen Lernerfahrungen und Lerndispositionen der Individuen auch die Ausbildungsorganisation und deren Einbettung in jeweils spezifische soziale, ökonomische und pädagogische Bedingungen (vgl. BAUMERT/SCHÜMER 2002). Institutionelle und individuelle Kontextfaktoren können dazu beitragen, das Kompetenzniveau von Ausgebildeten wie auch von Beschäftigungsfeldern innerhalb eines Landes zu klassifizieren. Um Unterschiede im individuellen Arbeitsverhalten und dem Gebrauch von Kompetenzen in Arbeitskontexten zu analysieren, müssen sie in das Forschungsdesign eines VET-LSA in Ergänzung zu Indikatoren des Arbeitsmarktes und seiner Organisation einbezogen werden.

Ausgehend von diesen Überlegungen stellt sich die Frage nach einem geeigneten Forschungsdesign, das es erlaubt, einen Beitrag zur systematischen Untersuchung von Unterschieden in beruflichen Bildungsprozessen und -ergebnissen zu leisten. Wir sind, im Einvernehmen mit den internationalen Bildungsexperten, zu dem Schluss gekommen, uns an einem Mehr-Ebenen-Modell zu orientieren: System-, Ausbildungsinstitutions- und Unterrichtsmerkmale sollen daraufhin geprüft werden, wie sie – in Interaktion mit individuellen und sozialen Einflussgrößen – die Vermittlung und Verwertung von Kompetenzen beeinflussen. Bezugsbasis ist das „Bildungsproduktions-Modell" von SCHEERENS (1990). Wir greifen damit die theoretischen Vorarbeiten und Ergebnisse der Schuleffektivitäts-, Schulorganisations- und Lehr-Lernforschung auf und modifizieren sie für die Untersuchung von Berufsbildungsprozessen.

Im Hinblick auf die institutionellen Bedingungen unterscheiden wir zwischen systemischen Bedingungen, die durch die Bildungssysteme der einzelnen Länder vorgegeben sind, und den jeweils spezifischen Bedingungen einzelner Bildungsanbieter, unter denen die Auszubildenden in den verschiedenen Ländern lernen (vgl. SCHEERENS/BOSKER 1997).

Ein Vergleich der institutionellen und individuellen Faktoren innerhalb der vergleichenden Bildungsstatistiken macht klar, dass es eine Anzahl von Indikatoren gibt, die relevante Informationen über die Qualität der Berufsbildungsorganisation abbilden. *Tabelle 1* und *Abbildung 3* veranschaulichen die relevanten Umgebungsfaktoren in einem zusammenhängenden Rahmen, der gleichzeitig die Ziele und Stufen von Aktivitäten und Ergebnissen (Input, Prozess, Output) soziale Kontexte und Ausbildungsstrukturen reflektiert.

In der Machbarkeitsstudie ist ausgeführt, wie diese Ausbildungsbedingungen im Einzelnen erfasst und mit der Kompetenzerhebung in einen Zusammenhang gebracht werden. Eine besondere Schwierigkeit besteht darin, wie in den auszuwählenden Berufsfeldern unter einer quantitativen wie qualitativen Perspektive die Stichproben zu ziehen sind. Gedacht ist an ein cross-sectional design, das das Ende der Ausbildungszeit mit einbeziehen sollte. Hierfür sind die Fragen der vertikalen wie horizontalen Vergleichbarkeit zu klären:

– *Vertikale Vergleichbarkeit* zielt auf das Niveau einer Berufsausbildung, das durch Institutionalisierungsform – z. B. auf Tertiär- (akademisch) oder auf Sekundarniveau – und Ausbildungszeiten (Zahl von Jahren) und/oder Altersstruktur der Teilnehmer definiert sein kann.

Tabelle 1: Erhebungsplan institutionelle und individuelle Kontextbedingungen

Systemischer Kontext (Makroebene)	
Systemische Kontextbedingungen Systemweite institutionelle Struktur – Steuerung und Koordination – Standards und Normen – Finanzierung	
Bildungseinrichtungen **(Meso- und Mikroebene)**	**Einzelne Bildungsteilnehmer** **und Lernende**
Input Merkmale und Organisation der Bildungseinrichtungen – Ressourceneinsatz – Lernortkooperation – Qualitätskontrollen	**Input** Persönlicher Hintergrund des einzelnen Lernenden – Sozioökonomische Stellung der Familie – Kulturelles Kapital der Familie und der Jugendlichen – Lern- und Arbeitsbiographie
Prozess Ausbildungsbedingungen und Unterrichtsgestaltung – Gestaltung der Ausbildungsprozesse (Schulische Lernsituation, Betriebliche Ausbildungssituation) – Lernklima	**Prozess** Einstellungen und Verhalten des Einzelnen – Informationsverhalten und Lernzeit – Bildungsaspiration
	Output/Outcome Kompetenzerwerb und -verwertung – Qualifikationsniveau – Übergang in ausbildungsadäquate Tätigkeit – Berufliche Mobilität

- *Horizontale Vergleichbarkeit* zielt auf den Sachverhalt, dass berufliche Curricula und Domänen in verschiedenen Ländern unterschiedlich definiert sind und es schwierig ist, inhaltlich vergleichbare Ausbildungsgänge oder Berufsfelder zu finden.

Allein in Deutschland sind diese Probleme gegeben, die sich im internationalen Vergleich noch verstärkt stellen, wenn man beispielsweise an die für die Erhebung ins Auge gefassten Berufsfelder denkt: gewerblich-technische Berufe und kaufmännische aus Industrie und Handel und sonstigen Dienstleistungen; sozial- und krankenpflegerische Berufe aus dem Bereich der personenbezogenen Dienstleistungen. Hinzu tritt, dass es zurzeit keine Systematiken gibt, die eine eindeutige Zuordnung beruflicher Tätigkeiten gestatteten. Von daher stellen sich die folgenden Probleme:

- Die systematische Berücksichtigung nicht-standardisierter Berufsbildungsbiografien ist – bei einem vertretbaren Aufwand – nur über eine retrospektive Erhebung von Ausbildungserfahrungen innerhalb einer Querschnittsstudie möglich, bei der die Stichprobe aus der Beschäftigtenpopulation (Kriterien: Alter, Tätigkeit nach Niveau und funktionalem Zuschnitt) gezogen

Abbildung 3: Zusammenhänge institutioneller und individueller Ausbildungsbedingungen für den Erwerb von Kompetenzen und deren Verwertung

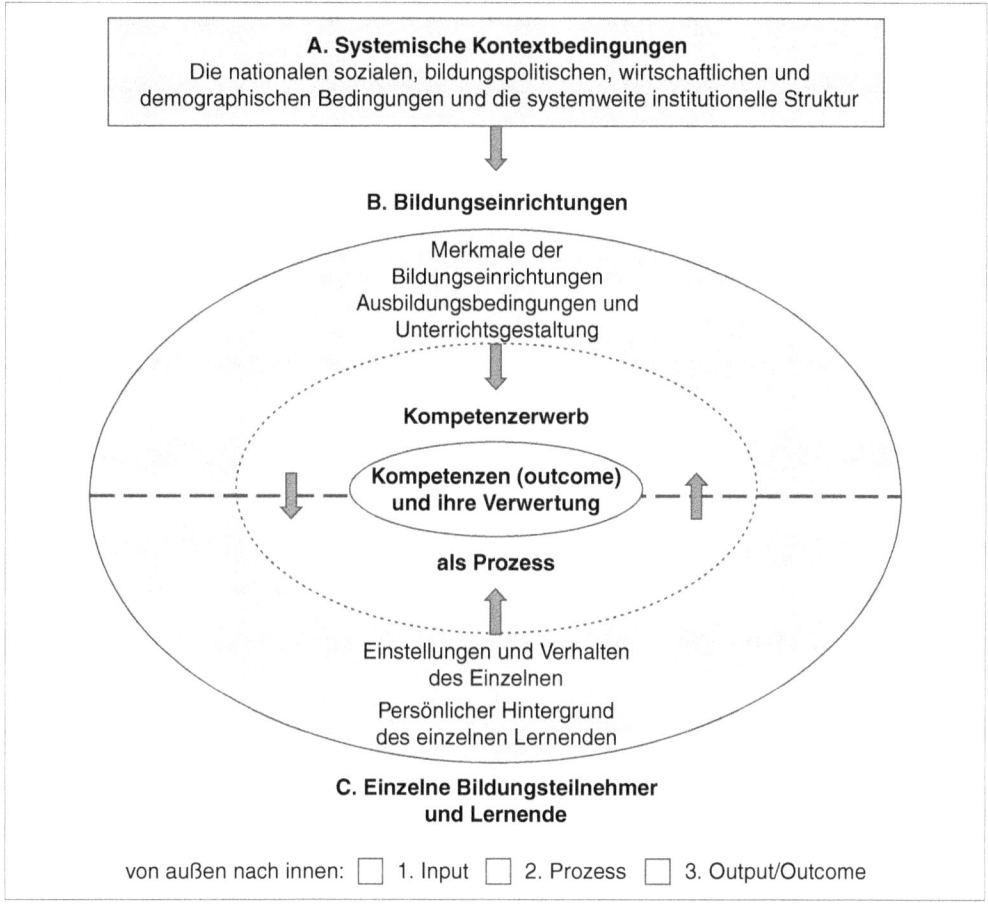

und die berufliche Bildungsbiografie rekonstruiert wird. Die Einschränkung der Repräsentativität bei diesem Ansatz betrifft die institutionelle Seite der Ausbildung (Unschärfen nachträglicher Rekonstruktion von Niveau und funktionaler Äquivalenz unterschiedlicher beruflicher Ausbildungsgänge).

– Wo – wie überwiegend in Deutschland – Ausbildungsfelder, -niveaus und -institutionen eng mit Tätigkeitsfeldern und -niveaus korreliert sind („Berufsprinzip") und Ausbildungen weitgehend flächendeckend die mittleren Tätigkeiten abdecken, macht es dem ersten Anschein nach keinen Unterschied, ob man vertikal und horizontal vergleichbare Samples auf der Basis von Arbeitskräftestichproben (Tätigkeiten) oder aber von Registerdaten zur Ausbildung (Ausbildungsberufe) festlegt. Diese Art von regulierter Beziehung gilt jedoch selbst in Deutschland nicht für alle Beschäftigungssegmente; in anderen, insbesondere in den anglo-amerikanischen Ländern gilt dies nur für wenige Segmente bzw. Segmentausschnitte. Mit Blick auf eine Panel-Studie, deren Einstiegspunkt die Ausbildungsinstitutionen darstellen, ist daher im Prinzip der Weg eines *tätigkeitsstrukturbezogenen* Samplings angeraten. Gleichwohl bleibt – vor allem aus pragmatischen Gründen – der Weg eines rein *ausbildungsstrukturbezogenen* Samplings zu erwägen. Die Unterschiede zwischen beiden Optionen liegen in dem noch zu leistenden Aufwand für die Vorbereitung einer Stichprobenziehung und in dem Gewicht, das die jeweilige

Stichprobe in den Segmenten hat. Beide Wege verbinden sich mit einer Konstruktion beruflicher Teilsamples.

Die Arbeitsgruppe hat ihre Überlegungen zur technischen Durchführung des large-scale-assessment auf dem Gebiet der beruflichen Aus- und Weiterbildung vorgelegt und hofft auf einen Start in 2008 (zu den Details vgl. BAETHGE et al. 2006a, 2006b).

Anmerkungen

1 Gegenwärtig kooperieren die Autoren vor allem mit den Göttinger Kollegen Prof. Dr. Marcus HASSELHORN, Prof. Dr. Steffen KÜHNEL und Prof. Dr. Rainer WATERMANN.
2 Betrachtet wurden: das *Was* (Wissen, Fertigkeiten), das *Wann* (Dauer, Zeitpunkt und Häufigkeit von spezifischen Handlungssequenzen) und das *Wie* (Qualität, Niveau, Schwierigkeit). Dabei wurden die breiten Bereiche interner Voraussetzungen (Wissen, Fertigkeiten, Verhalten) und spezifische Kombinationen von Wissen, Fertigkeiten und Verhalten unterschieden, die notwendig waren für die Bewältigung beruflicher Handlungssituationen.

Literatur

ACHTENHAGEN, F. (1996): Entwicklung und Evaluation ökonomischer Kompetenz mit Hilfe handlungsorientierter Verfahren am Beispiel der Ausbildung zum Industriekaufmann/zur Industriekauffrau (Skizze eines Forschungsprojekts). In: SEYD, W./WITT, R. (Hrsg.): Situation – Handlung – Persönlichkeit. Kategorien wirtschaftspädagogischen Denkens. Festschrift für Lothar REETZ. – Hamburg, S. 137-147.

ACHTENHAGEN, F. (2004): Prüfung von Leistungsindikatoren für die Berufsbildung sowie zur Ausdifferenzierung beruflicher Kompetenzprofile nach Wissensarten. In: BAETHGE, M./BUSS, K.-P./LANFER, C. (Hrsg.): Expertisen zu den konzeptionellen Grundlagen für einen Nationalen Bildungsbericht – Berufliche Bildung und Weiterbildung/Lebenslanges Lernen. – Bonn, S. 11-32.

ACHTENHAGEN, F./GRUBB, W. N. (2001): Vocational and occupational education: Pedagogical complexity, institutional diversity. In: RICHARDSON, V. (Ed.): Handbook of Research on Teaching. 4th edition. – Washington, pp. 604-639.

ACHTENHAGEN, F./LEMPERT, W. (Hrsg.) (2000): Lebenslanges Lernen im Beruf. Seine Grundlegung im Kindes- und Jugendalter. Vol. 1: Das Forschungs- und Reformprogramm. – Opladen.

ACHTENHAGEN, F./NIJHOF, J. W./RAFFE, D. (1995): Feasibility Study: Research Scope for Vocational Education in the Framework of COST Social Sciences. European Commission: Directorate-General Science, Research and Development, COST Technical Committee Social Sciences, Vol. 3. – Brussels.

ANDERSON, L. W./KRATHWOHL, D. R. (with AIRASIAN, P. W., CRUIKSHANK, K. A., MAYER, R. E., PINTRICH, P. R., et al.) (Eds.) (2001): A taxonomy for learning, teaching, and assessing. A revision of BLOOM's taxonomy of educational objectives. – New York.

ANDERSSON, R./OLSSON, A.-K. (1999): Fields of education and training. Luxembourg: Eurostat. Appendix A3: Commission of the European Communities (2005), pp. 18-20.

Arbeitsgemeinschaft betriebliche Weiterbildungsforschung (ABWF) (2005): Kompetenzmessung im Unternehmen: Lernkultur- und Kompetenzanalysen im betrieblichen Umfeld, Bd. 18. – Münster.

BAETHGE, M./ACHTENHAGEN, F./ARENDS, L./BABIC, E./BAETHGE-KINSKY, V./WEBER, S. (2006a): Berufsbildungs-PISA. Machbarkeitsstudie. – Stuttgart.

BAETHGE, M./ACHTENHAGEN, F./ARENDS, L./BABIC, E./BAETHGE-KINSKY, V./WEBER, S. (2006b): PISA-VET. A Feasibility-Study. – Stuttgart.

BAETHGE, M./BAETHGE-KINSKY, V. (Hrsg..) (2004): Der ungleiche Kampf um das lebenslange Lernen. – Münster.

BAETHGE, M./BAETHGE-KINSKY, V. (2006): Ökonomie, Technik, Organisation: Zur Entwicklung von Qualifikationsstruktur und qualitativem Arbeitsvermögen. In: ARNOLD, R./LIPSMEIER, A. (Hrsg.): Handbuch der Berufsbildung, – 2. Aufl. – Opladen, S. 153-173.

BAETHGE, M./BUSS, K. P./LANFER, C. (2003): Konzeptionelle Grundlagen für einen Nationalen Bildungsbericht. Berufliche Bildung und Weiterbildung/Lebenslanges Lernen. – Bonn.

BAUMERT, J./SCHÜMER, G. (2002): Familiäre Lebensverhältnisse, Bildungsbeteiligung und Kompetenzwettbewerb im internationalen Vergleich. In: PISA-Konsortium (Hrsg.): PISA 2000. Die Länder der Bundesrepublik Deutschland im Vergleich. – Opladen, S. 159-202.
BAUMERT, J./BOS, W./LEHMANN, R. (2000): Dritte internationale Mathematik- und Naturwissenschaftsstudie. Mathematische und naturwissenschaftliche Bildung am Ende der Schullaufbahn. Bd. 1: Mathematische und naturwissenschaftliche Grundbildung am Ende der Pflichtschulzeit. – Opladen.
BAUMERT, J./BOS, W./WATERMANN, R. (1998): Schülerleistungen in Mathematik und den Naturwissenschaften am Ende der Sekundarstufe II im internationalen Vergleich. – Berlin: Max-Planck-Institut für Bildungsforschung.
BEATON, A. E. (Ed.) (1987): Implementing the new design: The NAEP 1983-84 technical report (Report No: 15-TR-20). – Princeton.
BRANSFORD, J. D./BROWN, A. L./COCKING, R. R. (2000): How People Learn: Brain, mind, experience, and school. – Washington.
DESCY, P./TESSARING, M. (2002): Kompetent für die Zukunft – Ausbildung und Lernen in Europa. Zweiter Bericht zur Berufsbildungsforschung in Europa: Synthesebericht. Reihe CEDEFOP reference series, Bd. 5. – Luxemburg.
ERPENBECK, J./ROSENSTIEL, L. VON (2003): Handbuch Kompetenzmessung. – Stuttgart.
European Commission (2005): Auf dem Weg zu einem Europäischen Qualifikationsrahmen für Lebenslanges Lernen. – Brüssel.
KANNING, U. P. (2003): Diagnostik sozialer Kompetenzen. – Göttingen.
Kommission der Europäischen Gemeinschaften (2006): Das europäische Leistungspunktesystem für die Berufsbildung (ECVET). – Brüssel, SEK (2006) 1431.
KUNTER, M. et al. (2002): PISA 2000. Dokumentation der Erhebungsinstrumente. Max-Planck-Institut für Bildungsforschung. Berlin. URL: http://www.kmk.org/schul/pisa/Datensaetze/Gesamt-Druckversion.pdf. Download: [Datum].
LORD, F. M. (1962): Estimating norms by item-sampling. In: Educational and Psychological Measurement, Vol. 22, pp. 259-267.
LORD, F. M. (1980): Applications of Item Response Theory to Practical Testing Problems. – Hillsdale.
MISLEVY, R. J./SHEEHAN, K. M. (1987): Marginal estimation procedures. In: BEATON, A. E. (Ed.): Implementing the New Design: The NAEP 1983-84 technical report (Report No: 15-TR-20). – Princeton, NJ: Educational Testing Service, pp. 293-360.
MULLIS, I. V./MARTIN, M. O./BEATON, A. E./GONZALES, E. J./KELLY, D. L./SMITH, T. A. (1998): Mathematics and Science Achievement in the Final Year of Secondary School: IEA's Third International Mathematics and Science Study (TIMSS). – Chestnut Hill.
NIEUWENHUIS, L. (2004): The learning potential of the workplace. URL: http://edu.fss.uu.nl/ord/fullpapers/Nieuwenhuis- L_L%204_2.DOC Download: [Datum].
NIJHOF, W. J./STREUMER, J. N. (Eds.) (1998): Key Qualifications in Work and Education. – Dordrecht.
OATES, T. (2004): The Role of Outcome-based National Qualifications in the Development of an Effective Vocational Education and Training System: The case of England and Wales. Policy Futures in Education, Vol. 2.
OECD (2006): Assessing scientific, reading and mathematical literacy. A framework for PISA 2006. – Paris.
PETERSON et al. 1999 = PETERSON, N. G./MUMFORD, M. D./BORMAN, W. C./JEANNERET, P. R./FLEISHMAN, E. A. (Eds.) (1999): An Occupational Information System für the 21st Century: The development of O*NET. – Washington.
PRENZEL et al. 2004 = PRENZEL, M./BAUMERT, J./BLUM, W./LEHMANN, R./LEUTNER, D./NEUBRAND, M./PEKRUN, R./ROLFF, H.-G./ROST, J./SCHIEFELE, U. (Hrsg.) (2004): PISA 2003. Der Bildungsstand der Jugendlichen in Deutschland. Ergebnisse des zweiten internationalen Vergleichs. – Münster.
PRENZEL, M./KRAMER, K./DRECHSEL, B. (2001): Selbstbestimmt motiviertes und interessiertes Lernen in der kaufmännischen Erstausbildung – Ergebnisse eines Forschungsprojekts. In: BECK, K./KRUMM, V. (Hrsg.): Lehren und Lernen in der beruflichen Erstausbildung: Grundlagen einer modernen kaufmännischen Berufsqualifizierung. – Opladen, S. 37-63.
REETZ, L. (1999): Zum Zusammenhang von Schlüsselqualifikationen – Kompetenzen – Bildung. In: TRAMM, T./SEMBILL, D./KLAUSER, F./JOHN, E. G. (Hrsg.): Professionalisierung kaufmännischer Berufsbildung. Beiträge zur Öffnung der Wirtschaftspädagogik für die Anforderungen des 21. Jahrhunderts. Festschrift zum 60. Geburtstag von Frank ACHTENHAGEN. – Frankfurt a. M., S. 32-51.
RUBIN, D. B. (1987): Multiple Imputation for Nonresponse in Surveys. – New York.

RYCHEN, D. S./SALGANIK, L. H. (2003): A holistic model of competence. In: RYCHEN, D. S./SALGANIK, L. H. (Eds.): Key Competencies for a Successful Life and a Well-functioning Society. – Göttingen, pp. 41-62.

SCHEERENS, J. (1990): School effectiveness research and the development of process indicators of school functioning. In: School Effectiveness and School Improvement, Vol. 1, pp. 61-80.

SCHEERENS, J./BOSKER, R. J. (1997): The Foundations of Educational Effectiveness. – Oxford.

TRAMM, T./SEMBILL, D./KLAUSER, F./JOHN, E. G. (Hrsg.) (1999): Professionalisierung kaufmännischer Berufsbildung. Beiträge zur Öffnung der Wirtschaftspädagogik für die Anforderungen des 21. Jahrhunderts. Festschrift zum 60. Geburtstag von Frank ACHTENHAGEN. – Frankfurt a. M.

WEBER, S. (2005): Intercultural learning as identity negotiation. – Frankfurt a. M.

WEINERT, F. E. (2001): Concept of competence: A conceptual clarification. In: RYCHEN, D. S./SALGANIK, L. H. (Eds.): Defining and Selecting Key Competencies. – Göttingen, pp. 45-65.

WRIGHT, B. D./STONE, M. H. (1979): Best Test Design. – Chicago.

WILD, K.-P./SCHIEFELE, U. (1994): Lernstrategien im Studium. Ergebnisse zur Faktorenstruktur und Reliabilität eines neuen Fragebogens. In: Zeitschrift für Differentielle und Diagnostische Psychologie, Bd. 15, S. 185-200.

WINTERTON, J./DELAMARE-LE DEIST, F./STRINGFELLOW, E. (2005): Typology of Knowledge, Skills and Competences: Clarification of the concept prototype: Final draft. – Thessaloniki: CEDEFOP.

WINTHER, E. (2006): Motivation in Lernprozessen. Konzepte in der Unterrichtspraxis von Wirtschaftsgymnasien. – Wiesbaden.

Anschriften der Verfasser: Prof. Dr. Frank Achtenhagen, Georg-August-Universität, Seminar für Wirtschaftspädagogik, Platz der Göttinger Sieben 5, 37073 Göttingen, Tel.: (0551) 39-4421, Fax: (0551) 39-44 17, E-Mail: fachten@uni-goettingen.de; Prof. Dr. Martin Baethge, Soziologisches Forschungsinstitut Göttingen (SOFI) an der Georg-August-Universität, Friedländer Weg 31, 37085 Göttingen, Tel.: (0551) 52205-0, Fax: (0551) 52205-88, E-Mail: mbaethg@gwdg.de

Heinz Reinders

Diagnostik jugendlichen Kompetenzerwerbs durch außerschulische Aktivitäten

Zusammenfassung
Im vorliegenden Beitrag werden Messverfahren gesichtet, die sich u. a. mit der Diagnostik von Kompetenzerwerb durch außerschulische Aktivitäten befassen. Es werden die beiden Leitfragen beantwortet, welche Entwicklungs- und Kompetenzbereiche Heranwachsender untersucht werden und mit welchen Messinstrumenten dies geschieht. Das Fazit des Beitrags ist u. a., dass soziale Kompetenzen besonders häufig gemessen werden, Fragebogen-Instrumente vorherrschend sind und die deutschsprachige Forschung der Weiter- und/oder Neuentwicklung von Inventarien bedarf.

Schlüsselwörter: Kompetenzdiagnostik; Sozialisation, außerschulische; Funktionsentwicklung; Kindheit; Jugend

Summary
Diagnosing Young People's Gains in Competency Through Extra-curricular Activities
This contribution looks at measurement procedures that deal with diagnosing competency gains through extra-curricular activities. The two main questions will be dealt with: Which development and competency areas are investigated, using which measurement instruments? The conclusion is, inter alia, that social competency is measured particularly regularly, that questionnaires are the leading instrument of measurement and that German research is in need of further developments and/or innovations concerning current instruments.

Keywords: competency diagnostics; extra-curricular socialization; functional development; childhood; youth

1 Einleitung

In diesem Beitrag werden Studien gesichtet, die sich mit der Messung von Kompetenzen befassen, die Jugendliche durch außerschulische Aktivitäten erwerben. Im Mittelpunkt stehen dabei die beiden Fragen, (a) welche Entwicklungs- und Kompetenzbereiche Heranwachsender untersucht werden und (b) mit welchen Messinstrumenten dies geschieht. Das Ziel ist, den bisherigen Forschungsstand aufzuzeigen (vgl. hierzu auch GRUNERT 2005), Ansatzpunkte für die Entwicklung neuer Instrumente zu skizzieren und Aufgaben zukünftiger Forschung abzuleiten.

Für dieses Unterfangen sind zwei Klärungen notwendig. Zum einen ist zu spezifizieren, was unter außerschulischen Aktivitäten verstanden wird und wie diese sinnhaft theoretisch strukturiert werden können. Zum anderen soll eine Systematisierung der Kompetenzbereiche Aufschluss darüber geben, was potenziell analysiert werden kann und was faktisch gemessen wird (vgl. Abschnitt 2). Die Kombinatorik dieser beiden Dimensionen (Klassifikation außerschulischer Aktivitäten × Kompetenzbereiche) ergibt ein Schema anhand dessen Schwerpunkte, Desiderata und Lücken bisheriger Forschung[1] aufgezeigt werden können, also Antworten auf die beiden eingangs skizzierten Fragen ermöglicht (vgl. Abschnitte 3 und 4).

Im nachfolgenden Abschnitt wird zunächst das Klassifikationsschema zur Sortierung der Kompetenzmessungen vorgestellt. Im Anschluss werden ausgewählte Zellen dieses Schemas durch Darstellung von Studien und Befunden gefüllt und sodann ein kritisches Fazit bisheriger Kompetenzdiagnostik im hier behandelten Bereich gezogen.

2 Klassifikation außerschulischer Aktivitäten und Kompetenzbereiche

Bei der Betrachtung außerschulischer Aktivitäten werden regelmäßig gemeinnützige Tätigkeit, Vereinsaktivitäten und Sport, Mediennutzung, Freizeitstile und -verhalten sowie politische Betätigungen in den Blick genommen (PICOT 2001; SCHMITT/HARTMANN-TEWS/BRETTSCHNEIDER 2003; FEIERABEND/RATHGEB 2005; FERCHHOFF 1999; BUHL/KUHN 2003). Im Mittelpunkt steht zumeist die Frage, welchen sozialisatorischen Einfluss diese Aktivitäten bei Jugendlichen besitzen (vgl. ECCLES/BARBER 1999). Dieser Domänenvielfalt und den kaum vergleichbaren Befunden zur Abschätzung des Erfahrungswertes steht das Interesse gegenüber, Klassen von Sozialräumen und Erfahrungen aufstellen und den Wert, den die verschiedenen Aktivitäten für jugendliche Entwicklung besitzen, abschätzen zu können. Ersteres erfordert eine abstraktere Unterscheidung (a), zweiteres eine Abgrenzung verschiedener Entwicklungsbereiche (b), die in ein Klassifikationsschema der Diagnostik jugendlicher Kompetenzen durch außerschulische Aktivitäten überführt wird (c).

Ad (a). Bei der Betrachtung jugendlicher Freizeitwelten wird unter Rückgriff auf Mayo und später Etzioni regelmäßig zwischen formellen und informellen Settings unterschieden (GUKENBIEHL 1980; BUTZ/BRONNER/REINDERS 1998; SHANNON 2006). Erstere sind gekennzeichnet durch einen institutionellen Rahmen mit gegebenen Strukturen und Rollen, für zweitere ist die (mehr oder minder starke) Abstinenz von geregelten Interaktionsabläufen charakteristisch (MERKENS 2005). Tätigkeiten im Rahmen eines Sportvereins finden demnach in formellen, solche mit Peers an der Bushaltestelle in informellen Settings statt. Diese Unterscheidung ist nicht deshalb brauchbar, weil Studien den Nachweis eines förderlicheren Einflusses formeller gegenüber informeller Kontexte erbringen (ECCLES/BARBER 1999; YOUNISS/YATES/SU 1997). Sie ermöglicht vielmehr, die unterschiedlichen Anforderungen an Jugendliche und deren Motive für den Zugang zu einem der beiden Klassen von Settings sowie die erwarteten Kompetenzzuwächse zu bestimmen. Während gemeinnützige Tätigkeit im Verein Kompetenzen der Handlungspersistenz oder auch Organisationstalent fordert und u. U. fördert, sind beim Zusammensein mit Peers Fähigkeiten der Rollenambiguität oder Aushandlungsstrategien eher erforderlich. Auch sind vertikale Interaktionen zwischen Jugendlichen und Erwachsenen in formellen Settings eher erwartbar als in informellen. Dies wird unterschiedliche Erfahrungsqualitäten mit sich bringen (REINDERS 2006a, S. 269 ff.).

Die erste Klassifikationsdimension ist also die Unterscheidung zwischen Aktivitäten in formellen vs. informellen außerschulischen Kontexten.

Ad (b). Zur Differenzierung der Kompetenzen, die Jugendliche durch außerschulische Aktivitäten (potenziell) erwerben, wird auf die Unterscheidung nach Funktionsbereichen menschlicher Entwicklung aus der Entwicklungspsychologie zurückgegriffen. Dort wird u. a. zwischen motorisch-körperlicher, sozio-emotionaler, kognitiver und motivationaler Entwicklung unterschieden (OERTER/MONTADA 2002; BERK 2005). Diese Klassifikation erlaubt, nicht nur nach generellen Entwicklungen zu fragen, sondern spezifische Bereiche, in denen Jugendliche Kompetenzen besitzen und akkumulieren, analytisch zu betrachten. So wird der motorische Kompetenzerwerb beim Sport relevanter sein als beim „Abhängen" Jugendlicher an öffentlichen Plätzen. Zudem ermöglicht diese Differenzierung die Erstellung von Rangordnungen verschiedener Kompetenzbereiche innerhalb von Aktivitätsklassen. Während bei gemeinnütziger Tätigkeit vielleicht die Stärkung sozialer Kompetenz an erster und kognitiver Fähigkeiten an zweiter Stelle steht, könnte dies im Rahmen einer Schach-AG gerade umgekehrt der Fall sein.

Als zweite Klassifikationsdimension wird demnach jene zwischen verschiedenen Entwicklungsbereichen eingeführt und motorisch-körperliche, sozio-emotionale, kognitive und motivationale Aspekten unterschieden.[2]

Ad (c). Aus der Kombination beider Dimensionen ergibt sich ein Klassifikationssystem, in das die bestehende Forschung zur außerschulischen Kompetenzdiagnostik eingeordnet werden kann (vgl. Tabelle 1).

Tabelle 1: Klassifikationssystem außerschulischer Aktivitäten und Kompetenzbereiche mit Beispielen

	Motorisch-körperlich	Sozio-emotional	Kognitiv	Motivational
Formelle Settings	Fußballverein	Gemeinnützige Tätigkeit in Verbänden	Schach-AG	Gemeinnützige Tätigkeit in Verbänden
Informelle Settings	Half-Pipe	Romantische Beziehung	Lesen	Nachmittags-Lerngruppe (nicht Nachhilfe)

Für jede Zelle wird ein Beispiel gegeben, was ein möglicher bzw. tatsächlicher Untersuchungsgegenstand ist. So untersuchen eine Reihe von Studien den sozialen Kompetenzerwerb durch gemeinnützige Tätigkeit (YOUNISS/YATES 1997) oder die Entwicklung in romantischen Beziehungen (vgl. BAHNE/OSWALD 2005). Wieder andere Studien betrachten den schulischen Erfolg in Abhängigkeit der Beteiligung an schulischen Projekt-AGs (GIFFORD/DEAN 1990; SILLIKER/QUIRK 1997). Nur wenige Studien nehmen verschiedene Aktivitäten vergleichend in den Blick und fragen entweder nur nach einem (ECCLES/BARBER 1999) oder aber nach mehreren Entwicklungsbereichen (HANSON/LARSON/DWORKIN 2003).

Bevor im Folgenden untersucht wird, welche Instrumente für die angeführten Kombinationen aus Tabelle 1 Verwendung finden, werden zunächst vier Ansätze vorgestellt, die sich einer ganzheitlichen Betrachtung der Persönlichkeitsentwicklung Jugendlicher in außerschulischen Kontexten widmen.

3 Bereichsübergreifende Untersuchungen

Obwohl in der Forschung zu jugendlichen Kompetenzen die partikulare Betrachtung einzelner Entwicklungsbereiche überwiegt, finden sich einige Ansätze, die eine holistische Perspektive einnehmen. Dies sind (a) insbesondere Studien in identitätstheoretischer Tradition, denen ein Stufenkonzept der Persönlichkeitsentwicklung zugrunde liegt (YOUNISS/YATES 1997; KRETTENAUER/GUDULAS 2003). Zum anderen sind hier Untersuchungen einzuordnen, in denen (b) faktorenbasierte Instrumente zur Persönlichkeitsbeschreibung entwickelt werden (MASTEN u. a. 1995; HANSON/LARSON/DWORKIN 2003).

Ad a) In Fortführung des Transzendenzkonzepts von ERIKSON (1968) haben YOUNISS/YATES (1997) ein Kodierungsschema entwickelt, mit dem qualitative Aussagen Jugendlicher den drei Kompetenzstufen der Transzendenz zugeordnet werden können. Nach diesem Schema sind Jugendliche auf der ersten Stufe in der Lage, soziale Stereotype zu hinterfragen und Angehörige sozialer Gruppen (etwa Obdachlose, Migranten etc.) als Individuen und nicht als durch soziale Gruppeneigenschaften determinierte Personen zu sehen. Auf der zweiten Stufe besitzen Jugendliche die Fähigkeit, ihre eigene soziale Position mit der gering Privilegierter zu vergleichen und daraus ihre gesellschaftliche Verantwortung abzuleiten. Auf der dritten Stufe schließlich sind Heranwachsende kompetent, wenn sie soziale Sachverhalte und deren Ursachen erkennen (etwa differenzierte Wahrnehmung der Gründe für Armut) und sich selbst als Teil der Vergangenheit, Gegenwart und Zukunft „ihrer" Gesellschaft begreifen. YOUNISS/YATES (1997) haben ein Kategoriensystem zur Kodierung qualitativer Aussagen entwickelt, welches für eine deutsche Stichprobe bei HOFER (1999) dokumentiert ist und eine Interrater-Übereinstimmung von 92% bei sechs Kategorien aufweist (vgl. Tabelle 2).

Tabelle 2: Kodierungsschema zur Identifikation von Transzendenzstufen
(Auszug, eigene Übersetzung, vgl. HOFER 1999, S. 130)

	Kodierregel	**Beispiel**
Level 1.1	Aussagen über Beobachtungen, die zu Kindern gemacht werden	Na ja, die Jüngeren sind sehr viel spontaner. Es kommt vor, dass ein Kind einfach unterbricht [...] Sie haben ihren eigenen Kopf.
Level 1.2	Aussagen über Veränderungen von Einstellungen	Ja, oft ändert man seine Meinung ja auch über Menschen. Vor einiger Zeit z. B. kamen Jugendliche, die als Nazis bekannt waren, hierher. Aber man redet mit denen und ändert die eigene Meinung.

Dieser qualitative Ansatz in der Tradition ERIKSONs (1968) wird durch quantitative Verfahren ergänzt, die in Anlehnung an MARCIA (1980) ebenfalls identitätstheoretisch verortet sind. So haben bspw. KRETTENAUER/GUDULAS (2003) das „Extended Objective Measure of Ego-Identy Status" von ADAMS (1998) in eine deutsche Fassung gebracht und messen auf diese Weise den bereits erreichten Status an Identitäts-„Festigkeit" im Bereich politischer Exploration bei gleichzeitigem Werte-Commitment (bspw. wird die erarbeitete Identität mit Items erfasst wie: „Ich habe mir meine politischen Ansichten gründlich überlegt und stelle fest, dass ich mit meinen Eltern teilweise gleicher Meinung bin, teilweise aber auch nicht"). Das bei einer Stichprobe junger Erwachsener eingesetzte Inventar weist dabei mit Reliabilitäten (Cronbachs α) zwischen .67 und .73 angesichts der Stichprobengröße und Itemzahl eine gute Zuverlässigkeit auf (vgl. KRETTENAUER/GUDULAS 2003, S. 225).

Ad b) Einen anderen Zugang wählen Studien, die sich mit der Persönlichkeitsentwicklung anhand der faktoranalytischen Differenzierung von Entwicklungsbereichen widmen und dabei, wie MASTEN et al. (1995) oder HANSON/LARSON/DWORKIN (2003) ein breites Spektrum an Funktionsbereichen erfassen.

MASTEN et al. (1995) studieren die Entwicklung akademischer (also kognitiver), sozialer und Verhaltenskompetenz von der späten Kindheit bis zur späten Jugendphase und identifizieren mittels Messmodell neben diesen drei Grunddimensionen noch Berufskompetenz und Partnerschaftskompetenz als distinkte Dimensionen im Jugendalter. Das insgesamt gut funktionierende Modell, mit Reliabilitäten der Subskalen zwischen .54 und .96 (Cronbachs α basiert dabei auf Informationen aus Eltern- und Jugendfragebögen, ergänzt um kodiertes Interviewmaterial.

Weniger aufwändig ist der Zugang, den HANSON/LARSON/DWORKIN (2003) mit der „YES-Youth Experience Scale" wählen. Sie haben „YES" als Fragebogen mit 90 Items konzipiert, der

u. a. sechs Erfahrungsbereiche Jugendlicher erfasst (Identität, Initiative, Grundfertigkeiten, Teamfähigkeit, soziale Kompetenz, Umgang mit Erwachsenen), die als Kompetenzerwerb durch außercurriculare Aktivitäten interpretierbar sind (vgl. Tabelle 3).

Tabelle 3: „Youth Experience Scale"
(Auszug, eigene Übersetzung, vgl. HANSON/LARSON/DWORKIN 2003, S. 38 f.)

Skala	Item-Beispiel	Cronbachs α
Emotionskontrolle	Ich habe gelernt, mein Temperament zu zügeln. (6 Items)	.88
Kognitive Kompetenz	Ich weiß jetzt besser, wie man Informationen findet. (5 Items)	.74
Soziale Kompetenz	Ich habe mehr darüber gelernt, wie man anderen hilft. (5 Items)	.81

Die Zuverlässigkeit der ersten Version (Cronbachs α zwischen .56 und .94), konnte durch eine Überarbeitung („YES v. 2.0"[3]) und anschließende konfirmatorische Faktorenanalyse verbessert werden.

In eine ähnliche Richtung wie HANSON/LARSON/DWORKIN (2003) geht der qualitative Ansatz von HART/FEGLEY (1995). Die Autoren entwickeln ein Kodiermanual zur Analyse von qualitativen Interviews mit Jugendlichen und berücksichtigen dabei sowohl körperliche, Verhaltens-, soziale als auch kognitive und motivationale Aspekte jugendlicher Entwicklung. Die Interkoderübereinstimmung lag in der Studie von HART/FEGLEY (1995) für das insgesamt 28 Kategorien umfassende System bei 86%.

Gemeinsam ist den hier nur knapp skizzierten Instrumenten neben der methodischen Qualität das Anliegen, jugendliche Entwicklungsbereiche möglichst umfassend messen und Aussagen über Entwicklungsstände, und damit indirekt erreichte Kompetenzstände, treffen zu können. Gleichzeitig vermögen diese Kompetenzmessungen, Interkorrelationen zwischen den einzelnen Entwicklungsbereichen festzustellen.

Problematisch bleibt jedoch, dass in einigen Ansätzen von Jugendlichen gemachte Erfahrungen theoretisch und empirisch nicht hinreichend von dabei faktisch erlangten Kompetenzen zu trennen sind (etwa HANSON/LARSON/DWORKIN 2003). Ferner beziehen sich die Instrumente nicht immer explizit auf außerschulische Aktivitäten oder sind methodisch äußerst aufwändig gehalten (etwa MASTEN et al. 1995). Nach eigenem Erachten eignet sich insbesondere die „Youth Experience Scale" dazu, holistisch solche Kompetenzen zu messen, die Jugendliche im außerschulischen Bereich erwerben. Durch Modifikation von YES ist es möglich, neben den gemachten Erfahrungen auch den selbstperzipierten Kompetenzstand zu messen.

4 Bereichsspezifische Untersuchungen

Im Gegensatz zu den wenigen, umfassenden Messverfahren findet sich in der Literatur eine Vielzahl an Studien, die sich jeweils einzelnen Kompetenzbereichen widmen. Diese werden im Folgenden anhand des in Tabelle 1 dargestellten Schemas exemplarisch dargestellt.

4.1 Motorisch-körperliche Aspekte

Bei der Messung motorischer Kompetenzen findet sich zwar in der Literatur eine Vielzahl an medizinisch-physiologischen Instrumenten, die objektivierende Daten zur motorischen Kompetenz liefern (vgl. BÖS 2001). In der sozialwissenschaftlichen Forschung dominieren zumeist Selbstauskünfte als Datenquelle, die jedoch hinreichend hohe Zusammenhänge zu objektivierenden Daten aufzuweisen scheinen (SHAVELSON/HUBNER/STANTON 1976; MARSH/REDMAYNE 1994). Im Bereich selbstperzipierter motorischer Kompetenzen hat sich der englischsprachige „PSDQ – Physical Self-Description Questionnaire" (FOX/CORBIN 1989) etabliert, dessen Kurzform insgesamt 11 Subskalen umfasst und an einer Stichprobe von High School Jugendlichen getestet wurde (Cronbachs α zwischen .77 und .94, vgl. PEART/MARSH/RICHARDS 2005).

Tabelle 4: „Physical Self-Description Questionnaire-Short"
(Auszug, eigene Übersetzung, vgl. PEART/MARSH/RICHARDS 2005)

Skala	Item-Beispiel	Cronbachs α
Training	Ich mache oft sportliche Übungen, die mich außer Atem bringen (r) (4 Items)	.82
Ausdauer	Ich kann längere Strecken laufen ohne zu ermüden (4 Items)	.88
Beweglichkeit	Mein Körper ist flexibel und dehnbar (4 Items)	.80
Attraktivität	Ich denke, dass ich für mein Alter attraktiv bin (4 Items)	.90

Das Instrument erweist sich als interkulturell valide (MARSH/MARCO/ABÇY 2002) und weist Zusammenhänge zum biologischen Entwicklungsstatus in der Pubertät auf (MONSMA/MALINA/FELTZ 2006). Auch lassen sich deutliche Unterschiede in der physischen Selbstwahrnehmung von adoleszenten Mädchen und Jungen nachweisen (KLOMSTEN/SKAALVIK/ESPNES 2004). Befunde, wonach sich selbstperzipierte physische Kompetenzen zwischen Jugendlichen unterscheiden, die in informellen oder formellen Settings Sport treiben, bestehen nicht.

Im deutschsprachigen Raum findet sich das Instrument zur Messung des „PSK – Physischen Selbstkonzept" (STILLER/WÜRTH/ALFERMANN 2004). Es handelt sich hierbei um eine Weiterentwicklung und Zusammenführung des PSDQ mit dem „KSB – Fragebogen zum Körperselbstbild" (ALFERMANN/STOLL 2000). Der Fragebogen erfasst insgesamt 9 Bereiche (u. a. Beweglichkeit, Schnelligkeit, Kraft, Ausdauer etc.). Alle Subskalen weisen eine zufriedenstellende bis gute Zuverlässigkeit auf (Cronbachs α zwischen .64 und .92). Dabei zeigen sich deutliche Unterschiede bei den Ausprägungen des Selbstkonzepts zwischen solchen Befragten, die in ihrer Freizeit Sport treiben und solchen, die sich nicht sportlich betätigen (STILLER/WÜRTH/ALFERMANN 2004). GRÖßEL et al. (2006) fanden unter Verwendung einer Kurzform des PSK bei Studierenden, dass Anfänger im Hochschulsport geringere Ausprägungen aufweisen als Fortgeschrittene, Studierende in Mannschaftssportarten gegenüber Individualsportlern ein besseres physisches Selbstkonzept aufweisen und alle vier Gruppen über die Zeit vom sportlichen Engagement im formellen Setting Hochschulsport profitieren.

Für Jugendliche zeigt die Studie von BRETTSCHNEIDER/KLEINE (2001), dass Jugendliche zwar die Erwartung haben, durch Vereinssport ihre motorischen Kompetenzen zu verbessern. Der motorische „Vorsprung" der im Vereinssport Aktiven vergrößert sich im Verlauf der Studie jedoch nicht im Vergleich zu Nicht-Aktiven.

Vergleichende Befunde zu Sport in informellen Settings existieren zu diesem Instrument und der Entwicklung motorischer Kompetenz allgemein nicht. Allerdings lässt der von JULIER (2002) zusammengetragene Forschungsstand zur Szene der Skateboarder erwarten, dass in diesem informellen Setting in erheblichem Maße physisch-motorische Kompetenzen erworben werden.

4.2 Sozio-emotionale Aspekte

Da sich an anderer Stelle eine ausführliche Darstellung von Instrumenten zur Erfassung sozialer und emotional-selbstregulatorischer Kompetenzen findet (vgl. REINDERS 2007), werden an dieser Stelle knapp (a) gemeinnützige Tätigkeit und (b) Peer-Beziehungen als formelle bzw. informelle Settings des Erwerbs sozialer Kompetenzen skizziert.

Ad a) Die auch im deutschsprachigen Raum zunehmende Forschung zu gemeinnütziger Tätigkeit im Jugendalter (PICOT 2001, 2005; REINDERS 2006b) befasst sich nur spärlich mit dem Erwerb sozialer Kompetenzen durch ehrenamtliche Tätigkeit. Zwar wird bspw. im Freiwilligen-Survey gefragt, welche Anforderungen das soziale Engagement mit sich bringt (bspw. Organisation von Projekten, pädagogische Betreuung etc.) und inwiefern Engagierte den allgemeinen Eindruck eines Kompetenzzuwachses haben. Jedoch wird nicht näher spezifiziert, in welchen Bereichen dies der Fall ist. Offenbar nehmen durch Engagement jedoch das politische Wissen (HOFER 1999) sowie das Interesse an und die Bereitschaft zu politischer Partizipation zu (REINDERS/ YOUNISS 2005). Auch soziale Kompetenzen scheinen durch Engagement gestärkt zu werden (vgl. EYLER/GILES 1994). In der deutschsprachigen Forschung fehlt bislang allerdings ein Inventar zur Messung sozialer Kompetenzen, die im formellen Setting des (klassischen) Ehrenamts erworben werden.[4] In der internationalen Forschung haben sich u. a. die Skala zu „Social Responsibility Outcomes for Students in Service Learning"[5] (MARKUS et al. 1993), das Inventar von NEWMAN/RUTTER (1983) zu Kompetenzzuwächsen durch Engagement (vgl. MCLELLAN/YOUNISS 2002) sowie das Instrument von PENNER et al. (1995) zum prosozialen Verhalten etabliert (vgl. Tabelle 5).

Tabelle 5: Kurzskala zum „Prosozialen Verhalten" (PENNER et al. (1995), für die dt. erweiterte Version vgl. REINDERS (2005a); M = 2,7; SD = 0,75; α = 0,86)

Item-Wortlaut
Ich helfe fremden Menschen, wenn ich sehe, dass sie Hilfe benötigen.
Ich zeige Fremden den Weg.
Ich helfe alten Leuten über die Straße.
Ich helfe jemandem aus der Straßenbahn/Bus, wenn ich sehe, dass es die Person nicht alleine schafft.
Wenn jemand vom Fahrrad gefallen ist, helfe ich der Person wieder auf.
Wenn einem Fremden die Einkaufstüte reißt, helfe ich beim Einsammeln der Sachen.

Der Bezug zu sozialem Engagement wird dabei korrelativ und nicht durch die Items selbst hergestellt (wie etwa bei NEWMAN/RUTTER 1983) und es ergeben sich stabil hohe Zusammenhänge, die über die beim Service gemachten Erfahrungen mediiert werden (vgl. REINDERS 2006b).

Ad b) Peer-Beziehungen als informelles Setting des Kompetenzerwerbs Jugendlicher haben seit den 1980er Jahren erhebliche Konjunktur erfahren (vgl. FURMAN 1996). Messungen sozialer Kompetenzen erfolgen dabei zumeist darüber, wie gut es Jugendlichen gelingt, Konflikte zu bewältigen und neue Freunde zu finden (BERNDT 1996). Eingeführte Instrumente sind das „Assesment of Friendship Features" (BERNDT/HAWKINS 1992), die „Friendship Quality Scales" (BUKOWSKI/BOIVIN/HOZA 1994) oder auch der „Friendship Quality Questionnaire" von PARKER/ ASHER (1993). Letzterer umfasst sechs Subskalen (Gemeinschaft/Erholung, Hilfe/Unterstützung, Bestätigung/Commitment, Intimität, Konflikt und Konfliktlösung), deren Zuverlässigkeiten oberhalb von α = .83 liegen. Insbesondere die Dimensionen Unterstützung, Commitment und

Konfliktlösung sind geeignet, soziale Kompetenzen, die in diesem informellen Setting erworben wurden, über die Zeit zu betrachten. Ergänzend können die Instrumente zur Emotionsregulation (mittleres α = .88) in Freundschaften aus dem „BSQ – Behavioral Systems Questionnaire" (FURMAN/WEHNER 1994) hinzugezogen werden. Auch lassen sich explizit Aspekte des perzipierten sozialen Kompetenzzuwachses durch Freunde empirisch abbilden, wie dies in der Skala zur Erfassung der Entwicklungsaufgabenunterstützung der Fall ist (vgl. REINDERS/MANGOLD/VARADI 2005; Bsp.-Item: „Wir [mein Freund und ich, H. R.] zeigen uns gegenseitig, wie man sich korrekt gegenüber anderen Menschen verhält."; M = 2,8; SD = 0,71; ? = 0,81).

Ebenfalls im Kontext von Peer-Beziehungen wird der Erwerb interkultureller Kompetenzen durch interethnische Freundschaften betrachtet (vgl. Tabelle 6).

Tabelle 6: Kurzskala zur „Interkulturellen Kontaktkompetenz"
(REINDERS/VARADI (2007); M = 2,7; SD = 0,86; α = 0,89)

Item-Wortlaut
Ich fühle mich sicher, wenn ich mit Menschen aus anderen Kulturen rede.
Es fällt mir schwer, mich gegenüber Leuten aus anderen Kulturen auszudrücken. (r)
Mir fällt immer etwas Passendes ein, was ich zu Leuten aus anderen Ländern sagen kann.
Ich bin sehr gesellig in der Gegenwart von Menschen aus anderen Kulturen.

Zwar steht der kausale Nachweis aus, dass interethnische Freundschaften die interkulturelle Kontaktkompetenz erhöht, jedoch ergeben sich Hinweise, dass mit der Dauer interethnischer (bester) Freundschaften auch das Ausmaß selbstperzipierter kultureller Kontaktkompetenz steigt (vgl. Tabelle 7).

Tabelle 7: Differenzen der „Kulturellen Kontaktkompetenz" nach Art und Dauer der Freundschaft (N = 342; MAlter = 14,1; SDAlter = 1,17; 48,6% Mädchen)[6]

	Kürzer als 1 Jahr	1 Jahr oder länger
Intraethnische Freundschaft	2,7 (0,52)	2,6 (0,75)
Interethnische Freundschaft	2,7 (1,06)	3,1 (0,83)

So zeigt sich, dass die wahrgenommene kulturelle Kontaktkompetenz bei solchen Jugendlichen am höchsten ausfällt, die ein Jahr oder länger einen andersethnischen besten Freund genannt haben.

Als Fazit zu sozialer Kompetenzmessung kann gezogen werden, dass zahlreiche Instrumente existieren, die für die Betrachtung von Effekten in formellen und informellen Settings geeignet sind. Dabei gibt es sowohl solche Instrumente, die unabhängig von außerschulischen Aktivitäten entwickelt wurden (bspw. die „SPRS-10 Student Responsibility Scale", SINGG/ADER 2001; zusf. REINDERS 2007), als auch solche, die explizit mit einem solchen Bezug konzipiert sind (bspw. die „Social Attitudes Scale for Volunteers", JANOSKI/MUSICK/WILSON 1998). Während für den Bereich der Freundschaftsforschung zahlreiche Inventarien vorliegen (zusf. FURMAN 1996), die auch in der deutschen Forschung angewandt werden (zusf. REINDERS 2005b), besteht für gemeinnützige Tätigkeit im deutschsprachigen Raum noch Entwicklungsbedarf.

4.3 Kognitive Aspekte

Die Frage danach, inwieweit extracurriculare Aktivitäten Jugendlicher im Zusammenhang zu kognitiven Aspekten stehen, wird in der deutschsprachigen Forschung kaum thematisiert. Internationale, vor allem US-amerikanische Studien haben hingegen den Nachweis zu erbringen versucht, dass außerschulisches, vor allem formelles Engagement die kognitive Leistungsfähigkeit steigert (SCHILL/KAHN/MEUHLEMAN 1968; SILLIKER/QUIRK 1997). Dabei werden im Wesentlichen drei unterschiedliche Messverfahren eingesetzt. Zum einen kommen Intelligenztests zum Einsatz (wie etwa der WAIS-PA (Wechsler Adult Intelligence Scales – Picture Arrangement) bei SCHILL/KAHN/MEUHLEMAN (vgl. 1968) oder der WISC-R (Wechsler Intelligence Scale for Children-Revised) bei ROSENTHAL/FEIRING/LEWIS (1998), zum anderen werden Essays oder offene Antworten Jugendlicher zu Wissensfragen kodiert (MILLER 1994; FLANAGAN/TUCKER 1999; HOFER 1999) bzw. qualitativ ausgewertet (QUEZADA/CHRISTOPHERSON 2005). Schließlich werden – besonders häufig – Schulnoten der Jugendlichen (GPAs) als Indikator für kognitive Kompetenzen herangezogen. Dabei zeigen Befunde zu Freizeitaktivitäten, (1.) dass vor allem prosoziale, künstlerisch-musische sowie akademische Betätigungen in der Freizeit mit höheren kognitiven Kompetenzen einhergehen (gemessen mittels GPA, vgl. ECCLES/BARBER 1999) und (2.) gemeinnützige Tätigkeit im Rahmen von Schulkursen („Service Learning") in Abhängigkeit der Intensität nicht nur mit Schulengagement und schulischem Lernen korreliert sind, sondern darüber hinaus bessere Schulnoten mit sich bringen (SCALES et al. 2006). Letztgenannter Befund gilt auch bei Kontrolle des sozio-ökonomischen Status der Jugendlichen. Hinweise auf einen kausalen Zusammenhang ergeben qualitative Studien, wonach SchülerInnen mit sozialem Engagement in höherem Maße über gesellschaftliche Fragen und die eigene Rolle reflektieren (HOFER 1999) und eher in der Lage sind, komplexe Zusammenhänge zu erläutern (QUEZADA/CHRISTOPHERSON 2005).

PUGH (1997) hat im Längsschnitt untersucht, inwieweit sich kognitive Veränderungen (weniger im akademischen als im identitätstheoretischen Sinn) durch gemeinnützige Tätigkeit ergeben und findet anhand der in Tabelle 8 dargestellten Skala, dass die befragten Jugendlichen hier zum Teil deutliche Veränderungen berichten.

Tabelle 8: Skala zur Erfassung „Kognitiver Veränderungen durch gemeinnützige Tätigkeit" (Auszug, eigene Übersetzung, vgl. PUGH 1997; $\alpha = 0{,}82$)

Item-Wortlaut
Ich habe meine Einstellung zu mir selbst geändert.
Ich wurde mit neuen Ideen und Weltsichten konfrontiert.
Ich habe mehr darüber gelernt, wie es in der Welt zugeht.
Ich habe durch Erwachsene mehr gelernt.

In einer modifizierten Version wurde die Skala zur Erfassung kognitiver Repräsentationen von Weltanschauungen bei deutschen Jugendlichen eingesetzt (REINDERS 2006b; N = 1.431 Jugendliche; $\alpha = .82$). Auch in der deutschen Stichprobe zeigten sich (querschnittliche) Zusammenhänge zwischen dem Ausmaß an außerschulischem, sozialen Engagement und den selbstperzipierten kognitiven Veränderungen.

Die angeführten Messinstrumente wurden kaum für den Bereich informeller Aktivitäten eingesetzt. Allenfalls bei SILLIKER/QUIRK (1997) finden sich Hinweise, dass Aktivitäten in informellen Settings keinen Einfluss auf akademische Performanz besitzen. Dabei ist jedoch zu berücksichtigen, dass außerschulische Aktivitäten in den Vereinigten Staaten häufig schulisch angebunden sind und somit formell gerahmte Tätigkeiten zumeist im Kontext von Schule stattfinden.

4.4 Motivationale Aspekte

Im Gegensatz zu den zuvor genannten Entwicklungsbereichen kann zur Erfassung motivationaler Aspekte aus einem ausreichenden Fundus von deutschsprachigen Instrumenten geschöpft werden. So wurde bspw. in der Shell-Jugendstudie von 1997 nach motivationalen Voraussetzungen ehrenamtlichen Engagements gefragt (JUGENDWERK 1997) und auch in der Studie zu „Jugendliche als Akteure in Verbänden" (FAUSER/FISCHER/MÜNCHMEIER 2006) werden diesbezügliche Instrumente entwickelt (vgl. Tabelle 9).

Tabelle 9: Skalen zur Erfassung der Motivation zum Engagement
(Auszug, vgl. FAUSER/FISCHER/MÜNCHMEIER 2006)

Skala	Item-Beispiel	Cronbachs α
Entwicklung	will ich dort viel lernen können. (6 Items)	.83
Sinnhaftigkeit	muss ich spüren, dass es sinnvoll ist, was ich da tue. (6 Items)	.82
Selbstbestimmung	muss es ohne Zwang ablaufen. (6 Items)	.73
Spontaneität	muss ich problemlos wieder aussteigen können, wenn ich will. (6 Items)	.79

BIERHOFF/BURKART/WÖRSDÖRFER (1995) legen ebenfalls ein Inventar zur Erfassung der motivationalen Komponente von gemeinnütziger Tätigkeit vor und identifizieren bei den Befragten im jungen und mittleren Erwachsenenalter vier Faktoren (vgl. Tabelle 10).

Tabelle 10: Skalen zur Erfassung der Motivation zum Engagement
(Auszug, vgl. BIERHOFF/BURKART/WÖRSDÖRFER 1995)

Skala	Item-Beispiel	Cronbachs α
Soziale Bindung	Ich wollte eine neue Gemeinschaft finden. (4 Items)	.89
Abenteuer	Ich wollte in Extremreaktionen Verantwortung übernehmen. (4 Items)	.85
Verantwortung	Ich wollte mich für die Gemeinschaft nützlich machen. (4 Items)	.83
Anerkennung	Ich stelle es mir angenehm vor, meinen Freunden (...) zu berichten (4 Items)	.72

Bei diesen, wie auch anderen Instrumenten zur Erfassung der Motivation (GASKIN/SMITH/PAULWITZ 1996; VON ROSENBLADT 2001; PICOT 2005) handelt es sich streng genommen jedoch nicht um die Messung motivationaler Kompetenz – also die Fähigkeit, sich für Handlungen zu motivieren und diese aufrecht zu erhalten –, sondern vielmehr um in den Motivationen enthaltenen Zielen und Werten, die mit gemeinnützigen Handlungen verbunden werden.

Daraus resultiert die Notwendigkeit, Instrumente der allgemeinen Motivationsforschung (bspw. KUHL/FUHRMANN 1998; zusf. KUHL 2001) zu sichten und auf ihre Anwendbarkeit für außerschulische Aktivitäten Jugendlicher zu prüfen. Eine gewisse Nähe zu motivationaler Kompetenz weist allenfalls das Konstrukt der Spontaneität von FAUSER/FISCHER/MÜNCHMEIER (vgl.

2006) auf, wonach bei Jugendlichen mit dem Bedürfnis, Handlungen wieder abbrechen zu können, eine geringe motivationale Kompetenz vorliegt. Dass jedoch durch außerschulische Aktivitäten ein Training motivationaler Kompetenz und Handlungspersistenz erfolgt, legen die von YATES/YOUNISS (vgl. 1996) zusammen getragenen Befunde nahe. Jugendliche, die sich sozial engagiert haben, sind auch im Erwachsenenalter überzufällig häufig ehrenamtlich tätig und in (politischen) Führungspositionen zu finden.

5 Diskussion und Ausblick

Im vorliegenden Beitrag wurde ein Überblick über Erhebungsinstrumente gegeben, die potenziell zur Diagnostik der Effekte außerschulischer Aktivitäten Jugendlicher geeignet sind. Studien wurden danach unterschieden, ob sie sich bereichsübergreifend mit Kompetenzen Jugendlicher befassen oder aber spezifische Entwicklungsbereiche herausgreifen. Wenngleich die Differenzierung nach motorischen, sozialen, kognitiven und motivationalen Aspekten eher analytischer Art ist und sich empirisch vielfach Überschneidungen ergeben, so scheint sie dennoch geeignet, Desiderata bisheriger Studien und Aufgaben zukünftiger Forschung aufzuzeigen.

Die eingangs gestellten Fragen danach, (a) welche Entwicklungs- und Kompetenzbereiche Heranwachsender untersucht werden und mit (b) welchen Messinstrumenten dies geschieht, können nunmehr folgendermaßen beantwortet werden.

Ad a) In der bisherigen Forschung zu außerschulisch erworbenen Kompetenzen werden alle Entwicklungsbereiche berücksichtigt, wobei ein deutlicher Schwerpunkt auf sozialen Aspekten liegt. In diesem Entwicklungsbereich werden sowohl formelle als auch informelle Settings intensiv betrachtet, was in einer entsprechend hohen Anzahl entwickelter Instrumente zum Ausdruck kommt. Entwicklungsbedarf besteht vor allem im Bereich kognitiver Kompetenz, wo häufig auf schulische Leistungen als Datenquelle rekurriert wird. Ebenfalls bestehen Defizite bei der Messung motivationaler Aspekte. Hier dominieren eher Wertvorstellungen statt selbstregulative Aspekte.

Ad b) Von der Methodik her dominieren deutlich quantifizierende Verfahren, die vereinzelt durch qualitative Zugänge ergänzt werden. Fragebogen-Instrumente erweisen sich in der Regel als zuverlässig, vermögen aber u. U. ähnlich wie qualitative Interviewzugänge nicht, tatsächliche Kompetenzen zu erfassen. Der Mangel an Beobachtungsstudien und Wissenstests führt zu dem Fazit, dass die Instrumente an sich zwar gut geeignet sind, das Intendierte zu erfassen, erhobene Selbstperzeptionen von Kompetenzen jedoch nicht hinlänglich unterschieden werden können.

Aus dem hier gegebenen exemplarischen Einblick lassen sich einige Bemerkungen ableiten, welche Herausforderungen sich für die Entwicklung von Instrumenten ergeben:

Differenzierung von Entwicklungsbereichen. Die gegebene Aufstellung macht offensichtlich, dass für die Erfassung verschiedener Entwicklungsbereiche und der vergleichbaren Feststellung darauf bezogener Kompetenzen die Ausarbeitung eines Inventars notwendig wird, das hierzu in der Lage ist. Mit Ausnahme der „Youth Experience Scale" findet sich derzeit kein Instrument, welches sich auf unterschiedliche Aktivitäten beziehen lässt und dabei dennoch vergleichbare Kompetenzstände in allen Entwicklungsbereichen messen kann. Hier bieten sich zwei Lösungswege an: (a) die „Youth Experience Scale" wird auf die spezifische Situation Jugendlicher in Deutschland angepasst und hinsichtlich ihrer vergleichbaren Messung kognitiver, motorischer, sozialer und motivationaler Kompetenzen überarbeitet; (b) Instrumente aus der psychologischen „Zustand"-Forschung werden als Grundlage genommen, um Kompetenzen mit Bezug zu außerschulischen Aktivitäten zu messen.

Bezug zu Aktivitäten. Letztgenannter Lösungsvorschlag weist darauf hin, dass die verschiedenen Instrumente in unterschiedlicher Weise auf außerschulische Aktivitäten bezogen werden. Entweder handelt es sich um unabhängig von Aktivitäten vorgenommene Messungen, die dann zwischen aktiven und nicht-aktiven Jugendlichen oder aber in unterschiedlichen Domänen aktiven Jugendlichen verglichen werden (BARBER/ECCLES 1999). Dann wird der jeweils besondere Erfahrungsgehalt verschiedener Aktivitäten u. U. vernachlässigt. Oder aber die Instrumente weisen einen direkten Bezug zu Erfahrungen bei spezifischen Aktivitäten auf (PUGH 1997). Dann sind die Instrumente nicht für verschiedene Aktivitäten einsetzbar. Lösungen für diese Problematik werden von der Fragestellung einer Studie abhängen. Steht bspw. der Vergleich informeller mit formellen Aktivitäten im Vordergrund, werden aktivitätsunabhängige Instrumente zum Einsatz kommen. Die Betrachtung einer spezifischen Aktivitätsform lässt die Entwicklung einer darauf bezogenen Diagnostik zu.

Nachweis von Effekten. Der Nachweis der Effekte außerschulischer Aktivitäten wird zum einen über den Einbezug des Erfahrungswerts einer Aktivität in Item-Formulierungen vorgenommen (MCLELLAN/YOUNISS 2002). Zum anderen finden sich Studien, die über ein Längsschnittdesign Veränderungen nachzeichnen (zusf. YATES/YOUNISS 1996). Kausalitätsnachweise im strengen Sinne bedürfen einer longitudinalen Herangehensweise (REINDERS 2006c) und erfordern die Entwicklung von Instrumenten, deren Semantik keine Erfahrungswerte berücksichtigt.

Einbezug informeller Settings. Ein deutliches Defizit bisheriger Forschung besteht (mit Ausnahme der Erfassung sozialer Kompetenzen) in der Entwicklung von Instrumenten, die sich nicht nur auf formelle, sondern auch auf informelle Settings jugendlicher Aktivitäten beziehen. Auch hier kann wiederum die „Youth Experience Scale" als Anhaltspunkt genommen werden. Weitere Ansätze finden sich im Inventar zur Erfassung sozialräumlicher Aktivitäten sensu BÖHNISCH/MÜNCHMEIER (vgl. 1990; vgl. REINDERS/BERGS-WINKELS 2001).

Vergleich zum schulischen Kompetenzerwerb. Bislang stehen Studien aus, die einen Vergleich des Kompetenzerwerbs durch außerschulische Aktivitäten mit jenem innerhalb der Schule vornehmen. Zwar zeigen Studien zum (Freizeit-) Leseverhalten, dass Kinder und Jugendliche, die viel in ihrer Freizeit lesen, auch bessere Schulnoten aufweisen (BOFINGER 2001). Allerdings wäre in solchen vergleichenden Studien – statistisch gesprochen – der jeweilige Varianzanteil von schulischem und außerschulischem Kompetenzerwerb zu klären. Hierzu ist die Entwicklung von Instrumenten notwendig, die auf beide Kontexte beziehbar sind.

Methodenvielfalt. Wie bei anderen Untersuchungsgegenständen zeigt sich auch hier, dass Studien in der Regel auf eine Erhebungsmethode setzen. Gerade Studien wie jene von FAUSER/FISCHER/MÜNCHMEIER (vgl. 2006), die sich eines qualitativen und quantitativen Zugangs bedienen, bieten jedoch die Möglichkeit, Effekte von Engagement nachzuweisen *und* subjektive Bedeutungs- und Interpretationsprozesse außerschulischer Aktivitäten zu rekonstruieren. Ferner empfehlen sich Beobachtungsstudien, um bspw. faktische soziale Kompetenz zu messen.

Das Ziel dieses Beitrags war es u. a., bisherige Vorgehensweisen zu skizzieren und Erhebungsinstrumente darzustellen, an die angeknüpft werden kann. Die Diagnostik jugendlicher Kompetenzen im Bereich außerschulischer Aktivitäten erfordert keine kompletten Neuentwicklungen. Zudem wird für die Entwicklung neuer Diagnostiken empfohlen, bereits existierende Skalen zur Validierung einzubeziehen.

Anmerkungen

1 Gegenstand der Literatursichtung sind Studien, die durch Recherche zu außerschulischen Aktivitäten Jugendlicher (Schlagworte wie „Außerschulische Aktivitäten/extracurricular activities", „Freizeit/leisure-time" und Synonyme) kombiniert mit den Schlagworten „Jugend/adolescence" (und Synonyme) und/ oder „Kompetenz/competence" (und Synonyme) identifiziert wurden. Der daraus gewonnene Korpus wird exemplarisch dargestellt und inhaltlich verdichtet. Nicht aufgenommen werden Studien, die einen qualitativen Zugang zur Erfassung von Kompetenzerwerb wählen. Gleichwohl diese Studien einen wichtigen Zugang zum erlebten Kompetenzzuwachs darstellen, sind die verwendeten qualitativen Instrumente (Leitfäden, Beobachtungsbögen, bspw. FISCHER 2002) nicht darauf ausgerichtet, vorab definierte und operationalisierte Kompetenzbereiche, wie sie in Tabelle 1 dargestellt sind, zu erfassen. Durch die im qualitativen Zugang dominierende, explorative Vorgehensweise emergieren die Dimensionen aus den qualitativen Informationen. Für eine ausführliche Darstellung dieser Studien sei auf GRUNERT (2005) verwiesen.
2 Eine solche Aufteilung ist nicht unproblematisch. So unterscheiden GREENSPAN/GRANSFIELD (vgl. 1992) innerhalb sozialer Kompetenz nochmals zwischen kognitiven Aspekten (etwa „social information processing", vgl. ZIV/OPPENHEIM/SAGI-SCHWARTZ 2004) und nicht-kognitiven Elementen. Die Faktorlösungen zur Erfassung verschiedener Kompetenzbereiche von Jugendlichen bei Masten et al. (vgl. 1995) legen jedoch nahe, soziale und kognitive Fähigkeiten analytisch getrennt aber empirisch korreliert zu betrachten.
3 Vgl. http://web.aces.uiuc.edu/youthdev/UnpublishedManuscriptonYES2111%20(2). doc; Stand: 05.03. 2007
4 In der Ehrenamts-Studie des DJI wird der erlebte Kompetenzzuwachs bei Erwachsenen aus der Retrospektive erfasst.
5 Die Skala wurde der „Michigan Study of Adolescent and Adult Life Transitions" entlehnt und erfasst soziale Verantwortung durch Items wie: „Ich fühle mich für meine Gemeinde verantwortlich", „Ich fühle mich für das Wohlergehen anderer verantwortlich" oder auch „Ich bin dazu in der Lage, anderen zu helfen" (vgl. MARKUS et al. 1993).
6 Die Daten entstammen der ersten Erhebungswelle des von der DFG an den Autor mit Sachbeihilfen geförderten Projekts „Interethnische Freundschaften und familiale Individuationsprozesse bei türkischen Jugendlichen" (Re1569/4-1). Grundlage sind die Angaben der Jugendlichen deutscher Herkunftssprache.

Literatur

ADAMS, G. (1998): Objective measure of ego identity status. A reference manual. – Ontario.
ALFERMANN, D./STOLL, O. (2000): Effects of physical excercise on self-concept and well-being. In: International Journal of Sport Psychology, Vol. 31 (1), pp. 47-65.
BERK, L. E. (2005): Entwicklungspsychologie. – München.
BERNDT, T. J. (1996): Exploring the effects of friendship quality on social development. In: BUKOWSKI, W. M./NEWCOMB, A. F./HARTUP, W. W. (Eds.): The Company They Keep. Friendship in childhood and adolescence. – Cambridge, UK, pp. 346-365.
BERNDT, T. J./HAWKINS, J. A. (1992): Effects of friendship on adolescents' adjustment to junior high school. In: Developmental Psychology, Vol. 28(1), pp. 47-61.
BIERHOFF, H. W./BURKART, T./WÖRSDÖRFER, C. (1995): Einstellungen und Motive ehrenamtlicher Helfer. In: Gruppendynamik, 26. Jg., H. 3, S. 373-386.
BÖHNISCH, L./MÜNCHMEIER, R. (1990): Pädagogik des Jugendraums. Zur Begründung und Praxis einer sozialräumlichen Jugendpädagogik. – Weinheim.
BÖS, K. (2001): Handbuch Motorische Tests. – Göttingen.
BOFINGER, J. (2001): Schüler – Freizeit – Medien. Eine empirische Studie zum Freizeit- und Medienverhalten 10- bis 17-jähriger Schülerinnen und Schüler. – München.
BUHL, M./KUHN, H.-P. (2003): Jugendspezifische Formen politischen und sozialen Engagements. In: REINDERS, H./WILD, E. (Hrsg.): Jugendzeit – Timeout? Zur Ausgestaltung des Jugendalters als Moratorium. – Opladen, S. 85-110.

BUKOWSKI, W. M./BOIVIN, M./HOZA, B. (1994): Measuring friendship quality durin pre- and early adolescence: The devlopment and psychometric properties of the Friendship Quality Scale. In: Journal of Social and Personal Relationships, Vol. 2, pp. 471-484.
BUTZ, P./BRONNER, U./REINDERS, H. (1998): Problemverhalten Jugendlicher. Zur Bedeutung von Familie, Schule und Freizeit. In: Soziale Arbeit, 47. Jg., H. 10/11, S. 348-355.
ECCLES, J. S./BARBER, B. L. (1999): Student council, volunteering, basketball, or marching band. Which kind of extracurricular involvement matters? In: Journal of Adolescent Research, Vol. 14(1), pp. 10-43.
ERIKSON, E. H. (1968): Identity: Youth and Crisis. – New York.
FAUSER, K./FISCHER, A./MÜNCHMEIER, R. (2006): Jugendliche als Akteure im Verband. Ergebnisse einer empirischen Untersuchung der Evangelischen Jugend. – 3 Bde. – Opladen.
FISCHER, C. (2002): „Das gehört jetzt irgendwie zu mir". Mobilisierung von Jugendlichen aus den neuen Bundesländern zum Engagement in einem Jugendverband. Eine Fallstudie am Beispiel der BUND-Jugend. – Chemnitz [Online verfügbar unter: http://archiv.tu-chemnitz.de/pub/2002/0013/data/Index3.html; Stand: 18.04.2007]
FERCHHOFF, W. (1999): Jugend an der Wende vom 20. zum 21. Jahrhundert. Lebensformen und Lebensstile. – Opladen.
FLANAGAN, C./TUCKER, C. J. (1999): Adolescents' explanations for political issues: Concordance with their views of self and society. In: Developmental Psychology, Vol. 35, pp. 1198-1209.
FOX, K. R./CORBIN, C. B. (1989): The physical self-perception profile: Developmental and preliminary validation. In: Journal of Sport and Exercise Psychology, Vol. 11, pp. 408-430.
FURMAN, W. (1996): The measurement of friendship perceptions: Conceptual and methodological issues. In: BUKOWSKI, W. M./NEWCOMB, A. F./HARTUP, W. W. (Eds.): The company They Keep: Friendships in childhood and adolescence. – Cambridge, UK, pp. 41-65.
FURMAN, W./WEHNER, E. A. (1994): Romantic views: Toward a theory of adolescent romantic relationships. In: MONTEMAYOR, R. (Ed.): Advances in Adolescent Development. – Newbury Park, pp. 137-154.
GASKIN, K./SMITH, J. D./PAULWITZ, I. (1996): Ein neues bürgerschaftliches Europa. Eine Untersuchung zu Verbreitung und Rolle von Volunteering in zehn Ländern. – Freiburg i. Br.
GILES, D. E./EYLER, J. (1994): The impact of a college community service laboratory on students' personal, social, and cognitive outcomes. In: Journal of Adolescence, Vol. 17, pp. 327-339.
GREENSPAN, S. I./GRANSFIELD, J. M. (1992): Reconsidering the construct of mental retardation: Implications of a model of social competence. In: American Journal on Mental Retardation, Vol. 96, pp. 442-553.
GRÖßEL et al. 2006 = GRÖßEL, A./BLEI, D./KÖHLER, J./TRITTEL, M./LASCH, U. (2006): Der Einfluss der Teilnahme am Hochschulsport auf das Selbstwerterleben. – Chemnitz. [Online verfügbar unter http://www.tu-chemnitz.de/phil/psych/professuren/method/Lehre/Eva/; Stand: 09.03.2007].
GRUNERT, C. (2005): Kompetenzerwerb von Kindern und Jugendlichen in außerunterrichtlichen Sozialisationsfeldern. In: Sachverständigenkommission Zwölfter Kinder- und Jugendbericht (Hrsg.): Kompetenzerwerb von Kindern und Jugendlichen im Schulalter. – München, S. 9-94.
GUKENBIEHL, H. L. (1980): Formelle und informelle Gruppe als Grundformen sozialer Strukturbildung. In: SCHÄFERS, B. (Hrsg.): Einführung in die Gruppensoziologie. Geschichte, Theorien, Analysen. – Heidelberg, S. 51-67.
HANSON, D. M./LARSON, R. W./DWORKIN, J. B. (2003): What adolescents learn in organized youth activities: A survey of self-reported developmental experiences. In: Journal of Research on Adolescence, Vol. 13(1), pp. 25-55.
HART, D./FEGLEY, S. (1995): Altruism and caring in adolescence: Relations to moral judgment and self-understanding. In: Child Development, Vol. 66, pp. 1346-1359.
HOFER, M. (1999): Community service and social cognitive development in German adolescents. In: YATES, M./YOUNISS, J. (Eds.): Roots of Civic Identity. International perspectives on community service and activism in youth. – Cambridge, pp. 114-134.
JANOSKI, T./MUSICK, M./WILSON, J. (1998): Being volunteered? The impact of social participation and pro-social attitudes on volunteering. In: Sociological Forum, Vol. 13, pp. 495-519.
Jugendwerk 1997 = Jugendwerk der Deutschen Shell (Hrsg.) (1997): Jugend '97. Zukunftsperspektiven, gesellschaftliches Engagement, politische Orientierungen. – Opladen.
JULIER, E. (2002): Die Bedeutung von Jugendkultur in der Jugendphase am Beispiel „Skateboarding" und mögliche Konsequenzen für die Jugendarbeit. Unv. Diplomarbeit. – Augsburg.

KLOMSTEN, A. T./SKAALVIK, E. M./ESPNES, G. A. (2004): Physical self-concept and sports: Do gender differences still exist? In: Sex Roles, Vol. 50, pp. 119-127.
KRETTENAUER, D./GUDULAS, N. (2003): Motive für einen Freiwilligendienst und die Identitätsentwicklung im späten Jugendalter. Eine empirische Untersuchung zur Lebenslaufcharakteristik „neuen sozialen Engagements". In: Zeitschrift für Entwicklungspsychologie und Pädagogische Psychologie, 35. Jg., S. 221-228.
KUHL, J. (2001): Motivation und Persönlichkeit. – Göttingen.
KUHL, J./FUHRMANN, A. (1998): Das Selbststeuerungsinventar (SSI): Manual. Vorpublikationsabzug. – Osnabrück.
MARCIA, J. E. (1980): Identity in adolescence. In: ADELSON, J. (Ed.): Handbook of Adolescent Psychology. – New York, pp. 159-187.
MARSH, H. W./MARCO, I. T./ABÇY, F. H. (2002): Cross-cultural validity of the Physical Self-Description Questionnaire: Comparison of factor structure in Australia, Spain, and Turkey. In: Research Quarterly for Exercise & Sport, Vol. 73(3), pp. 257-271.
MARSH, H. W./REDMAYNE, R. S. (1994): A multidimensional physical self-concept and its relations to multiple components of physical fitness. In: Journal of Sport and Exercise Psychology, Vol. 16(1), pp. 43-55.
MASTEN et al. 1995 = MASTEN, A. S./COATSWORTH, J. D./NEEMAN, J./GEST, S. D./TELLEGEN, A./GARMEZY, N. (1995): The structure and coherence of competence from childhood through adolescence. In: Child Development, Vol. 66, pp. 1635-1659.
MCLELLAN, J. A./YOUNISS, J. (2002): Two systems of youth service: Determinants of voluntary and required youth community service. In: Journal of Youth and Adolescence, Vol. 32(1), pp. 47-58.
MERKENS, H. (2005): Pädagogische Institutionen. Pädagogisches Handeln im Spannungsfeld von Individualisierung und Organisation. – Opladen.
MILLER, F. (1994): Gender differences in adolescents' attitudes toward mandatory community service. In: Journal of Adolescence, Vol. 17, pp. 381-393.
MONSMA, E. V./MALINA, R. M./FELTZ, D. L. (2006): Puberty and physical self-perceptions of competitive female figure skaters: An interdisciplinary approach. In: Research Quarterly for Exercise & Sport, Vol. 77(2), pp. 158-166.
NEWMANN, F./RUTTER, R. (1983): The Effects of High School Community Service Programs of Students Social Development: Final report. – Madison.
OERTER, R./MONTADA, L. (Hrsg.) (2002): Entwicklungspsychologie. – Weinheim.
PARKER, J. G./ASHER, S. R. (1993): Friendship and friendship quality in middle childhood: Links with peer-group acceptance and feelings of loneliness and social dissatisfaction. In: Developmental Psychology, Vol. 29, pp. 611-621.
PEART, N. D./MARSH, H. W./RICHARDS, G. E. (2005): The physical self-description questionnaire: Furthering research linking physical self-concept, physical activity and physical education. In: Educational Psychology Review, Vol. 2(1), pp. 71-77.
PENNER et al. 1995 = PENNER, L. A./FRITZSCHE, B. A./CRAIGER, J. P./FREIFELD, T. R. (1995): Measuring the prosocial personality. In: BUTCHER, J./SPIELBERGER, C. D. (Eds.): Advances in personality assessment. – Hillsdale, pp. 110-132.
PICOT, S. (2001): Jugend und Freiwilliges Engagement. In: ROSENBLADT, B. VON (Hrsg.): Freiwilliges Engagement in Deutschland. Freiwilligensurvey 1999. Band 2: Schwerpunktthemen der vertiefenden Auswertung. – Stuttgart, S. 146-208.
PICOT, S. (2005): Freiwilliges Engagement Jugendlicher im Zeitvergleich 1999-2004. In: GENSICKE, T./PICOT, S./GEISS, S. (Hrsg.): Freiwilliges Engagement in Deutschland 1999-2004. – München, S. 202-257.
PUGH, M. J. V. (1997): The nexus of community service and friendship in the development of moral responsibility. Paper presented at the 22nd annual meeting of the Association for Moral Education. – Ottawa.
QUEZADA, R. L./CHRISTOPHERSON, R. W. (2005): Adventure-based learning: University students' self-reflection accounts of service with children. In: Journal of Experiential Education, Vol. 28(1), pp. 1-16.
REINDERS, H. (2005a): Jugend. Werte. Zukunft. Wertvorstellungen, Zukunftsperspektiven und soziales Engagement im Jugendalter. – Stuttgart.
REINDERS, H. (2005b): Freund ist nicht gleich Freund. Zur Relevanz von Mutualität bei der Identifikation von Freundschaftsdyaden. In: Empirische Pädagogik, 19. Jg., H. 1, S. 47-71.
REINDERS, H. (2006a): Jugendtypen zwischen Bildung und Freizeit. Theoretische Präzisierung und empirische Prüfung einer differenziellen Theorie der Adoleszenz. – Münster.

REINDERS, H. (2006b): Freiwilligenarbeit und politische Engagementbereitschaft in der Adoleszenz. Skizze und empirischen Prüfung einer Theorie gemeinnütziger Tätigkeit. In: Zeitschrift für Erziehungswissenschaft, 9. Jg., S. 599-616.
REINDERS, H. (2006c): Kausalanalysen in der Längsschnittforschung. Das Cross-Lagged-Panel-Design. In: Diskurs Kindheits- und Jugendforschung, 1. Jg., S. 569-587.
REINDERS, H. (2007): Messung sozialer und selbstregulatorischer Kompetenzen in Kindheit und Jugend. – München.
REINDERS, H./BERGS-WINKELS, D. (2001): Das SORAT-Inventar: Skalen zur Erfassung sozialräumlicher Aktivitäten im Jugendalter. In: GLÖCKNER-RIST, A./SCHMIDT, P. (Hrsg.): ZUMA-Informationssystem. Ein elektronisches Handbuch sozialwissenschaftlicher Erhebungsinstrumente. – Mannheim.
REINDERS, H./MANGOLD, T./VARADI, E. (2005): Freundschaftsbeziehungen in interethnischen Netzwerken. Skalendokumentation des Längsschnitts 2003-2004. Frient-Projektbericht Nr. 8. – Mannheim.
REINDERS, H./VARADI, E. (2007): Interethnische Freundschaften und familiale Individuationsprozesse bei türkischen Jugendlichen. Dokumentation der ersten Erhebungswelle. DFG-Projekt „Freundschaftsbeziehungen in interethnischen Netzwerken". Frient-Projektbericht Nr. 9. – Mannheim.
REINDERS, H./YOUNISS, J. (2005): Gemeinnützige Tätigkeit und politische Partizipationsbereitschaft bei amerikanischen und deutschen Jugendlichen. In: Psychologie in Erziehung und Unterricht, 52. Jg., H. 1, S. 1-19.
ROSENBLADT, B. VON (Hrsg.) (2001): Freiwilliges Engagement in Deutschland. Freiwilligensurvey 1999. Band 1: Gesamtbericht. – Stuttgart.
ROSENTHAL, S./FEIRING, C./LEWIS, M. (1998): Political volunteering from late adolescence to young adulthood: Patterns and predictors. In: Journal of Social Issues, Vol. 54, pp. 477-493.
SCALES et al. 2006 = SCALES, P. C./ROEHLKEPARTAIN, E. C./NEAL, M./KIELSMEIER, J. C./BENSON, P. L. (2006): Reducing academic achievement gaps: The role of community service and service-learning. In: Journal of Experiential Education, Vol. 29(1), pp. 38-60.
SCHILL, T./KAHN, M./MEUHLEMAN, T. (1968): WAIS-PA performance and participation in extracurricular activities. In: Journal of Clinical Psychology, Vol. 24(1), pp. 95-96.
SHANNON, C. S. (2006): Parents' messages about the role of extracurricular and unstructured leisure activities: Adolescents' perceptions. In: Journal of Leisure Research, Vol. 38, pp. 398-420.
SHAVELSON, R. J./HUBNER, J. J./STANTON, G. C. (1976): Self-concept: Validation of construct interpretations. In: Review of Educational Research, Vol. 46, pp. 407-441.
SILLIKER, S. A./QUIRK, J. T. (1997): The effect of extracurricualr activity participation on the academic performance of male and female high school students. In: School Counselor, Vol. 44(4), S. 73-79.
SINGG, S./ADER, J. (2001): Development of Student Personal Responsibility Scale-10. In: Social Behaviour and Personality, Vol. 29, pp. 331-336.
STILLER, J./WÜRTH, S./ALFERMANN, D. (2004): Die Messung des physischen Selbstkonzepts (PSK). Zur Entwicklung der PSK-Skalen für Kinder, Jugendliche und junge Erwachsene. In: Zeitschrift für Differentielle und Diagnostische Psychologie, 25. Jg., H. 4, S. 239-257.
WÜRTH, S. (2001): Die Rolle der Eltern im sportlichen Entwicklungsprozess von Kindern und Jugendlichen. – Lengerich.
YATES, M./YOUNISS, J. (1996): A developmental perspective on community service. In: Social Development, Vol. 5(??), pp. 85-111.
YOUNISS, J./YATES, M. (1997): Community service and social responsibility in youth. – Chicago.
YOUNISS, J./YATES, M./SU, Y. (1997): Social integration: Community service and marijuana use in high school seniors. In: Journal of Adolescent Research, Vol. 12(2), pp. 245-262.
ZIV, Y./OPPENHEIM, D./SAGI-SCHWARTZ, A. (2004): Social information processing in middle childhood: Relations to infant-mother attachment. In: Attachment and Human Development, Vol. 6., pp. 327-348.

Anschrift des Verfassers: Prof. Dr. Heinz Reinders, Universität Würzburg, Empirische Bildungsforschung, Am Hubland, Philosophie-Gebäude, 97074 Würzburg, Tel.: (0931) 888-5563, Fax: (0931) 888-4624, E-Mail: heinz.reinders@uni-wuerzburg.de

III Kompetenzentwicklung

Sabine Weinert

Kompetenzentwicklung und Kompetenzstruktur im Vorschulalter

Zusammenfassung
In dem Beitrag wird vor dem Hintergrund empirischer Befunde argumentiert, dass sich aus Kompetenzstrukturmodellen nicht in einfacher Weise Entwicklungsmodelle ableiten lassen. Am Beispiel der Beziehungen zwischen verschiedenen Komponenten des Spracherwerbs sowie den Entwicklungsrelationen zwischen sprachlicher und kognitiver Entwicklung wird gezeigt, dass (1) die Entwicklungsaufgaben der Kinder – trotz der prinzipiellen Separierbarkeit von Sprachkomponenten einerseits sowie von Sprache und Kognition andererseits – oft „quer" zu diesen psychologischen Unterscheidungen liegen. Das, was für die Kinder ein Problembereich ist, folgt oftmals nicht der Differenzierung etwa von Sprache und Kognition. (2) Darüber hinaus wird empirisch gestützt argumentiert, dass Entwicklungsveränderungen nicht einfach kumulativ sind, sondern auch einem lerntheoretisch erklärbaren qualitativen Wandel unterliegen (können), und schließlich (3) dass sich die Einflussrichtungen zwischen verschiedenen Fähigkeits- und Fertigkeitsbereichen einschließlich der dominanten Einflussvariablen entwicklungstypisch verändern (können). Als Ausgangspunkt für diese Analysen wird zunächst deutlich gemacht, dass es sinnvoll ist, (a) Sprache und Kognition systematisch zu unterscheiden, ebenso wie (b) Komponenten der Sprache und schließlich (c) Bereiche der kognitiven Entwicklung separierbar sind.

Schlüsselwörter: Kompetenzentwicklung; Vorschulalter; Kompetenzstrukturmodelle; Entwicklungsmodelle; Sprache und Kognition

Summary
Development and Structure of Competencies in Preschool Age
This contribution will argue, on the basis of empirical evidence, that structural models of competencies do not, in a simple manner, imply models of competence acquisition. This is illustrated by analysing the developmental relationship between different components of language acquisition on the one hand and the interrelation between cognitive development and language acquisition on the other hand. (1) Although language components as well as language and cognition are partially separable domains in their own right, the child's developmental tasks often cut across these different domains. What appears to be a problem area for the child is not determined by the distinction between psychological domains, like the cognitive and the language domain. (2) Furthermore, it will be argued – based on empirical data – that developmental progress may not be described as purely cumulative; in addition qualitative changes in learning mechanisms have to be considered. (3) Finally, it will be shown that the interrelations between domains may change over time, i.e. the direction of influence and the dominant determinants of developmental progress may change over time. Nevertheless and as a starting point, evidence is given that various subdomains of cognitive development as well as different language components and, last not least, language and cognition are in fact – at least in part - separable domains.

Keywords: acquisition of competencies; pre-school age; structure of competencies; development models; language and cognition

1 Vorbemerkungen zum Kompetenzbegriff und zur Entwicklungsdynamik des Kompetenzerwerbs

Der *Kompetenzbegriff* wird in unterschiedlichen wissenschaftlichen Traditionen durchaus unterschiedlich konzeptualisiert (vgl. für einen Überblick: F. E. WEINERT 2001). Teilweise unabhängig von, teilweise in Auseinandersetzung mit diesen unterschiedlichen theoretischen Konzeptualisierungen werden bildungsrelevante Kompetenzen heute oft als funktionale, durch Bildung beeinflussbare, kontextbezogene und domänenspezifische (kognitive) Leistungsdispositionen betrachtet (vgl. auch RYCHEN/SALGANIK 2001, 2003). Sie werden damit abgegrenzt sowohl von grundlegenden, eher bereichsübergreifenden und kontextunspezifischen Grundfunktionen (z. B. im Sinne des Intelligenzkonzepts oder des Konzepts der Arbeitsgedächtniskapazität) als auch von umschriebenen Kenntnissen und Fertigkeiten (im Sinne erworbenen inhaltsbereichsspezifischen Wissens und automatisierter Skills). Bei der Konzeptualisierung (bildungsrelevanter) Kompetenzen wird zudem oftmals zwischen fachspezifischen und fächerübergreifenden Kompetenzen unterschieden.

Aus *entwicklungspsychologischer Sicht* beginnt der Kompetenzerwerb bereits sehr früh, vermutlich sogar schon vorgeburtlich. Wenn die Kinder in die Schule kommen, verfügen sie bereits über eine Fülle sprachlicher und kognitiver Fähigkeiten, Fertigkeiten und Wissensbestände, die sie im Säuglings-, Kleinkind- und Vorschulalter erworben haben (vgl. z. B. DAMON/LERNER 2006; SIEGLER/DELOACHE/EISENBERG 2005). Obgleich viele dieser Fähigkeiten und Fertigkeiten in der Schule als „bereichs-" bzw. „fächerübergreifende Grundkompetenzen" gekennzeichnet werden können, erweist sich ihr Erwerb in der frühen Kindheit als funktionsbereichsspezifisch und durch geeignete Lerngelegenheiten und Umweltanregungen beeinflussbar (z. B. KARMILOFF-SMITH 1992).

Betrachtet man den Kompetenzerwerb aus der Perspektive der Lebensspanne, so scheint dieser einer *entwicklungs- und/oder bildungsabschnittstypischen Dynamik* zu unterliegen: Kompetenzen, die in einem Bildungsabschnitt (z. B. im Vorschulalter) bereichsspezifisch erworben werden, gehen oftmals in den nächsten Bildungsabschnitt (z. B. die Schule) als „bereichsübergreifende Grundkompetenzen" ein. In ähnlicher Weise stellen auch Kompetenzen (z. B. Lesekompetenzen, mathematische Kompetenzen), die in der Schulzeit „domänenspezifisch" aufgebaut werden und dort einen fachspezifischen Schwerpunkt der Kompetenzentwicklung bilden, im Studium oder Beruf „fächerübergreifende Grundkompetenzen" dar, die je nach Fach/Beruf unterschiedlich bedeutsam sein können. Identische Bezeichnungen dürfen dabei nicht darüber hinwegtäuschen, dass beispielsweise „mathematische Kompetenzen", wie sie in der Schule erworben werden, nicht mit den für ein Mathematik-Studium erforderlichen und dort aufzubauenden berufsbezogenen Kompetenzen gleichgesetzt werden können.

Im vorliegenden Beitrag steht der Kompetenzerwerb im Kleinkind- und Vorschulalter im Vordergrund. Hervorzuheben ist, dass auch der Kompetenzerwerb im Sinne des Erwerbs primärer sprachlicher und kognitiver Fähigkeiten und Fertigkeiten bereichsspezifisch erfolgt und durch geeignete Lerngelegenheiten und Umweltanregungen beeinflussbar ist (S. WEINERT/LOCKL im Druck; ROßBACH/S. WEINERT im Druck). Zwar werden grundlegende sprachlich-kognitive Kompetenzen (grundlegende grammatische Strukturen, grundlegende konzeptuelle Unterscheidungen, grundlegende Problemlösefähigkeiten usw.) auch unter vergleichsweise widrigen Umweltbedingungen erworben; doch ist auch deren Erwerb sowie vor allem der Aufbau eines breiten Vokabulars, einer akademisch anspruchsvollen Sprache, einer elaborierten und differenzierten konzeptuellen Wissensstruktur, wie sie für das schulische Lernen erforderlich sind, sowohl durch die verfügbaren intellektuellen Potenziale der Kinder als auch durch die Anregungs- und Förderbedingungen der Umwelt beeinflusst. Dies wird nicht zuletzt dadurch deutlich, dass sich bereits bei drei- bis vierjährigen Kindern deutliche Unterschiede in Abhängigkeit von sozialen und bildungsbezogenen familiären Hintergrundvariablen zeigen, wie beispielsweise erste Ergebnisse der BiKS-Studie (*B*ildungsprozesse, *K*ompetenzentwicklung und *S*elektionsentscheidungen im Vor- und Grundschulalter; vgl. S. WEINERT et al. 2006) zeigen (s. auch unten).

Darüber hinaus erwerben die Kinder bereits im Vorschulalter eine Reihe spezifischer domänengebundener Fertigkeiten und Wissensbestände (z. B. phonologische Bewusstheit, mathematisches Wissen), die wichtige Vorläuferfähigkeiten und Prädiktoren der schulischen Leistungsentwicklung darstellen (SCHNEIDER 2004; KRAJEWSKI 2003, 2005).

Die Analyse der Entwicklungsbeziehungen zwischen (a) kontext- und domänenbezogenem Kompetenzerwerb, (b) den sich ebenfalls entwickelnden bereichsübergreifenden, relativ kontextunspezifischen (kognitiven) Grundfunktionen sowie (c) dem Aufbau spezifischer inhaltlicher Kenntnisse und automatisierter Skills stellt nach wie vor eine Herausforderung für die (entwicklungspsychologische) Forschung dar.

Überblick. Im Folgenden wird vor dem Hintergrund empirischer Befunde argumentiert, dass sich aus Kompetenzstrukturmodellen nicht in einfacher Weise Entwicklungsmodelle ableiten lassen. Am Beispiel der Beziehungen zwischen verschiedenen Komponenten des Spracherwerbs sowie den Entwicklungsrelationen zwischen sprachlicher und kognitiver Entwicklung soll gezeigt werden,

(1) dass die Entwicklungsaufgaben der Kinder – trotz der prinzipiellen Separierbarkeit von Sprachkomponenten einerseits sowie von Sprache und Kognition andererseits – oft „quer" zu den psychologischen Unterscheidungen liegen. Das, was für die Kinder ein Problembereich ist, folgt oftmals nicht der Differenzierung etwa von Sprache und Kognition;
(2) dass Entwicklungsveränderungen nicht einfach kumulativ sind, sondern auch einem lerntheoretisch erklärbaren qualitativen Wandel unterliegen und schließlich
(3) dass sich die Einflussrichtungen zwischen verschiedenen Fähigkeits- und Fertigkeitsbereichen einschließlich der dominanten Einflussvariablen entwicklungstypisch verändern (können).

Als Ausgangspunkt für diese Analysen soll zunächst deutlich gemacht werden, dass es sinnvoll ist, (a) Sprache und Kognition systematisch zu unterscheiden, ebenso wie (b) Komponenten der Sprache und schließlich (c) Bereiche der kognitiven Entwicklung separierbar sind.

2 Separierbare Entwicklungsbereiche

Vor allem in der Kritik an der Piagetschen Entwicklungstheorie, aber auch vor dem Hintergrund modularer Entwicklungsauffassungen[1] ist deutlich geworden, dass die Entwicklung von Kompetenzen inhalts- und funktionsbereichsspezifischer erfolgt, als dies in älteren bereichsübergreifenden Entwicklungstheorien angenommen wurde (vgl. zusammenfassend z. B. SODIAN 2002; S. WEINERT 1998, 2000a). Wie sich allerdings Entwicklungsbereiche voneinander abgrenzen lassen und wie „groß" diese sind, erweist sich als eine weit komplexere Frage. Dabei sind modulare Verarbeitungen (etwa im Sprachbereich: modulare Verarbeitung grammatischer Funktionswörter) vermutlich nicht der Ausgangspunkt, sondern das Ergebnis von Entwicklungsveränderungen (FRIEDERICI 1983, 1993; KARMILOFF-SMITH 1992).

2.1 Sprache und Kognition als separierbare Entwicklungsbereiche

Dass der Erwerb der Sprache kein einfaches Beiprodukt der kognitiven Entwicklung darstellt, wie auch der Erwerb kognitiver Fähigkeiten nicht einfach an den Spracherwerb gebunden ist, wird durch eine Vielzahl von Studien belegt (ausführlich S. WEINERT 1998). Besonders nachdrücklich sprechen Dissoziationen zwischen sprachlichen und kognitiven Fähigkeiten für eine Separierbarkeit von Sprach- und Kognitionsentwicklung. Obgleich geistige Retardierungen in der Regel mit gravierenden Spracheinschränkungen verbunden sind, gibt es Kinder, die eine vergleichsweise elaborierte Sprache bei eingeschränkten kognitiven Fähigkeiten und Fertigkeiten aufbauen (CROMER 1991; RONDAL 1995). Umgekehrt weist eine nicht unerhebliche Zahl von Kindern (nahezu jedes 14. Kind) trotz alterstypischer allgemein-kognitiver Entwicklung und trotz Intelligenztestleistungen im Normbereich dennoch gravierende und spezifische Probleme beim Erwerb der Sprache auf (GRIMM 2003; LEONARD 1998; S. WEINERT 2005). Solche Dissoziationen zeigen, dass einzelne Kompetenzbereiche und deren Entwicklung jeweils spezielle Anforderungen an die Kinder stellen und damit teilweise separierbare Phänomenbereiche darstellen (KARMILOFF-SMITH 1992; S. WEINERT 1998, 2000a). Neben der Domänenspezifität des funktionsbezogenen Fähigkeits- und Fertigkeitserwerbs (Sprache, Konzepterwerb, Gedächtnis, Problemlösen, Wahrnehmung usw., wobei sich auch diese noch in Unterbereiche gliedern) erweist sich auch der Aufbau von Wissenssystemen (Erwerb einer intuitiven Physik, einer intuitiven Biologie, einer intuitiven Alltagspsychologie im Sinne einer „theory of mind") als spezifisch für den jeweiligen Inhaltsbereich (vgl. z. B. SODIAN 2002).

Schon an dieser Stelle soll allerdings vorweggenommen werden, dass es trotz der partiellen Unabhängigkeit von Entwicklungsbereichen zugleich wichtige Beziehungen zwischen verschiedenen Kompetenzbereichen gibt. Dies gilt zum einen für das Zusammenwirken verschiedener Kompetenzen bei konkreten Aufgabenlösungen, zum anderen aber auch für die Genese von Kompetenzen. So gibt es beispielsweise wichtige kognitive Voraussetzungen des Spracherwerbs; zugleich wirkt sich der Erwerb sprachlicher Kompetenzen aber auch auf die Entwicklung kognitiver Fähigkeiten, Fertigkeiten und Wissensbestände aus (z. B. S. WEINERT 2000a, 2006a). Die hieraus resultierenden Beziehungen zwischen Entwicklungsbereichen sind nicht global, sondern spezifisch und empirisch spezifizierbar und unterliegen einer entwicklungstypischen Dynamik (S. WEINERT 2004; s. Abschnitt 2.4).

2.2 Komponentenmodell der Sprache

Im Sprachbereich werden in der Regel eine Reihe verschiedener Komponenten unterschieden, die in ihrem Zusammenspiel die Sprachkompetenz der Person ausmachen. Tabelle 1 gibt einen Überblick.

Sprachliche Leistungsprofile können sich sehr deutlich in Abhängigkeit davon unterscheiden, ob bzw. in welchem Ausmaß eine Aufgabe zur Erfassung der rezeptiven und/oder produktiven Sprachfähigkeiten von Kindern phonologisch-prosodische, lexikalische, morphologische, satzstrukturelle, satzsemantische oder gar textsemantische und textstrukturelle sowie pragmatisch-diskursorientierte Aspekte berücksichtigt oder tangiert. Darüber hinaus ist zwischen Sprachgebrauch und der (bewussten) Reflexion über Sprache (metasprachliche Bewusstheit) zu unterscheiden.

Komponentenmodelle haben sich in der sprachpsychologischen Forschung bewährt. Unterschiedliche Komponenten können z. B. bei Störungen unterschiedlich stark beeinträchtigt sein (z. B. GRIMM 2003; TAGER-FLUSBERG 1994; S. WEINERT 2000a, 2006b). Darüber hinaus sind die einzelnen Komponenten zumindest teilweise mit jeweils unterschiedlichen Aspekten anderer kognitiver Entwicklungsbereiche verbunden (S. WEINERT 1998, 2003) und werden unter Umständen auch durch unterschiedliche Umweltanregungen gefördert (S. WEINERT/LOCKL im Druck).

Tabelle 1: Sprachkomponenten

Sprachkomponente	Einige charakteristische Aspekte
Rhythmisch-prosodische Komponente	Rhythmische Gliederung, Betonungen, Dehnungen, Intonationskontur
Phonologische Komponente	System bedeutungsdifferenzierender Lautkategorien (Phoneme) und deren phonotaktische Kombinationsregeln
Morphologische Komponente	Wortbildung aus bedeutungstragenden Einheiten (Morphemen) einschließlich obligatorischer Markierungen
Syntaktische Komponente	Wortordnung und die dahinter stehenden formalen Kategorien und (hierarchischen) Satzstrukturen
Lexikalisch-semantische Komponente	Bedeutungsstruktur des Wortschatzes und Aspekte der Satzbedeutung
Pragmatische Komponente	Regeln der Sprachverwendung einschließlich Sprechakten, diskurs- und textbezogenen Aspekten

Aus entwicklungspsychologischer Sicht ermöglichen Komponentenmodelle die Rekonstruktion der Genese sprachlicher Kompetenzen. Allerdings sind die Entwicklungsveränderungen im Kindesalter nicht als einfache kontinuierlich-kumulative domänenspezifische Entwicklungsverläufe zu beschreiben. Vielmehr ist die Genese sprachlicher Kompetenzen durch *entwicklungstypische Beziehungen zwischen verschiedenen Komponenten* gekennzeichnet. Vor dem Hintergrund der Komponentenstruktur ist es möglich, beispielsweise die Bedeutung phonologisch-prosodischen Wissens (oder auch lexikalischen Wissens) für den Erwerb grammatischer Strukturformen oder die Bedeutung des Erwerbs grammatischer Strukturformen für den Wortschatzerwerb zu analysieren (vgl. z. B. S. WEINERT 2006a). Vorliegende Befunde zu entsprechenden „bootstrapping"-Theorien zeigen, dass das Wissen in einem Bereich (z. B. prosodisch-phonologisches Wissen) einen wichtigen Einstiegsmechanismus in den Erwerb anderer Sprachkomponenten (Wort- und Grammatikerwerb) darstellt, ohne aber mit diesem gleichsetzbar zu sein (MORGAN/DEMUTH 1996). So erleichtert beispielsweise der Erwerb phonologisch-prosodischen Wissens über die Laut- und Klangstruktur der Muttersprache sowohl die Segmentierung des Sprachangebots in Sätze, Teilsätze, Phrasen und Wörter als auch die Verarbeitung und Speicherung sprachlicher Einheiten sowie die (nicht-bewusste) Ableitung von grammatischen Kategorien und Regeln (vgl. ausführlich u. a. S. WEINERT 2006a, S. 622 ff., S. 660 ff.; S. WEINERT in press; s. auch Tabelle 2).

Umgekehrt trägt verfügbares grammatisches Wissen zum Wortschatzerwerb, insbesondere zum Erwerb von Verben, bei. So verwenden Kinder morpho-phonologische und grammatische Regularitäten, um die Bedeutung neuer Wörter zu erschließen. Sie nutzen dabei sowohl die spezielle Formklasse der neuen Wörter als auch ihr Auftreten in verschiedenen Satzrahmen („syntactic bootstrapping", GLEITMAN 1990; zusammenfassend: S. WEINERT 2006a). Hierüber kann erklärt werden, wie es Kindern gelingen kann, z. B. zwischen „jagen" und „fliehen" oder zwischen „wahrnehmen", „sehen", „anschauen", „bemerken" usw. zu unterscheiden, obgleich sich diese Verben jeweils auf vergleichbare Situationen beziehen, und wie es möglich ist, dass blinde Kinder sowohl Farbbezeichnungen als auch Verben des Sehens (z. B. look, see) kaum verzögert gegenüber sehenden Kindern erwerben (LANDAU/GLEITMAN 1985; vgl. zusammenfassend S. WEINERT 2006a, S. 639 ff.; s. auch Tabelle 3).

Auch aus der Sicht der Prädiktion haben sich Komponentenmodelle bewährt. Gerade vor dem Hintergrund unterschiedlicher Sprachkomponenten wird z. B. deutlich, dass der frühe Lese-

Tabelle 2: Beispiele für die Bedeutung phonologisch-prosodischen Wissens für den (frühen) Wortschatz- und Grammatikerwerb

Neugeborene / erste Lebensmonate	– Unterscheidung rhythmisch sehr differenter Sprachen; – Präferenz der eigenen Muttersprache gegenüber rhythmisch differenten anderen Sprachen; – Sensitivität für Lautkontraste höchst unterschiedlicher Sprachen;
2 – 4 Monate	– Abnahme der Fähigkeit, zwei fremde Sprachen aufgrund rhythmisch-prosodischer Merkmale zu unterscheiden; – Prosodie erweist sich als funktional für Gedächtnisleistungen;
4 – 5 Monate	– Zunahme der Fähigkeit, die Muttersprache von rhythmisch ähnlichen Sprachen zu unterscheiden; – Präferenz für Texte mit Pausen an Teilsatzgrenzen (gegenüber willkürlich eingefügten Pausen) in verschiedenen Sprachen;
6 Monate	– Einschränkung der Präferenz für Texte mit Pausen an Teilsatzgrenzen auf die eigene Muttersprache; – Muttersprachtypische Veränderungen der kategorialen Vokalwahrnehmung und Absinken der Unterscheidbarkeit nicht-muttersprachlicher Vokalkontraste; – Unterscheidung muttersprachlicher Wörter von solchen einer prosodisch hinreichend unterschiedlichen Sprache auf Basis der Wortprosodie;
7 – 8 Monate	– Segmentierung von Wörtern aus dem Sprachstrom auf der Basis prosodischer Merkmale, kurze Zeit später: Beachtung distributiver Hinweise auf Wortgrenzen;
9 Monate	– Präferenz für Texte mit Pausen an Phrasengrenzen (gegenüber Pausen innerhalb von Phrasen); – Unterscheidung muttersprachlicher Wörter von solchen einer prosodisch ähnlichen Sprache aufgrund phonotaktischer Merkmale; – Nutzung phonotaktischer Merkmale bei der Wortsegmentierung;
10 – 12 Monate	– Muttersprachtypische Einschränkung der Sensitivität für Lautkontraste; Zahlreiche nicht-muttersprachliche Lautkontraste (Vokale und Konsonanten) werden nicht mehr unterschieden; – Nutzung allophonischer Hinweise zur Wortsegmentierung;
Kleinkind- und Vorschulalter	– Sprachmelodie und Sprachrhythmus erleichtern das Behalten, das Satzverstehen, die Satzreproduktion, die Segmentierung von Satzteilen, die schnelle Worterkennung, die aktuelle Satzverarbeitung und den Erwerb von grammatischen Kategorien und Regeln (vgl. S. WEINERT 2006a, S. 627)

Tabelle modifiziert übernommen aus S. WEINERT (2006a, S. 625)

erwerb durch *andere* sprachliche Komponenten vorhersagbar ist als das spätere verstehende Lesen. Während sich nämlich die phonologische Bewusstheit, d. h. die Fähigkeit, über die Lautstruktur der Sprache zu reflektieren, als eine Vorläuferfähigkeit und guter Prädiktor für den Leseeinstieg (elementares Dekodieren) darstellt, erweisen sich die grammatischen Kompetenzen der Kinder als vergleichsweise gute Prädiktoren des späteren verstehenden Lesens. Zugleich gibt es aber keine einfache Kontinuität zwischen dem Erwerb produktiv und/oder rezeptiv verfügbaren, aber nicht bewusst zugänglichen phonologischen Wissens einerseits und dem Erwerb phonologischer Bewusstheit andererseits (vgl. u. a. KARMILOFF-SMITH 1992; S. WEINERT in press).

Tabelle 3: Beispiele für die Bedeutung morphophonologischer und grammatischer Hinweise für den Bedeutungserwerb

Unterscheidung von formalen Wortklassen z. B.	Bedeutungszuordnung in Wahlaufgaben, Blickpräferenz u. ä.
„to sib" / „a sib" / „any sib" („sib" = Fantasiewort)	Je nach Wortart Zuordnung zu einer bildlich dargestellten Tätigkeit, einem Objekt, einer Substanz (3-4jährige Kinder; BROWN, 1957)
„this is zav" / „this is a zav" („zav" = Fantasiewort)	In Abhängigkeit vom Artikel: Interpretation als Eigenname oder als Bezeichnung für eine Objektkategorie (1½- bis 2-jährige Kinder; KATZ/BAKER/MACNAMARA 1974)
„the blicket" / „ the blickish one"	Je nach Wortart, Aufmerksamkeitslenkung auf Kategorie oder auf verschiedene Merkmale (14 Monate alte Kinder; WAXMAN/KOSOWSKI 1990)
„the duck is gorping" / „the duck and the bunny are gorping" („gorping" = Fantasiewort)	Je nach transitivem oder intransitivem Satzrahmen: Aufmerksamkeitslenkung auf kausative Szene (Ente macht etwas mit dem Hasen) oder auf nicht kausative Szene (Ente und Hase machen etwas gemeinsam) (2-jährige Kinder; NAIGLES 1990)

Schließlich sind Komponentenmodelle – wie bereits erwähnt – mit zahlreichen Störungsbildern kompatibel, die zeigen, dass einzelne sprachliche Komponenten mehr oder weniger stark beeinträchtigt sein können (Aphasien, frühkindlicher Autismus, spezifische Spracherwerbsstörung usw., vgl. zusammenfassend S. WEINERT 2006b; s. auch oben). Dabei muss aber zugleich hervorgehoben werden, dass gerade Störungen darauf verweisen, dass z. B. Verletzungen gleicher Gehirnregionen im Kindesalter mit anderen Störungsbildern verbunden sind als dies im Erwachsenenalter gilt (vgl. ELMAN et al. 1996; FRIEDERICI 1994; FRIEDERICI/HAHNE 2000). Dies ist besonders aufschlussreich und deutet darauf hin, dass kindliche Leistungen auf andere Weise zustande kommen als entsprechende Leistungen erwachsener Personen.

2.3 Wichtige Unterscheidungen im kognitiven Bereich

Entgegen älteren theoretischen Vorstellungen erweist sich die kognitive Entwicklung als weit weniger integriert als dies beispielsweise in der Piaget-Tradition unterstellt wurde. Dies hat auch die „Theorienlandschaft" komplizierter gemacht (vgl. S. WEINERT/F. E. WEINERT 2006). In welcher Weise die jeweils verfügbaren kindlichen Fähigkeiten, Fertigkeiten und Wissensbestände (einschließlich Motivationen, Interessen und Persönlichkeitsmerkmalen) mit den von der Umwelt bereitgestellten Angeboten an Lerngelegenheiten, Rückmeldungen, Anregungen, Anleitungen und Informationen zusammenwirken, um Entwicklungs–, Lern- und Wissensfortschritte zu bewirken, und in welcher Weise aktive, kindgesteuerte Lernprozesse, passivere umweltgesteuerte Lernmechanismen und genetisch gesteuerte Reifungsprozesse zusammenwirken, um domänenspezifische und domänenübergreifende Entwicklungsveränderungen und -konstanzen im Kindesalter zu erklären, füllt unzählige Buch- und Zeitschriftenbände, die nachhaltig zu unserem entwicklungspsychologischen Erkenntnisfortschritt beitragen. An dieser Stelle sollen nur die folgenden drei Unterscheidungen herausgestellt werden:

(a) *Die Unterscheidung von Fähigkeiten und Fertigkeiten* (KAUFMAN/KAUFMAN 1991) sowie die verwandten, wenngleich nicht deckungsgleichen Differenzierungen zwischen fluider und kristalliner Intelligenz (CATTELL 1971; HORN 1982) oder kognitiver Mechanik und kognitiver Pragmatik (BALTES/LINDENBERGER/STAUDINGER 1998). Während mit „Fähigkeiten" („fluider Intelligenz", „kognitiver Mechanik") eher grundlegende, Kultur unabhängigere Kompetenzen gemeint sind, werden unter „Fertigkeiten" die lern- und wissensabhängigen, durch soziale Umwelt angeregten kumulativen Lernergebnisse gefasst. Vor dem Hintergrund der großen Bedeutung, die dem erworbenen Wissen und prozeduralen Fertigkeiten bei konkreten Aufgabenlösungen, beim Erwerb neuen Wissens sowie für die Kompetenzentwicklung insgesamt zukommt (vgl. CAREY 1985; CHI 1978), erscheint diese Unterscheidung von großer Bedeutung. Hinzu kommt, dass beide Bereiche unterschiedlichen Entwicklungsveränderungen unterworfen sind (z. B. BALTES u. a. 1998; KAIL/PELLEGRINO 1988).

(b) *Die Differenzierung von verbaler und nonverbaler Intelligenz.* Auf die teilweise Unabhängigkeit von sprachlicher und allgemein-kognitiver Entwicklung wurde bereits hingewiesen. Verbale Intelligenztestaufgaben stellen sowohl Anforderungen an die Problemlösefähigkeiten der Kinder als auch an ihr Sprachverständnis und ihre sprachproduktiven Fähigkeiten. Zwar gilt für viele bildungsrelevante Aufgaben, dass genau diese Kombination von besonderer Bedeutung ist. In Hinblick auf Überlegungen der Entwicklung und Förderung macht es jedoch einen deutlichen Unterschied, ob ein Kind (i) die sprachlichen Anforderungen, (ii) die allgemein-intellektuellen oder (iii) die wissensbezogenen Anforderungen sehr gut, altersangemessen oder aber eher schlecht bewältigt. Diese Unterscheidung ist vor allem auch für Kinder mit Migrationshintergrund von zentraler Bedeutung.

Es sollte aber betont werden, dass die Bezeichnung „nonverbale" Testaufgabe nicht notwendigerweise bedeutet, dass Sprache bei der Bewältigung entsprechender Problemstellungen keine Rolle spielt. Sprachliche Selbststeuerungen, sprachliche Benennungen, sprachlich erworbenes Vorwissen usw. können die Aufgabenlösung begünstigen (vgl. DE SHON/CHAN/WEISSBEIN 1995; S. WEINERT 1998, 2000a, 2006a). „Nonverbale" Aufgabenstellungen unterscheiden sich von verbalen vor allem darin, dass Sprache *nicht notwendig* für das Verständnis der Aufgabeninstruktion und die Beantwortung der jeweiligen Aufgabe ist.

(c) *Die Unterscheidung von Komponenten der Informationsverarbeitung.* Aus der Perspektive der Informationsverarbeitung und der wissensorientierten Entwicklungstheorien wird oftmals vor allem die Bedeutung des Gedächtnisses hervorgehoben und hier insbesondere (i) die (begrenzte) Kapazität des Arbeits- bzw. Kurzzeitgedächtnisses sowie (ii) der Einfluss von Strategien der Informationsverarbeitung und deren Entwicklung (Gedächtnisstrategien zur Aufrechterhaltung von Informationen im Kurzzeit- bzw. Arbeitsgedächtnis sowie zum Transfer von Informationen ins Langzeitgedächtnis; Problemlösestrategien, usw.); zudem wird (iii) die Bedeutung der Geschwindigkeit der Informationsverarbeitung sowie (iv) des Erwerbs von Wissen in großen Inhaltsdomänen (physikalisches, biologisches, psychologisches Wissen) betont. Und schließlich kommt dem Erwerb metakognitiven Wissens und metakognitiver Steuerungen eine besondere Rolle bei der Entwicklung selbstgesteuerten Lernens zu, das vor allem auch für das lebenslange Lernen von großer Bedeutung ist. Insbesondere der Erwerb von Strategien und metakognitiven Steuerungs- und Überwachungskompetenzen sowie von inhaltlichem, strukturellem und problemlöse-bezogenem (einschließlich metakognitivem) Wissen hat sich in einer Fülle von Trainingsstudien als beeinflussbar erwiesen und begünstigt zugleich die Nutzung der Arbeitsgedächtniskapazität wie auch die Geschwindigkeit der Informationsverarbeitung (vgl. z. B. CARR et al. 1989; HASSELHORN 1987; HASSELHORN/KÖRKEL 1983, 1986; KURTZ et al. 1990; PRESSLEY/HILDEN 2006; Report of the National Reading Panel 2000).

Ergänzend müssen aber die folgenden drei Punkte hervorgehoben werden:
– Die Feststellung, dass es „die eine" kognitive Kompetenz nicht gibt, dürfte – nicht zuletzt vor dem Hintergrund höchst unterschiedlicher kognitiver Leistungsprofile – relativ unstrittig sein. So lassen sich Kinder identifizieren, die altersgemäße Leistungen im Bereich des visuell-räum-

lichen Gedächtnisses aufweisen, aber gravierende Defizite im Bereich des auditiv-phonetischen Arbeitsspeichers aufweisen. Andere Kinder verfügen zwar über ein eingeschränktes räumliches Gedächtnis- und Vorstellungsvermögen, können aber Gesichter sehr gut erinnern. Weder die Unterscheidung sprachlich – nicht-sprachlich noch die Differenzierung visuell – auditiv vermag als Systematik kognitiver Entwicklungsprofile empirisch zu überzeugen (vgl. zusammenfassend S. WEINERT 1998, 2000a). Dies impliziert, dass Entwicklungsdomänen noch nicht sehr gut charakterisiert sind und dass somit Aufgabenstellungen sehr genau in Hinblick auf ihre Anforderungsprofile analysiert werden müssen.
- Nicht nur spezifische Kompetenzen und Fertigkeiten, sondern auch die in Intelligenztests erfassten (grundlegenden) Fähigkeiten und Fertigkeiten unterliegen im Vor- und Grundschulalter noch gravierenden Entwicklungsveränderungen. Vorliegende Zwillings- und Stabilitätsstudien zur Intelligenzentwicklung geben, entgegen mancher populärwissenschaftlichen Darstellung, auch für diesen Bereich keinen Anlass zu bildungspolitischem Pessimismus. So bedeutet eine Erblichkeitsschätzung von 50%, dass – selbst in westlichen Gesellschaften mit vergleichsweise homogenen Umwelten – zum Zeitpunkt der jeweiligen Studie 50% der beobachteten Intelligenz*unterschiede* durch Umweltunterschiede aufklärbar sind. Darüber hinaus lassen sich auf dieser Basis keine Folgerungen ableiten hinsichtlich der Wirkungen, die optimierte Umweltbedingungen und insbesondere optimierte institutionelle und familiäre Umweltanregungen und Förderungen auf die Entwicklung kognitiver Fähigkeiten und Fertigkeiten haben. Populationsstatistiken machen bekanntlich keine Aussagen über die Bedeutung von Anlage und Umwelt für die (individuelle) Kompetenzentwicklung, sondern nur über Merkmalsvarianzen in einer gegebenen Gesellschaft.
- Dabei bleibt natürlich unbestritten, dass (a) nicht alle Aspekte der kognitiven Entwicklung gleichermaßen durch familiäre und institutionelle Umweltbedingungen beeinflussbar sind und dass (b) der Nutzen, den Kinder aus Bildungsangeboten ziehen, nicht für alle Kinder gleich ist.

In diesem Zusammenhang zeigt vor allem die Expertisenforschung, dass sich für konkrete Aufgabenlösungen und Veränderungen in der Regel bereichsspezifische Vorkenntnisse und bereichsspezifische Fertigkeiten im Vergleich zu grundlegenderen, bereichsübergreifenden Fähigkeiten als zentraler erweisen. Letzteres wurde u. a. für die Entwicklung mathematischer Kompetenzen besonders nachdrücklich nachgewiesen (KRAJEWSKI 2003, 2005; STERN 2003a, b). Allerdings tragen grundlegende bereichsübergreifende Fähigkeiten zum Aufbau des jeweiligen Vorwissens bei, ohne dass sie mit diesem gleichgesetzt werden könnten.

3 Entwicklungspsychologische Perspektive I: Für das Kind liegen Entwicklungsaufgaben / Problembereiche oftmals „quer" zu psychologischen Fähigkeits- und Fertigkeitsbereichen

Im vorausgegangenen Abschnitt wurde empirisch basiert hervorgehoben, dass der Erwerb sprachlicher und kognitiver Fähigkeiten und Fertigkeiten als separierbare Entwicklungsbereiche konzeptualisiert werden können und sollten. Dies gilt auch für die Beziehungen zwischen Wortschatzerwerb und konzeptueller Entwicklung. In der Tat zeigen zahlreiche Studien, dass sich selbst der Erwerb von Wortbedeutungen bzw. eines breiten, differenzierten Wortschatzes nicht auf die kognitiv-konzeptuelle Entwicklung reduzieren lässt, wie auch umgekehrt der Konzepterwerb nicht sprachlich determiniert ist (S. WEINERT 1998, 2000a, 2004, 2006a). Dies lässt sich schon an dem bereits erwähnten Befund illustrieren, dass beispielsweise blinde Kinder relativ problemlos Farbwörter erwerben, obgleich ihnen die spezifische konzeptuelle Grundlage hierfür fehlt (LAN-

DAU/GLEITMAN 1985). Zugleich kennen Kinder viele Konzepte, ohne sie entsprechend versprachlichen zu können. Trotz dieser Separierbarkeit gibt es allerdings sehr wohl bedeutsame Entwicklungszusammenhänge zwischen lexikalischer und kognitiv-konzeptueller Entwicklung – diese sind allerdings nicht generell und global, sondern vielmehr lokal und spezifisch (GOPNIK/MELTZOFF 1987, 1992). Anhand dieses Beispiels soll illustriert werden, dass Entwicklungsaufgaben (oder Problembereiche), wie sie sich für das sich entwickelnde Kind stellen, oftmals „quer" zu den psychologisch unterschiedenen Kompetenz- bzw. Fähigkeits- und Fertigkeitsbereichen liegen, oder anders formuliert, dass die Beziehungen zwischen spezifischen kognitiven und spezifischen sprachlichen Entwicklungsveränderungen sehr viel enger sein können, als dies für Zusammenhänge innerhalb des sprachlichen oder innerhalb des kognitiven Bereichs gilt.

Die Spezifitätshypothese der Beziehungen zwischen Entwicklungsbereichen am Beispiel des Zusammenhangs zwischen Wortschatzerwerb und konzeptueller Entwicklung. Insbesondere GOPNIK und MELTZOFF (1987, 1992) haben im Rahmen ihrer Forschungsarbeiten zur so genannten „Spezifitätshypothese" des Zusammenhangs von Sprach- und Konzepterwerb gezeigt, dass die Beziehungen zwischen spezifischen kognitiven und spezifischen sprachlichen Entwicklungsveränderungen sehr viel enger sein können, als dies für den Zusammenhang zwischen verschiedenen sprachlichen (einschließlich lexikalischen) Fortschritten bzw. zwischen verschiedenen kognitiven Entwicklungsveränderungen gilt. Die Autoren untersuchten u. a., inwieweit die Kinder in der Lage waren, Objekte erschöpfend in Kategorien zu ordnen oder Aufgaben einsichtsvoll zu lösen, die ein Mittel-Zweck-Verständnis erfordern. Zunächst konnten sie in Übereinstimmung mit anderen Studien zeigen, dass diese kognitiven Fähigkeiten (und viele andere) *zeitlich parallel* in einem ähnlichen Altersbereich mit ca. 18 Monaten erworben werden; ein enger *entwicklungspsychologischer* Zusammenhang ließ sich hingegen ebenso wenig nachweisen wie eine enge Beziehung zum Lexikonerwerb im Generellen. Sehr wohl zeigten sich aber enge Beziehungen zwischen dem Erwerb *bestimmter* Bedeutungen und der Ausbildung *hierauf bezogener* kognitiv-konzeptueller Fähigkeiten. So ergab sich ein enger Entwicklungszusammenhang zwischen dem Erwerb von Erfolgs- und Misserfolgswörtern wie beispielsweise „there", „uh-oh" und der Ausbildung der Fähigkeit, Mittel-Zweck-Aufgaben einsichtsvoll zu lösen. Ebenso waren der Zeitpunkt des schnellen Zuwachses des nominalen Wortschatzes („Wortschatzspurt") und der Erwerb der Fähigkeit, Objekte erschöpfend in Kategorien zu ordnen, entwicklungspsychologisch eng miteinander verbunden.

Tabelle 4: Lokale, spezifische Beziehungen zwischen kognitiv-konzeptuellen und sprachlichen Entwicklungsfortschritten

Kognitiv-konzeptueller Entwicklungsfortschritt	Sprachlicher Entwicklungsfortschritt	Kulturvergleich
Erwerb der Fähigkeit, Objekte erschöpfend in Kategorien zu ordnen	Zeitpunkt des schnellen Wortschatzanstiegs („Benennungsspurt")	Englischsprachig aufwachsende Kinder überlegen
Erwerb der Fähigkeit, Mittel-Zweck-Aufgaben einsichtsvoll zu lösen	Erwerb von Erfolgs- und Misserfolgswörtern	Koreanischsprachig aufwachsende Kinder überlegen

Gleiche Farbe: enge Entwicklungsverbindung; verschiedene Farbe: Erwerb zeitlich parallel, aber ohne enge Entwicklungsverbindung (Alter der Kinder: ca. 18 Monate) (vgl. GOPNIK et al. 1996)

Dieses Befundmuster ließ sich auch in kulturvergleichenden Studien replizieren (z. B. GOPNIK/CHOI/BAUMBERGER 1996). Diese belegen zugleich, dass sich hierin nicht einfach universelle Entwicklungsveränderungen, wohl aber *kulturübergreifende Entwicklungsaufgaben bzw. Problemsi-*

tuationen für das sich entwickelnde Kind widerspiegeln. Gezeigt wurde nämlich, dass sich die kognitiv-sprachliche Entwicklung von koreanisch- und englischsprachig aufwachsenden Kindern systematisch unterscheidet: Während die untersuchten englisch- im Vergleich zu den koreanischsprachig aufwachsenden Kindern einen Entwicklungsvorsprung aufwiesen, wenn es um den Erwerb von Kompetenzen der Objektkategorisierung auf der kognitiven und den Wortschatzspurt auf der sprachlichen Seite ging, waren die koreanisch-sprechenden Kinder bei der Lösung von Mittel-Zweck-Aufgaben vergleichsweise fortgeschritten und erwarben Erfolgs-/Misserfolgswörter vergleichsweise früh. Diese spezifischen Entwicklungsunterschiede reflektieren Unterschiede in der Sprachstruktur und den sprachlichen Interaktionen, die im Englischen besonders nomenzentriert, im koreanischen dagegen stark auf Verben und eine reiche Verbmorphologie hin orientiert sind (vgl. auch GOPNIK/CHOI 1990).

Fazit. Trotz fehlender globaler Zusammenhänge gibt es sehr wohl enge lokale Verbindungen zwischen kognitiv-konzeptuellen Fortschritten und Wortschatzerwerb, die teilweise sogar enger sind als jene innerhalb der sprachlich-lexikalischen oder innerhalb der kognitiv-konzeptuellen Entwicklung. Entsprechende Zusammenhänge sind bedeutsam für die Rekonstruktion der Erwerbsdynamik wie auch für Überlegungen für gezielte Förderungen des einen oder des anderen Bereichs. Trotz der unstrittigen Bereichsspezifität der Anforderungen und der zu lösenden Probleme ist aus entwicklungspsychologischer Sicht eine ausschließlich domänenspezifische Rekonstruktion des Erwerbs nicht ausreichend. Dies wird auch durch die oben bereits angesprochenen „bootstrapping"-Theorien im Spracherwerb gestützt: Auch hier wird deutlich, dass das domänenspezifisch erworbene Wissen z. B. im Bereich der phonologisch-prosodischen Sprachstruktur einen wichtigen Einstiegsmechanismus in den Wort- und Grammatikerwerb darstellt, dass aber auch umgekehrt erworbenes grammatisches Wissen einen wichtigen Einstiegsmechanismus in den Erwerb von Wort-, speziell Verbbedeutungen bildet (zusammenfassend S. WEINERT 2006a).

4 Entwicklungspsychologische Perspektive II: Der Erwerb bereichsspezifischer Lernmechanismen und hiermit verbundene (bereichsspezifische) qualitative Entwicklungsveränderungen

Dass dem Kompetenzerwerb kumulative Lernprozesse zugrunde liegen, ist weitgehend akzeptiert. Dennoch greift diese Sichtweise für vielfältige Entwicklungsveränderungen und Erwerbsprozesse zu kurz. So wird nach wie vor intensiv untersucht, ob sich der Erwerb von Wissen in großen Wissensdomänen (intuitive Physik, intuitive Psychologie, intuitive Biologie) als Anreicherung angeborener Kernkonzepte rekonstruieren lässt oder ob der Wissenserwerb vielmehr als qualitativer (bereichsspezifischer) Theoriewandel zu charakterisieren ist (z. B. SODIAN 2002). Entsprechend wird diskutiert, ob auch bezogen auf Lernmechanismen ein qualitativer Wandel anzunehmen ist. Als Beispiel mag hier erneut der Wortschatzerwerb in der Kindheit dienen.

Während sich der Wortschatzerwerb zunächst vergleichsweise langsam vollzieht, steigt die Geschwindigkeit des Wortlernens im Alter von ca. 18 Monaten, wenn die Kinder etwa 50 Wörter produktiv und ca. 200 Wörter rezeptiv beherrschen, deutlich an. Die Kinder verfügen nunmehr über eine Reihe von Wortlernprinzipien, die es ihnen ermöglichen, durchschnittlich neun neue Wörter pro Tag zu lernen und die Bedeutung eines neuen Wortes oftmals nach nur einmaliger Darbietung zu erschließen („fast mapping") (zusammenfassend: S. WEINERT 2006a; WOODWARD/MARKMAN 1998). Theoretisch wird vermutet, dass sich das Wortlernen qualitativ verändert hat, indem die Kinder nunmehr spezifische Erwartungen und Vorannahmen, so genannte „constraints", an die Wortlernsituation herantragen (MARKMAN 1989). Diese „constraints" lenken den frühen Wortschatzerwerb, indem sie die Anzahl der möglichen Bedeutungen eines neuen Wortes einschränken und falsche Möglichkeiten unwahrscheinlich machen. So erwarten Kinder zunächst – um nur einige constraints zu nennen –, dass sich neue Wörter (Nomen) auf ganze Objekte und nicht auf Objektteile beziehen („whole object constraint"), dass sie „Objekte gleicher Art", nicht aber thematisch verbundene Dinge bezeichnen („Taxonomie-constraint") und dass sie auf Objekte gleicher Form („Form-constraint"/„Form-bias"), nicht aber gleicher Textur, Farbe oder Größe zu generalisieren sind (MARKMAN/HUTCHINSON 1984; MARKMAN 1989; s. auch S. WEINERT 2003, 2004, 2006a).

Solche Vorannahmen oder funktionale Einschränkungen erleichtern den frühen, schnellen Worterwerb. Da die kindliche Aufmerksamkeit beim Hören eines neuen Wortes auf ganz bestimmte Umweltaspekte, vor allem auch auf kategoriale Zusammenhänge zwischen Objekten gelenkt wird, kann darüber hinaus der Aufbau hierarchisch organisierten konzeptuellen Wissens begünstigt werden (z. B. Hund 1 und Hund 2 gehören beide zur Kategorie der Dackel; Dackel und Pudel sind beides Hunde; Hunde und Katzen sind Tiere; Tiere und Menschen sind Lebewesen). Letzteres gilt bereits für Kinder im Alter von nur neun Monaten (BALABAN/WAXMAN 1997; S. WEINERT/ZHANG 2005).

Interessanterweise deuten erste Befunde darauf hin, dass entsprechende Lernmechanismen und Vorannahmen keineswegs vollständig universell und unbeeinflussbar durch Lernen sind. So gibt es empirische Hinweise darauf, dass sich entsprechende Vorannahmen erst ab einem produktiven Wortschatz von ca. 50 Wörtern nachweisen lassen (SMITH 2001; S. WEINERT/ZHANG 2007) und durch ein gezieltes Training beeinflusst werden können mit positiven Folgen für den weiteren Wortschatzerwerb (SMITH 2001). Darüber hinaus variieren zumindest einige dieser Vorannahmen in Abhängigkeit davon, welche Muttersprache das jeweilige Kind erwirbt (GATHERCOLE/MIN 1997; S. WEINERT 1998).

In diesem Zusammenhang sollte ergänzend hervorgehoben werden, dass die Verarbeitung von Wörtern / Wortformen und das Erschließen ihrer Bedeutung nicht im „luftleeren" Raum stattfinden. Vielmehr sind sie in vielfacher Hinsicht in sozial-kommunikative Situationen eingebunden, die den Worterwerb entscheidend erleichtern. So stellt die Mutter oftmals einen gemeinsamen Aufmerksamkeitsfokus her und benennt vor allem Objekte, die das Kind gerade besonders beachtet. Schon bald sind es aber auch die Kinder, die aktiv die mütterliche Aufmerksamkeitsrichtung berücksichtigen und eine Vielzahl von Hinweisen, vor allem auch sozial-kommunikative Hinweise, nutzen, um die Bedeutung neuer Wörter zu erschließen und Fehlzuordnungen von Objekten und Benennungen zu vermeiden (BALDWIN 1995; TOMASELLO 2001). Beispielsweise beachten die Kinder mit 16 Monaten bereits aktiv die Blickrichtung der Mutter, wenn diese ein neues Wort äußert. Sie erweisen sich als aktive Informationsverarbeiter, die die kommunikativen Absichten ihres Interaktionspartners zu interpretieren scheinen (z. B. AKHTAR/TOMASELLO 1996). Frühe Vorstufen einer intuitiven Psychologie dürften somit wichtig für den Wortschatzerwerb sein; umgekehrt gibt es Belege dafür, dass zu einem späteren Zeitpunkt der weitere Erwerb der Sprache den Erwerb einer intuitiven Psychologie und insbesondere das Verständnis eigener und fremder Kognitionen entscheidend begünstigt (DE VILLIERS 2000; LOCKL/SCHNEIDER 2006, 2007). Solche entwicklungstypische Veränderungen in den Einflussrichtungen und Beziehungen zwischen verschiedenen Fähigkeits- und Fertigkeitsbereichen sind in der entwicklungspsychologischen Forschung vielfach belegt und werden im Folgenden nochmals kurz illustriert.

5 Entwicklungspsychologische Perspektive III: Entwicklungstypische Veränderungen in den Beziehungen zwischen verschiedenen Fähigkeits- und Fertigkeitsbereichen

Die entwicklungspsychologische Forschung ist reich an Belegen dafür, dass sich die Beziehungen zwischen verschiedenen Fähigkeits- und Fertigkeitsbereichen entwicklungstypisch verändern können. Ein inzwischen klassisches Beispiel hierfür stellen die Entwicklungsbeziehungen zwischen phonologischem Arbeitsgedächtnis und Wortschatzerwerb dar. Auf der einen Seite bildet das phonologische Arbeitsgedächtnis eine wichtige strukturelle Voraussetzung für den Wortschatzerwerb. Dies wird durch eine Fülle von Studien gestützt, die u. a. zeigen, dass die Leistungen, die vierjährige Kinder im Bereich des phonologischen Kurzzeitspeichers aufweisen, in spezifischer Weise geeignet sind, die Wortschatzentwicklung der Kinder im Alter von fünf Jahren vorherzusagen (GATHERCOLE/BADDELEY 1989; GATHERCOLE/WILLIS/EMSLIE/BADDELEY 1992). Trainingsstudien belegen ergänzend, dass Kinder mit vergleichsweise schwächeren phonologischen Kurzzeitgedächtnisleistungen (a) beim Erwerb neuer Benennungen mehr Durchgänge benötigen und (b) nach 24 Stunden durch eine vergleichsweise höhere Vergessensrate für die neu gelernten Namen auffallen als dies für Kinder mit besseren Kurzzeitgedächtnisleistungen gilt (GATHERCOLE/BADDELEY 1990a). Und schließlich konnte immer wieder gezeigt werden, dass sprachgestörte Kinder profunde Defizite im Bereich des phonologischen Speichers aufweisen (GATHERCOLE/BADDELEY 1990b; S. WEINERT 2000b; HASSELHORN/WERNER 2000). Diese Befunde konvergieren sowohl mit neuropsychologischen Beobachtungen als auch mit Studien zum lexikalischen Lernen im Zweitspracherwerb (zusammenfassend: S. WEINERT 1998, 2006a).

Festgehalten werden kann somit, dass das phonologische Arbeitsgedächtnis und die individuelle Fähigkeit, phonologische Informationen zu verarbeiten, von großer Bedeutung für den Wortschatzerwerb sind. Umgekehrt und zum anderen trägt aber auch der Spracherwerb und der Aufbau des kindlichen Wortschatzes zu alterstypischen Veränderungen von Kurzzeitgedächtnisleistungen bei.

Forschungsarbeiten zur Gedächtnisentwicklung belegen überzeugend, dass die beobachtbaren Arbeitsgedächtnisleistungen im Kindes- und Erwachsenenalter sowie ihre alterstypischen Veränderungen nur zu einem umgrenzten Teil auf strukturelle Kapazitätsunterschiede zurückgehen. Arbeitsgedächtnisleistungen stellen keinen festen, unveränderbaren Wert dar, sondern variieren in Abhängigkeit von verschiedenen Faktoren wie beispielsweise der Geschwindigkeit grundlegender Verarbeitungsprozesse, der strategischen und quasi-strategischen Verarbeitung der zu erinnernden Informationen sowie dem (bereichsspezifischen) Vorwissen, über das eine Person verfügt (SCHNEIDER/BÜTTNER 2002).

Um beispielsweise eine Ziffernfolge behalten zu können, müssen wir sie (subvokal) wiederholen (Memorierstrategie); die Wiedergabe wird zudem erleichtert, wenn die Ziffern- oder Wortfolgen rhythmisch-prosodisch gruppiert werden (Gruppierungsstrategie). Darüber hinaus werden Pseudowörter, die muttersprachlichen Wörtern ähnlich sind, leichter memoriert als wortunähnliche Pseudowörter (Einfluss phonologischen Wissens); Folgen von sinnvollen Wörtern sind leichter zu erinnern als Folgen sinnfreier Wörter (Einfluss lexikalischen Wissens), wobei sich zugleich Unterschiede zwischen mehr oder weniger vertrauten Wörtern nachweisen lassen; und schließlich können grammatisch geordnete Wortfolgen leichter wiedergegeben werden als Zufallsfolgen derselben Wörter (Einfluss grammatischen Wissens) (vgl. S. WEINERT 2000b, 2004).

Während Arbeitsgedächtnisleistungen und die individuelle Fähigkeit zur auditiven Informationsverarbeitung also einerseits eine Voraussetzung für den Wortschatzerwerb darstellen, werden sie andererseits mit Zuwachs des sprachlichen Wissens zunehmend von letzterem beeinflusst. Dabei verändert sich die dominante Wirkrichtung alterstypisch.

Der zunehmende Einfluss lexikalischen Wissens auf die Leistungen im Bereich des Arbeitsgedächtnisses wird besonders deutlich durch die Ergebnisse der bereits erwähnten Längsschnittstudie von GATHERCOLE und BADDELEY (1989; GATHERCOLE et al. 1992) belegt. Diese zeigen, dass sich zunächst – im Alter von vier Jahren – die phonologischen Gedächtnisleistungen der Kinder als vergleichsweise guter, spezifischer Prädiktor zur Vorhersage des Wortschatzerwerbs der Kinder mit fünf Jahren eignen. Zu einem etwas späteren Entwicklungszeitpunkt kehrt sich das Befundmuster um: Im Alter von fünf Jahren ist es vor allem der verfügbare Wortschatz der Kinder, der sich als vergleichsweise besserer, spezifischer Prädiktor zur Vorhersage der Entwicklung der phonologischen Kurzzeitgedächtnisleistung mit sechs Jahren erweist. Für den Wortschatzerwerb scheint in diesem Alter vor allem die Lesefähigkeit bedeutsam zu sein.

6 Fazit

Im Vorschulalter wird eine Vielzahl an Fähigkeiten und Fertigkeiten erworben, die grundlegend für die weitere Entwicklung im Schulalter sind. Nicht nur hoch spezifische Fähigkeiten, Fertigkeiten und Wissensbestände (wie phonologische Bewusstheit, mathematisches Vorwissen, konkrete Wissensinhalte), sondern auch allgemeinere Fähigkeiten und Fertigkeiten werden bereichsspezifisch erworben und durch geeignete Lerngelegenheiten und Umweltanregungen gefördert (vgl. ROßBACH/S. WEINERT im Druck; S. WEINERT/LOCKL im Druck). So zeigte z. B. eine Förderstudie von WHITEHURST et al. (1988), um nur ein eindrucksvolles Beispiel zu nennen, dass sich das Sprachlernen 2- bis 3-jähriger Kinder durch eine Optimierung spracherwerbsrelevanter Bilderbuchsituationen selbst in Mittelstandsfamilien nach einmonatigem Training bedeutsam verbessern ließ. Gegenüber einer Vergleichsgruppe waren die Kinder nunmehr im Sprachstand um 8,5 Monate voraus.

Obgleich die Entwicklung entsprechender Fähigkeiten und Fertigkeiten bereichsspezifische Anforderungen an das sich entwickelnde Kind stellt, ist zugleich zu beachten, dass (a) zwischen Entwicklungsbereichen enge lokale und zeitlich begrenzte, d. h. hoch spezifische Zusammenhänge bestehen (können), dass (b) Kompetenzentwicklung nicht nur über ein kumulatives Lernmodell, sondern möglicherweise – zumindest teilweise – auch über lernpsychologisch rekonstruierbare qualitative Veränderungen in den Entwicklungsmechanismen zustande kommt und dass sich (c) die Beziehungen zwischen Entwicklungsbereichen entwicklungstypisch verändern können. Kompetenzstrukturmodelle implizieren damit keine einfachen Folgerungen über Modelle der Kompetenzentwicklung und Möglichkeiten der Förderung. Sie bilden aber eine gute Basis, diese zu analysieren.

Anmerkung

1 Unter einem Modul wird mit Fodor (1983) ein spezialisiertes, autonomes Verarbeitungssystem verstanden (siehe S. 27).

Literatur

AKHTAR, N./TOMASELLO, M. (1996): Two-year-olds learn words for absent objects and actions. In: British Journal of Developmental Psychology, Vol. 14, pp. 79-93.
BALABAN, M. T./WAXMANN, S. R. (1997): Do words facilitate object categorization in 9-month-old infants? In: Journal of Experimental Child Psychology, Vol. 64, pp. 3-26.

BALDWIN, D. A. (1995): Understanding the link between joint attention and language. In: MOORE, C./ DUNHAM, P. J. (Eds.): Joint attention: Its origins and role in development. – Hillsdale, pp. 131-158.
BALTES, P. B./LINDENBERGER, U./STAUDINGER, U. M. (1998): Life-span theory in developmental psychology. In: DAMON, W. (Ed.): Handbook of Child Psychology, Vol. 1. – Hoboken, pp. 1029-1143.
BROWN, R. (1957): Linguistic determinism and the parts of speech. In: Journal of Abnormal and Social Psychology, Vol. 55, pp. 1-5.
CAREY, S. (1985): Conceptual Change in Childhood. – Cambridge.
CARR et al. 1989 = CARR, M./KURTZ, B. E./SCHNEIDER, W./TURNER, L. A./BORKOWSKI, J. G. (1989): Strategy acquisition and transfer among American and German children: Environmental influences on metacognitive development. In: Developmental Psychology, Vol. 25, pp. 765-771.
CATTELL, R. B. (1971): Abilities: Their structure, growth, and action. – Boston.
CHI, M. T. H. (1978): Knowledge structures and memory development. In: SIEGLER, R. (Ed.): Children's Thinking: What develops? – Hillsdale, pp. 73-96.
CROMER, R. F. (1991): Language and Thought in Normal and Handicapped Children. – Oxford.
DAMON, W./LERNER, R. M. (Editors-in-Chief) (2006): Handbook of Child Psychology – 6th ed. – Hoboken.
DeSHON, R. P./CHAN, D./WEISSBEIN, D. A. (1995): Verbal overshadowing effects on Raven's advanced progressive matrices: Evidence for multidimensional performance determinants. In: Intelligence, Vol. 21, pp. 135-155.
deVILLIERS, J. (2000): Language and theory of mind: What are the developmental relationships? In: BARON-COHEN, S./TAGER-FLUSBERG, H./COHEN, D. J. (Eds.): Understanding Other Minds: Perspectives from developmental cognitive neuroscience – 2nd ed. – Oxford, pp. 83-123.
ELMAN et al. 1996 = ELMAN, J. L./BATES, E. A./JOHNSON, M. H./KARMILOFF-SMITH, A./PARISI, D./ PLUNKETT, K. (1996): Rethinking Innateness. A connectionist perspective on development. – Cambridge.
FODOR, J. A. (1983): Modularity of Mind: An essay on faculty psychology. – Cambridge.
FRIEDERICI, A. D. (1983): Children's sensitivity to function words during sentence comprehension. In: Linguistics, Vol. 21, pp. 717-739.
FRIEDERICI, A. D. (1993): Development of language relevant processing systems: The emergence of a cognitive module. In: BOYSSON-BARDIES, B. DE/SCHONEN, S. DE/JUSCZYK, P. W./McNEILAGE, P./MORTON, J. (Eds.): Developmental Neurocognition: Speech and face processing in the first year of life. – Dordrecht, pp. 451-459.
FRIEDERICI, A. D. (1994): Funktionale Organisation und Reorganisation der Sprache während der Sprachentwicklung: Eine Hypothese. In: Neurolinguistik, Bd. 8, S. 41-55.
FRIEDERICI, A. D./HAHNE, A. (2000): Neurokognitive Aspekte der Sprachentwicklung. In: GRIMM, H. (Hrsg.): Sprachentwicklung. Enzyklopädie der Psychologie C/III/3. – Göttingen, S. 273-310.
GATHERCOLE, S. E./BADDELEY, A. D. (1989): Evaluation of the role of phonological STM in the development of vocabulary in children: A longitudinal study. In: Journal of Memory and Language, Vol. 28, pp. 200-213.
GATHERCOLE, S. E./BADDELEY, A. D. (1990a): The role of phonological memory in vocabulary acquisition: A study of young children learning new names. In: British Journal of Psychology, Vol. 81, pp. 439-454.
GATHERCOLE, S. E./BADDELEY, A. D. (1990b): Phonological memory deficits in language disordered children: Is there a causal connection? In: Journal of Memory and Language, Vol. 29, pp. 336-360.
GATHERCOLE, S. E./WILLIS, C./EMSLIE, H./BADDELEY, A. D. (1992): Phonological memory and vocabulary development during the early school years: A longitudinal study. In: Developmental Psychology, Vol. 28, pp. 887-898.
GATHERCOLE, V. C. M./MIN, H. (1997): Word meaning biases or language-specific effects? Evidence from English, Spanish and Korean. In: First Language, Vol. 17, pp. 31-56.
GLEITMAN, L. R. (1990): The structural sources of verb meanings. In: Language Acquisition, Vol. 1, pp. 3-55.
GOPNIK, A./CHOI, S. (1990): Do linguistic differences lead to cognitive differences? A cross-linguistic study of semantic and cognitive development. In: First Language, Vol. 10, pp. 199-215.
GOPNIK, A./CHOI, S./BAUMBERGER, T. (1996): Cross-linguistic differences in early semantic and cognitive development. In: Cognitive Development, Vol. 11, pp. 197-227.
GOPNIK, A./MELTZOFF, A. N. (1987): The development of categorization in the second year and its relation to other cognitive and linguistic developments. In: Child Development, Vol. 58, pp. 1523-1531.

GOPNIK, A./MELTZOFF, A. N. (1992): Categorization and naming: Basic-level sorting in eighteen-month-olds and its relation to language. In: Child Development, Vol. 63, pp. 1091-1103.
GRIMM, H. (2003): Störungen der Sprachentwicklung – 2. Aufl. – Göttingen.
HASSELHORN, M. (1987): Lern- und Gedächtnisförderung bei Kindern. Ein systematischer Überblick über die Trainingsforschung. In: Zeitschrift für Entwicklungspsychologie und Pädagogische Psychologie, Bd. 19, S. 116-142.
HASSELHORN, M./KÖRKEL, J. (1983): Gezielte Förderung der Lesekompetenz am Beispiel der Textverarbeitung. In: Unterrichtswissenschaft, Bd. 11, S. 370-382.
HASSELHORN, M./KÖRKEL, J. (1986): Metacognitive versus traditional reading instructions: The mediating role of domain-specific knowledge on children's text-processing. In: Human Learning, Vol. 5, pp. 75-90.
HASSELHORN, M./WERNER, I. (2000): Zur Bedeutung des phonologischen Arbeitsgedächtnisses für die Sprachentwicklung. In: GRIMM, H. (Hrsg.): Sprachentwicklung (Enzyklopädie der Psychologie, C/III/3). – Göttingen, S. 363-378.
HORN, J. L. (1982): The theory of fluid and crystallized intelligence in relation to concepts of cognitive psychology and aging in adulthood. In: CRAIK, F. I. M./TREHUB, S. (Eds.), Aging and Cognitive Processes. – New York, pp. 237-278.
KAIL, R./PELLEGRINO, J. W. (1988): Menschliche Intelligenz. – Heidelberg.
KARMILOFF-SMITH, A. (1992): Beyond Modularity: A development perspective on cognitive science. – Cambridge.
KATZ, N./BAKER, E./MACNAMARA, J. (1974): What's in a name? On the child's acquisition of proper and common nouns. In: Child Development, Vol. 45, pp. 469-473.
KAUFMAN, A. S./KAUFMAN, N. L./MELCHERS, P./PREUß, U. (1991/20016): Kaufman Assessment Batterie for Children (K-ABC). Individualtest zur Messung von Intelligenz und Fertigkeiten bei Kindern. – Göttingen.
KRAJEWSKI, K. (2003): Vorhersage von Rechenschwäche in der Grundschule. – Hamburg.
KRAJEWSKI, K. (2005): Vorschulische Mengenbewusstheit von Zahlen und ihre Bedeutung für die Früherkennung von Rechenschwäche. In: HASSELHORN, M./MARX, H./SCHNEIDER, W. (Hrsg.): Diagnostik von Mathematikleistungen. – Göttingen, S. 49-70.
KURTZ, B. E./SCHNEIDER, W./CARR, M./BORKOWSKI, J. B./RELLINGER, E. (1990): Strategy instruction and attributional beliefs in West Germany and the United States: Do teachers foster metacognitive development? In: Contemporary Educational Psychology, Vol. 15, pp. 268-283.
LANDAU, B./GLEITMAN, L. R. (1985): Language and Experience: Evidence from the blind child. – Cambridge.
LEONARD, L. B. (1998): Children with Specific Language Impairment. – Cambridge.
LOCKL, K./SCHNEIDER, W. (2006): Precursors of metamemory in young children: The role of theory of mind and metacognitive vocabulary. In: Metacognition and Learning, Vol. 1, pp. 15-31.
LOCKL, K./SCHNEIDER, W. (2007): Knowledge about the mind: Links between theory of mind and later metamemory. In: Child Development, Vol. 78, pp. 148-167.
MARKMAN, E. M. (1989): Categorization and Naming in Children: Problems of induction. – Cambridge.
MARKMAN, E. M./HUTCHINSON, J. E. (1984): Children's sensitivity to constraints on word meaning: Taxonomic versus thematic relations. In: Cognitive Psychology, Vol. 16, pp. 1-27.
MORGAN, J. L./DEMUTH, K. (Eds.). (1996): Signal to Syntax: Bootstrapping from speech to grammar in early acquisition. – Mahwah.
NAIGLES, L. (1990): Children use syntax to learn verb meanings. In: Journal of Child Language, Vol. 17, pp. 357-374.
National Reading Panel (2000): Report of the National Reading Panel: Teaching children to read. (National Institute of Child Health and Human Development, NIH, DHHS) – Washington.
PRESSLEY, M./HILDEN, K. (2006): Cognitive strategies. In: KUHN, D./SIEGLER, R./DAMON, W./LERNER, R. (Eds.): Handbook of Child Psychology: Vol. 2: Cognition, Perception, and Language – 6th ed. – Hoboken, pp. 511-556.
RONDAL, J. A. (1995): Exceptional Language Development in Down Syndrome. – Cambridge.
ROSSBACH, H.-G./WEINERT, S. (Hrsg.). (im Druck): Kindliche Kompetenzen im Elementarbereich: Förderbarkeit, Bedeutung und Messung. – Berlin.
RYCHEN, D. S./SALGANIK, L. (Eds.). (2001): Defining and Selecting Key Competencies. – Göttingen.
RYCHEN, D. S./SALGANIK, L. (Eds.). (2003): Key Competencies for a Successful Life and a Well-functioning Society. – Göttingen.

SCHNEIDER, W. (2004): Frühe Entwicklung und Lesekompetenz: Zur Relevanz vorschulischer Sprachkompetenzen. In: SCHIEFELE, U./ARTELT, C./SCHNEIDER, W./STANAT, P. (Hrsg.): Entwicklung, Struktur und Förderung von Lesekompetenz: Vertiefende Analysen im Rahmen von PISA 2000. – Wiesbaden, S. 13-36.
SCHNEIDER, W./BÜTTNER, G. (2002): Entwicklung des Gedächtnisses bei Kindern und Jugendlichen. In: OERTER, R./MONTADA, L. (Hrsg.): Entwicklungspsychologie. – 5. vollst. überarb. Aufl. – Weinheim, S. 495-516.
SIEGLER, R. S./DELOACHE, J./EISENBERG, N. (2005): Entwicklungspsychologie im Kindes- und Jugendalter. – München.
SMITH, L. B. (2001): How domain-general processes may create domain-specific biases. In: BOWERMANN, M./LEVINSON, S. C. (Eds.): Language acquisition and conceptual development. – Cambridge, pp. 45-70.
SODIAN, B. (2002): Entwicklung begrifflichen Wissens. In: OERTER, R./MONTADA, L. (Hrsg.): Entwicklungspsychologie. – 5. vollst. überarb. Aufl. – Weinheim, S. 443-468.
STERN, E. (2003a): Früh übt sich: Neuere Ergebnisse aus der LOGIK-Studie zum Lösen mathematischer Textaufgaben in der Grundschule. In: FRITZ, A./RICKEN, G./SCHMIDT, S. (Hrsg.): Handbuch Rechenschwäche. Lernwege, Schwierigkeiten und Hilfen. – Weinheim, S. 116-130.
STERN, E. (2003b): Lernen ist der mächtigste Mechanismus der kognitiven Entwicklung: Der Erwerb mathematischer Kompetenzen. In: SCHNEIDER, W./KNOPF, M. (Hrsg.): Entwicklung, Lehren und Lernen: Zum Gedenken an Franz Emanuel WEINERT. – Göttingen, S. 207-217.
TAGER-FLUSBERG, H. (Ed.) (1994): Constraints on Language Acquisition: Studies of atypical children. – Hillsdale.
TOMASELLO, M. (2001): Perceiving intentions and learning words in the second year of life. In: TOMASELLO, M./BATES, E. (Eds.): Language development. – Malden, pp. 111-128.
WAXMANN, S. R./KOSOWSKI, T. D. (1990): Nouns mark category relations: Toddlers' and preschoolers' word-learning biases. In: Child Development, Vol. 61, pp. 1461-1473.
WEINERT, F. E. (2001): Concept of competence: A conceptual clarification. In: RYCHEN, D. S./SALGANIK, L. (Eds.): Defining and Selecting Key Competencies. – Göttingen, pp. 67-92.
WEINERT, S. (1998): Sprache und Denken – eine entwicklungspsychologische Analyse der Zusammenhänge. Unveröffentliche Habil.-Schrift. – Universität Bielefeld.
WEINERT, S. (2000a): Beziehungen zwischen Sprach- und Denkentwicklung. In: GRIMM, H. (Hrsg.): Sprachentwicklung. Enzyklopädie der Psychologie C/III/3. – Göttingen, S. 311-361.
WEINERT, S. (2000b): Sprach- und Gedächtnisprobleme dysphasisch-sprachgestörter Kinder: Sind rhythmisch-prosodische Defizite eine Ursache? In: MÜLLER, K./ASCHERSLEBEN, G. (Hrsg.): Rhythmus. Ein interdisziplinäres Handbuch. – Bern, S. 255-283.
WEINERT, S. (2003): Entwicklung von Sprache und Denken. In: SCHNEIDER, W./KNOPF, M. (Hrsg.): Entwicklung, Lehren und Lernen. – Göttingen, S. 93-108.
WEINERT, S. (2004): Wortschatzerwerb und kognitive Entwicklung. In: Sprache – Stimme – Gehör, 28. Jg., S. 20-28.
WEINERT, S. (2005): Umschriebene Entwicklungsstörungen der Sprache. In: SCHLOTTKE, P. F./SILBEREISEN, R. K./SCHNEIDER, S./LAUTH, G. W. (Hrsg.): Störungen im Kindes- und Jugendalter – Grundlagen und Störungen im Entwicklungsverlauf (Enzyklopädie der Psychologie, C/V/5). – Göttingen, S. 483-543.
WEINERT, S. (2006a): Sprachentwicklung. In: SCHNEIDER, W./SODIAN, B. (Hrsg.): Entwicklungspsychologie (Enzyklopädie der Psychologie, C/V/2). – Göttingen, S. 609-719.
WEINERT, S. (2006b): Sprachstörungen. In: FUNKE, J./FRENSCH, P. A. (Hrsg.): Handbuch der Allgemeinen Psychologie – Kognition. – Göttingen, S. 665-673.
WEINERT, S. (in press): Implicit and explicit modes of learning: Similarities and differences from a developmental perspective. To appear in: Linguistics.
WEINERT, S./LOCKL, K. (im Druck): Sprachförderung. In SCHNEIDER, W./SODIAN, B. (Hrsg.): Entwicklungspsychologie (Enzyklopädie der Psychologie, C/V/7). – Göttingen.
WEINERT et al. 2006 = WEINERT, S./VON MAURICE, J./ROSSBACH, H.-G./DUBOWY, M./EBERT, S. (2006): Bedingungen der Entwicklung kognitiver und sprachlicher Kompetenzen im Kindergartenalter: Erste Befunde der Forschergruppe BiKS. Vortrag gehalten auf dem 45. Kongress der Deutschen Gesellschaft für Psychologie 17.-21. September 2006 in Nürnberg.

WEINERT, S./WEINERT, F. E. (2006): Entwicklung der Entwicklungspsychologie: Wurzeln, Meilensteine, Entwicklungslinien. In: SCHNEIDER, W./WILKENING, F. (Hrsg.): Theorien, Modelle und Methoden der Entwicklungspsychologie (Enzyklopädie der Psychologie, C/V/1). – Göttingen, S. 3-58.

WEINERT, S./ZHANG, D. (2005): Word-category linkage in 12-month-old infants. Paper presented at the meeting of the X. International Congress for the Study of Child Language. – Berlin.

WEINERT, S./ZHANG, D. (2007): Early lexical development and the emergence of the taxonomic bias in 15- and 18-month-old German infants. Poster presented at the Biennial Meeting of the Society for Research in Child Development. – Boston.

WHITEHURST, G. J./FALCO, F. L./LONIGAN, C. J./FISCHEL, J. E./DEBARYSHE, B. D./VALDEZ-MENCHACA, M. C./CAULFIELD, M. (1988): Accelerating language development through picture book reading. In: Developmental Psychology, Vol. 24, pp. 552-559.

WOODWARD, A. L./MARKMAN, E. M. (1998): Early word learning. In: DAMON, W./KUHN, D./SIEGLER, R. S. (Eds.): Handbook of Child Psychology. Vol. 2: Cognition, Perception, and Language. 5th ed. – New York, pp. 371-420.

Anschrift der Verfasserin: Prof. Dr. Sabine Weinert, Lehrstuhl für Psychologie I, Universität Bamberg, Markusplatz 3, 96045 Bamberg, E-Mail: sabine.weinert@ppp.uni-bamberg.de

Kristina Reiss/Aiso Heinze/Reinhard Pekrun

Mathematische Kompetenz und ihre Entwicklung in der Grundschule

Zusammenfassung
Die Entwicklung mathematischer Kompetenz ist ein wesentliches Ziel des Lernens in der Grundschule. Entsprechend haben sich sowohl die mathematikdidaktische als auch die kognitionspsychologische Forschung und die Lehr-Lern-Forschung mit Aspekten dieser Entwicklung auseinandergesetzt. Es sind im Wesentlichen die folgenden Kernfragen, die es zu beantworten gilt: Mit welchen Lernvoraussetzungen für die Mathematik kommen Kinder in die Grundschule? Wie entwickeln sich ihr mathematisches Wissen und ihre mathematische Kompetenz im Laufe der folgenden vier Jahre? Welche individuellen, schulischen und kontextuellen Variablen spielen dabei die tragende Rolle? Welche Möglichkeiten gibt es, diese Entwicklung gezielt zu unterstützen? In diesem Beitrag soll zunächst der Stand der Forschung im Hinblick auf diese Kernfragen dargestellt werden. Dabei wird insbesondere auf ein wesentliches Forschungsdesiderat, nämlich die Konstruktion detaillierter Kompetenzentwicklungsmodelle, eingegangen. Es werden dann Ergebnisse einer Studie mit Grundschulkindern präsentiert, in der ihre Kompetenz im zweiten und im dritten Schuljahr aufgezeigt und im Rahmen eines Kompetenzentwicklungsmodells diskutiert wird.

Schlüsselwörter: Kompetenzentwicklung; Grundschule; Mathematik

Summary
Mathematic Competency and its Development in Primary Education
An important aspect of primary school instruction is fostering children's development in mathematics. Accordingly, this is a vital research topic for mathematics education as well as for educational psychology. Key issues are the following questions, which are – as yet – without comprehensive answers: Which mathematical competencies do children have on entering primary education? How does their mathematical knowledge and how do their competencies develop within the next fourth years? Which are the determining individual, contextual and classroom factors affecting their development? What might teachers do in order to support their students' mathematical development? This paper describes recent research related to these questions. In particular, it puts an emphasis on aspects of the modeling of mathematical competency. Moreover, we will present results of a longitudinal study with children of grades 2 and 3 and discuss these results within a framework, which is based on a model of competency development.

Keywords: development of competencies; primary school; mathematics

1 Einführung

Die Entwicklung mathematischer Kompetenz ist ein wesentliches Ziel des Lernens in der Grundschule. Entsprechend haben sich sowohl die mathematikdidaktische als auch die kognitionspsychologische Forschung und die Lehr-Lern-Forschung mit Aspekten dieser Entwicklung auseinander gesetzt. Es sind im Wesentlichen die folgenden Kernfragen, die es zu beantworten gilt: Mit welchen Lernvoraussetzungen für die Mathematik kommen Kinder in die Grundschule? Wie entwickeln sich ihr mathematisches Wissen und ihre mathematische Kompetenz im Laufe der folgenden vier Jahre? Welche individuellen, schulischen und kontextuellen Variablen spielen dabei die tragende Rolle? Welche Möglichkeiten gibt es, diese Entwicklung gezielt zu unterstützen?

In diesem Beitrag soll zunächst der Stand der Forschung im Hinblick auf diese Kernfragen dargestellt werden. Dabei wird insbesondere auf ein wesentliches Forschungsdesiderat, nämlich die Konstruktion detaillierter Kompetenzentwicklungsmodelle, eingegangen. Es werden dann Ergebnisse einer Studie mit Grundschulkindern präsentiert, in der ihre Kompetenz im zweiten und im dritten Schuljahr aufgezeigt und im Rahmen eines Kompetenzentwicklungsmodells diskutiert wird.

2 Modellierung mathematischer Kompetenz

Mathematische Kompetenz ist ein komplexes und vielschichtiges Konstrukt, das einer genaueren Beschreibung nicht ohne weiteres zugänglich ist. Welche Komponenten sie hat und wie sich diese Komponenten entwickeln, sind entsprechend wesentliche Probleme der Lehr-Lern-Forschung. Der Blick auf die fachliche Systematik als Grundlage führt dabei nur bedingt weiter, denn mathematisches Wissen ist im Laufe der Jahrhunderte nicht in der Anordnung entstanden, die heute Lehrbücher und den Schulunterricht prägen. Es ist plausibel anzunehmen, dass auch die Entwicklung des individuellen mathematischen Wissens bzw. der mathematischen Kompetenz eigenen Regeln folgt.

2.1 Mathematisches Wissen und mathematische Kompetenz

Während in älteren Publikationen vor allem von Wissen, Fähigkeiten oder Kenntnissen die Rede ist, hat in den letzten Jahren der Begriff der Kompetenz in der erziehungswissenschaftlichen bzw. fachdidaktischen Diskussion zunehmend an Bedeutung gewonnen. Dabei geht es gerade nicht um isolierte Fakten, die etwa im Rahmen von Leistungstests abgefragt werden, sondern um den erfolgreichen Umgang mit Situationen, in denen spezifisches Wissen in einem sinnvollen Kontext angewendet werden soll. Doch auch wenn eine grobe Idee der Definition durch diesen Anwendungsaspekt gegeben ist, gibt es keine einheitliche Verwendung des Begriffs der Kompetenz. Die wesentlichen Unterschiede zwischen den verschiedenen Ansätzen zeigen sich vor allem in der inhaltlichen Fokussierung und damit der Breite der Verwendung sowie in einer gegebenen oder fehlenden kontextuellen Einbettung. Exemplarisch kann man diese Unterschiede anhand der Verwendung des Begriffs bei KLIEME/LEUTNER (2006): in den Bildungsstandards der Kultusministerkonferenz (2003, 2004a, 2004b) sowie in den Arbeiten von WEINERT (2001a, 2001b) verdeutlichen.

Der Kompetenzbegriff, wie er von KLIEME/LEUTNER (2006) benutzt wird, stellt einerseits kognitive Aspekte in den Vordergrund und geht andererseits von einer bestimmten Domäne aus, in der sich Kompetenz manifestieren kann. Die Autoren beschreiben Kompetenzen als „kontextspezifische kognitive Leistungsdispositionen, die sich funktional auf Situationen und Anforderungen in bestimmten Domänen beziehen" (KLIEME/LEUTNER 2006, S. 4). Mit dieser Definition ist der Kompetenzbegriff an (mögliche) Ergebnisse geknüpft, sodass sich Kompetenzen insbesondere in spezifischen Anwendungen zeigen. Darüber hinaus wird eine domänenspezifische Komponente festgelegt, sodass der Begriff nicht übergeordnet etwa im Sinne von Schlüsselkompetenzen gebraucht wird. Mathematische Kompetenz entsprechend der genannten Definition ließe sich somit vor allem am Lösen geeigneter Aufgaben festmachen und würde alltagsnahe Anwendungen genauso wie Anwendungen innerhalb der Disziplin umfassen.

Was nun in einer bestimmten Domäne entsprechende Aufgabenstellungen sein können, wird in den (aus chronologischer Sicht allerdings früher entstandenen) Bildungsstandards der Kultusministerkonferenz (2003, 2004a, 2004b) präzisiert. Beeinflusst durch die so genannte Klieme-

Expertise (KLIEME et al. 2003) ist auch hier nicht mehr von Wissen, Fähigkeiten oder Fertigkeiten (wie etwa in älteren Lehrplänen), sondern ganz explizit von Kompetenzen die Rede, die Kinder und Jugendliche im Rahmen des Unterrichts erwerben und im Unterricht sowie in Alltagskontexten anwenden sollen. Die Verwendung des Begriffs ist ebenfalls ausschließlich auf kognitive Aspekte und zusätzlich ganz auf das jeweilige Fach und den Unterricht in diesem Fach bezogen. Dann geht es allerdings sehr ins Detail, wobei zunächst weniger die möglichen Produkte und Ergebnisse als vielmehr Prozesse und Inhalte im Vordergrund stehen. Für die Mathematik wird zwischen allgemeinen und inhaltsbezogenen Kompetenzen unterschieden. Als allgemeine Kompetenzen werden mathematisches Argumentieren, Problemlösen und Modellieren, das Verwenden von Darstellungen, das Kommunizieren sowie (für den mittleren Schulabschluss bzw. für den Hauptschulabschluss) der Umgang mit symbolischen, formalen und technischen Elementen der Mathematik verstanden. Die inhaltsbezogenen Kompetenzen sind mathematischen Bereichen zugeordnet und werden mit den Überschriften Zahl, Messen, Raum und Form, funktionaler Zusammenhang sowie Daten und Zufall verbunden (Kultusministerkonferenz 2003, 2004a, 2004b). Exemplarische Aufgaben verdeutlichen dann die Beziehung zwischen den aufgeführten Kompetenzen und ihren Anwendungen.

Auch wenn die beschriebenen Begriffsverwendungen in ihrem Fokus unterschiedlich sind, so betonen doch beide die kognitiven Aspekte, durch die (beispielsweise mathematische) Kompetenzen bestimmt sind. Darüber geht die Definition von WEINERT (2001b) hinaus, die auch Grundlage der Verwendung des Kompetenzbegriffs bei KLIEME et al. (2003) ist. Hier werden nicht nur kognitive, sondern auch motivationale und volitionale Aspekte genannt. Nach WEINERT (2001b) umfassen Kompetenzen die kognitiven Fähigkeiten und Fertigkeiten zur Lösung bestimmter Probleme, aber auch den damit verbundenen Wille und die motivationale Bereitschaft, die zur Lösung von Problemen erforderlich sind. Auch Emotionen können dabei eine entscheidende Rolle spielen (PEKRUN 2006; PEKRUN et al. 2002). Kompetenzen sind damit umfassende Leistungsdispositionen, die in verschiedenen Situationen angewendet werden können.

Bei einer Betrachtung der kindlichen Entwicklung zeigt sich die mathematische Kompetenz von Grundschulkindern sicherlich in der Bearbeitung geeigneter Aufgabenstellungen. Entsprechend ist es einerseits sinnvoll, kognitive Aspekte der Entwicklung möglichst detailliert zu beschreiben. Andererseits ist davon auszugehen, dass kognitive Leistungen schon in einem frühen Alter durch motivationale und emotionale Faktoren mit bedingt werden. Es ist daher von wesentlicher Bedeutung, auch bei Grundschulkindern einen breiten Kompetenzbegriff zugrunde zu legen und auf dieser breiten Basis Entwicklungsprozesse zu beschreiben.

2.2 Studien zur mathematischen Kompetenz im Grundschulalter aus deutscher Perspektive

Aspekte der mathematischen Kompetenz von Grundschulkindern sind in verschiedenen Studien thematisiert worden. Insbesondere hat es in der Mathematikdidaktik in Deutschland einige empirische Untersuchungen gegeben, in denen das Vorwissen von Schulanfängerinnen und Schulanfängern aus einer kognitiv orientierten Perspektive heraus betrachtet wurde. Diese Untersuchungen folgen alle einer ganz ähnlichen Methodik. Die Ergebnisse beruhen auf Daten aus Einzelinterviews, die in einem Zeitraum zwischen einem halben Jahr vor Schulbeginn und dem Anfang des ersten Schuljahres stattfanden. Dabei wurden von den Kindern Aufgaben bearbeitet, mit denen beispielsweise ihre Zählkenntnisse, ihre Fähigkeit zum Erfassen von Mengen, ihre Kenntnis der Ziffern, ihr Verständnis für Größer-Kleiner-Beziehungen und ihre Rechenfähigkeiten erfasst wurden (z. B. SCHMIDT 1982; SCHMIDT/WEISER 1982; HASEMANN 2001; in Form von Fallstudien auch SELTER/SPIEGEL 1997; ganz früh bereits HARTMANN, 1896, zum Begriffswissen und zu Zählfertigkeiten). Eine Studie von GRASSMANN (1995) befasste sich darüber hinaus mit geometrischen Kenntnissen zu Beginn des ersten Schuljahres.

In den Studien von SCHMIDT (1982) bzw. SCHMIDT/WEISER (1982) ging es vor allem um deskriptive Ergebnisse zur Ausgangssituation im Mathematikunterricht. Die Autoren wollten im Hinblick auf einen angemessenen Anfangsunterricht darlegen, welche mathematischen Aufgaben Kinder bereits zum Schulanfang bzw. bis zu einem halben Jahr davor lösen können. Entsprechend arbeiteten sie mit Eigenentwicklungen von Tests auf Grundlage der Lerninhalte, die in allen Bundesländern in der ersten Klasse unterrichtet werden. Das Rechnen umfasste Aufgaben, die üblicherweise im Verlauf des ersten Schuljahres gelernt werden, also Additionen und Subtraktionen im Zahlenraum bis 20 in abgestufter Schwierigkeit. Es zeigte sich dabei, dass ein nicht unerheblicher Teil der Kinder bereits vor Schuleintritt über ein recht umfangreiches mathematisches Wissen verfügte. So gab es Kinder, die bis 100 zählen oder anspruchsvolle Rechenaufgaben lösen konnten. Auch das Zuordnen von Mengen zu ihrer Kardinalzahl sowie das Rückwärtszählen gehören zu Kompetenzen, über die Kinder nicht selten schon vor dem Schuleintritt verfügen. Allerdings wurde in den genannten Studien eher deklaratives als prozedurales Wissen erhoben, sodass insbesondere das Wissen um mathematische Zahlsätze („3 + 4 = 7"), nicht aber die kontextbezogene Anwendung dieser Sätze im Vordergrund stand. Darüber hinaus geben die Autoren leider keine Informationen über mögliche Zusammenhänge zwischen einzelnen Wissenselementen.

Die Ergebnisse solcher Studien dürfen nicht überinterpretiert werden (vgl. auch SCHIPPER 1998). So ergeben sich Restriktionen in der Interpretation dadurch, dass in den meisten Studien die Tests nicht auf übliche Gütekriterien überprüft und keine repräsentativen Stichproben ausgewählt wurden. Diese Einschränkung gilt allerdings nicht für die Untersuchung von HASEMANN (2001), die im Umfeld der Adaption eines niederländischen Tests zur Zahlbegriffsentwicklung durchgeführt wurde (Utrecht Getalbegrip Toets; VAN LUIT/VAN DE RIJT/PENNINGS 1994). Der Test (in der deutschen Version unter dem Namen „Osnabrücker Tests zur Zahlbegriffsentwicklung" publiziert; VAN LUIT/VAN DE RIJT/HASEMANN 2001) zielt auf einen Teilbereich arithmetischer Kompetenz, nämlich auf die Beschreibung des jeweiligen Niveaus der Zahlbegriffsentwicklung, und enthält ausschließlich entsprechende Items. Die Studie von HASEMANN (2001) bestätigte wesentliche Ergebnisse der oben genannten älteren Studien zu Mathematikkenntnissen, die Kinder vor Schulbeginn haben, und konnte darüber hinaus Zählfähigkeiten am Ende der Kindergartenzeit als einen bedeutsamen Prädiktor für die Mathematikleistung am Ende des ersten Schuljahres belegen.

Die in diesem Abschnitt bisher genannten Studien fokussieren auf den Schulbeginn und konnten so beispielsweise die Bedeutung einer individuellen Förderung von Kindern zu diesem Zeitpunkt begründen. Sie setzen sich aber, ihrer Anlage entsprechend, nicht mit den Wirkungen von Schule und Unterricht auseinander. Das Interesse daran, welche Ergebnisse der Grundschulunterricht hat, und damit verbunden, über welche Kompetenzen Kinder am Ende der Grundschulzeit verfügen, war zunächst in der mathematikdidaktischen Forschung weniger ausgeprägt. Dieses Interesse ist allerdings in den letzten Jahren stark gewachsen. Den Ausschlag gaben dabei insbesondere die im Rahmen des „Programme for International Student Assessment" (PISA) erhobenen Leistungen deutscher Schülerinnen und Schüler der Sekundarstufe, die zum einen im internationalen Vergleich eher mäßig waren und zum anderen eine deutliche Abhängigkeit von der Sozialschicht und dem Migrationsstatus erkennen ließen (BAUMERT et al. 2001). So war es nur konsequent, danach zu fragen, zu welchem Zeitpunkt sich diese Leistungsunterschiede entwickeln.

Die internationale Grundschuluntersuchung „Progress in International Reading Literacy Study" (PIRLS) bzw. in der deutschen Übersetzung „Internationale Grundschul-Lese-Untersuchung" (IGLU) wurde deshalb in Deutschland um eine Erhebung in der Mathematik erweitert. Dieser Mathematiktest wurde mit Kindern der vierten Grundschulklasse in den Bundesländern

Deutschlands durchgeführt (mit Ausnahme von Brandenburg, Mecklenburg-Vorpommern, Niedersachsen und Sachsen-Anhalt). Grundlage des Tests waren Aufgaben, die im Rahmen des Primarstufenteils der „Third International Mathematics and Science Study" (TIMSS I) entwickelt und gestellt wurden. An dieser in den 1990er Jahren international durchgeführten Untersuchung hatte Deutschland zum damaligen Zeitpunkt nicht teilgenommen (MULLIS et al. 1997). Erweitert wurde der Test durch Items, die auf der Basis eines Modells mathematischer Grundbildung in Anlehnung an WINTER (1995) neu hinzukamen. Die Autoren räumen selbst als eine methodische Schwierigkeit ein, die Validität eines um mehrere Jahre zeitversetzten internationalen Vergleichs auf einer eingeschränkten Basis von Items zu beurteilen. Darüber hinaus konnten vier Bundesländer nicht einbezogen werden, deren Leistungen im Rahmen von PISA etwas unterhalb des deutschen Durchschnitts lagen. Dennoch lassen die Ergebnisse ein etwas besseres Bild der mathematischen Kompetenz von Grundschülerinnen und -schülern im Vergleich zur älteren Kohorte vermuten (BOS et al. 2003). Es stellt sich gerade deswegen verstärkt die Frage nach der Leistungsentwicklung im Verlauf der Grundschulzeit (und darüber hinaus; PEKRUN et al. 2006), die auch IGLU, der Anlage der Studie entsprechend, nicht beantworten kann.

In den letzten Jahren sind in vielen Bundesländern und mit zunehmender Tendenz Erhebungen durchgeführt worden, die als Orientierungsarbeiten oder Vergleichsarbeiten bezeichnet werden und bei denen in der Regel in den Fächern Deutsch und Mathematik erreichte Kompetenzen erhoben werden. Dies geschieht zumeist in Form von Totalerhebungen. Exemplarisch soll hier das in der Praxis einflussreiche Projekt „Vergleichsarbeiten in der Grundschule" (VERA) erwähnt werden, in dem Mathematik- und Deutschleistungen zu Beginn der vierten Klasse zunächst im Rahmen einer Totalerhebung in Rheinland-Pfalz, dann auch in anderen Bundesländern und Auslandsschulen erhoben wurden und werden. VERA gibt eine Momentaufnahme und macht Aussagen zu Lernergebnissen an einem spezifischen Punkt der Schulzeit (HELMKE et al. 2004). Allerdings gibt es hier (wie auch in ähnlichen Leistungsfeststellungsverfahren auf Länderebene) die wesentliche Einschränkung, dass nicht geschulte Testleiter, sondern Lehrerinnen und Lehrer die Erhebungen durchführen. Entsprechend kann auch VERA nur mit Einschränkungen Aussagen über die mathematische Kompetenz von Grundschulkindern machen.

2.3 Entwicklung mathematischer Kompetenzen

Die im vorhergehenden Abschnitt genannten Studien geben Aufschluss über Aspekte des Leistungsstands von Schülerinnen und Schülern sowie gegebenenfalls auch von Klassen, Schulen oder Bundesländern zu einem bestimmten Zeitpunkt. Sie können allerdings, wie es bereits erwähnt wurde, kaum herangezogen werden, um Entwicklungsverläufe aufzuzeigen oder die Ursachen und Bedingungen von Leistungen und Leistungsdefiziten zu ermitteln. Offenbar ist mathematische Kompetenz in der Grundschule aber bereits ein guter Prädiktor für mathematische Kompetenz zu einem späteren Zeitpunkt (vgl. STERN 2005, die im Rahmen der LOGIK-Studie des Münchener Max-Planck-Instituts für Psychologische Forschung eine signifikante Korrelation von $r = 0.58$ zwischen dem Lösen von Textaufgaben in Klasse 2 und der Mathematikleistung in Klasse 11 berichtet). Der Entwicklung in der Grundschule sollte deshalb mehr Aufmerksamkeit geschenkt werden. Doch es gibt sowohl in der allgemeinen Lehr-Lern-Forschung als auch in der Mathematikdidaktik in Deutschland kaum Studien, die hier ihren Fokus haben und mathematische Leistungen von Grundschülern in ihrer Entwicklung analysieren.

Eine wichtige Ausnahme ist noch immer die Scholastik-Studie, in der längsschnittlich über die Jahrgangsstufen der Grundschule hinweg wesentliche Aspekte des Lernens erfasst wurden (vgl. die Beiträge in WEINERT/HELMKE 1997). Neben der mathematischen Leistung wurden verschiedene individuelle und schulische Variablen erhoben und in ihrer Entwicklung beschrieben. In

Bezug auf den Erwerb mathematischen Wissens nennt die Scholastik-Studie punktuelle Ergebnisse in Bezug auf strukturell einfache Arithmetikaufgaben und in Bezug auf Textaufgaben, die eine wiederum strukturell einfache Einkleidung von Arithmetikaufgaben darstellen. So konnte STERN (1997) im Rahmen dieser Studie zeigen, dass die Kompetenzen von Kindern beim Lösen von Textaufgaben im Laufe der Grundschulzeit zunehmen, obwohl dieser Aufgabentyp seltener im Unterricht behandelt wird als reine Arithmetikaufgaben. Stern schließt auf eine Konstruktion mentaler Modelle von sprachlich eingekleideten Aufgaben, die im Umgang mit rein numerischen Aufgaben erworben werden. Unklar bleibt, wie sich dieses Wissen entwickelt und wodurch es gefördert werden kann. Eine konstruktivistische Grundhaltung der Lehrerinnen und Lehrer scheint sich positiv auszuwirken, doch kann sie nur wenig Varianz erklären (STERN 1997). In jüngerer Zeit beschäftigt sich die Arbeit von GRUBE (2006) mit der Entwicklung mathematischer Kompetenz, wobei sie sich nur einem einzelnen Aspekt, nämlich der Nutzung verbaler Zählstrategien widmet. Die Ergebnisse legen nahe, dass Zählstrategien bei Additionsaufgaben im Verlauf der Grundschulzeit an Bedeutung verlieren, was mit einer Entlastung von Gedächtnisressourcen verbunden ist. Insbesondere bedeutet dieses Ergebnis, dass Lernen über die Zeit hinweg nicht nur mit einem Zuwachs an deklarativem Wissen verbunden ist, sondern auch mit konkreten Änderungen bei den Lösungsstrategien für mathematische Aufgaben.

In den beiden erwähnten Studien wurden nur spezielle Typen von Aufgaben verwendet, die vor allem eher algorithmischer Art waren. Aus mathematikdidaktischer Sicht decken sie nicht unbedingt das Spektrum mathematischer Kompetenzen oder gar das inhaltliche Spektrum des Curriculums ab. So sind explizit Sachaufgaben und komplexere Modellierungen, an denen das Interesse gerade in den letzten Jahren gewachsen ist, nicht einbezogen worden. Gerade im Zusammenhang mit der Diskussion und schließlich der Einführung von Bildungsstandards ist deutlich geworden, dass mathematische Kompetenz als ein umfassendes Konstrukt angesehen werden muss, das nicht nur arithmetische Inhalte einschließt (vgl. KLIEME/NEUBRAND/LÜDTKE 2001; Kultusministerkonferenz 2004a/2004b; National Council of Teachers of Mathematics 2000). Der Ausgangspunkt sind nicht spezifische Aufgaben, sondern mathematische Inhaltsbereiche (wie etwa der Umgang mit Zahlen, mit dem Raum, mit Daten und Wahrscheinlichkeit) und mathematische Arbeitsweisen (wie etwa Begründen, Argumentieren oder Schätzen), die zur Lösung anwendungsorientierter Aufgaben benutzt werden. Eine solche Sichtweise verlangt entsprechend eine neue Orientierung bei der Erfassung mathematischer Kompetenzen und ihrer Entwicklung.

Auch im internationalen Bereich gibt es nur wenige Studien zur mathematischen Kompetenz, die eine längsschnittliche Perspektive haben und damit auf die Entwicklung mathematischer Kompetenz fokussieren. Zu den Ausnahmen gehören zwei Untersuchungen, von denen eine im Vereinigten Königreich (Leverhulme Numeracy Research Programme) und die andere in Australien (Early Numeracy Research Project) durchgeführt wurde. Die Projekte verfolgen unterschiedliche Zielsetzungen, konzentrieren sich aber beide auf den Bereich der Grundschule und das Fach Mathematik. Sie sollen im Folgenden kurz beschrieben werden.

Im „Leverhulme Numeracy Research Programme" wurde Mathematiklernen in den ersten sechs Schuljahren untersucht, wobei es vor allem um das mathematische Verständnis von lernschwachen Kindern ging. Diese Studie war methodisch breit angelegt, thematisierte aber im Wesentlichen mathematische Leistungen und nur ansatzweise die Voraussetzungen für Lernerfolge. BROWN et al. (2003b) konnten dabei Entwicklungsprofile von Schülerinnen und Schülern aufzeigen. Sie kommen zu dem Schluss, dass sich lernschwache und leistungsfähige Kinder weniger in ihren Kompetenzprofilen unterscheiden als vielmehr in dem Alter, in dem ein spezifisches Profil erreicht wird. Dabei scheint der Einfluss von Unterrichtsmerkmalen eher gering zu sein, denn es zeigten sich nur schwache Korrelationen zwischen Unterrichtsqualität und Schulleistungen. Hingegen konnten deutliche Effekte einer Änderung des Curriculums nachgewiesen werden, die in den Zeitraum der Untersuchung fiel (vgl. auch BROWN et al. 2003a). Es wäre sicher sinnvoll, eine entsprechende Studie gerade in Deutschland zu wiederholen. So scheint es nicht unbedingt plausibel zu sein, dass sich Unterschiede in der Kompetenzentwicklung ausschließlich in einer zeitlichen Verzögerung und nicht auch in elaborierteren Strategien bzw. einer besseren Vernetzung zeigen sollten (vgl. KLIEME et al. 2003, aber auch die beschriebenen Ergebnisse von GRUBE 2006). Fallstudien belegen vielfach die sehr unterschiedlichen Lösungswege von Grundschulkindern (z. B. SELTER/SPIEGEL 1997). Auch der Zusammenhang von unterschiedlichem Unterricht mit der Schulleistung konnte in anderen Untersuchungen belegt werden (STAUB/STERN 2002; REISS/HELLMICH/THOMAS 2002).

Das „Early Numeracy Research Project" wurde zwischen 1999 und 2001 im Verbund verschiedener australischer Universitäten initiiert (z. B. CLARKE et al. 2000; SULLIVAN et al. 2001; SULLIVAN/MCDONOUGH 2002). Diese Studie war mit einer Reihe von Zielen verbunden, unter denen auch die Erhebung mathematischer Kenntnisse bei Kindern zwischen fünf und acht Jahren zu mehreren Messzeitpunkten war. Die Ergebnisse beschreiben wesentliche Aspekte der Entwicklung von mathematischem Verständnis (Zählen, Rückwärtszählen, Verdoppeln als Hinführung zur Addition), konkretisieren aber nicht die Lernwege von Kindern. Insbesondere sind die betrachteten Aspekte nicht als Ausgangspunkt für ein umfassendes Modell des Mathematiklernens in den entsprechenden Klassen genutzt worden. Vielmehr standen die Lehrkräfte mit ihren Überzeugungen zur Mathematik und ihrem subjektiven Verständnis der kindlichen Lernprozesse im Blickpunkt. Ihre professionelle Entwicklung wurde über die Jahre hinweg gefördert und begleitet. Zur Evaluation dieser Förderung dienten verschiedene Instrumente vom individuellen Schülerinterview bis hin zur Unterrichtsbeobachtung. Die Ergebnisse zeigen nicht nur die Wirksamkeit des Trainings im Vergleich zu einer Kontrollgruppe; die Autoren der Studie können auch einen Anstieg positiver affektiver Einstellungen (Freude, Herausforderung) im Fach Mathematik belegen.

2.4 Kompetenzmodelle: Stufen, Struktur, Entwicklung

Das Konstrukt der mathematischen Kompetenz im Grundschulalter wird in den genannten Studien recht unterschiedlich gesehen und genauso unterschiedlich in Form von Tests bzw. Testverfahren operationalisiert. Inhalte und die mögliche Schwierigkeit der einzelnen Items folgen dabei in der Regel nicht näher genannten Kriterien, sondern beruhen meist eher auf Erfahrungen mit dem üblichen Curriculum der Grundschulmathematik. So wird dann auch nicht in allen Verfahren mathematische Kompetenz als ein einheitliches Konstrukt in dem Sinn angesehen, das die (notwendigerweise) verschiedenen Facetten aus empirischer Sicht einen klaren Zusammenhang zeigen. Die Betrachtung mathematischer Kompetenz als ein solches Konstrukt ist besonders dann hilfreich, wenn hohe von niedriger Kompetenz modellhaft unterschieden wird und beide Ausprägungen beschrieben werden sollen.

Ein einheitliches Konstrukt mathematischer Kompetenz lag etwa dem bei IGLU verwendeten Test zugrunde. Hier wurde ein Rasch-skalierbares Instrumentarium benutzt, das die Anordnung von Personenparametern und Aufgabenschwierigkeiten auf einer Skala erlaubte. Auf dieser empirischen Grundlage wurden fünf Kompetenzstufen vom „rudimentären schulischen Anfangswissen" bis zum „Problemlösen bei Aufgaben mit innermathematischem und außermathematischem Kontext" definiert, wobei Items eindeutig den Kompetenzstufen zugeordnet wurden (WALTHER et al. 2003). Die Beschreibung der einzelnen Stufen nahm dabei die Testanforderungen zu diesem spezifischen Zeitpunkt auf, also zum Ende der vierten Jahrgangsstufe. Das Modell beschreibt damit wesentliche Inhalte und Ziele des Mathematikunterrichts am Ende der Grundschule in einer empirisch überprüften Abstufung.

Ein solches Kompetenzstufenmodell ist aber nicht nur sinnvoll, um die (trennscharfe) Einordnung von Items in Abstufungen inhaltlich zu erläutern, sondern es erlaubt gleichzeitig Aussagen über die Struktur mathematischer Kompetenz, also über ihre Komponenten und ihr Gefüge (KLIEME et al. 2003, S. 74). In der präzisen Beschreibung dieser Struktur mit Hilfe eines entsprechenden Kompetenzmodells liegt ein wesentliches Desiderat der Forschung. Curricular verankerte und empirisch gesicherte Modelle können Grundlagenwissen für die Unterrichtsgestaltung bereitstellen, etwa im Hinblick auf die Lernangebote oder im Hinblick auf die Leistungsprüfung. Lehrerinnen und Lehrern könnte es nachvollziehbar vermitteln, wie einerseits Inhalte und Methoden zusammenspielen und aufeinander aufbauen und wie andererseits Aufgaben und Tests mit den Lehrplänen bzw. den Bildungsstandards zusammenhängen.

Das im Rahmen von IGLU für die vierte Klasse postulierte Modell wurde daher als eine Grundlage genutzt, um ein Modell der Entwicklung mathematischer Kompetenz in der Grundschule für die Klassen 1 bis 4 zu entwerfen (REISS 2004). Dabei wurden zunächst fünf Niveaus (Ausprägungen) mathematischer Kompetenz unterschieden, die aus theoretischer Sicht aufeinander aufbauen. Es handelt sich um eine Unterscheidung in

- numerisches und begriffliches Grundlagenwissen (Routineprozeduren) ohne Anwendungsbezug (Niveau 1);
- Grundfertigkeiten im Umgang mit dem Zehnersystem, der ebenen Geometrie und Größen (Niveau 2);
- sicheres Rechnen in curricularem Umfang und einfaches Modellieren (Niveau 3);
- Beherrschung der Grundrechenarten unter Nutzung der Dezimalstruktur und begriffliche Modellierung (Niveau 4);
- Problemlösen in mathematischen Kontexten (Niveau 5).

Über eine Beschreibung von Strukturen mathematischer Kompetenz hinausgehend wird postuliert, dass die Ausprägungen auf unterschiedlichen Entwicklungsniveaus angeordnet werden können. Auf diese Weise bildet das Modell die mögliche Entwicklung mathematischer Kompetenz im Verlauf der vier Klassen auf der Primarstufe ab. Die Ausprägungen werden dabei als hierarchisch angeordnet verstanden und stellen somit *Niveaus der Kompetenzentwicklung* dar. In diesem Modell wird davon ausgegangen, dass einfaches deklaratives Wissen über Fakten („3 × 2 = 6") unverzichtbare Grundlage für abgeleitete numerische Aufgaben („30 × 2 = 60") ist und diese wiederum Voraussetzung für einfache Modellierungen sind („Ein Gummibärchen kostet 2 Cent. Was kosten 30 Gummibärchen?"). Komplexere Modellierungen sind nur dann durchführbar, wenn ein angemessenes Wissen um Fakten und Prozeduren zur Verfügung steht. Dabei gilt es zum Beispiel, Informationen aus Texten und Bildern zu entnehmen und sie angemessen im Kontext einer Aufgabe zu verwenden. Problemlösen im oben dargelegten Sinn erfordert schließlich einen eloquenten und kreativen Umgang mit mathematischem Wissen in ungewohnten Situationen. Diese Ausprägungen werden für die verschiedenen Klassen der Grundschule jeweils altersbezogen über Inhalte spezifiziert. So umfassen die Routineprozeduren des ersten Kompetenzentwicklungsniveaus am Ende des ersten Schuljahres etwa die Addition ohne Zehnerübergang und am Ende des dritten Schuljahres die Grundlagen des kleinen Einmaleins. Dabei werden im Detail und über die vier Klassen hinweg die verschiedenen Inhaltsbereiche des Mathematikunterrichts in der Grundschule berücksichtigt, so wie sie derzeit unterrichtet werden, also Arithmetik, Sachrechnen, Größen und Geometrie (vgl. Tabelle 1 für eine Präzisierung der Entwicklungskomponente in Bezug auf die Klassen 2 und 3). An dieser Stelle soll noch einmal betont werden, dass die fünf Ausprägungen von Kompetenz als Entwicklungsniveaus postuliert werden. Damit ist insbesondere die Annahme verbunden, dass diese Kompetenzen aufeinander aufbauen und in der Regel beim Individuum in der gegebenen Reihenfolge durchlaufen werden. Der Begriff „Niveau" unterstreicht, dass es sich hier nicht um Kompetenzstufen (im Sinne etwa der Verwendung im

Tabelle 1: Kompetenzentwicklungsniveaus Mathematik (REISS 2004)

Kompetenzniveau	Klasse 2 (Beispiele)	Klasse 3 (Beispiele)
I *Numerisches und begriffliches Grundlagenwissen (Routineprozeduren) ohne Anwendungsbezug*	Kenntnis des kleinen Einspluseins, Übertragung der Ergebnisse des kleinen Einspluseins auf Zehnerzahlen	Kenntnis des kleinen Einspluseins, Grundlagen des kleinen Einmaleins (z. B. Zweier- und Fünferreihen, aber auch andere, eher einfache Reihen)
II *Grundfertigkeiten im Umgang mit dem Zehnersystem, der ebenen Geometrie und Größen*	Grundlagen des kleinen Einmaleins (z. B. Zweier- und Fünferreihe)	Kontextfreies Rechnen im Zahlenraum bis 100 (z. B. auf Grundlage einer sicheren Beherrschung des kleinen Einspluseins und Einmaleins)
III *Sicheres Rechnen in curricularem Umfang und einfaches Modellieren*	Sichere Beherrschung des kleinen Einmaleins, Anwendung bei einfachen Textaufgaben	Halbschriftliches Rechnen im Zahlenraum bis 1000 und Anwendung bei einfachen Textaufgaben
IV *Beherrschung der Grundrechenarten unter Nutzung der Dezimalstruktur und begriffliche Modellierung*	Sicheres Rechnen in komplexeren Sachkontexten im Zahlenraum bis 100	Informationen in Sachsituationen nutzen und verarbeiten, Sachaufgaben lösen
V *Problemlösen in mathematischen Kontexten*	Problemlösender Umgang mit Größen	Anwendung mehrerer Grundrechenarten in komplexen Sachsituationen

Rahmen von IGLU oder PISA) handelt, die auf Grundlage empirischer Ergebnisse definiert wurden und eine eindeutige Zuordnung von Items und Kompetenzausprägungen erlauben.

Die Unterscheidung und Festlegung von fünf Niveaus beruht auf theoretisch differenzierbaren Niveaus. Allerdings stellt sich die Frage, inwieweit das Aufgabenmaterial eine entsprechend feine Differenzierung zwischen diesen Niveaus zulässt. Bei *Kompetenzstufenmodellen* wird die Leistungsverteilung meist pragmatisch in (bezogen auf die Punktskala) etwa gleich große Bereiche unterteilt. Das hier diskutierte Entwicklungsmodell zielt dagegen darauf ab, die Ausprägungen so zu beschreiben, dass insbesondere ein sehr niedriges Kompetenzniveau und ein sehr hohes Kompetenzniveau aus theoretischer Perspektive klar von benachbarten Kompetenzniveaus unterschieden werden können. Darüber hinaus wird angenommen, dass nur wenige Kinder in Bezug auf ihre mathematische Kompetenz dem untersten bzw. dem obersten Niveau zugeordnet werden können.

In unserem theoretischen Modell werden die Kompetenzentwicklungsniveaus beschrieben und die entsprechenden Items hypothetisch zugeordnet. Diese Zuordnung konnte bisher nicht vollständig empirisch geprüft werden. Das Modell diente allerdings als Grundlage für die Entwicklung von Orientierungsarbeiten im Fach Mathematik, die in Bayern von allen Schülerinnen und Schülern am Ende des zweiten bzw. des dritten Schuljahrs geschrieben werden. Diese Arbeiten sind Leistungstests, in denen Aufgaben zu wesentlichen Bereichen des Curriculums (Arithmetik, Sachrechnen, Größen, Geometrie) bearbeitet werden. Sie zielen darauf ab, die Lehrerinnen und Lehrer über den Leistungsstand einzelner Schülerinnen und Schüler zu informieren, werden aber auch verwendet, um den Erfolg von Unterricht auf der Klassenebene zu bestimmen. Im Rahmen der Pilotierungen von Items für diese Orientierungsarbeiten konnte das Modell zunächst in einzelnen Aspekten, nämlich in Bezug auf die Einordnungen für die zweite und für die dritte Jahrgangsstufe, bestätigt werden (vgl. Tabelle 1).

Der Entwurf eines Kompetenzentwicklungsmodells setzt zunächst einmal eine tragfähige Theorie zu Ausprägungen von Kompetenz und ihrer Anordnung nach Schwierigkeit in einer bestimmten Domäne oder Teildomäne voraus. Dabei ist die fachliche Systematik nur bedingt hilfreich, da sie Prozesse des Erkenntnisaufbaus in der Regel nicht abbildet. Gerade in der Mathematik ist eine kohärent formulierte und konsistent präsentierte Theorie immer nur das Ergebnis eines mehr oder minder komplexen und für den Laien oft undurchschaubaren Prozesses (REISS/ HEINZE im Druck). Ein weiterer notwendiger Schritt ist die Umsetzung des Modells in eine Reihe von Aufgaben, mit deren Hilfe die Gültigkeit überprüft werden kann. Dabei sollten, im Sinne des Rasch-Modells, Items und Personenparameter auf einer gemeinsamen Skala anzuordnen sein (RASCH 1960; ROST 2004). Möchte man ein Kompetenzentwicklungsmodell konstruieren, so bedarf es wiederum einer guten Theorie dieser Entwicklung. Insbesondere stellt sich das Problem der Skalierung von Tests in Abhängigkeit von Personenparametern zu verschiedenen Alterszeitpunkten, wobei keineswegs klar ist, ob eine gemeinsame Skalierung über die verschiedenen Zeitpunkte hinweg aus theoretischer Perspektive sinnvoll und aus empirischer Perspektive möglich ist. Insbesondere der erste Aspekt setzt ein solides Wissen darüber voraus, wie sich mathematische Kompetenz entwickelt und wie sich Schülerinnen und Schüler verschiedener Alters- und Klassenstufen konkret voneinander unterscheiden.

3 Grundlagen einer Studie zur Kompetenzentwicklung

3.1 Fragestellung

Der vorangegangene Abschnitt hat verdeutlicht, dass das Messen mathematischer Kompetenz auf einer theoretisch fundierten Grundlage ein wesentliches Problem der mathematikdidaktischen und entwicklungspsychologischen Forschung darstellt. Insbesondere für Kompetenzentwicklungsmodelle gibt es dabei die wesentliche Hürde, dass sich ihre Validität sowohl zu einem bestimmten Zeitpunkt als auch im Laufe verschiedener Schuljahre erweisen muss. Für das von REISS (2004) vorgeschlagene Kompetenzentwicklungsmodell stellt sich damit zunächst die Frage, ob es für die einzelnen Klassenstufen empirisch bestätigt werden kann, und dann, ob es die Entwicklung mathematischer Kompetenz in längsschnittlicher Perspektive valide abbildet.

3.2 Methode

Im Rahmen einer Längsschnittstudie wird diesen Fragen in Bezug auf die Klassenstufen zwei bis vier nachgegangen. Es handelt sich dabei um eine Untersuchung an einer repräsentativen Stichprobe von bayerischen Grundschülerinnen und -schülern, die zu Beginn der Untersuchung in Klasse 2 waren (N = 660). Derzeit liegen von N = 558 Schülerinnen und Schülern Daten zu ihrer mathematischen Kompetenz zu zwei Messzeitpunkten im zweiten und dritten Schuljahr vor. Die Erhebung fand im Juni 2005 und im Juni 2006 im Rahmen der so genannten Orientierungsarbeiten statt, die in Bayern von allen Kindern der beiden Klassenstufen an einem bestimmten Tag geschrieben werden. Es handelt sich im mathematischen Teil um einen Test von 30 bzw. 40 Minuten Dauer, der (wie bereits beschrieben) alle Bereiche des Curriculums umfasst (Arithmetik, Sachrechnen, Größen, Geometrie). Bei der Zusammenstellung dieser Arbeiten lag das genannte Kompetenzentwicklungsmodell zugrunde. Allerdings umfasste nur der Test für die dritte Klasse Items über alle Niveaus hinweg. In der Version für das zweite Schuljahr waren keine sehr einfachen Aufgaben enthalten, die einem ersten Niveau zuzuordnen gewesen wären.

Insgesamt waren im zweiten Schuljahr 18 Items und im dritten Schuljahr 28 Items zu bearbeiten. Von den 18 Items, die von den Kindern in der Jahrgangsstufe 2 bearbeitet wurden, waren mit Bezug zum theoretischen Modell keine Items dem Niveau 1, sieben Items dem Niveau 2, vier Items dem Niveau 3, fünf Items dem Niveau 4 und zwei Items dem Niveau 5 zugeordnet worden. Von den 28 Items, die von den Kindern ein Jahr später in der Jahrgangsstufe 3 bearbeitet wurden, waren fünf Items dem Niveau 1, neun Items dem Niveau 2, acht Items dem Niveau 3, drei Items dem Niveau 4 und drei Items dem Niveau 5 zugeordnet worden. Damit unterscheidet sich das Verfahren in dieser Studie vom Vorgehen etwa bei PISA (vgl. OECD 2005), da Items ausschließlich auf einer theoretischen Grundlage und nicht auf Grundlage von empirischen Daten den Niveaus des Modells zugeordnet werden.

3.3 Ergebnisse

Die empirische Prüfung der Niveaus und des Modells der Kompetenzentwicklung wurde im Rahmen der bayerischen Orientierungsarbeiten begonnen. Eine repräsentative Stichprobe bearbeitete diese Arbeiten unter der Aufsicht geschulter Testleiterinnen und -leiter. Die Zusammenstellung der Arbeiten erfolgte auf der Grundlage einer theoretischen Zuordnung der Items zu den Kompetenzentwicklungsniveaus. Die Rasch-Skalierbarkeit des Instrumentariums war durch eine Pilotierung gewährleistet, bei der nicht modellkonforme Items ausgeschlossen worden waren. Im Folgenden sollen die Ergebnissen zu zwei Messzeitpunkten jeweils am Ende des zweiten und des dritten Schuljahres vorgestellt werden sowie die Entwicklung zwischen den beiden Messzeitpunkten beschrieben werden.

3.3.1 Auswertung der Orientierungsarbeiten in Jahrgangsstufe 2

Im Sinne des verwendeten Kompetenzentwicklungsmodells sollten die Items, die den einzelnen Niveaus zugeordnet sind, sich in ihrer Schwierigkeit unterscheiden, wobei die aufsteigende Schwierigkeit durch ein höheres Entwicklungsniveau charakterisiert wird. Die theoretische Zuordnung der 18 Items aus den Orientierungsarbeiten der Jahrgangsstufe 2 zu den ebenfalls theoretisch gegebenen Kompetenzentwicklungsniveaus konnte empirisch im Wesentlichen bestätigt werden. Dies zeigen die in Prozenten angegebenen Lösungsraten, die hier (und in den folgenden Abschnitten) aus Gründen der besseren Verständlichkeit anstelle von Itemparametern verwendet werden.

In Abbildung 1 sind Lösungsraten und Kompetenzentwicklungsniveaus für alle Items zusammengefasst. Items, die bezogen auf diese Klassenstufe theoretisch dem zweiten Kompetenzentwicklungsniveau zugeordnet waren, haben Lösungsraten zwischen knapp über 60% und knapp über 80%, während etwa Items, die dem fünften Kompetenzentwicklungsniveau zugeordnet wurden, nur von etwa 10% der Kinder erfolgreich bearbeitet werden. Dabei zeigen sich auch Überschneidungen der Schwierigkeitsverteilungen für die einzelnen Niveaus. Sie sind allerdings nicht unbedingt überraschend: Die Niveaus sind durch Prozesse gekennzeichnet, denen jeweils eine Klasse von Items zugeordnet werden kann, deren Schwierigkeit sich in einem gewissen Bereich bewegt. Dabei kann es selbstverständlich passieren, dass die theoretische Zuordnung und die empirisch bestimmte Schwierigkeit unterschiedlich sind.

Eventuell erklärungsbedürftige Ergebnisse gibt es bei zwei Items in Bezug auf die Kompetenzentwicklungsniveaus 2 und 3 (Abbildung 2) sowie bei einem Item zwischen den Kompetenzentwicklungsniveaus 3 und 4 (Abbildung 3).

So sollten die Kinder bestimmen, was das Doppelte von 39 ist und wie viele Beine sieben Goldfische haben. Die erste Aufgabe wurde theoretisch dem Niveau 2 zugeordnet, da das Verdoppeln eine Strategie ist, die bereits seit dem ersten Schuljahr vielfach geübt wird. Sie erwies

Abbildung 1: Lösungsraten und theoretische Zuordnung der Aufgaben zu den Kompetenzentwicklungsniveaus (alle Items)

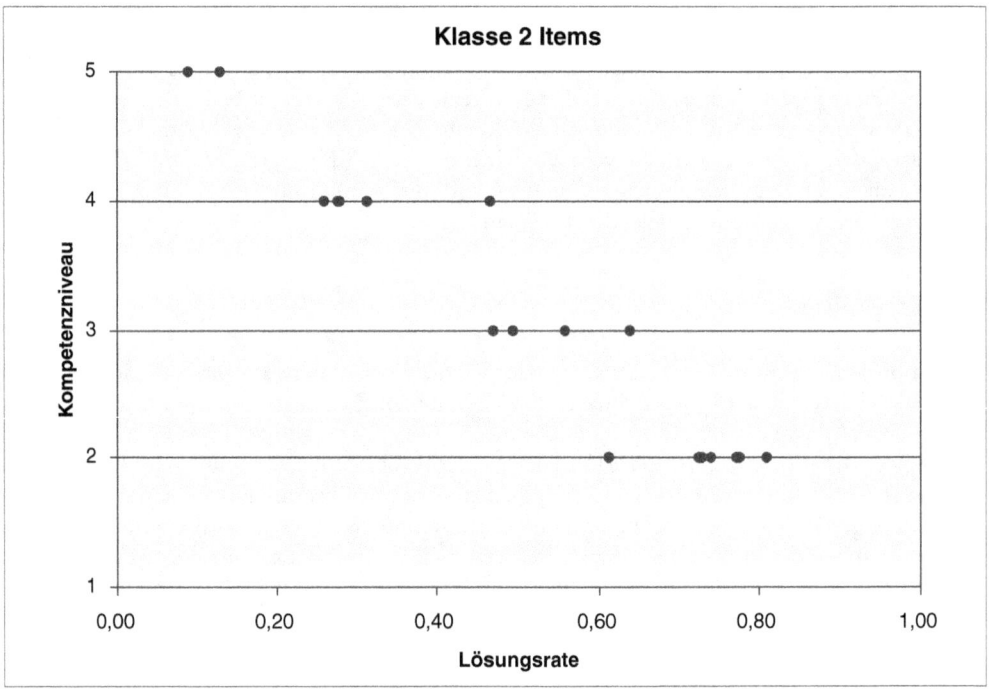

Abbildung 2: Items mit nicht eindeutiger Zuordnung zu den Kompetenzniveaus 2 und 3 in Jahrgangsstufe 2 (ISB Bayern http://www.isb.bayern.de)

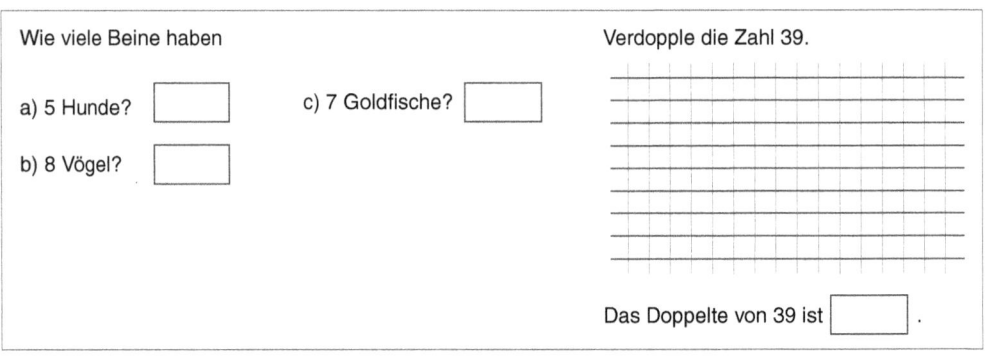

Lösungsrate Item 7b): M = 0,47 (SD = 0,50)   Lösungsrate: M = 0,64 (SD = 0,48)

sich im Test allerdings als relativ schwierig. Offensichtlich spielt es eine wichtige Rolle, ob nicht allgemeine Techniken, sondern spezielle Aufgabentypen geübt wurden, denn das Verdoppeln von 39 verlangt nicht nur das Bereitstellen von auswendig gelerntem Wissen, sondern auch seine Anwendung in mehreren Schritten (z. B. 2 × 30 = 60 und 2 × 9 = 18 und 60 + 18 = 78 oder 2 × 40 = 80 und 2 × 1 = 2 und 80 – 2 = 78). Die Bestimmung der Anzahl der Goldfischbeine war hingegen eine unerwartet einfache Aufgabe. Sie wurde im Modell für diese Klassenstufe dem Niveau 3 zugeordnet, da die Multiplikation mit Null (und das ist die Anzahl der Goldfischbeine) nicht zu den automatisierten Einmaleins-Sätzen gehört.

Abbildung 3: Item 7b) mit nicht eindeutiger Zuordnung zu den Kompetenzniveaus 3 und 4 in Jahrgangsstufe 2 (ISB Bayern http://www.isb.bayern.de)

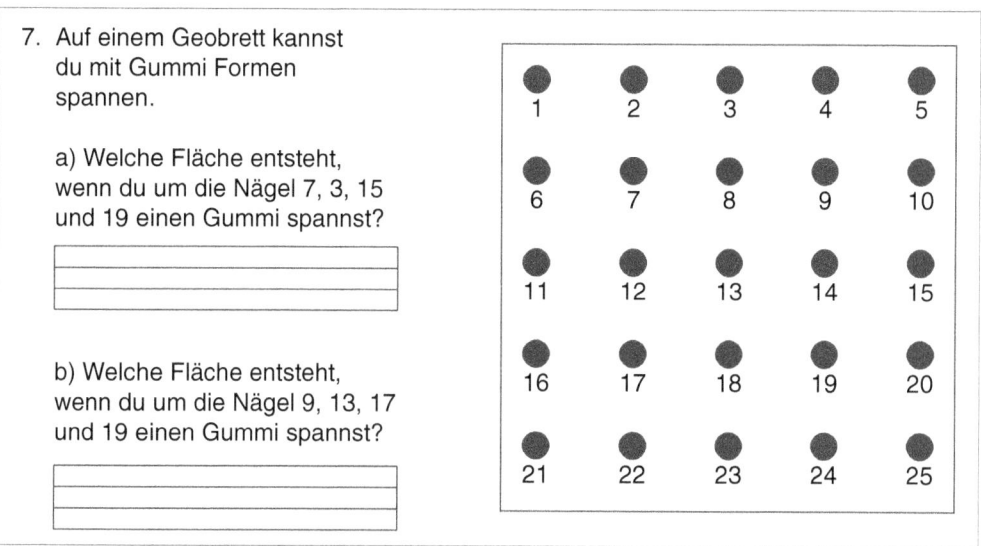

Lösungsrate: M = 0,61 (SD = 0,49)

Abbildung 4: Lösungsraten und theoretische Zuordnung der Aufgaben zu den Kompetenzentwicklungsniveaus (14 Items aus den Bereichen Arithmetik und Sachrechnen)

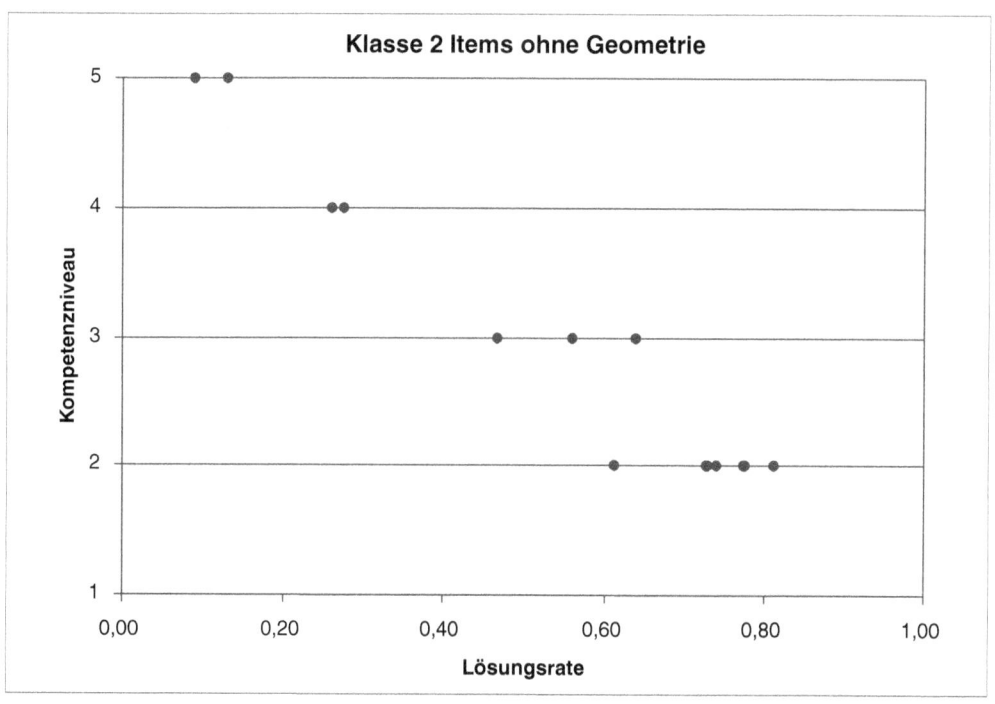

Auf der Schnittstelle zwischen den Kompetenzentwicklungsniveaus 3 und 4 findet sich eine Aufgabe zur Geometrie, an der man mögliche Probleme bei der Zuordnung verdeutlichen kann. Hier sollten die Kinder in Gedanken eine Figur auf einem Geobrett spannen und diese Figur benennen. Das Ergebnis war ein Dreieck und wurde so auch von knapp der Hälfte der Schülerinnen und Schüler korrekt bezeichnet, sodass diese Aufgabe offensichtlich einfach war. In das eigentlich postulierte Niveau 4 wurden Geometrieaufgaben eingeordnet, bei denen die Anwendung erweiterter Kenntnisse gefordert war. Vielleicht kann aber gerade das Dreieck dem Bereich des Grundwissens zugeordnet werden, weil eine gewisse Vertrautheit aus dem Alltag unterstellt werden kann. Für diese Interpretation spricht, dass eine ähnliche Aufgabe, bei der ein Rechteck benannt werden sollte, nur von knapp einem Drittel der Kinder korrekt bearbeitet wurde. Darüber hinaus scheinen Items aus dem Bereich der Geometrie insgesamt weniger leicht in ein bestimmtes Niveau einzuordnen sein. Eine Auswertung der Daten ohne die Items zur Geometrie gibt eine wesentlich bessere Passung zum Kompetenzmodell (Abbildung 4).

Die Übereinstimmung von theoretischer Zuordnung der Items im Rahmen des Modells und empirischen Ergebnissen wird auch über die mittleren Lösungsraten für die vier Kompetenzentwicklungsniveaus bestätigt. So lösen 73,8% (73,8%) der Kinder die Aufgaben auf Niveau 2, 53,9% (55,5%) der Kinder die Aufgaben auf Niveau 3, 31,9% (26,9%) der Kinder die Aufgaben auf Niveau 4 und 10,8% (10,8%) der Kinder die Aufgaben auf Niveau 5. Die Werte in Klammern betreffen auch hier die 14 Items, die nicht zur Geometrie gehören, sodass auch das Teilergebnis noch einmal bekräftigt wird.

3.3.2 Auswertung der Orientierungsarbeiten in Jahrgangsstufe 3

Abbildung 5 zeigt, dass auch für die Jahrgangsstufe 3 das Modell im Prinzip bestätigt werden konnte. Die 28 Items lassen sich entsprechend den theoretisch postulierten Kompetenzentwick-

Abbildung 5: Lösungsraten und theoretische Zuordnung der Aufgaben zu den Kompetenzentwicklungsniveaus (alle Items)

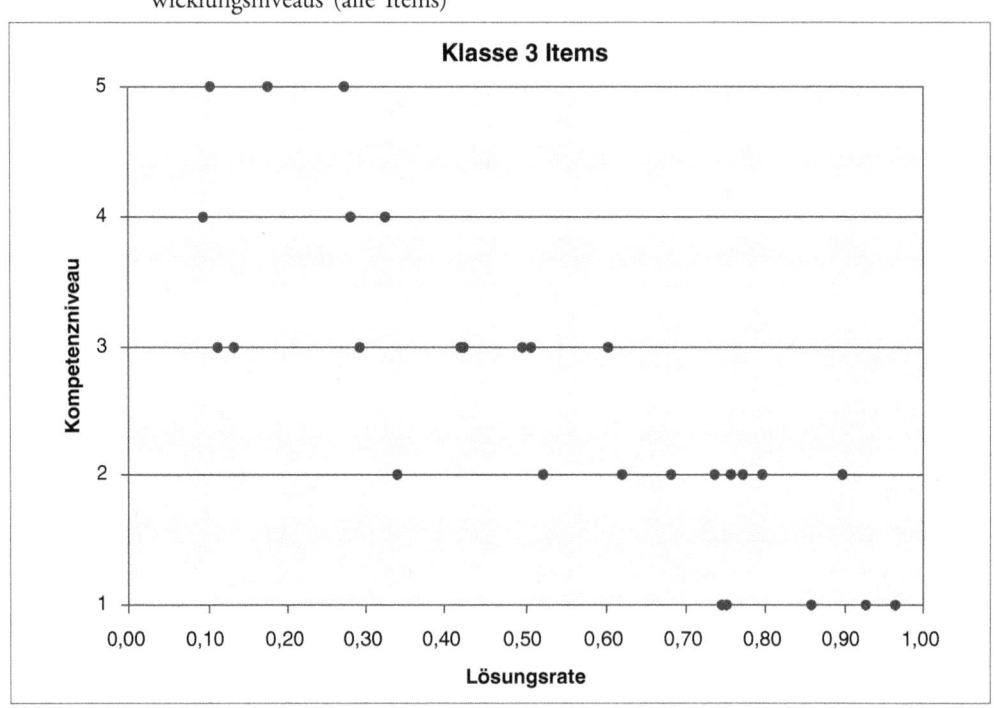

lungsniveaus zuordnen. Allerdings gibt es auch hier wieder Überlappungen der Niveaus, sodass keine eindeutige Schwierigkeitsverteilung möglich ist.

Zu den Items, die schwieriger als vermutet waren, gehörte die Rechnung 250 : 80, also eine Division mit Rest außerhalb des kleinen Einmaleins (m = 0,09, sd = 0,29). Ganz offensichtlich ist der Transfer von arithmetischem Wissen auf neue Aufgabenformate eine besondere Schwierigkeit. Wiederum waren es auch einige Geometrieaufgaben, die den Kindern besondere Probleme bereiteten. Dies betraf zwei Items, bei denen jeweils eine Figur aus fünf Quadraten in geeigneter Lage zu einem Würfelnetz ergänzt werden sollte, und ein Item, bei dem achsensymmetrische Figuren identifiziert werden sollten (Abbildung 6). Hier kann in Bezug auf die erste Aufgabe vermutet werden, dass die räumlichen Kompetenzen in dieser Klassenstufe noch nicht hinreichend ausgeprägt sind. Das Item, das die Achsensymmetrie thematisiert, könnte allerdings nicht nur vom mathematischen Inhalt her schwierig sein. Die geforderten Mehrfachantworten stellen möglicherweise darüber hinaus ein Problem dar.

Abbildung 6: Items mit nicht eindeutiger Zuordnung zu den Kompetenzentwicklungsniveaus in Jahrgangsstufe 3 (ISB Bayern http://www.isb.bayern.de)

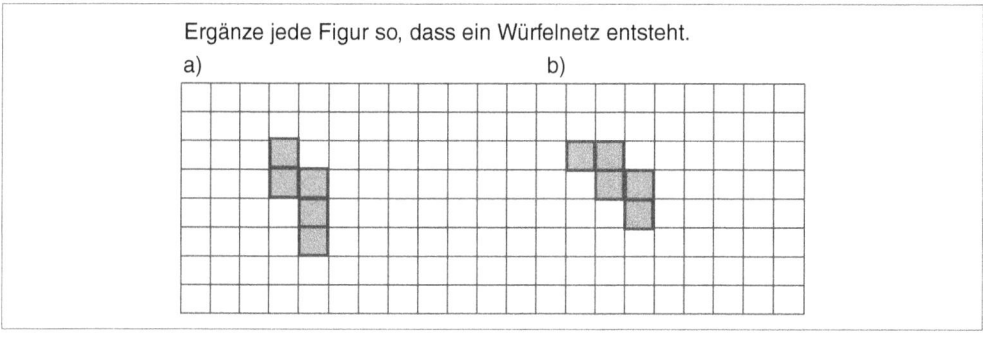

Lösungsrate Item a): M = 0,11 (SD = 0,31); Lösungsrate Item b): M = 0,13 (SD = 0,34)

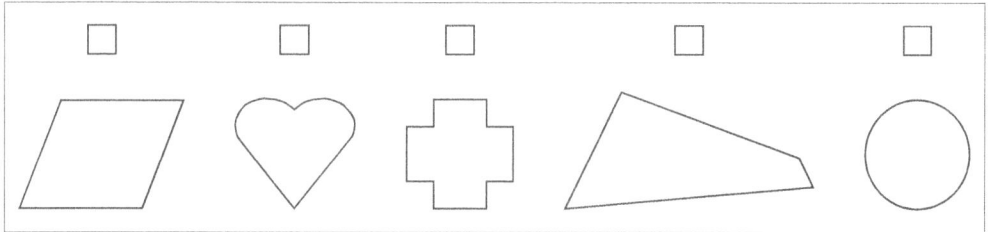

Lösungsrate Item: M = 0,34 (SD = 0,47)

Ähnlich wie in Klasse 2 wird die Varianz der Schwierigkeitswerte geringer, wenn die Items aus dem Bereich der Geometrie nicht berücksichtigt werden (Abbildung 7). Unter dieser Voraussetzung passen dann auch die Ergebnisse besser zum theoretischen Kompetenzmodell.

In Klasse 3 entsprechen die mittleren Lösungsraten ebenfalls der Zuordnung der Items zu den Kompetenzentwicklungsniveaus. Es lösen 84,9% (84,9%) der Kinder die Aufgaben auf Niveau 1, 68,0% (68,9%) der Kinder die Aufgaben auf Niveau 2, 37,3% (45,6%) der Kinder die Aufgaben auf Niveau 3, 23,3% (23,3%) der Kinder die Aufgaben auf Niveau 4 und 18,3% (18,3%) der Kinder die Aufgaben auf Niveau 5, wobei sich das Niveau jeweils auf diese Klassenstufe bezieht. Die Werte in Klammern betreffen wiederum ausschließlich die 21 Items, die nicht aus dem Bereich der Geometrie kommen.

Abbildung 7: Lösungsraten und theoretische Zuordnung der Aufgaben zu den Kompetenzentwicklungsniveaus (21 Items aus den Bereichen Arithmetik und Sachrechnen)

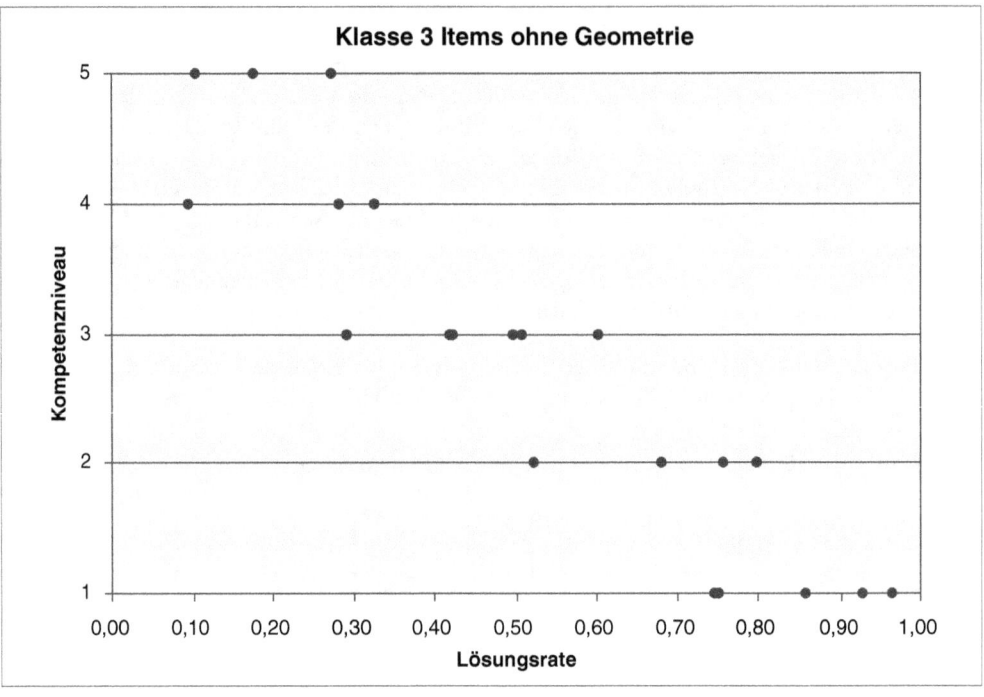

3.3.3 Kompetenzentwicklung zwischen Klasse 2 und 3

Die Leistung zu den beiden Messzeitpunkten korreliert hochsignifikant mit $r = .627$ ($p < 0.001$) bei Einbeziehung aller Items in den Klassen 2 und 3 bzw. $r = .582$ ($p < 0.001$), falls zu beiden Messzeitpunkten nur Aufgaben aus der Arithmetik und dem Sachrechnen berücksichtigt werden. Diese Korrelation über die Zeit hinweg liegt in dem bei solchen Untersuchungen üblichen Bereich und belegt damit auch die Eignung der Instrumente für die Messung. Auch in Bezug auf die Kompetenzentwicklungsniveaus zeigt sich diese Abhängigkeit. Tabelle 2 gibt einen Überblick, wie die Kinder in Klasse 2 bzw. Klasse 3 den Niveaus zuzuordnen sind.

Bei dieser Zuordnung von Kindern zu Kompetenzentwicklungsniveaus wurde in Anlehnung an PISA 2000 (vgl. KLIEME/NEUBRAND/LÜDTKE 2001, S. 187) so verfahren, dass ein Niveau dann gewählt wurde, wenn jeweils mindestens 50% der Items auf diesem und den darunter liegenden Niveaus und weniger als 50% der Items auf dem folgenden Niveau korrekt gelöst wurden. Mit dieser Festlegung gibt es eine passable Zuordnung der Kinder, die bei den Kompetenzentwicklungsniveaus 2 und 3 sogar als gut zu bezeichnen ist. Bei den Kompetenzentwicklungsniveaus 4 und 5 gibt es deutlichere Abweichungen bei der Zuordnung, die allerdings mit der relativ höheren Schwierigkeit der betreffenden Aufgaben in Klasse 3 erklärbar sind. Hinzu kommt, dass Aufgaben der Kompetenzentwicklungsniveaus 4 und 5 im Gegensatz zu den unteren Niveaus keine reine Arithmetik umfassen, sondern zumeist Sachaufgaben sind. Deren Komplexität ist aber von vielen verschiedenen Faktoren abhängig, sodass eine größere Streuung hier im Wesentlichen erwartungsgemäß ist.

Tabelle 2: Erreichte Kompetenzentwicklungsniveaus im Vergleich

Anzahl		Kompetenzentwicklungsniveaus Klasse 3						
		0	1	2	3	4	5	Gesamt
Kompetenz- entwicklungs- niveaus Klasse 2	1	15	10	37	15	2	0	79
	2	5	13	60	51	10	1	140
	3	2	9	34	54	6	5	110
	4	3	8	23	53	12	8	107
	5	0	2	12	24	12	5	55
	Gesamt	25	42	166	197	42	19	491

4 Diskussion

Die vorgestellte Studie baut auf einem Kompetenzmodell für die Mathematik in der Grundschule auf. Die fünf Kompetenzentwicklungsniveaus unterscheiden dabei zwischen Grundlagenwissen, dem sicheren Ausführen von Routinen, der Verknüpfung von Operationen und Prozessen, dem Anwenden mathematischer Fertigkeiten und Fähigkeiten in komplexeren Kontexten und dem kreativen Problemlösen. Diese Kompetenzentwicklungsniveaus wurden auf die spezifischen Klassen und Inhalte bezogen präzisiert und anhand geeigneter Items konkretisiert. Pilotierte Items dienten dann als Grundlage für Tests in den Jahrgangsstufen 2 und 3 (Orientierungsarbeiten für Grundschülerinnen und Grundschüler in Bayern). Mithilfe dieser Testitems, die eindimensional skaliert wurden, konnte die theoretisch vorhergesagte relative Schwierigkeit im Wesentlichen validiert werden. Das Modell ist damit geeignet, die mathematische Kompetenz von Grundschulkindern zu einem bestimmten Zeitpunkt einzuordnen. Dabei ist es allerdings nicht gelungen, jedes Item sowohl theoretisch einem bestimmten Kompetenzentwicklungsniveau zuzuordnen als auch das Niveau empirisch zu bestätigen. Entsprechend gibt es nun die Möglichkeiten, das Kompetenzmodell anzupassen oder aber nicht konforme Items zu eliminieren. Für beide Wege scheint es aufgrund dieser einen Untersuchung noch verfrüht zu sein. Insbesondere die geplante Fortsetzung der längsschnittlichen Studie in der vierten Jahrgangsstufe kann aber mit ihren Ergebnissen zu einer Klärung beitragen.

Interessanter ist vermutlich, dass durch die Studie einige prinzipielle Probleme im Hinblick auf die Beschreibung der Kompetenzentwicklung und die Definition eines geeigneten Modells deutlich werden. Manche dieser Probleme werden eher aus der fachlichen und fachdidaktischen Perspektive, manche eher aus der methodischen und psychometrischen Perspektive deutlich. Im Folgenden sollen einige dieser Probleme (weder vollständig noch erschöpfend) angesprochen werden, sodass weiterer Forschungsbedarf zumindest exemplarisch aufgezeigt wird.

Problem 1: Kompetenzentwicklungsmodelle setzen punktuelle Kompetenzstrukturmodelle voraus, die mathematische Kompetenz etwa in einer bestimmten Klassenstufe beschreiben. Auch wenn es aus fachlicher und fachdidaktischer Sicht wünschenswert zu sein scheint, dass alle mathematischen Gebiete gleichermaßen in solchen Kompetenzmodellen berücksichtigt werden, stellt sich doch die Frage, ob dies notwendig und realisierbar ist. Für die Grundschule gibt es insbesondere noch zu wenig empirische Evidenz, ob alle dort unterrichteten Bereiche der Mathematik gleichermaßen als prädiktiv für den weiteren Schulerfolg eingestuft werden können. Es ist insbesondere schwierig, die Geometrie hier angemessen einzuordnen. Die Gründe dürften der eher geringe Umfang des Geometrieunterrichts in der Grundschule und die ebenfalls eher geringe Systematik der Unterrichtsangebote sein. Eine mögliche Konsequenz wäre es, Kompetenzmodelle, insbesondere aber Kompetenzentwicklungsmodelle, getrennt für die verschiedenen mathematischen Teilgebiete zu beschreiben. Aufgrund der curricularen Struktur bietet es sich vielleicht an, die Arbeit am hier vorgeschlagenen Modell zunächst in Bezug auf die Arithmetik und das Sachrechnen zu fokussieren, solange andere Bereiche wie die Geometrie (oder auch die Stochastik) noch nicht hinreichend in den Schulen implementiert sind. Wenn allerdings der Unterricht diese Inhalte angemessen berücksichtigt, muss geprüft werden, ob die Eindimensionalität von Testverfahren für die Mathematik eine sinnvolle Forderung ist.

Problem 2: Modelle zur Kompetenzentwicklung in der Mathematik müssen die Rolle von Grundlagenwissen klären und es im Hinblick auf die Anforderungen an Grundschulkinder differenziert beschreiben. Die Ergebnisse unterstützen, dass in der Definition des Begriffs der Kompetenz nicht nur die Anwendungen in spezifischen Situationen, sondern auch allgemeine Anforderungen in bestimmten Domänen einbezogen werden sollten (vgl. KLIEME/LEUTNER 2006). Ganz konkret ist in der Grundschulmathematik das Teilen mit Rest beispielsweise eine solche Anforderung, die einen rein technischen Charakter hat, aber offenbar auf nicht gänzlich einfachen Voraussetzungen seitens der Schülerinnen und Schüler beruht. Hier wird es in folgenden Untersuchungen darauf ankommen, die zugrunde liegenden Teilprozesse noch besser zu identifizieren und die notwendigen Kompetenzen gerade im Hinblick auf individuelle kognitive Aspekte detailliert zu beschreiben. Insbesondere wird es gerade für Items in einem nur auf die Mathematik bezogenen Kontext wichtig sein, dass die für die Lösung notwendigen Prozesse auch in einer hierarchischen Abfolge oder Stufung möglichst exakt angegeben werden.

Problem 3: Im Rahmen der Orientierungsarbeiten werden Inhalte der Grundschulmathematik in Form von ausgewählten Aufgaben präsentiert. Das von den Kindern genannte Ergebnis wird nur in Ausnahmefällen eine Aussage über die konkret dahinter liegenden kognitiven Prozesse erlauben. Dennoch ist das Verfahren hinreichend valide (und empirisch gut gesichert) für die Einschätzung von Kompetenz im Sinne eines Systemmonitoring, wenn die verwendeten Tests üblichen Gütekriterien genügen, also beispielsweise Rasch-skalierbar sind. Für die individuelle mathematische Kompetenzentwicklung sind allerdings die kognitiven Prozesse, die zur Lösung eines bestimmten Items führen, als bedeutsam einzuschätzen (vgl. etwa CARPENTER/MOSER 1983 zur Verwendung unterschiedlicher Strategien im Laufe der Grundschulzeit). Die Beurteilung einer individuellen Kompetenzentwicklung wird daher feinere Untersuchungsinstrumente erfordern. Das Testinstrument der Orientierungsarbeiten ist entsprechend nur teilweise geeignet, um das postulierte Kompetenzentwicklungsmodell umfassend zu validieren.

Viele größere und kleinere Studien haben in den vergangenen Jahren zeigen können, welche Bedeutung Kompetenzmodellen und damit auch Kompetenzentwicklungsmodellen zugemessen werden kann. Auch wenn es sich dabei im Moment noch eher um Grundlagenforschung handelt, zeichnen sich doch schon wesentliche Anwendungsfelder in der Schule ab. Insbesondere kann ein tieferes Wissen um mathematische Kompetenz und ihre Entwicklung Konsequenzen für die Inhalte des Unterrichts und ihre didaktische Aufbereitung haben. Kompetenzentwicklungsmodelle können auf lange Sicht auch für Lehrerinnen und Lehrer nutzbar sein, die ihren Unterricht angemessen und den Bedürfnissen von Kindern folgend planen und gestalten können. Wenn das Lernen von mathematischen Inhalten in seiner Prozesshaftigkeit detaillierter beschrieben wird, können Lernfortschritte angemessener beurteilt werden und der Unterricht entsprechend abgestimmt werden. So können Entwicklungsmodelle nicht nur die Grundlage für eine gezielte Kompetenzmessung in Schulen sein, sondern vielleicht auch als eine Hilfe für den täglichen Unterricht genutzt werden.

Literatur

BAUMERT et al. 2001 = BAUMERT, J./KLIEME, E./NEUBRAND, M./PRENZEL, M./SCHIEFELE, U./SCHNEIDER, W./STANAT, P./TILLMANN, K. J./WEIß, M. (Hrsg.) (2001): PISA 2000. Basiskompetenzen von Schülerinnen und Schülern im internationalen Vergleich. – Opladen.

BOS et al. 2003 = BOS, W./LANKES, E. M./PRENZEL, M./SCHWIPPERT, K./WALTHER, G./VALTIN, R. (Hrsg.): (2003). Erste Ergebnisse aus IGLU. Schülerleistungen am Ende der vierten Jahrgangsstufe im internationalen Vergleich. – Münster.

BROWN et al. 2003a = BROWN, M./JOHNSON, D./STREET, B./ASKEW, M./WILLIAM, D./MILLETT, A. (2003a): Leverhulme Numeracy Research Programme. Final Report 1997/2002. – London: King's College.

BROWN et al. 2003b = BROWN, M./ASKEW, M./HODGEN, J./RHODES, V./WILLIAM, D. (2003b): Individual and cohort progression in learning numeracy ages 5-11: results from the Leverhulme 5-year longitudinal study. In: LIN, F. L./GUO, J. (Eds.): Proceedings of the International Conference on Science and Mathematics Learning 2003. – Taipei: National Taiwan Normal University, pp. 81-109.

CARPENTER, T. P./MOSER, J. M. (1983): The acquisition of addition and subtraction concepts. In: LESH, R./LANDAU, M. (Eds.): Acquisition of Mathematical Concepts and Processes. – Hillsdale, pp. 7-44.

CLARKE et al. 2000 = CLARKE, D./SULLIVAN, P./CHEESEMAN, J./CLARKE, B. (2000): The early numeracy research project: developing a framework for describing early numeracy literacy. In: BANA, J./CHAPMAN, A. (Eds.): Proceedings of the 23rd Annual Conference of the Mathematics Education Research Group of Australia. – Freemantle:, pp. 180-188.

GRASSMANN, M. (1995): Geometrische Fähigkeiten der Schulanfänger. In: Grundschulunterricht, Jg. 43(5), S. 25-27.

GRUBE, D. (2006): Entwicklung des Rechnens im Grundschulalter. – Münster.

HARTMANN, B. (1896). Die Analyse des kindlichen Gedankenkreises als die naturgemäße Grundlage des ersten Schulunterrichts. – Leipzig.

HASEMANN, K. (2001): Early numeracy. Results of an empirical study with 5 to 7 year old children. In: WEIGAND, H. G./PETER-KOOP, A./NEILL, N./REISS, K./TÖRNER, G./WOLLRING, B. (Eds.): Developments in Mathematics Education in German-speaking Countries. Selected papers from the annual conference on didactics of mathematics. – Hildesheim, pp. 31-40.

HELMKE et al. 2004 = HELMKE, A./HOSENFELD, I./SCHERTHAN, F./WAGNER, S. (2004): Projekt Vergleichsarbeiten (VERA). Kurzbericht über Ergebnisse der Zentralstichprobe in Rheinland-Pfalz 2003. – Landau: Universität Koblenz-Landau.

KLIEME, E./LEUTNER, D. (2006): Kompetenzmodelle zur Erfassung individueller Lernergebnisse und zur Bilanzierung von Bildungsprozessen. Antrag an die Deutsche Forschungsgemeinschaft auf Einrichtung eines Schwerpunktprogramms.

KLIEME, E./NEUBRAND, M./LÜDTKE, O. (2001): Mathematische Grundbildung: Testkonzeption und Ergebnisse. In: BAUMERT et al. (Hrsg.): PISA 2000. Basiskompetenzen von Schülerinnen und Schülern im internationalen Vergleich (S. 139-190). Opladen: Leske + Budrich.

KLIEME et al. 2003 = KLIEME, E./AVENARIUS, H./BLUM, W./DÖBRICH, P./GRUBER, H./PRENZEL, M./REISS, K./RIQUARTS, K./ROST, J./TENORTH, H. E./VOLLMER, H. J. (2003): Zur Entwicklung nationaler Bildungsstandards. Eine Expertise. – Berlin: BMBF.

Kultusministerkonferenz (KMK) (2003): Bildungsstandards im Fach Mathematik für den mittleren Schulabschluss. – Bonn: KMK.

Kultusministerkonferenz (2004a): Bildungsstandards im Fach Mathematik für die Jahrgangsstufe 4 (Primarstufe). – Bonn: KMK.

Kultusministerkonferenz (2004b): Bildungsstandards im Fach Mathematik für den Hauptschulabschluss nach Klasse 9. – Bonn: KMK.

LUIT, J. E. H. VAN/RIJT, B. A. M. VAN DE/HASEMANN, K. (2001): Osnabrücker Test zur Zahlbegriffsentwicklung. – Göttingen.

LUIT, J. E. H. VAN/RIJT, B. A. M. VAN DE/PENNINGS, A. H. (1994). De Utrechtse Getalbegrip Toets. – Doetinchem.

MULLIS et al. 1997 = MULLIS, I. V. S./MARTIN, M. O./BEATON, A. E./GONZALEZ, E. J./KELLY, D. L./SMITH, T. A. (1997): Mathematics Achievement in the Primary School Years: IEA's third international mathematics and science study (TIMSS). Center for the Study of Testing, Evaluation, and Educational Policy, Boston College. – Boston.

National Council of Teachers of Mathematics (Ed.) (2000): Principles and Standards for School Mathematics. – Reston: NCTM.
OECD (2005): PISA Technical report 2003. – Paris: OECD.
PEKRUN, R. (2006): The control-value theory of achievement emotions: Assumptions, corollaries, and implications for educational research and practice. In: Educational Psychology Review, Vol. 18, pp. 315-341.
PEKRUN et al. 2002 = PEKRUN, R./GOETZ, T./TITZ, W./PERRY, R. P. (2002): Academic emotions in students' self-regulated learning and achievement: A program of quantitative and qualitative research. In: Educational Psychologist, Vol. 37, pp. 91-106.
PEKRUN et al. 2006 = PEKRUN, R./HOFE, R. VOM/BLUM, W./GOETZ, T./WARTHA, S./FRENZEL, A./JULLIEN, S. (2006): Projekt zur Analyse der Leistungsentwicklung in Mathematik (PALMA): Entwicklungsverläufe, Schülervoraussetzungen und Kontextbedingungen von Mathematikleistungen in der Sekundarstufe I. In: PRENZEL, M./ALLOLIO-NAECKE, L. (Hrsg.): Untersuchungen zur Bildungsqualität von Schule. Abschlussbericht des DFG-Schwerpunktprogramms. – Münster, S. 21-53.
RASCH, G. (1960): Probabilistic Models for Some Intelligence and Attainment Tests. – Copenhagen.
REISS, K./HEINZE, A. (im Druck): Reasoning and Proof in the Mathematics Classroom. In: Analysis, voraussichtlich im Jahrgang ??
REISS, K. (2004): Bildungsstandards und die Rolle der Fachdidaktik am Beispiel der Mathematik. In: Zeitschrift für Pädagogik, 50. Jg., S. 635-649.
REISS, K./HELLMICH, F./THOMAS, J. (2002): Individuelle und schulische Bedingungsfaktoren für Argumentationen und Beweise im Mathematikunterricht. In: PRENZEL, M./DOLL, J. (Hrsg.): Bildungsqualität von Schule: Schulische und außerschulische Bedingungen mathematischer, naturwissenschaftlicher und überfachlicher Kompetenzen. In: 45. Beiheft der Zeitschrift für Pädagogik. – Weinheim, S. 51-64.
ROST, J. (2004): Lehrbuch Testtheorie – Testkonstruktion. – Bern.
SCHIPPER, W. (1998): „Schulanfänger verfügen über hohe mathematische Kompetenzen." – Eine Auseinandersetzung mit einem Mythos. In: PETER-KOOP, A. (Hrsg.): Das besondere Kind im Mathematikunterricht der Grundschule. – Offenburg, S. 119-140.
SCHMIDT, R./WEISER, W. (1982): Zählen und Zahlverständnis von Schulanfängern. Zählen und der kardinale Aspekt natürlicher Zahlen. In: Journal für Mathematikdidaktik, 3. Jg., S. 227-263
SCHMIDT, R. (1982): Zahlenkenntnisse von Schulanfängern. – Frankfurt a. M.: Hessisches Institut für Bildungsplanung und Schulentwicklung.
SELTER, C./SPIEGEL, H. (1997): Wie Kinder rechnen. – Leipzig.
STAUB, F./STERN, E. (2002): The nature of teachers' pedagogical content beliefs matters for students' achievement gains: Quasi-experimental evidence from elementary mathematics. In: Journal of Educational Psychology, Vol. 93, pp. 144-155.
STERN, E. (1997): Erwerb mathematischer Kompetenzen. Ergebnisse aus dem SCHOLASTIK-Projekt. In: WEINERT, F. E./HELMKE, A. (Hrsg.): Entwicklung im Grundschulalter. – Weinheim, S. 157-170.
STERN, E. (2005): Kognitive Entwicklungspsychologie des mathematischen Denkens. In: ASTER, M. VAN/LORENZ, J. H. (Hrsg.): Rechenstörungen bei Kindern: Neurowissenschaft, Psychologie, Pädagogik (S. 137-149). – Göttingen, S. 137-149.
SULLIVAN et al. 2001 = SULLIVAN, P./CHEESEMAN, J./CLARKE, D./MULLIGAN, J. (2001): Moving beyond physical models in learning multiplication reasoning. In: HEUVEL-PANHUIZEN, M. VAN DEN (Ed.): Proceedings of the 25th Conference of the International Group for the Psychology of Mathematics Education, Vol. 4. – Utrecht: Freudenthal Institute, Utrecht University, pp. 233-240.
SULLIVAN, P./MCDONOUGH, A. (2002): Teachers differ in their effectiveness. In: COCKBURN, A./NARDI, E. (Eds.): Proceedings of the Conference of the International Group for the Psychology of Mathematics Education, Vol. 4. – Norwich: University of East Anglia, pp. 249-256.
WALTHER et al. 2003 = WALTHER, G./GEISER, H./LANGEHEINE, R./LOBEMEIER, K. (2003): Mathematische Kompetenzen am Ende der vierten Jahrgangsstufe. In: BOS, W./LANKES, E. M./PRENZEL, M./SCHWIPPERT, K./WALTHER, G./VALTIN, R. (Hrsg.): Erste Ergebnisse aus IGLU. Schülerleistungen am Ende der vierten Jahrgangsstufe im internationalen Vergleich. – Münster, S. 189-226.
WEINERT, F. E. (2001a): Concept of competence: a conceptual clarification. In: RYCHEN, D. S./SALGANIK, L. H. (Eds.): Defining and Selecting Key Competencies. – Seattle, pp. 45-65.
WEINERT, F. E. (2001b): Vergleichende Leistungsmessung in Schulen – eine umstrittene Selbstverständlichkeit. In: WEINERT, F. E. (Hrsg.): Leistungsmessungen in Schulen. – Weinheim, S. 17-31.
WEINERT, F. E./HELMKE, A. (Hrsg.) (1997): Entwicklung im Grundschulalter. – Weinheim.

WINTER, H. (1995): Mathematikunterricht und Allgemeinbildung. In: Mitteilungen der Gesellschaft für Didaktik der Mathematik, 6. Jg., S. 37-46.

Anschriften der Verfasserin und der Verfasser: Prof. Dr. Kristina Reiss, Ludwig-Maximilians-Universität München, Mathematisches Institut, Theresienstr. 39, 80333 München, Tel.: (089) 2180-4451, Fax: (089) 2180-4161, E-Mail: kristina.reiss@math.lmu.de; Prof. Dr. Aiso Heinze, Universität Regensburg, Fakultät für Mathematik, 93040 Regensburg, Tel.: (0941) 943-2788, E-Mail: heinze@mathematik.uni-regensburg.de; Prof. Dr. Reinhard Pekrun, ebenfalls LMU, Pädagogisch-psychologische Diagnostik und Evaluation, Leopoldstr. 13, 80802 München, Tel.: -5148, E-Mail: pekrun@edupsy.uni-muenchen.de

Doris Edelmann/Rudolf Tippelt

Kompetenzentwicklung in der beruflichen Bildung und Weiterbildung

Zusammenfassung
Bedingungen und Konsequenzen des gesellschaftlichen Wandels stehen im Zentrum aktueller Diskussionen über die Kompetenzentwicklung in der beruflichen Bildung und Weiterbildung. Es besteht dabei Konsens, dass intellektuelles Kapital, verstanden als Humankapital, zur wirtschaftlichen, sozialen und kulturellen Entwicklung einer Gesellschaft beiträgt. Seit den 1970er-Jahren wird daher in Industrie- und Dienstleistungsgesellschaften „Lebenslanges Lernen" und Kompetenzentwicklung propagiert. In diesem Zusammenhang ist auch das gesellschaftliche Interesse zu verstehen, über Kenntnisse des vorhandenen Kompetenzpotenzials zu verfügen, insbesondere im Vergleich zu anderen Staaten. Dieses Anliegen setzt allerdings voraus, dass der Kompetenzbegriff geklärt und innovative Erfassungsmethoden entwickelt werden. Der lange Weg von verschiedenen Kompetenzentwicklungsmodellen in der beruflichen Bildung und Weiterbildung hin zu (inter-)nationalen Kompetenzbilanzen, wird nachfolgend aufgezeigt.

Schlüsselwörter: Kompetenzentwicklung, Schlüsselqualifikationen, DACUM, Kompetenzbilanzen, PIAAC, Berufsbildungs-PISA

Summary
Competency Development in Vocational Training and Further Education
The conditions and consequences of societal change are the focal point of current debates concerning competency development in vocational training and further education. There is a consensus that intellectual capital (understood as human capital) contributes to the economic, social and cultural development of a society. Since the 1970s, therefore, service and industry have promoted the concepts of life long learning and competency development. In this context, it is of interest to society to have an insight into existing competency potential, particularly in comparison between states. This objective, however, requires as a prerequisite a clarification of the term "competency" and the development of innovative methods of capturing such information on competencies. The long path from various models of competency development in vocational training and further education to (inter)national competency balances will be presented in this contribution.

Keywords: competency development; key qualifications; DACUM; competency balances; PIAAC; PISA-VET

1 Einleitung

Aktuelle Bildungsdebatten finden auf der Grundlage eines tiefgreifenden wirtschaftlichen, technologischen und gesellschaftlichen Wandels statt, der alle Lebensbereiche betrifft und zu maßgeblichen Veränderungen der Beschäftigungsstrukturen führt. Ähnlich wie sich einst die Agrargesellschaft zur Industrie- und Dienstleistungsgesellschaft weiterentwickelte, wird derzeit der Übergang zu einer neuen, auf Wissen basierten Gesellschaft diagnostiziert: die Wissensgesellschaft (vgl. WILLKE 1998; ACHATZ/TIPPELT 2001). Von einer Wissensgesellschaft kann dann gesprochen werden, wenn zahlreiche Funktionsbereiche auf Wissen und Expertise angewiesen sind und daher eine kontinuierliche Erneuerung, Kommunikation und Transferierung des Wissens in Organisationen sowie die Generierung von Innovationen zur täglichen Wissensarbeit gehören. Dabei erfährt intellektuelles Kapital eine radikale Neubewertung, da es als zentraler Wertschöpfungsfaktor der modernen Wissenswelt zunehmend an die Stelle traditioneller Faktoren wie Boden, Kapital und Arbeit tritt. Aufgrund solcher Veränderungen wird die permanente Wissensaneignung zum „kategorischen Imperativ" wissensabhängiger Gesellschaften (vgl. WILLKE 1998).

In diesem Zusammenhang wird Bildung – manchmal ökonomisch reduktionistisch – als Humankapital verstanden, das als bedeutende Ressource zum Wohlstand einer Gesellschaft und zu persönlichen Lebenschancen beitragen kann. Auch wenn es nicht in jedem Fall zutreffend ist, gehört es zu den stabilsten Ergebnissen der deutschen und internationalen Bildungsforschung, dass sich die Höhe des Bildungsabschlusses unverkennbar auf die Stellung in der Arbeitswelt, die gesellschaftliche Positionierung sowie die weitere Nutzung von Bildungsangeboten auswirkt (vgl. BYNNER/SCHULLER/FEINSTEIN 2003, S. 341 f.; TIPPELT/VAN CLEVE 1995).

Als zentrale Antwort auf diese Herausforderung versteht sich die bildungspolitische Einforderung des „Lebenslangen Lernens", dessen Bedeutung bereits in den 1970er-Jahren erkannt und mit unterschiedlichen Akzentuierungen propagiert wurde, beispielsweise von der OECD als „Recurrent Education", von der UNESCO als „Lifelong Education" oder vom Europarat als „Education Permanent". Gemeinsam ist den verschiedenen Programmen, dass sie eine Ausweitung der Lernprozesse über die Kindheits- und Jugendphase hinaus unterstützen und dass sie die Wirkungen des frühen auf das spätere Lernen erkennen (vgl. TIPPELT 1997, 2002, 2003).

Vor diesem Hintergrund wird (inter-)national ein zunehmendes Interesse an empirischen Daten erkennbar, um zu diagnostizieren, ob die erforderlichen Kompetenzen in der Gesellschaft tatsächlich vorhanden sind und wie sie sich innerhalb der Bevölkerung verteilen. Die Erhebung von Kompetenzen bedingt allerdings, dass geklärt wird, was genau unter dieser Begrifflichkeit zu verstehen ist – ein Diskurs, der bis heute auf nationaler und internationaler Ebene anhält und von hoher Relevanz ist (vgl. KÄMÄRÄINEN 2002).

Nachfolgend wird der lange Weg zu Kompetenzentwicklungsmodellen in der beruflichen Bildung und Weiterbildung aufgezeigt, ein Weg, der sich von jenem des schulischen Bereichs deutlich unterscheidet. Da von der Diskussion um Schlüsselqualifikationen zu Beginn der 1970er-Jahre entscheidende Impulse auf gegenwärtige Kompetenzdiskussionen ausgehen, wird diese zunächst erörtert. Anschließend werden aktuelle Kompetenzdebatten auf nationaler und internationaler Ebene sowie zentrale Entwicklungen im Bereich von Kompetenzbilanzen aufgezeigt. Mit dem abschließenden Einblick in laufende konzeptionelle Studien zu international vergleichenden Messungen von beruflichen und sozialen Kompetenzen Erwachsener, werden zukünftige Entwicklungen aufgegriffen.

2 Von Qualifikationen zu Schlüsselqualifikationen

In Deutschland stand im Zusammenhang mit der Anerkennung industrieller Ausbildungsberufe zu Beginn des 20. Jahrhunderts zunächst die Vermittlung von Berufskönnen, verstanden als „die Gesamtheit aller Kenntnisse, Fertigkeiten und Fähigkeiten zum Zwecke der Ausführung definierter einzelberuflich gebundener Tätigkeiten" (BUNK 1994, S. 9) im Mittelpunkt. Erst Ende der 1960er-Jahre wurde im Zusammenhang mit der allgemeinen Curriculumsdiskussion der Begriff „Qualifikation" in die Berufs- und Erwachsenenpädagogik aufgenommen und dabei die Auffassung über berufliche Qualifikationen „um Flexibilität und Selbständigkeit auf breiterer Berufsbasis" (ebd.) erweitert.

Da einsetzende Veränderungen im Beschäftigungssystem zunehmend zu neuen Anforderungen an Arbeitnehmer/-innen und damit zur dringlichen Flexibilisierung von beruflicher Aus- und Weiterbildung führten, wurde moniert, dass enge, tätigkeitsgebundene Fertigkeiten und Fähigkeiten nicht länger ausreichen würden, den beruflichen Herausforderungen gerecht zu werden.

Ebenso von Bedeutung war die Erkenntnis über die zunehmend schwierigere Prognostizierbarkeit beruflicher Qualifikationen (vgl. BUNK 1994; TIPPELT/VAN CLEVE 1995).

Zu Beginn der 1970er-Jahre wurde in der Folge damit begonnen, flexible Modelle in der Berufsbildung zu entwickeln, die vor allem die Integration allgemeinbildender Inhalte anstrebten. Solche Überlegungen kamen auch im Strukturplan des Deutschen Bildungsrates von 1970 zum Ausdruck, der die Forderung stellte, dass der Einzelne neben spezifischen Kenntnissen seines Berufes auch über eine allgemeine und politische Bildung verfügen müsse, die zu Erkenntnissen über Zusammenhänge, zu selbständigem Handeln, zu Kooperation und Verantwortung befähigen würde (vgl. Deutscher Bildungsrat 1970, S. 83 f.). An diesen Diskussionsstrang knüpfte das Konzept der Schlüsselqualifikationen an, das eine Neuakzentuierung der Lernprozesse und Lerninhalte von beruflicher Aus- und Weiterbildung einforderte.

2.1 Schlüsselqualifikationen

Zu Beginn der 1970er-Jahre legte MERTENS mit seinem Konzept der Schlüsselqualifikationen die Grundlage für ein Verständnis von Qualifikationen, das über enge, an unmittelbare Anforderungen beruflicher Tätigkeiten gebundene Kenntnisse und Fähigkeiten hinausreichte. MERTENS (vgl. 1974) definierte Schlüsselqualifikationen als „Kenntnisse, Fähigkeiten und Fertigkeiten, welche nicht unmittelbaren und begrenzten Bezug zu bestimmten disparaten praktischen Tätigkeiten erbringen, sondern vielmehr (a) die Eignung für eine große Zahl von Positionen und Funktionen als alternative Option zum gleichen Zeitpunkt, und (b) die Eignung für die Bewältigung einer Sequenz von (meist unvorhersehbaren) Änderungen von Anforderungen im Laufe des Lebens" (S. 40) beinhalten. Damit wird deutlich, dass Schlüsselqualifikationen im Vergleich zu Qualifikationen ein weiter definiertes Bündel von Fähigkeiten und Fertigkeiten umfassen, sich ihre Legitimation jedoch auf Anforderungen des Beschäftigungssystems bezieht. „Begründungen für Schlüsselqualifikationen, in denen aus der Perspektive des Individuums und seiner Bildungsansprüche argumentiert wird [...] spielen dagegen eine sehr untergeordnete Rolle" (TIPPELT/VAN CLEVE 1995, S. 186), obschon Bildungsdiskussionen zu Beginn der 1970er Jahre insbesondere den Bildungsanspruch *aller* betonten.

2.2 Schlüsselqualifikationen nach MERTENS

In seinem Konzept unterscheidet MERTENS (vgl. 1974, S. 40 f.) vier Typen von Schlüsselqualifikationen:

a) Basisqualifikationen, verstanden als Qualifikationen höherer Ordnung mit vertikalem Transfer und speziellen Wissens- und Anwendungsgebieten, die beispielsweise durch formale Logik gefördert werden
b) Horizontalqualifikationen, die eine möglichst effiziente Nutzung von Informationen sichern sollen und beispielsweise anhand einer ausdifferenzierten Bibliothekskunde unterstützt werden
c) Breitenelemente, die Kenntnisse der Elementarbildung wie Lesen und Schreiben oder im beruflichen Kontext die Messtechnik umfassen
d) Vintage-Faktoren, die sich auf Bildungsdifferenzen zwischen den Generationen beziehen, jedoch aufgehoben werden können wie beispielsweise Programmiertechniken oder Fremdsprachenkenntnisse.

Der Ansatz von MERTENS wurde inzwischen vielfach rezipiert, erweitert und kritisiert und es entstanden zahlreiche, sich teilweise widersprechende Konzepte von Schlüsselqualifikationen. WEINERT (1998, S. 24) stellte beispielsweise zutreffend fest, dass es sich bei der Klassifikation von MERTENS (1974) um eine Vermischung von „Eignungsmerkmalen und -kriterien" handle, die „sowohl allgemeine kognitive Funktionen und genetisch verankerte Fähigkeiten als auch [...] leicht erlernbare Kenntnisse und Fertigkeiten" umfassten. Dies, so WEINERT, sei eine wesentliche Ursache für „die inflationäre Mannigfaltigkeit jener individuellen Dispositionen, die heute als Schlüsselqualifikationen bezeichnet werden" (ebd.). Vor diesem Hintergrund entwickelte WEINERT ein eigenes Modell, das sich auf bereichsspezifische und -unspezifische sowie disziplinäre, berufsspezifische und subdisziplinäre Schlüsselqualifikationen bezieht (vgl. ebd. 1998, S. 30 f.). Seine zentrale Forderung, dass neben der Vermittlung von Schlüsselqualifikationen im engeren Sinne (kognitive, sozial-kognitive und sensomotorische Kompetenzen) auch die Förderung motivationaler und volitionaler Stützfunktionen berücksichtigt werden soll, wurde aktuell auch in die Entwicklung nationaler Bildungsstandards (vgl. KLIEME et al. 2003) aufgenommen.

2.3 Förderung von Schlüsselqualifikationen

Der Anspruch, Fach- und Spezialkenntnisse zu vermitteln, die auf andere Arbeitsfelder und Wissensbereiche übertragbar werden, zeigte sich bald als neue Herausforderung der beruflichen Aus- und Weiterbildung. Inzwischen besteht Konsens, dass berufsübergreifende Schlüsselqualifikationen nicht fachbeliebig und prozessunabhängig, sondern in berufsspezifischen und komplexen Problemsituationen erlernt werden. Besondere Bedeutung haben in diesem Zusammenhang projektorientierte Arrangements, die selbständige und kooperative Lernprozesse unterstützen. Dies bedingt, dass sich Ausbildende schrittweise zurücknehmen und den Auszubildenden Handlungs- und Entscheidungsfreiräume anbieten, die eigenverantwortliches (Berufs-)Handeln ermöglichen. Als beispielhaftes Ausbildungsmodell zur Förderung von Schlüsselqualifikationen ist sicherlich das Ausbildungskonzept „PETRA" (= Projekt- und transferorientierte Ausbildung) der Firma Siemens zu nennen. Schlüsselqualifikationen werden in diesem projektorientierten Ansatz als „berufs- und fachübergreifende Fähigkeiten verstanden" (FINK 1999, S. 8), die stets im konkreten Arbeitszusammenhang erlernt werden müssen. Dafür werden die Auszubildenden in die relevanten Phasen des Produktions- beziehungsweise Geschäftsprozesses eingebunden und an Entscheidungen, Planungen oder Evaluationen bewusst und zunehmend intensiver beteiligt (vgl. FINK 1999; ACHATZ/TIPPELT 2001).

3 Kompetenzdebatten – der deutsche Diskurs

Auch im deutschen Diskurs ist die wachsende Bedeutung von Kompetenzen als eine Wirkung beschleunigter Innovationsdynamiken zu verstehen, die in beruflichen und privaten Lebensbereichen zu immer komplexeren Anforderungen führen. Die Ausgangslage des eigenen Handelns ist folglich häufig von Unbestimmtheit, Komplexität und Unsicherheit geprägt. Für die Individuen ist es daher unerlässlich, über adäquate Selbststeuerungs-, Koordinations- und Kommunikationsfähigkeiten zu verfügen, die es ihnen ermöglichen, selbständig, flexibel und offen mit Veränderungen umzugehen, konstruktiv-kreativ neue Informationen und Erfahrungen zu verarbeiten sowie Entscheidungen in globalen Verstehens- und Verantwortungszusammenhängen zu treffen (vgl. TIPPELT 2002b, 2003; ERPENBECK/VON ROSENSTIEL 2003).

Für den deutschsprachigen Diskurs ist es kennzeichnend, dass wesentliche Innovationen und Erkenntnisgewinne bezüglich Erfassung, Entwicklung und Anerkennung von Kompetenzen von der bereits 1992 eingerichteten Arbeitsgemeinschaft „Qualifikations-Entwicklungs-Management (QUEM)" ausgehen, die vom Bundesministerium für Bildung und Forschung und dem Europäischen Sozialfond gefördert wird. Inzwischen besteht im aktuellen deutschen berufs- und erwachsenenpädagogischen Diskurs weitgehend Konsens, dass Kompetenzen als Dispositionen zur Selbstorganisation zu verstehen sind, die sich umfassend auf die „fühlenden, denkenden, wollenden und handelnden Individuen" (ERPENBECK/HEYSE 1999, S. 156) während ihres lebensbegleitenden Lern- und Entwicklungsprozesses beziehen. Kompetenzen werden somit als Voraussetzung verstanden, auch in ungewissen Situationen sicher zu handeln, komplexe Aufgaben eigenständig zu lösen und „selbstorganisiert schöpferisch Neues hervorzubringen" (ERPENBECK/SAUER 2000, S. 304). Diese individuelle Kompetenzentwicklung wird von ERPENBECK und HEYSE (vgl. 1999) als „Kompetenzbiographie" bezeichnet, die als „selbstorganisiertes Netzwerk fachlicher, methodischer, sozialer und personaler Einzelkompetenzen in der stets einzigartigen, lebenslangen real-biographischen Entwicklung" (ebd., S. 14) zu verstehen ist.

3.1 Kompetenzklassifizierung

Auch wenn sich bei der Zuordnung von Einzel- und Teilkompetenzen Unterschiede zeigen, hat sich die nachfolgende Kompetenzklassifizierung im berufs- und weiterbildungsbildungspolitischen Diskurs weitgehend durchgesetzt (vgl. TIPPELT/MANDL/STRAKA 2003, S. 350 f.):

- **Personale Kompetenz** befähigt zur adäquaten Einordnung persönlichen Erfahrungswissens, der Entwicklung von Selbstbewusstsein und Identität, zu effektivem Selbstmanagement und zu Strukturierungsfähigkeit, zum Umgang mit sozialer, religiöser sowie ethischer Zugehörigkeit und beinhaltet individuelle Dispositionen für den Umgang mit Wissen (Neugier, Offenheit, Reflexionsfähigkeit, Urteilsvermögen).
- **Fachkompetenz,** verstanden als domänenspezifisches Wissen, umfasst besondere sensomotorische Fertigkeiten und fachliche Urteilsfähigkeit, mit der sich Herausforderungen der Arbeits- und Lebensbereiche sachkundig bewältigen lassen.
- **Methodische Kompetenz** beinhaltet die Beherrschung von Kulturtechniken (Fremdsprachenkenntnisse, klassische Kulturtechniken), Verständnis im Umgang mit Informationstechnologien sowie kreatives Potenzial für die Lösung von Aufgaben, die vom alltäglichen Geschehen abweichen.
- **Soziale und kommunikative Kompetenz** schließt sprachliche Ausdrucksfähigkeit, Teamfähigkeit, Fähigkeit zur situationsgerechten Selbstdarstellung, Empathie sowie soziale Verantwortung im Sinne von Respekt, Solidarität und prosozialem Verhalten ein.
- **Inhaltliches Basiswissen** bezieht sich auf naturwissenschaftliches, sozialwissenschaftliches und ethisches Basiswissen aus den Bereichen Geschichte, Literatur, Pädagogik, Soziologie, Politik, Philosophie, Mathematik, Technik und Biologie.

3.2 Wie werden Kompetenzen erworben?

Eine umfassende, lebensbegleitende Kompetenzentwicklung setzt eine Lernkultur voraus, die „ermöglichungsorientiert, selbstorganisationsfundiert und kompetenzorientiert" (ERPENBECK/VON ROSENSTIEL 2003, S. XIII) ausgerichtet ist. Man wird allerdings sagen müssen, dass diese plausiblen Formulierungen noch der empirischen Konkretisierung bedürfen. Auch wird gefordert, dass für die Kompetenzentwicklung eine kontinuierliche Verschränkung von institutionellen und selbstorganisierten Lehr- und Lernphasen notwendig ist. Damit der erfolgreiche Erwerb von Kompetenzen gelingt, ist es sicher erforderlich, methodisch-didaktische und lerntheoretische Erkenntnisse zu berücksichtigen (vgl. WEINERT 1998, S. 35 f.). Institutionelles wie auch selbstorganisiertes Lernen muss demzufolge:

- aktiv und sinnstiftend an bisheriges Wissen und vorhandene Kompetenzen anschließen;
- erkenntnisorientiert und nutzungsbezogen die jeweiligen besonderen problembasierten Kontexte berücksichtigen;
- abstrahierend ressourcensparend Wissen nutzen; automatisierend die Aufmerksamkeit entlasten und damit die Konzentration auf schwierige Prozesse der Problemlösung ermöglichen;
- selbstständig *und* angeleitet sein, so dass einerseits Autonomie und Selbstverantwortung der Lernenden gefördert und gleichzeitig der Kontrolle von korrektem Expertenwissen unterworfen werden;
- individuell und kooperativ sein, damit sich sowohl Individual- wie auch Sozialkompetenz entfalten können;
- inhaltlich und methodisch das Gewicht verstärkt auf die Lernprozessorientierung legen und dabei metakognitive Kompetenzen – wie das Wissen über das Lernen des Lernens – gezielt fördern.

3.3 Wie werden Kompetenzen gemessen?

Einen umfassenden Einblick in die aktuelle Kompetenzforschung in der beruflichen Weiterbildung und Arbeitspsychologie bietet das „Handbuch Kompetenzmessung" (ERPENBECK/VON ROSENSTIEL 2003), in dem die Vielfalt bestehender Verfahren zur Messung und Beschreibung von Kompetenzen anhand konkreter Beispiele aufgezeigt wird. Deutlich wird dabei, dass die Auffassungen über den Kompetenzbegriff und die Messmethoden jeweils in engster Abhängigkeit stehen, denn „erst Modelle als spezifische Interpretation einer Theorie bilden die anschauliche Brücke zur empirischen Beobachtung" (ERPENBECK/VON ROSENSTIEL 2003, S. XI) oder anders formuliert, „je nach eingesetzten Messmethoden und methodologischen Ansätzen erhalten wir unterschiedliche Sichtweisen auf das, was Kompetenzen sind" (ebd., S. XVII).

Eine Systematisierung der verschiedenen Ansätze verdeutlicht, dass es sich um personale und betriebliche Ansätze handelt, deren Intention auf die Erfassung vorhandener Humanen Ressourcen zielt. Dazu gehören Verfahren wie das Assessment-Center oder Total-Quality-Management-Ansätze. Berufspädagogische Instrumente beziehen sich auch auf Methoden zur Erfassung informell erworbener Kompetenzen. Den psychologischen Ansätzen können Instrumente zugeordnet werden, die im Rahmen der Eignungsdiagnostik eingesetzt werden, wie beispielsweise das Kasseler Kompetenzraster, das anhand simulierter Arbeitsaufgaben zur Optimierung von Arbeitsabläufen die Messung von Selbstkompetenz ermöglicht (vgl. KAUFFELD/GROTE/FRIELING 2003, 260 f.).

4 Kompetenzdebatten – die internationale Perspektive

Bildungssysteme stehen weltweit vor der Herausforderung, ihre Leistungen flexibel und innovativ den kontinuierlichen Veränderungen des Beschäftigungssystems anzunähern. Dabei bestehen international unterschiedliche Auffassungen darüber, wie Kompetenzen zu verstehen und in der Aus- und Weiterbildung zu vermitteln sind, damit sie zu einem adäquaten Umgang mit dem steten Wandel befähigen. Das stark anglo-amerikanisch geprägte, zunehmend auch in Entwicklungs- und Transformationsländern verbreitete „Competency-Based Training" (= CBT) ist aus dem Bedarf heraus entstanden, traditionellerweise stark schulisch orientierte Berufsausbildungen intensiver und praxisbezogener den Anforderungen der Arbeitswelt anzupassen (vgl. ACHATZ/

TIPPELT 2001, S. 112). Kompetenzen erhalten dabei eine vollkommen andere Bedeutung als im deutschen Bildungskontext. Sie stehen im Wesentlichen für eng definierte, praktische Kenntnisse, Fertigkeiten und Verhaltensweisen, die von den Beschäftigten unter realen Bedingungen der gegebenen Arbeitsplätze unmittelbar beherrscht werden müssen (vgl. NORTON 1997, 2000).

Bei Competency-Based Trainingsansätzen wird daher versucht, die angestrebten Kompetenzen, die für bestimmte berufliche Aufgaben beherrscht werden müssen, durch die Analyse von Praxis- und Berufsbereichen zu ermitteln (job-analysis). Das Erreichen dieser erwünschten und im Vorfeld definierten Kompetenzen ist das Kriterium für den Erfolg der Aus- und Weiterbildung, denn die Lernenden müssen in tätigkeitsbezogenen Prüfungen nachweisen, dass sie die vordefinierten Standards (task-analysis) erreichen (vgl. TIPPELT 2002a, S. 227 f.) CBT unterscheidet sich folglich in mindestens vier Punkten von konventionellem Lernen. „*What* it is trainees learn, *how* they learn each task, *when* they proceed from task to task, and finally, *how* we determine and report, if students learned each task" (BLANK 1982, S. 3 f.).

4.1 Kompetenzbasierte Ausbildung in Entwicklungs- und Transformationsländern

Insbesondere im Rahmen der mittlerweile weit verbreiteten Übertragung des CBT-Konzepts in Entwicklungs- und Transformationsländer wird deutlich, dass die Umsetzung einer kompetenzbasierten Aus- und Weiterbildung auch zahlreiche Herauforderungen beinhaltet. Dies zeigt sich beispielsweise in Peru, dessen berufliche Bildung in verschiedener Hinsicht für die Entwicklungen in Lateinamerika als typisch gelten kann. Seit den 1990er-Jahren hat die peruanische Wirtschaft eine Phase der Privatisierung durchlaufen, wodurch der Bedarf an qualifizierten Fachkräften im modernen wie im informellen Sektor größer geworden ist und das Land vor der Herausforderung steht, die Veränderungen durch zunehmend besser qualifizierte Fachkräfte zu bewältigen. Angestrebt wird daher mittels CBT-Trainings, die Lernziele und Lernstandards unmittelbar auf die berufliche Praxis zu beziehen, damit Aus- und Weiterzubildende in der Lage sind, praktische Arbeitsprobleme im konkreten Berufsalltag zu lösen. Für Peru ist dies sicher ein Fortschritt, da rein schulische, praxisferne sowie teilweise unklare Zielsetzungen durch den verstärkten Einbezug der beruflichen Praxis in die Aus- und Weiterbildung überwunden werden. Andererseits zeigt sich, dass für die Entwicklung der kompetenzbasierten Materialien vielfach die institutionellen und personellen Voraussetzungen nicht ausreichend vorhanden sind. Entsprechend war nach der großen Welle der kompetenzbasierten Curriculumskonstruktion die Aufgabe der Schulung und Förderung des Lehrpersonals und die Entwicklung beruflicher Medien ein wichtiges Thema, das auch einen Schwerpunkt bundesdeutscher Bildungszusammenarbeit mit Peru darstellte (vgl. EDELMANN 2003; TIPPELT 2002a, S. 227 f.).

4.2 Definition von Kompetenzen mit der DACUM-Methode

Für die Definition dieser eng an den Kontexten der Berufswelt orientierten Kompetenzen hat sich in zahlreichen Ländern die von Robert E. NORTON (vgl. 1997, 2000) entwickelte DACUM-Methode (DACUM steht für „Developing a Curriculum") durchgesetzt (vgl. TIPPELT/ EDELMANN 2003). DACUM basiert auf der Annahme, dass vor allem erfahrene Facharbeiter/-innen als „expert workers" Kompetenzen präzise definieren können, die für eine bestimmte Arbeitstätigkeit erforderlich sind. Daher werden während eines zwei Tage dauernden DACUM-Workshops sechs bis zwölf „expert workers" des zu analysierenden Berufes oder Arbeitsbereichs eingeladen, um im Rahmen einer intensiven, professionell moderierten Gruppenarbeit die zentralen „duties" und „tasks" eines Berufes herauszuarbeiten. Die Erfahrung zeigt, dass sich die

Abbildung 1: Definition von Kompetenzen mit der DACUM-Methode

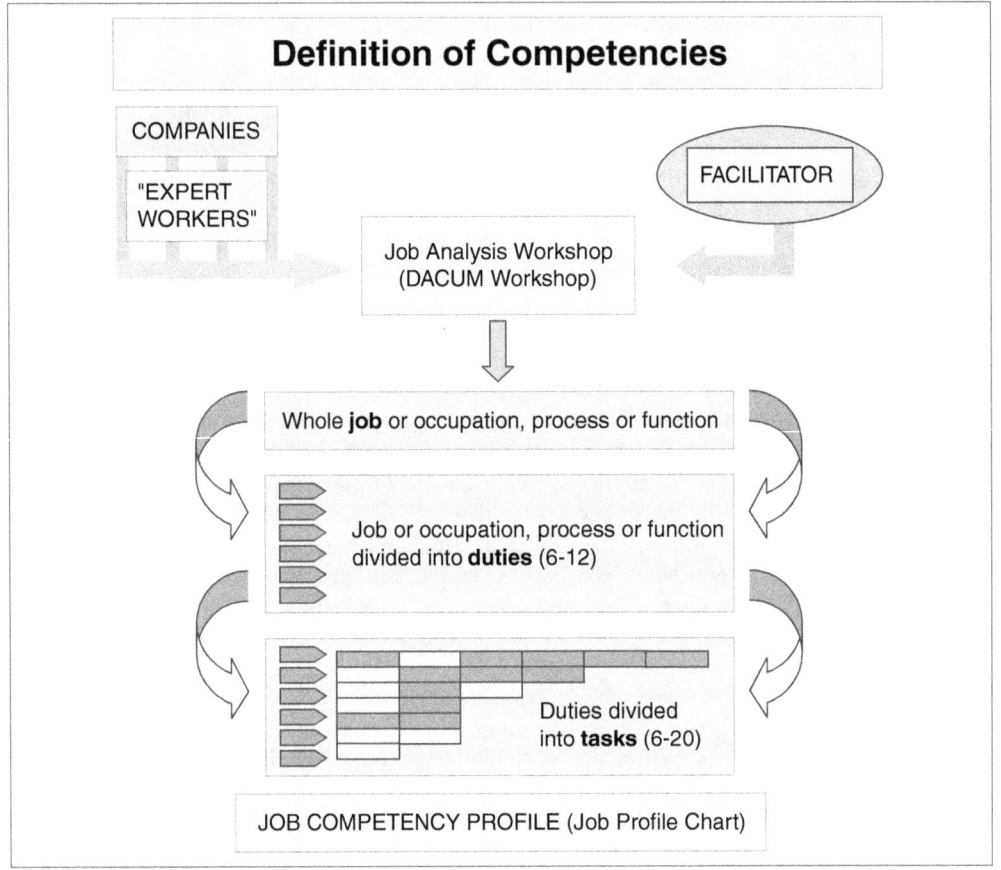

Quelle: nach NORTON 1977: DACUM Handbook.

meisten Berufe in 6 bis 12 Verantwortungsbereiche (duties) einteilen lassen, die sich wiederum in 6 bis 20 Tätigkeiten (tasks) strukturieren. Dass auch Entwicklungsperspektiven und Zukunftstrends des zu analysierenden Berufes oder Berufsfeldes aufgeschlüsselt werden, trägt zur hohen Qualität der Workshopergebnisse bei (vgl. COLLUM 1999; NORTON 1997, 2000).

Auf der Grundlage solcher Kompetenzprofile lassen sich Curricula für eine kompetenzbasierte Aus- und Weiterbildung entwickeln, die eine Nähe zur beruflichen Praxis garantieren (vgl. NORTON 2000, S. 186). Weiterhin können solche Profile als Basis für Leistungsbeurteilungen von Arbeitnehmern/-innen, die Rekrutierung von Arbeits- und Führungskräften oder als Grundlage für Berufs- und Laufbahnberatungen eingesetzt werden (vgl. COLLUM 1999; NORTON 2000).

Als massiver Nachteil der DACUM-Methode ist es zu sehen, dass die Ergebnisse subjektiv geprägt sind und stark vom Ergebnis des Workshops abhängen. Ebenso basiert die Zukunftsprognose für den analysierten Beruf auf die entsprechende Weitsicht der Teilnehmenden. Insgesamt besteht somit die Gefahr, dass die in diesem Sinne kompetenzbasierten Berufsbilder zu eng gefasst werden. Solche engen Kompetenzprofile müssen dann mit gezielten Weiterbildungsmaßnahmen verbessert werden, die neben den fachlichen auch methodische Kompetenzen sowie selbstorganisiertes Handeln unterstützen (vgl. TIPPELT/EDELMANN 2003).

5 Kompetenzbilanzen – (inter-)nationale Entwicklungen

Im Zusammenhang mit der Einforderung lebenslangen Lernens wird zunehmend erkannt, dass sich formale, nonformale und informelle Lernprozesse gegenseitig bedingen. Dabei wird insbesondere deutlich, dass die Anerkennung nonformaler und informeller Lernleistungen an gesellschaftlicher Bedeutung gewinnen müssen, wenn „eine ungerechtfertigte gesellschaftliche Bildungskluft aufgrund schulischer Zeugnisse und Begabungen" (DOHMEN 2001, S. 7) mittelfristig überwunden werden soll. Damit Kompetenzen, die außerhalb formaler Bildungseinrichtungen erworben werden als „Zugang zu weiterführenden allgemeinen und beruflichen Bildungsangeboten, die (Wieder-)eingliederung in den Arbeitsmarkt, die geographische und berufliche Mobilität" (BJORNAVOLD 2004, S. 4) genutzt werden können, müssen entsprechende Validierungsansätze entwickelt werden, die eine Bilanzierung dieser Kompetenzen ermöglichen. Vor diesem Hintergrund wurden in den vergangen Jahren auf einzelstaatlicher und europäischer Ebene zahlreiche Initiativen zur Entwicklung von Instrumenten initiiert, die eine Erfassung sämtlicher über die Lebensspanne erworbener Fähigkeiten, Fertigkeiten und Kenntnisse ermöglichen.

5.1 Europäische Bestrebungen

Auf europäischer Ebene spielen Bilanzierungen von Kompetenzen insbesondere im Hinblick auf die internationale Mobilität eine wichtige Rolle, da diese eine Vergleichbarkeit und Transparenz von Qualifikationen voraussetzt. Die zunehmende (politische) Bedeutung, die dem Lernen außerhalb formaler Bildungs- und Berufsbildungseinrichtungen zukommt, wurde beispielsweise in der Kopenhagener Erklärung von November 2002 verdeutlicht, da analog zum Kreditpunktesystem der Hochschulen (ECTS) die Etablierung eines europäischen Leistungspunktesystems für die Berufliche Bildung (ECVET) eingefordert wurde (vgl. BJORNAVOLD 2004). Weiterhin wurde die Entwicklung eines Europäischen Qualifikationsrahmens (EFQ) beschlossen, der die Vergleichbarkeit unterschiedlicher beruflicher Qualifikationen ermöglichen soll (vgl. Kommission der Europäischen Gemeinschaft 2006, S. 19 f.). Ebenfalls lässt sich in der Erklärung von Kopenhagen der Vorschlag der Europäischen Kommission erkennen, ein einheitliches Rahmenkonzept zur Förderung der Transparenz von Qualifikationen und Kompetenzen (EUROPASS) zu entwickeln (vgl. DIE/DIPF/IES 2006, S. 151).

Die aktuelle Situation in Europa zeigt, dass die Ansätze zur Anerkennung informeller und nonformaler Lernprozesse in den einzelnen Staaten deutlich divergieren. Während beispielsweise Frankreich mit der „bilan de compétences" seit 1985 und Großbritannien mit dem System der „National Vocational Qualifications" seit 1989 über gesetzlich verankerte Strategien zur Validierung nicht formal erworbener Kompetenzen verfügen, wurden in Deutschland nonformale und insbesondere informelle Lernleistungen bislang kaum anerkannt (vgl. DOHMEN 2001; DIE/DIPF/IES 2006, S. 144). Um diese Validierungslücke zu schließen, wurde in Deutschland die Entwicklung eines ProfilPASSes initiiert (vgl. DIE/DIPF/IES 2004).

5.2 Der ProfilPASS – die Anerkennung von Kompetenzen in Deutschland

Das deutsche Projekt „Weiterbildungspass mit Zertifizierung informellen Lernens" der Bund-Länder-Kommission für Bildungsplanung und Forschungsförderung (BKL) fokussiert die übergeordnete Zielsetzung, lebenslanges Lernen zu fördern, und unterstützt in diesem Zusammenhang die Analyse und Anerkennung aller Kompetenzen. Das Projekt versteht sich damit als eine weitere Antwort auf den aktuellen Strukturwandel, der die Einzelnen sowohl im beruflichen als auch im privaten Alltag mit komplexen Veränderungen konfrontiert. Dazu gehört es auch, dass traditionelle Karriere- und Laufbahnmuster zunehmend durch diskontinuierliche Berufsbiographien abgelöst werden.

Vor diesem Hintergrund wurde ein ProfilPASS entwickelt, der die Einzelnen dabei unterstützen soll, ihre formal, nonformal und informell entwickelten individuellen Fähigkeiten und Kompetenzen zu dokumentieren und zu bilanzieren (vgl. DIE/DIPF/IES 2006).

5.3 Die Kompetenzbilanzierung mit dem ProfilPASS

Da mit dem ProfilPASS die Gesamtheit aller über die Lebensspanne erworbener Kompetenzen erfasst werden soll, basiert er auf einem Kompetenzverständnis, das sich eng am deutschen Ansatz der Kompetenzbiografie orientiert (vgl. Kap. 3). Folglich werden unter Kompetenzen „Fähigkeiten, Methoden, Wissen, Einstellungen und Werte verstanden, deren Erwerb, Entwicklung und Verwendung sich auf die gesamte Lebenszeit eines Individuums beziehen" und sie befähigen in „vertrauten als auch in fremdartigen Situationen handlungsfähig zu sein" (DIE/DIPF/IES 2006, S. 39). Die Visualisierung dieser individuellen, an verschiedenen Lernorten erworbenen Kompetenzen vollziehen die Anwender/-innen des ProfilPASSes „in einem explorativen, selbstreflexiven Prozess entlang der individuellen Lebenserfahrungen" (DIE/DIPF/IES 2006, S. 15). Für die Bilanzierung potenzieller Kompetenzen werden acht Lernorte respektive Tätigkeitsfelder berücksichtigt (vgl. Abbildung 2), die Freizeitbeschäftigungen und persönliche Interessen, Haushalt und Familie, Schule, Berufsbildung, Wehrdienst, Zivildienst und freiwilliges Sozialjahr, bürgerschaft-

Abbildung 2: Prozesse zur Kompetenzerfassung mit dem ProfilPASS

Kompetenzmessung mit dem ProfilPASS

Orte formalen, nonformalen und informellen Lernens

	Hobby und Familie	Haushalt und Familie	Schule	Berufs-bildung	Wehrdienst, Zivildienst Freiwilliges Soziales Jahr	Arbeitsleben Praktika Jobs	Politisches und soziales Engagement	Besondere Lebens-situationen
Erfassung	Benennung von Aktivitäten und Beschreibung von Tätigkeiten							
Ermittlung	Umformulierung oder Übersetzung von Tätigkeiten in Fähigkeiten							
Bewertung	Einteilung der Fähigkeiten in Niveaustufen 1 bis 4							
Bilanzierung	Definition von 8 persönlich relevanten Kompetenzen zu Schwerpunkten							
Zielfindung	Entwicklung persönlicher Projekte und Reflexion der Realisierungsmöglichkeiten							

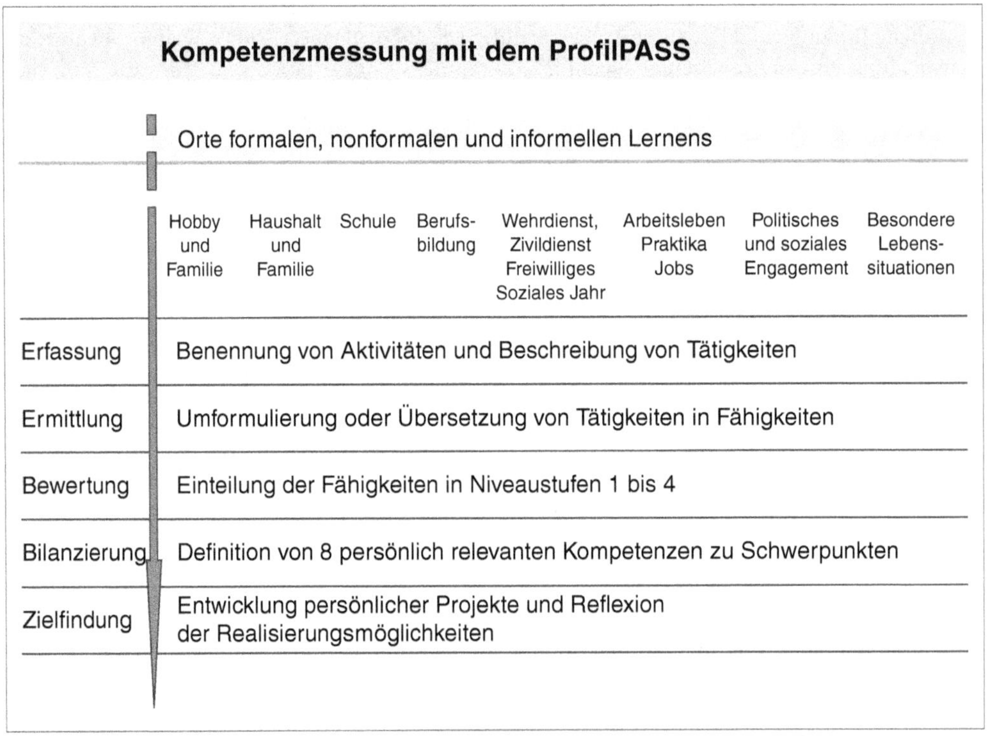

Quelle: DIE/DIPF/IES 2006, S. 40 ff.; eigene Darstellung.

liches und politisches Engagement sowie besondere Lebenssituationen umfassen (vgl. DIE/DIPF/ IES 2006, S. 42).

Für die Kompetenzerfassung werden in einem ersten Schritt Aktivitäten und Tätigkeiten erfasst, die an den verschiedenen Lernorten ausgeführt werden resp. wurden. In einer nachfolgenden Phase werden sie zu Fähigkeiten umbenannt und anschließend einer Bewertung unterzogen, die eine Einteilung in vier verschiedene Niveaustufen vorsieht (vgl. DIE/DIPF/IES 2006, S. 44). Abschließend werden die ermittelten Kompetenzen zusammengeführt und zu einem Profil gebündelt. Eine nachfolgende Reflexion dient der Festlegung persönlicher Entwicklungsziele und der Abklärung konkreter Realisierungsmöglichkeiten. Integraler und notwendiger Bestandteil des ProfilPASSes ist ein Beratungskonzept, das ergänzend genutzt werden soll (vgl. DIE/DIPF/IES 2006; GNAHS 2006).

6 Berufsbildungs-PISA – Kompetenzmessung in der beruflichen Bildung

Angesichts der hohen Bedeutung, die beruflicher Bildung für individuelle und gesellschaftliche Entwicklungen zukommt, besteht auf nationaler und internationaler Ebene ein großes Interesse, über empirisch gesicherte Erkenntnisse zu verfügen, in welchem Umfang Kompetenzen im Laufe einer beruflichen Ausbildung erworben und durch welche Kontextfaktoren diese Zuwächse unterstützt werden. Weiterhin erfordern auch die Bestrebungen der Europäischen Union, Transparenz und Gleichstellung der beruflichen Abschlüsse zu erhöhen, vertiefte Kenntnisse über das Leistungsvermögen einzelner Berufsbildungssysteme. Aus diesen Gründen besteht analog zu Kompetenzmessungen im schulischen Bereich, beispielsweise das „Programme for an International Student Assessment" (PISA), ein Bedarf an international vergleichenden Studien zur beruflichen Bildung, die zu validen, reliablen und objektiven Ergebnissen führen (vgl. BAETHGE et al. 2006).

6.1 Die Machbarkeitsstudie

Fest steht, dass die Durchführung eines Berufsbildungs-PISA eine Reihe von Herausforderungen beinhaltet, über die es auf internationaler Ebene wissenschaftlichen Konsens zu finden gilt. Von zentraler Bedeutung sind diesbezüglich die Konstruktion adäquater Kompetenzmodelle mit ihren entsprechenden Messinstrumenten, die Bestimmung der Untersuchungskohorten sowie die zu untersuchenden Berufsfelder. Ebenso gilt es ein adäquates Untersuchungsdesign zu konzipieren, das den Vergleich national geprägter Berufsbildungssysteme zulässt, die einerseits unterschiedlich organisiert sind, andererseits verschiedenen Entwicklungsdynamiken unterliegen. Aus diesen Gründen wurde – gefördert durch das deutsche Bundesministerium für Wirtschaft und Arbeit (BMWA) –, eine Machbarkeitsstudie durchgeführt, um damit Möglichkeiten und Bedingungen einer international vergleichenden Kompetenzmessung in der beruflichen Bildung abzuklären (vgl. BAETHGE et al. 2006). Zu diesem Zweck wurden sowohl Ergebnisse nationaler und internationaler Untersuchungen zu Kompetenzmessungen, als auch institutionelle und individuelle Einflussfaktoren auf die Qualität beruflicher Bildungsprozesse analysiert und verschiedene Möglichkeiten zur Entwicklung adäquater Untersuchungsdesigns geprüft. Im Rahmen dieses Prüfprozesses waren auch zwei mehrtägige Experten-Workshops von Bedeutung (vgl. BAETHGE et al. 2006). Es kann an dieser Stelle vorweggenommen werden, dass das Projektteam aufgrund der Machbarkeitsstudie zum Ergebnis gelangte, dass ein „internationaler Vergleich der Leistungsfähigkeit von

Berufsbildungssystemen über ein "large scale assessment" zwar schwierig, aber aus wissenschaftlicher Perspektive möglich ist" (BAETHGE et al. 2006, S. 126).

6.2 Entwicklung des Kompetenzkonzepts

Im Rahmen der Entwicklung eines Kompetenzkonzepts für ein Berufsbildungs-PISA ist es erstens von Bedeutung, dass „zurzeit weder ein einheitlicher allgemein akzeptierter Kompetenzbegriff" noch ein „Königsweg der Operationalisierung und Messung von Kompetenzen" (BAETHGE et al. 2006, S. 16) besteht. Zweitens erfordert ein Berufsbildungs-PISA – im Gegensatz zu Kompetenzmessungen bei Schülerpopulationen (z. B. PISA und TIMSS), die sich einzig auf Grundkompetenzen beschränken können –, auch die Erfassung domänenspezifischer Fachkompetenzen. Und drittens müssen die Kompetenzmessungen in einer Weise erfolgen, dass sie „eine Verknüpfung der Messergebnisse mit den mikro- und makrostrukturellen Bedingungen ermöglichen, unter denen Kompetenzen erworben und genutzt bzw. verwertet werden" (BAETHGE et al. 2006, S. 125).

In der Machbarkeitsstudie wird unter Berücksichtigung anthropologisch-pädagogischer Ansätze (vgl. ROTH 1971; REETZ 1999) eine Einteilung der Kompetenzdimensionen in die Bereiche Selbst-, Sach-, Methoden- und Sozialkompetenz vorgeschlagen, wie sie sich im deutschen Diskurs weitgehend etabliert hat (vgl. Kap. 3). Die spezifische Anordnung der Kompetenzdimensionen sowie ihre Ergänzung um individuelle Fähigkeitsdimensionen, werden in der nachfolgenden Abbildung verdeutlicht (vgl. Abb. 3). In der Machbarkeitsstudie wird darüber hinaus auf mögli-

Abbildung 3: Kompetenzmodell für ein Berufsbildungs-PISA

Individuelle Fähigkeiten (in Anspruch genommen und interpretiert in verschiedenen Kontexten)	**Kompetenzbereiche** (Performanz in verschiedenen berufsspezifischen Kontexten)		
	Selbstkompetenz		
	Sachkompetenz	Methodenkompetenz	Sozialkompetenz
	theoretische, analytische Anforderungen: „Umgang mit Konzepten"	technische, funktionale Anforderungen: „Umgang mit technischer Ausstattung"	interpersonale Anforderungen: „Umgang mit anderen"
Einstellungen, Werte, Wahrnehmungen	Testen der Selbstwirksamkeit als Prädikator für den Leistungsbereich		
Antriebe Motivation	Messen der Handlungskontrolle in der Leistungssituation sowie Erfassen von Interesse, Motivation und Selbstkonzept		
Metakognitive Strategien	Erfassen von Lernstrategien		
Deklaratives Wissen	Lösen komplexer Aufgaben zur simultanen Erfassung von Sach- und Methodenkompetenz		Erfassen der Sozialkompetenz anhand „kritischer sozialer Situationen"
Prozedurales Wissen			
Strategisches Wissen	Je nach Berufsfeld: lösen komplexer Aufgaben zur Sach- und/oder Methodenkompetenz		

Quelle: BAETHGE et al. 2006, S. 52

che Testinstrumente verwiesen, die den jeweiligen Berufsfeldern und nationalen Kontexten entsprechend weiterentwickelt werden müssten (vgl. BAETHGE et al. 2006, S. 49 f.).

Ingesamt verdeutlichen die Ergebnisse, dass die Entwicklung eines definitiven Untersuchungs-Designs eine weitere umfangreiche internationale Zusammenarbeit bedingen würde. Dabei ist im Hinblick auf die Testentwicklung mit einem besonders hohen Aufwand zu rechnen, sofern „die berufsfachlichen Kompetenzen das ihnen in dieser Machbarkeitsstudie zugesprochene Gewicht" (vgl. BAETHGE et al. 2006, S. 137) erhalten sollen.

7 Internationale Kompetenzmessungen bei Erwachsenen

Internationale Kompetenzmessungen bei Erwachsenen weisen auf den Perspektivenwechsel von einer Input- zu einer Outputorientierung hin. Das wachsende Interesse an empirisch gesicherten Erkenntnissen über die Wirksamkeit und Effekte von Bildungsprozessen basiert darauf, dass Bildung als Humankapital verstanden eine zentrale Ressource für die individuelle und gesellschaftliche Entwicklung sowie den Anschluss im globalen Wirtschaftswettbewerb darstellt. Bestrebungen zur Erweiterung der empirisch gesicherten Datenlage werden auf nationaler, europäischer und internationaler Ebene deutlich, wobei letztere maßgeblich von der OECD forciert werden. Das aktuelle Beispiel ist diesbezüglich das geplante Projekt „PIAAC" (= Programme for the International Assessment of Adult Competencies), das – analog zu den PISA-Untersuchungen bei Schüler/-innen – die Kompetenzen Erwachsener analysieren soll.

Nachfolgend werden drei Kompetenzstudien der OECD näher beleuchtet, zunächst jedoch die Ergebnisse der OECD-Untersuchung „Definition and Selection of Competencies (DeSeCo)" aufgezeigt, die ihr Erkenntnisinteresse auf eine theoretisch fundierte Kompetenzdefinition richtete, die zukünftig allen Studien der OECD zugrunde liegen soll (vgl. OECD 2003; RYCHEN/SALGANIK 2003; BFS 2006).

7.1 DeSeCo – eine Grundlage für Kompetenzmessungen der OECD

Die Messung von Kompetenzen setzt voraus, dass im Vorfeld ein – und dies ist noch immer ein wissenschaftliches Defizit – fundierter Konsens über die Begrifflichkeit besteht. Zu diesem Zweck lancierte die OECD eine mehrjährige, multidisziplinäre Konzeptstudie zur Definition von Kompetenzen und legte damit ein theoretisches Fundament für internationale Kompetenzmessungen wie PISA, ALL und PIAAC (vgl. OECD 2003). Im abschließenden Forschungsbericht „Key Competencies for a Successful Life and Well Functioning Society" (vgl. RYCHEN/SALGANIK 2003) werden die zentralen Kompetenzen erörtert, die im Anschluss an die DeSeCo-Untersuchung neben Grundkompetenzen wie Lesen und Schreiben für eine erfolgreiche Lebensführung als notwendig erachtet werden. Der Kompetenzbegriff basiert dabei auf einem erweiterten Konzept, das kognitive, volitionale, motivationale sowie emotionale Dispositionen einbezieht. Eingeteilt werden die definierten „Key Competencies" in drei Kategorien (vgl. OECD 2003):

- *Interacting in socially heterogenous groups*
  verstanden als Fähigkeit, mit anderen Menschen konstruktiv zusammenzuarbeiten, wobei dieser Kompetenz vor dem Hintergrund pluralistischer Gesellschaften eine hohe Bedeutung zukommt, da sie von den Individuen verlangen, mit Menschen aus verschiedenen soziokulturellen und ökonomischen Verhältnissen zu kommunizieren.
- *Acting autonomously*
  verstanden als Fähigkeit, das eigene Leben verantwortungsvoll und sinnvoll zu gestalten und dafür persönliche Lebenspläne zu entwickeln, Rechte zu kennen, Interessen zu verfolgen sowie

eine effektive Teilhabe an der Gesellschaft, in privaten und beruflichen Lebensbereichen zu erreichen.
- *Using tools interactively*
verstanden als Fähigkeit, sich mit sozialen und beruflichen Anforderungen der globalen Wirtschaft und der modernen Wissensgesellschaft zurecht zu finden, was die Beherrschung von Sprache(-n), das Management von Informationen und Wissen sowie den Umgang mit Computern voraussetzt.

7.2 IALS (= International Adult Literacy Survey)

Die IALS ist eine der ersten umfassenden internationalen Studien im Bereich der Kompetenzerfassung. Sie wurde zwischen 1994 und 1998 in drei Erhebungswellen durchgeführt, an der sich insgesamt 20 Länder mit repräsentativen Stichproben ihrer erwachsenen Wohnbevölkerung beteiligten. Das Erkenntnisinteresse war auf die Erhebung der Literalität gerichtet, die in der Untersuchung als „die Verwendung von gedruckten und geschriebenen Informationen, um in der Gesellschaft zurechtzukommen, eigene Ziele zu erreichen und eigenes Wissen sowie die individuellen Möglichkeiten zu entwickeln" (OECD/Statistics Canada 1995, S. 16) definiert wurde. Bewusst wurde in dieser Untersuchung davon ausgegangen, „dass alle Menschen bis zu einem bestimmten Grad mit symbolisch verschlüsselter Information umgehen können und dass daher kein eindeutiger Mindeststandard für ‚literacy' gesetzt werden kann" (OECD/Statistics Canada 1995, S. 3). Aus diesem Grund wurden die gemessenen Kompetenzen auf einem Kontinuum von fünf Kompetenzniveaus abgebildet. Die Ergebnisse verdeutlichen, dass die Lesekompetenz unbestritten einen bedeutenden, jedoch nicht umfassenden Erklärungswert für den beruflichen Erfolg und die allgemeine Lebensqualität beinhaltet. Es wurde daher entschieden, eine Folgestudie zu initiieren, die eine umfassendere Kompetenzermittlung ermöglicht und damit zu vertieften Einsichten führt (vgl. OECD/Statistics Canada 2000).

7.3 ALL (= Adult Literacy and Life Skills Survey)

Die ALL-Studie wurde als Fortsetzung und Weiterentwicklung von IALS konzipiert und daher von Beginn an so angelegt, dass sie in den Kompetenzbereichen, die bei IALS gemessen wurden, vergleichbare Ergebnisse hervorbringen konnten. Die Zielsetzungen der ALL-Studie wurden gleichzeitig erweitert und außer der Lesekompetenz (literacy), auch die Erfassung von Alltagsmathematik (numeracy), Problemlösekompetenz (problem solving) sowie die Vertrautheit im Umgang mit Informations- und Kommunikationstechnologien (ICT-literacy) angestrebt.

Die Erhebungen wurden im Jahr 2003 zunächst in sieben Ländern bzw. Regionen (Bermudas, Kanada, Italien, Norwegen, Schweiz, USA und Nuevo León/Mexiko) und im Jahr 2006 in fünf weiteren Staaten (Australien, Neuseeland, Niederlande, Ungarn und Südkorea) durchgeführt (vgl. BFS 2006, S. 10). Die bisherigen Ergebnisse verdeutlichen, dass sich die Streuung der Leistungen in den untersuchten Ländern insgesamt verringerte, was vor allem auf eine Reduzierung sehr schwacher Leistungen zurückzuführen ist. Bestätigt wurde auch der Zusammenhang zwischen Lesekompetenz und Weiterbildungsbeteiligung, die beide mit sinkendem Ausbildungsniveau deutlich zurückgehen, da Lesekompetenzen für viele Formen der Weiterbildung eine grundlegende Voraussetzung sind. Weiterhin zeigte sich, dass die Untersuchungsteilnehmer/-innen, die angaben, noch nie einen Computer benützt zu haben, zu den Leistungsschwächsten der Studie gehörten (vgl. BFS 2006, S. 47).

7.4 PIAAC (= Programme for the International Assessment of Adult Competencies)

Die OECD beabsichtigt, in interessierten Mitgliedstaaten bis spätestens 2010 eine international vergleichende Kompetenzerhebung bei Erwachsenen zu initiieren (vgl. OECD 2004; GNAHS/ NUISSL VON REIN 2007). Mit dieser Studie soll vor allem der Einfluss von Kompetenzen auf soziale und ökonomische Entwicklungen in der Gesellschaft sowie der Zusammenhang des Kompetenzpotenzials mit der Leistungsfähigkeit nationaler Bildungs- und Weiterbildungssysteme analysiert werden. „PIAAC could generate new policy insights, ranging from the performance of education systems and labour markets, to a series of wider economic and social concerns" (OECD 2004, p. 5).

Da sich PIAAC in der Planungsphase befindet (z. B. OECD 2004; DOLTON 2004) ist noch unklar, welche Forschungs- und Kompetenzkonzepte eingesetzt und welche Länder sich beteiligen werden. Unbestritten ist hingegen, dass die Studie in Anlehnung an PISA auf zyklischen Untersuchungen basieren und die Kompetenzmessungen anhand von Tests durchgeführt werden sollen (vgl. OECD 2004; GNAHS/NUISSL VON REIN 2007). Eine definitive Entscheidung über die genaue Durchführung der Untersuchung ist gegen Mitte 2007 zu erwarten. Entscheidend wird es sein, dass die Untersuchung mit einem angemessenen Aufwand realisierbar wird, damit es gelingen kann, möglichst viele Länder an der Untersuchung zu beteiligen. Neben der Entscheidung, welche Kompetenzdomänen und welche Alterskohorten berücksichtigt werden sollen wird eine besondere Herausforderung darin liegen, Niedrigqualifizierte in die Untersuchung einzubeziehen (vgl. OECD 2004; GNAHS 2006; GNAHS/NUISSL VON REIN 2007).

8 Ausblick

Aufgrund aktueller Entwicklungen ist davon auszugehen, dass sich die Bedeutsamkeit von Kompetenzerhebungen zukünftig verstärken und sich der Einfluss supranationaler Organisationen zunehmend auf nationale Bildungsentscheidungen auswirken wird (vgl. SCHEMMANN 2007). Dabei wird auch in nächster Zeit die Entwicklung adäquater Konzepte zur Kompetenzmessung eine Herausforderung darstellen, da diese nicht nur den methodischen Gütekriterien, sondern auch einem sinnvollen Verhältnis zwischen Aufwand und Ertrag entsprechen müssen. Weiterhin ist es unerlässlich, dass Ziele und Ergebnisse von Kompetenzuntersuchungen in einer Weise kommuniziert werden, dass sie in der breiten Öffentlichkeit auf Akzeptanz stoßen und folglich in konstruktive bildungspolitische Debatten einmünden können.

Insgesamt dürfen die bildungspolitischen Anstrengungen im Bereich der Kompetenzerhebungen nicht darüber hinwegtäuschen, dass auch vierzig Jahre nach der Einforderung des Rechts auf Bildung für alle (vgl. DAHRENDORF 1965) das Ziel der Chancengerechtigkeit noch immer unerreicht ist – trotz des Konsens, dass die Kompetenzentwicklung der gesamten Bevölkerung für die soziale Kohäsion und die nachhaltige Entwicklung moderner Gesellschaften eine Grundvoraussetzung darstellt. Von zentraler Bedeutung wird es daher sein, aufgrund der Ergebnisse (inter-)nationaler Kompetenzerhebungen konkrete Maßnahmen zu entwickeln, damit lebenslanges Lernen tatsächlich zur Wirklichkeit aller wird.

Literatur

ACHATZ, M./TIPPELT, R. (2001): Wandel von Erwerbsarbeit und Begründungen kompetenzorientierten Lernens im internationalen Kontext. In: BOLDER, A./HEINZ, W. R./KUTSCHA, G. (Hrsg.): Jahrbuch Bildung und Arbeit. Deregulierung der Arbeit – Pluralisierung der Bildung? – Opladen, S. 111-127.

BAETHGE et al. 2006 = BAETHGE, M./ACHTENHAGEN, F./ARENDS, L./BABIC, E./BAETHGE-KINSKY, V./ WEBER, S. (2006): Berufsbildungs-PISA. Machbarkeitsstudie. – Stuttgart.

BJORNAVOLD, J. (2001): Lernen sichtbar machen: Ermittlung, Bewertung und Anerkennung nicht formal erworbener Kompetenzen. In: Europäische Zeitschrift für Berufsbildung (CEDEFOP), 22, S. 27-36.

BJORNAVOLD, J. (2004): Gemeinsame Europäische Grundsätze für die Validierung des nichtformalen und des informellen Lernens. – Kommission der Europäischen Gemeinschaften. – Brüssel.

BLANK, W. E. (1982): Handbook for Developing Competency-Based Training Programs. – New Jersey.

Bundesamt für Statistik (BFS) (2006) (Hrsg.): Lesen und Rechnen im Alltag. Grundkompetenzen von Erwachsenen in der Schweiz. Nationaler Bericht zur Erhebung Adult Literacy & Life Skills Survey (ALL). – Neuchâtel.

BUNK, G. P. (1994): Kompetenzvermittlung in der beruflichen Aus- und Weiterbildung in Deutschland. In: Europäische Zeitschrift für Berufsbildung (CEDEFOP), 1, S. 9-15.

COLLUM, J. (2000): After the DACUM? Curriculum Development for Occupational Skills Formation. In: KOHN, G./RÜTZEL, J./SCHRÖTER, H.-G./ZIEHM, S. (Eds.): Compatibility of Vocational Qualification Systems. – Berlin, pp. 230-239.

DAHRENDORF, R. (1965): Bildung ist Bürgerrecht. Plädoyer für eine aktive Bildungspolitik. – Hamburg.

Deutscher Bildungsrat (1970): Strukturplan für das Bildungswesen. – Bonn.

DIE/DIPF/IES (2004): Machbarkeitsstudie im Rahmen des BLK-Verbundprojekts „Weiterbildungspass mit Zertifizierung informellen Lernens". – Berlin.

DIE/DIPF/IES (2006): BLK-Verbundprojekt „Weiterbildungspass mit Zertifizierung informellen Lernens" (ProfilPASS). Endbericht der Erprobungs- und Evaluierungsphase. – Frankfurt a. M.

DOHMEN, G. (2001): Das informelle Lernen. Die internationale Erschließung einer bisher vernachlässigten Grundform menschlichen Lernens für das lebenslange Lernen aller. – Berlin: BMBF.

DOLTON, P. (2004): What do Policy Makers need to know about the skills of young people and the school to work transition? Programme for International Assessment of Adult Competencies (PIAAC). – Paris, Draft.

EDELMANN, D. (2003): Bildungskooperation mit Lateinamerika. Eine Analyse über die Zusammenarbeit der peruanischen Berufsbildungsinstitution SENATI mit Ausbildungsbetrieben. Münchner Beiträge zur Bildungsforschung. – München.

EDELMANN, D./TIPPELT, R. (2003): Bildungs- und Beschäftigungssystem – Erwartungen Höherqualifizierter an die wissenschaftliche Weiterbildung. In: SCHÄFER, E./ZINKAHN, B./PIETSCH, K.-D. (Hrsg.): Die Weiterbildung in der Bildungsgesellschaft unter dem ökonomischen Paradigma. Perspektiven für die Ausrichtung der berufsbezogenen wissenschaftlichen Weiterbildung. – Jena, S. 93-112.

ERPENBECK, J./HEYSE, V. (1999): Die Kompetenzbiographie. Strategien der Kompetenzentwicklung durch selbstorganisiertes Lernen und multimediale Kommunikation. – Münster.

ERPENBECK, J./ROSENSTIEL, L. V. (Hrsg.) (2003): Handbuch Kompetenzmessung. Erkennen, verstehen und bewerten von Kompetenzen in der betrieblichen, pädagogischen und psychologischen Praxis. – Stuttgart.

ERPENBECK, J./SAUER, J. (2000): Das Forschungs- und Entwicklungsprogramm „Lernkultur Kompetenzentwicklung". In: Arbeitsgemeinschaft QUEM (Hrsg.): Kompetenzentwicklung 2000. – Münster, S. 289-337.

FINK, R. (1999): PETRA plus. Prozessorientierung im Rahmen der projekt- und transferorientierten Ausbildung. – Siemens AG: Berlin und München.

GNAHS, D. (2006): Lebenslanges Lernen und Sichtbarmachung von Kompetenzen Erwachsener. In: GAPSKI, H. (Hrsg.): Medienkompetenzen messen? Verfahren und Reflexionen zur Erfassung von Schlüsselkompetenzen. Schriftenreihe Medienkompetenz des Landes Nordrhein-Westfalen Band 3. – Düsseldorf, S. 29-41.

GNAHS, D./NUISSL VON REIN, E. (2007): Lebenslanges Lernen und Kompetenzmessung. In: HERZBERG, H. (Hrsg.) (2007): Perspektiven lebenslangen Lernens. – Frankfurt a. M.

GROOTINGS, P. (1994): Von Qualifikation zu Kompetenz: Wovon reden wir eigentlich? In: Europäische Zeitschrift für Berufsbildung (CEDEFOP), 1/94, S. 5-8.

KÄMÄRÄINEN, P. (2002): Exploring key qualifications: context, theory and practice in Europe. In: KÄMÄRÄINEN, P./ATTWELL, G./BROWN, A. (Eds.): Transformation of Learning in Education and Training: Key Qualifications Revisted. – Luxembourg.
KAUFFELD, S./GROTE, S./FRIELING, E. (2003): Das Kasseler-Kompetenz-Raster (KKR). In: ERPENBECK, J./ROSENSTIEL, L. VON (Hrsg.): Handbuch Kompetenzmessung. Erkennen, verstehen und bewerten von Kompetenzen in der betrieblichen, pädagogischen und psychologischen Praxis. – Stuttgart, S. 261-282.
KLIEME, E. et al. = KLIEME, E./AVENARIUS, H./BLUM, W./DÖBRICH, P./GRUBER, H./PRENZEL, M./REISS, K./RIQUARTS, K./ROST, J./TENORTH, H.-E./VOLLMER, H. J. (2003): Expertise zur Entwicklung nationaler Bildungsstandards. – Berlin: BMBF.
Kommission der Europäischen Gemeinschaften (2006): Vorschlag für eine Empfehlung des Europäischen Parlaments und des Rates zur Einrichtung eines Europäischen Qualifikationsrahmens für lebenslanges Lernen. KOM(2006) 479. – Brüssel.
MURRAY, T. S./CLERMONT, Y./BINKLEY, M. (Eds.) (2005): Measuring Adult Literacy and Life Skills. -Ottawa.
NORTON, R. E. (1997): DACUM Handbook. – Columbus: Ohio State University.
NORTON, R. E. (2000): DACUM: Curriculum for the High Performance Workplace. In: KOHN, G./RÜTZEL, J./SCHRÖTER, H.-G./ZIEHM, S. (Eds.): Compatibility of Vocational Qualification Systems. – Berlin, pp. 180-193.
OECD (2003): Definition and Selection of Competencies: Theoretical and Conceptual Foundations (DeSeCo). Summary of the final report „Key Competencies for a Successful Life and a Well-Functioning Society". – Neuchâtel.
OECD (2004): PIAAC Draft Strategy Paper. Policy Objectives, Strategic Options and Cost Implications. -Stockholm.
OECD/Statistics Canada (1995): International Adult Literacy Study (IALS). – Paris.
OECD/Statistics Canada (2000): Literacy in the Information Age. Final Report of the International Adult Literacy Study (IALS). – Paris.
OECD/Statistics Canada (2005): Learning a Living. First Results of Adult Literacy and Life Skills Survey (ALL). – Paris.
REETZ, L. (1999): Zum Zusammenhang von Schlüsselqualifikationen – Kompetenzen – Bildung. In: TRAMM, D./SEMBILL, D./KLAUSER, F./JOHN, E. G. (Hrsg.): Professionalisierung kaufmännischer Berufsbildung. Beiträge zur Öffnung der Wirtschaftspädagogik für die Anforderungen des 21. Jahrhunderts. – Frankfurt a. M., S. 32-51.
RYCHEN, D. S./SALGANIK, L. H. (Eds.) (2003): Key Competencies for a Successful Life and Well-Functioning Society. – Göttingen.
ROTH, H. (1971): Pädagogische Anthropologie, Bd. 2. Entwicklung und Erziehung. Grundlagen einer Entwicklungspsychologie. – Hannover.
SCHAACK, K./TIPPELT, R. (Hrsg.) (1997): Strategien der internationalen Berufsbildung. Ausgewählte Aspekte. – Frankfurt a. M.
SCHEMMANN, M. (2007): Weiterbildungspolitische Orientierungen und Aktivitäten von inter- und supranationalen Organisationen seit den 1990er Jahren im Vergleich. – Bielefeld, in Druck.
TIPPELT, R. (2002a): Bildung in Entwicklungsländern und internationale Bildungsarbeit. In: TIPPELT, R. (Hrsg.): Handbuch Bildungsforschung. – Opladen.
TIPPELT, R. (2002b): Qualifizierungsoffensive oder Bildungsziele: Zur Spannung von „Allgemeiner Bildung", „spezialisierender Qualifizierung", „Schlüsselqualifikationen" und „Lernkompetenz". In: NUISSL, E./SCHIERSMANN, C./SIEBERT, H. (Hrsg.): Report 49. Literatur und Forschungsreport Weiterbildung Juni 2002. – Bielefeld, S. 48-58.
TIPPELT, R. (2003): Lebenslange Kompetenzentwicklung: Die Vernetzung von Schule, Erwachsenenbildung und Hochschule. In: Hessische Blätter für Volksbildung, Heft 1, S. 35-46.
TIPPELT, R./EDELMANN, D. (2003): DACUM (Developing a Curriculum). In: ERPENBECK, J./ROSENSTIEL, L. VON (Hrsg.): Handbuch Kompetenzmessung. Erkennen, verstehen und bewerten von Kompetenzen in der betrieblichen, pädagogischen und psychologischen Praxis. – Stuttgart, S. 563-584.
TIPPELT, R./MANDL, H./STRAKA, G. A. (2003): Entwurf und Erfassung von Kompetenz in der Wissensgesellschaft – Bildungs- und wissenstheoretische sowie methodische Perspektiven. In: GOGOLIN, I./TIPPELT, R. (Hrsg.): Innovation durch Bildung. – Opladen, S. 349-369.
TIPPELT, R./VAN CLEVE, B. (1995): Verfehlte Bildung? Bildungsexpansion und Qualifikationsbedarf. – Darmstadt.

WEINERT, F. E. (1998): Vermittlung von Schlüsselqualifikationen. In: MATALIK, S./SCHADE, D. (Hrsg.): Entwicklungen in Aus- und Weiterbildung – Anforderungen, Ziele, Konzepte (Beiträge zum Projekt „Humanressourcen"). – Baden Baden, S. 23-43.
WEINERT, F. E. (1999): Concepts of Competence. Contribution within the OECD project. – Neuchâtel.
WILLKE, H. (1998): Systemisches Wissensmanagement. – Stuttgart.

Anschriften der Verfasser: Prof. Dr. Rudolf Tippelt, Ludwig-Maximilians-Universität München, Institut für Pädagogik, Leopoldstr. 13; 80802 München; E-Mail: tippelt@edu.uni-muenchen.de; Dr. Doris Edelmann, Ludwig-Maximilians-Universität München & Pädagogische Hochschule Zürich, Rämistr. 59, CH-8090 Zürich; E-Mail: doris.edelmann@phzh.ch

IV ERFASSUNG VON KOMPETENZEN

Detlev Leutner/Jens Fleischer/Christian Spoden/Joachim Wirth

Landesweite Lernstandserhebungen zwischen Bildungsmonitoring und Individualdiagnostik

Zusammenfassung
Landesweite Lernstandserhebungen und Vergleichsarbeiten sind in Deutschland gewöhnlich Instrumente der Selbstevaluation in Schulen. Am Beispiel von Nordrhein-Westfalen wird anhand von Kompetenzdaten der landesweit vollständigen Jahrgangsstufe 9 (ca. 200 000 Schülerinnen und Schüler) aus den Jahren 2004 und 2005 für die Fächer Deutsch, Englisch und Mathematik vorgestellt, wie die Testinstrumente und die Durchführung von Lernstandserhebungen sowie die Rückmeldung der Ergebnisse in den Schulen so gestaltet werden können, dass sie psychometrischen Mindestanforderungen gerecht werden, kriteriale Vergleiche auf Klassenebene und „faire" soziale Vergleiche der Klassen mit den jeweiligen Schulformen erlauben und innerhalb von Schulen Prozesse der Schul- und Unterrichtsentwicklung anstoßen können.

Schlüsselwörter: Lernstandserhebungen; Vergleichsarbeiten; Selbstevaluation; Bildungsmonitoring; Kompetenzdiagnostik

Summary
State-wide Standardized Assessments of Learning Between Educational Monitoring and Individual Diagnostics
In Germany, state-wide standardized assessments of learning are usually instruments of self-evaluation within schools. Using the German federal state of North Rhine-Westphalia as an example and based upon data on competencies of all (c. 200 000) students of grade 9 of the years 2004 and 2005 in German, English, and Mathematics, we will present how the test instruments and the test administration as well as the feedback of test results to schools can be designed in such a way that psychometric standards are met, standards-based comparisons on class-level and "fair" social comparison on inter-class level are reasonably possible, and processes of school and instructional development can be initiated.

Keywords: educational system monitoring; large-scale assessment of competencies; self-evaluation; competency diagnostics; comparative studies

1 Einleitung

Landesweite Lernstandserhebungen sind eine Konsequenz der von der deutschen Kultusministerkonferenz (KMK) auf den Weg gebrachten Umorientierung von einer Input- zu einer Output-Steuerung des Bildungssystems. Ausgangspunkt dieser Umorientierung waren die Ergebnisse der internationalen Schulleistungsvergleichsstudien TIMSS II (BAUMERT et al. 1997) und PISA 2000 (BAUMERT et al. 2001; BAUMERT et al. 2002), bei denen die deutschen Schülerinnen und Schüler im Vergleich der OECD-Staaten deutlich schlechter abschnitten als erwartet. Als Reaktion auf TIMSS II hat die KMK im Oktober 1997 in den „Konstanzer Beschlüssen" die Qualitätssicherung im deutschen Schulwesen zu einem zentralen Thema gemacht (siehe KMK 1997).

Als Reaktion auf die Ergebnisse von PISA 2000 legte die KMK im Dezember 2001 schließlich sieben vorrangige Handlungsfelder fest (siehe KMK 2001). Im Rahmen der Umsetzung von Punkt 5 („Maßnahmen zur konsequenten Weiterentwicklung und Sicherung der Qualität von

Unterricht und Schule auf der Grundlage von verbindlichen Standards sowie eine ergebnisorientierte Evaluation") wurden sodann von der KMK Bildungsstandards entwickelt (siehe KMK 2005; vgl. auch KLIEME et al. 2003) und das „Institut zur Qualitätsentwicklung im Bildungswesen" (IQB) mit dem primären Ziel gegründet, die Bildungsstandards zu normieren und zu überprüfen (vgl. KMK 2005; IQB 2007). Mit den „Plöner Beschlüssen" hat die KMK schließlich im Juni 2006 eine Gesamtstrategie zum Bildungsmonitoring beschlossen, in welcher der „Dreiklang aus mehr Eigenständigkeit für Schulen bei gleichzeitiger Vorgabe verbindlicher Standards und bei regelmäßiger Evaluation" betont wird (KMK/IQB 2006, S. 5).

Neben der KMK ergreifen auch die Bundesländer spezifische Maßnahmen zur Weiterentwicklung und Sicherung der Qualität von Unterricht und Schule. So wurden in Nordrhein-Westfalen (NRW) z. B. das Zentralabitur und zentrale Prüfungen zum mittleren Bildungsabschluss und zum Hauptschulabschluss sowie das Instrument der Schulinspektion eingeführt. Darüber hinaus werden in NRW seit 2004 landesweite Lernstandserhebungen und Vergleichsarbeiten durchgeführt, und zwar in der Grundschule (Vergleichsarbeiten „VERA4" in der 4. bzw. seit 2007 "VERA3" in der 3. Klasse; Fächer Deutsch und Mathematik; vgl. HELMKE/HOSENFELD 2003a, 2003b) wie auch in der Sekundarstufe I (Lernstandserhebungen „LSE9" in der 9. bzw. seit 2007 "LSE8" in der 8. Klasse; Fächer Deutsch, Englisch und Mathematik; vgl. BURKARD/PEEK 2004; ORTH 2005; PEEK et al. 2006). Die Lernstandserhebungen zielen auf die in den Kerncurricula der einzelnen Fächer festgelegten Schülerkompetenzen, die sich wiederum an den Bildungsstandards der KMK orientieren.

2 Charakteristika landesweiter Lernstandserhebungen am Beispiel Nordrhein-Westfalen

Landesweite Lernstandserhebungen setzen den KMK-Auftrag um, auch in den Bundesländern „Maßnahmen zur konsequenten Weiterentwicklung und Sicherung der Qualität von Unterricht und Schule auf der Grundlage von verbindlichen Standards sowie eine ergebnisorientierte Evaluation" (KMK 2001) zu entwickeln. „Landesweit" bedeutet, dass alle Schülerinnen und Schüler eines Jahrgangs (in NRW Klassenstufe 9 bzw. 8 mit ca. N = 200 000 Personen aus ca. 2 000 Schulen) an den Lernstandserhebungen teilnehmen.

Ziel der Lernstandserhebungen in NRW ist es, Schul- und Unterrichtsentwicklung anzustoßen. Adressat der Erhebungsergebnisse sind die Schulen und die dort tätigen Lehrkräfte (vgl. BURKARD/PEEK 2004; ORTH 2005; PEEK et al. 2006). Zur Umsetzung dieses Zieles erhalten die Schulen des Landes hochwertige Testinstrumente, mit deren Hilfe sie ihre Schülerinnen und Schüler in ausgewählten Kompetenzbereichen der Fächer Deutsch, Englisch und Mathematik im Hinblick auf sowohl kriteriale als auch soziale Bezugsnormen verorten können. Die Tests werden zentral entwickelt (vgl. FLEISCHER/WIRTH/LEUTNER 2007; LEUTNER/WIRTH/FLEISCHER 2005), die Durchführung, Auswertung und Ergebnisinterpretation erfolgt dezentral in den Schulen. Daraus erwachsen hohe Anforderungen an die Akzeptanz des gesamten Verfahrens, da es sowohl fachdidaktischen als auch psychometrischen Mindestansprüchen genügen muss.

Landesweite Lernstandserhebungen liegen damit in mancherlei Hinsicht in einem Spannungsfeld (vgl. Tabelle 1) zwischen Kompetenzdiagnostik und Bildungsmonitoring. Kompetenzdiagnostik (vgl. KLIEME/LEUTNER 2006) ist ein Spezialfall der pädagogischen Diagnostik. Deren Ziel ist es, pädagogische Entscheidungen auf individueller Ebene vorzubereiten (z. B. eine Entscheidung zur Selektion eines Schülers oder einer Schülerin für und/oder zur Platzierung in einem bestimmten Förderprogramm; vgl. LEUTNER 2006). Demgegenüber hat Bildungsmonitoring (vgl. KMK/IQB 2006; siehe auch Konsortium Bildungsberichterstattung 2006) zum Ziel, politische Entscheidungen auf der Ebene des Schulsystems vorzubereiten, was letztendlich den Einsatz von

Tabelle 1: Zielsetzung und Fokus von Kompetenzdiagnostik, Lernstandserhebungen und Bildungsmonitoring

	Kompetenzdiagnostik	**Lernstandserhebung** (in NRW)	**Bildungsmonitoring** (der KMK)
Zielsetzung	Vorbereitung von Entscheidungen im Einzelfall (für Selektion und/oder Platzierung)	Vorbereitung pädagogischer, didaktischer und/oder curricularer Entscheidungen auf Schul- und Unterrichtsebene (Selbstevaluation)	Vorbereitung politischer Entscheidungen auf Schulsystemebene (Fremdevaluation)
Fokus	Inhaltliche Tiefe in einem Fachgebiet:	Erst Tiefe in einem Fachgebiet, dann Breite durch Abdeckung weiterer Fachgebiete eines Faches in den Folgejahren:	Fachliche Tiefe und zugleich fachliche Breite:
	– Traditionelles Testen; Stichprobe von Items	– Vollerhebung aller Personen; Stichprobe von Items	– Multiple-Matrix-Sampling; Stichprobe von Items und Stichprobe von Personen
	– Kompetenzschätzung des Individuums	– Kompetenzverteilung in Klassen, Schulen (keine Individualdiagnostik)	– Kompetenzverteilung in Bundesländern, Staaten (keine Individualdiagnostik, keine Aussagen auf Schul- und Klassenebene)

Methoden der Fremdevaluation erforderlich macht. Als Instrument der Schul- und Unterrichtsentwicklung verfolgen landesweite Lernstanderhebungen dagegen das Ziel, pädagogische, didaktische und curriculare Entscheidungen auf der Schul- und Unterrichtsebene vorzubereiten. Damit bereiten sie weder Entscheidungen auf individueller, noch auf Schulsystemebene vor. Zudem sind Lernstandserhebungen ein Instrument der Selbstevaluation: Sie werden dezentral in den Schulen von den Lehrerinnen und Lehrern selbst durchgeführt, kodiert und hinsichtlich ihrer Ergebnisse interpretiert.

Der Fokus individueller Kompetenzdiagnostik liegt darin (vgl. Tabelle 1), in einem eng definierten Kompetenzbereich eines Fachgebietes anhand einer großen Stichprobe geeigneter Items diagnostisch „in die Tiefe" zu gehen, um eine möglichst reliable und valide Schätzung der Kompetenz des Schülers oder der Schülerin vornehmen zu können. Dagegen liegt beim Bildungsmonitoring der KMK auf Systemebene der Fokus auf fachlicher Breite. Es geht darum, die Verteilung möglichst aller in den Bildungsstandards festgelegten Kompetenzen eines Faches national und auf Bundeslandebene festzustellen, wozu große Stichproben sowohl an Items als auch an Personen erforderlich sind. Dabei kommen Methoden des Multiple-Matrix-Samplings zum Einsatz, wie sie von TIMSS und PISA bekannt sind. Aussagen auf Individualebene sind beim Bildungsmonitoring nicht verlässlich möglich. Aussagen auf Schul- und Klassenebene sind ebenfalls in nur äußerst begrenztem Ausmaß möglich und dabei stark abhängig von der Stichprobengröße je Schule und Klasse.

Bei landesweiten Lernstandserhebungen liegt der Fokus zunächst zu einem Testzeitpunkt in einem Fachgebiet oder Kompetenzbereich eines Faches. Zeitlich später rückt bei nachfolgenden Testzeitpunkten dann die Breite über die verschiedenen Fachgebiete oder Kompetenzbereiche des jeweiligen Faches hinweg in den Blickpunkt. Dabei geht es darum, die Verteilungen der getesteten Kompetenzen in allen Klassen und in allen Schulen des Landes zu ermitteln. Aufgrund der durch die verfügbare Testzeit begrenzten Itemzahl sind individualdiagnostische Aussagen – wenn überhaupt – nur mit sehr eingeschränkter Verlässlichkeit möglich.

3 Spezifische Herausforderungen landesweiter Lernstandserhebungen und in Nordrhein-Westfalen verfolgte Lösungsansätze

Landesweite Lernstandserhebungen stellen die Bundesländer vor spezifische Herausforderungen, die sich deutlich von den Herausforderungen unterscheiden, die aus der Individualdiagnostik und dem Bildungsmonitoring bekannt sind. Hauptsächliche Ursache für die für Lernstandserhebungen spezifischen Herausforderungen ist die Tatsache, dass die Testung aller Schülerinnen und Schüler eines Jahrgangs von den Lehrkräften in den Schulen vor Ort selbst durchgeführt, kodiert und hinsichtlich der Ergebnisse auch selbst interpretiert werden. Der Einsatz geschulter externer Testleiter entspricht nicht dem Gedanken der Selbstevaluation und ist zudem in einem großen Flächenland wie NRW kaum realisierbar. Das bedeutet aber, dass das gesamte Verfahren von den Lehrkräften akzeptiert werden muss. Darüber hinaus müssen die einzusetzenden Tests so konstruiert werden, dass ungeübte Testleiter damit angemessen umgehen können und Mindeststandards im Hinblick auf Objektivität, Reliabilität und Validität der Ergebnisse eingehalten werden. Nur so werden sinnvolle kriteriale und soziale Vergleiche überhaupt erst ermöglicht.

3.1 Akzeptanz als Voraussetzung für dezentrale Lernstandserhebungen

Bei den Lernstandserhebungen in NRW erhalten die Schulen hochwertige Testinstrumente. Die Lehrkräfte erheben und kodieren die Schülerkompetenzen selbst, lassen die Ergebnisse zentral per IRT-Skalierung (vgl. HAMBLETON/SWAMINATHAN/ROGERS 1991) auswerten und diskutieren sie in den Fachkonferenzen. Die Testinstrumente sind so konstruiert, dass sie *leicht nachvollziehbare* kriteriale Vergleiche im Hinblick auf das Erreichen bestimmter Kompetenzniveaus ermöglichen, wobei die Kompetenzniveaus durch konkrete Aufgabenbeispiele inhaltlich beschrieben sind. Die Testinstrumente ermöglichen darüber hinaus auch *leicht nachvollziehbare* soziale Vergleiche einer Klasse mit dem gesamten Jahrgang einer Schule und mit allen Schülerinnen und Schülern derselben Schulform im Bundesland, da alle Schülerinnen und Schüler einer Schulform unter Verzicht auf ein Multiple-Matrix-Erhebungsdesign (wie es beim Bildungsmonitoring zum Einsatz kommt; siehe oben) identisches Testmaterial bearbeiten. Diese sozialen Vergleiche sind insofern als „fair" anzusehen, als sie sich an Schul-„Standorttypen" (siehe unten) orientieren und auf diese Weise die Eingangsselektivität der Schülerschaft berücksichtigen.

All dies sind Maßnahmen, von denen erwartet werden kann, dass sie die Akzeptanz der landesweiten Lernstandserhebungen in NRW als Instrument der Selbstevaluation erhöhen. Dennoch werden die Lernstandserhebungen von einigen Lehrkräften eher als Instrument der Fremdevaluation angesehen (was auch nicht vollständig abwegig ist, da die Schulen ihre Ergebnisse der Schulaufsicht zu berichten haben). Das birgt jedoch die Gefahr, dass Lehrkräfte verleitet sind, die Ergebnisse der Tests zu „schönen". Dies hätte fatale Konsequenzen für die Validität der mit den Lernstandserhebungen intendierten kriterialen und sozialen Vergleiche, da nicht nur die Ergebnisse einzelner Klassen, sondern auch die für die sozialen Vergleiche herangezogenen Normwerte verzerrt würden.

Es ist anzunehmen, dass die Tendenz, Ergebnisse der Lernstandserhebungen zu „schönen", in dem Ausmaß zunimmt, wie die Ergebnisse „high-stakes"-Charakter bekommen (vgl. NICHOLS /BERLINER 2005, zu „Campbell's law": „The more any quantitative social indicator is used for social decision making, the more subject it will be to corruption pressures and the more apt it will be to distort and corrupt the social processes it is intended to monitor"; CAMPBELL 1975, S. 35). Der „high-stakes"-Charakter der NRW-Lernstandserhebungen war in den Jahren 2004 und 2005, über die hier berichtet wird, noch vergleichsweise gering, und auch die Akzeptanz der Lernstandserhebungen durch die Lehrkräfte ist bisher durchaus als zufrieden stellend anzusehen (vgl. BONSEN/BÜCHTER/PEEK 2007; KÜHLE/PEEK in Druck), so dass davon auszugehen ist, dass „Schönungs"-Tendenzen in Einzelfällen zwar nicht ausgeschlossen werden können, in großem Stil aber bisher nicht aufgetreten sein dürften.

3.2 Testkonstruktion

Die Konstruktion der bei den Lernstandserhebungen in NRW eingesetzten Tests basiert auf folgenden inhaltlichen Festlegungen: (1) Die Erhebungen erfolgen in den Fächern Deutsch, Englisch und Mathematik. (2) Tiefe kommt vor Breite (siehe oben): Innerhalb eines Faches werden zu jedem Messzeitpunkt unterschiedliche ausgewählte Kompetenzbereiche der Fächer erhoben, so dass über die Zeit hinweg die gesamte inhaltliche Breite der Fächer abgedeckt wird. (3) Die Tests sollen es im Rahmen moderner Item-Response-Theorien (vgl. EMBRETSON/REISE 2000; ROST 2004) ermöglichen, leicht kommunizierbare, kumulativ gestufte Kompetenzniveaus zu etablieren.

Die bei den Lernstandserhebungen in NRW eingesetzten Tests basieren auf den Kernlehrplänen des Landes, die sich wiederum an den nationalen Bildungsstandards der KMK orientieren. Damit sind die Lernstandserhebungen als Bemühungen in NRW anzusehen, die Bildungsstandards der KMK zu operationalisieren. Darüber hinaus schaffen die Lernstandserhebungen die Voraussetzungen, längerfristige Veränderungen zwar nicht auf Klassenebene, aber auf Schulebene über mehrere Jahrgänge hinweg zu erfassen.

Test- bzw. Aufgabenkultur der Fächer und die Vereinbarkeit von psychometrischer Testqualität und fachdidaktischem Nutzen der Ergebnisse. Bei den Lernstandserhebungen kommen Testinstrumente zur Erfassung von Kompetenzen zum Einsatz, welche die Qualitätskriterien der Objektivität, Reliabilität und Validität möglichst gut erfüllen sollen. Dabei liegt der psychometrische Fokus nicht auf einzelnen Aufgaben, sondern auf dem Test bzw. auf der Kompetenzskala und dem Test- bzw. Kompetenzskalenwert der Schülerinnen und Schüler. Die einzelnen Aufgaben interessieren nur insofern, als sie – im Rahmen eines spezifischen Testmodells – einen Beitrag zur Erfassung des Test- oder Kompetenzskalenwertes leisten (Kriterium der Trennschärfe). Diese psychometrische Herangehensweise an die Konstruktion von Testmaterial ist Lehrkräften (und teilweise auch in den Fachdidaktiken) wenig geläufig. Deren Fokus liegt in der Regel nicht auf dem Test oder der Kompetenzskala, sondern auf einzelnen Aufgaben, die fachlich interessant und herausfordernd sein sollten. Entsprechend werden von Lehrkräften bei Lernstandserhebungen Aufgaben erwartet, wie sie auch in Klassenarbeiten zum Einsatz kommen und die Aufgabenkultur des jeweiligen Faches repräsentieren: eher wenige und dabei eher komplexe Aufgabenstellungen mit entsprechend komplexen Kodierungsschemata anstelle von vielen, auf eine spezifische Kompetenz abzielenden, hierarchisch gestuften, lokal stochastisch unabhängigen Aufgaben, die geeignet sind, eine Kompetenzskala zu etablieren.

Der Lösungsansatz bei den Lernstandserhebungen in NRW besteht darin, innerhalb der Fächer Deutsch, Englisch und Mathematik, unter Einbeziehung von Lehrkräften, Fachdidaktik und Psychometrie, Expertengruppen zu bilden. Deren Aufgabe besteht nicht nur darin, möglichst viele Testaufgaben zu produzieren, sondern unter Beachtung der Fachkultur des jeweiligen Faches Kompetenzskalen zu konstruieren, die dem ein-parametrischen Rasch-Modell entsprechen (vgl. RASCH 1960; ROST 2004). Dabei ist der Psychometrie, bei grundsätzlich angenommener Kompromissbereitschaft, ein Veto-Recht eingeräumt, so dass garantiert werden kann, dass psychometrische Mindeststandards der Testgüte eingehalten werden, deren Missachtung das Erreichen der mit den Lernstandserhebungen verfolgten Ziele gefährden würde. Kompromissbereitschaft zeigt sich z. B. daran, dass in Einzelfällen auch fachdidaktisch gewünschte Einzelaufgaben ohne psychometrischen Kompetenzmessungsanspruch zugelassen worden sind, sofern sie – als Mindestanspruch – hinreichend objektiv ausgewertet werden können (z. B. Wortschatz Englisch oder Rechtschreibung Deutsch).

Sicherung der psychometrischen Qualität der Kompetenzskalen. Vor dem Hintergrund unterschiedlicher Interessenlagen (fachspezifische Aufgabenkultur vs. Psychometrie) ist es schwierig, Tests zu konstruieren, die allen, insbesondere auch den psychometrischen Ansprüchen gerecht werden. Bei den Lernstandserhebungen in NRW wurde folgende Vorgehensweise gewählt: Die von den Lehrkräften und Fachdidaktikern mit psychometrischer Beratung entwickelten Aufgaben werden zunächst in Schulklassen informell erprobt, um ihr Schwierigkeitsniveau grob abzuschätzen und die Kodieranleitung zu prüfen. In einer Pilotstudie je Fach werden sodann ca. dreimal so viele Aufgaben, wie im Lernstandserhebungstest benötigt werden, unter möglichst realen Einsatzbedingungen ca. 2000 Schülerinnen und Schülern aus ca. 80 Schulen anhand eines Multiple-Matrix-Designs zur Bearbeitung vorgelegt, wobei die Testdurchführung, die Testauswertung und die Übermittlung der Ergebnisse via Internet von ungeübten Lehrkräften vorgenommen werden.

Bei der zentralen Auswertung der Pilotstudiendaten durchlaufen die Aufgaben eine Sequenz von zwei Filtern. In einem ersten Filter wird geprüft, ob die Aufgaben hinreichend objektiv ausgewertet werden. Zu diesem Zweck wird eine Stichprobe von bereits in den Schulen dezentral ausgewerteten Testheften einer Zweitkodierung unterzogen. Für die Haupterhebung werden nur solche Aufgaben beibehalten, bei denen die Übereinstimmung der beiden Kodierungen, operationalisiert als schwach monotone Korrelation ordinal skalierter Variablen und quantifiziert über den Koeffizienten Gamma (vgl. WOODS 2007), größer als .70 ist. Die Wahl des Übereinstimmungskoeffizienten fiel auf Goodman und Kruskals Gamma (als sinnvolle Alternative zu Cohens Kappa), um einerseits der ordinalen Struktur der Kodierungsschemata gerecht zu werden und andererseits Unterschiede in der allgemeinen Milde bzw. Strenge von Beurteilern zuzulassen. Das Zulassen unterschiedlicher Milde bzw. Strenge entspricht dem Gedanken der Selbstevaluation und ist auch in Bezug auf den sozialen Vergleich möglich, da bei Erhebungen ohne „highstakes"-Charakter lediglich unsystematische Verzerrungen in beide Richtungen auftreten, die bei der Berechnung der Referenzverteilungen nicht ins Gewicht fallen. In einem zweiten Filter wird sodann anhand eines iterativen Verfahrens geprüft, welche Aufgaben bzw. Items hinreichend gut im ein-parametrischen Rasch-Modell eindimensional skalierbar sind. Als Kriterium hierfür wird der Weighted Mean-Square (Infit) herangezogen, der die tatsächlich beobachteten Lösungshäufigkeiten der Aufgaben mit den auf Grundlage des Models berechneten Lösungswahrscheinlichkeiten vergleicht (siehe WU/ADAMS/WILSON 1998). Dem Vorgehen bei PISA 2000 entsprechend (siehe ADAMS 2002) werden für die Haupterhebung nur Aufgaben beibehalten, deren Infit zwischen 0.8 und 1.2 liegt. Das Ziel der Pilotierung besteht darin, eine hinreichend große Menge an Aufgaben je Kompetenzskala beibehalten zu können, die das gesamte Kompetenzspektrum abdecken und sowohl im unteren als auch im oberen Kompetenzbereich noch ausreichend Information bereitstellen.

3.3 Datenerhebung, Kodierung und Datenverarbeitung

Wie schon mehrfach angesprochen, werden bei den Lernstandserhebungen in NRW keine externen Testleiter eingesetzt, sondern die Erhebung und Kodierung der Daten erfolgt durch ungeübte Lehrkräfte vor Ort in den ca. 2000 Schulen des Landes. Dabei wird den Schulen hinreichend kommuniziert, dass sie qualitativ hochwertige Testinstrumente erhalten und es letztendlich bei ihnen selbst liegt, wie sie damit umgehen. Dennoch ist es – bei aller Selbstverantwortlichkeit – im Hinblick auf die Ermöglichung kriterialer und sozialer Vergleiche (siehe zuvor) unabdingbar, dass Mindeststandards der Objektivität, Reliabilität und Validität eingehalten werden.

Bezüglich der Objektivität lässt sich der Aspekt der Auswertungsobjektivität empirisch prüfen. Durchführungs- und Interpretationsobjektivität dagegen lassen sich bei den Lernstandserhebungen in NRW kaum prüfen; es ist aber anzunehmen, dass diese durch Instruktion positiv beeinflusst werden können, die auf Akzeptanz der Erhebungen durch die Lehrkräfte und Schulen abzielt (z. B. durch die administrative Zusicherung von Sanktionsfreiheit bei „schlechtem" Abschneiden; vgl. die Ausführungen zuvor zu „Campbell's Law"). Im Folgenden werden exemplarisch Probleme der Auswertungsobjektivität bei komplexen Aufgabenstellungen im Fach Deutsch sowie Hinweise auf die Konstrukt- und Kriteriumsvalidität der eingesetzten Kompetenzskalen vorgestellt.

Kodierung komplexer Aufgabenbearbeitungen (Beispiel Deutsch: Schreiben). Die Erfassung von Schreibkompetenz stellt bei landesweiten Lernstandserhebungen eine große Herausforderung dar. So wurden bei den ersten Lernstandserhebungen 2004 in NRW im Fach Deutsch vier Schreibaufgaben A1 bis A4 pilotiert, wobei die Schreibproduktionen der Schülerinnen und Schüler je Aufgabe anhand von sechs Beurteilungskriterien (Dimensionen) mit jeweils vierfach abgestuften hoch inferent einzuschätzenden Lösungsniveaus zu beurteilen waren (siehe Tabelle 2). Betrachtet man die Schreibaufgaben als Skala und die Beurteilungsdimensionen als Items, erhält man bei der Auswertung je Schüler vier Skalen à sechs Items. Berechnet man dann die interne Konsistenz der Skalen, ergeben sich Werte von Cronbachs alpha > .90, was unerwartet hohe Reliabilitäten indiziert (Tabelle 3). Berechnet man jedoch für jede Schreibaufgabe (Skala) die Objektivität der Urteile auf den jeweils sechs Dimensionen (Items), operationalisiert als Korrelation der Erstkodierung durch die Lehrkräfte in den Schulen und der unabhängigen Zweitkodierung durch Beauftragte des Landesinstituts, dann ergeben sich je nach Schreibaufgabe erstaunlich niedrige mittlere Werte von $.39 \leq$ gamma $\leq .67$, die deutlich unter dem Selektionskriterium gamma $\geq .70$ liegen und – trotz der hohen Reliabilität – eine sehr niedrige Auswertungs-Objektivität indizieren. Bei den Lernstandserhebungen 2004 führte dies dazu, dass für die Schreibaufgaben keine vergleichenden Ergebnisrückmeldungen an die Schulen erfolgten.

Die hohe Reliabilität, jedoch niedrige Objektivität der Schreibaufgabenauswertung, ist nur auf den ersten Blick widersprüchlich. Der Widerspruch lässt sich anhand eines vergleichsweise einfachen zweistufigen Urteilsmodells auflösen, welches beschreibt, wie Lehrkräfte bei der Beurteilung der Schreibaufgaben vorgehen können: Im ersten Schritt wird die Schreibproduktion eines Schülers gelesen und zunächst global beurteilt (z. B. Anforderung insgesamt nicht erfüllt, ... grundlegend erfüllt, ... angemessen erfüllt, ... in hohem Maße erfüllt). Im zweiten Schritt werden dann Urteile für die sechs einzelnen Urteilsdimensionen generiert, wobei bei jeder Dimension das (ggf. durch eine Tendenz zur Milde oder Strenge verschobene) Globalurteil als Ausgangspunkt dient und (nur bei den Schreibproduktionen weniger Schülerinnen oder Schülern der Klasse) geringfügig nach oben oder unten korrigiert wird. Ein solches Urteilsmodell kann die beobachteten Reliabilitäts- und Objektivitätswerte gut erklären: Hohe interne Konsistenz ergibt sich, weil Beurteiler und Beurteilungsdimension bei gegebenem Globalurteil nur sehr gering (statistisch) interagieren, und niedrige Objektivität ergibt sich, weil unterschiedliche Beurteiler bei denselben Schreibproduktionen zu sehr unterschiedlichen Globalurteilen kommen.

Lösen lässt sich dieses Problem, indem Kodierschemata für Beurteilungsdimensionen mit niedrig inferenten Kriterien und ggf. auf ja-/nein-Urteile reduzierten Einschätzungen eingesetzt werden. Tabelle 4 zeigt ein Beispiel zur modifizierten Beurteilungsdimension „Gehalt, Substanz, Ideen". Die Dimension war bei den Lernstandserhebungen 2004 bei Deutsch-Schreibaufgaben auf einer von vier hoch inferent einzuschätzenden Lösungsstufen zu beurteilen (vgl. Tabelle 2).

Tabelle 2: Auszug aus der Kodierungsanleitung Deutsch-Schreiben LSE9-2004

Dimension	0 – nicht erfüllt	1 – grundlegend erfüllt	2 – angemessen erfüllt	3 – in hohem Maße erfüllt
1. Gehalt, Substanz, Ideen	– nennt nur wenige und begrenzte Ideen – lässt wichtige Aspekte aus	– entwickelt mehrere Ideen zum Thema – beachtet dabei mehrere Aspekte des Themas	– führt Ideen zu verschiedenen Aspekten des Themas aus	– setzt sich aspektreich/differenziert mit dem Thema auseinander
2. Aufbau, Gedankengang, Gliederung, Struktur, Zusammenhang, Verwendung funktionaler Textmuster (berichten, erzählen, argumentieren ...), Stringenz	– Aussagen unzusammenhängend und widersprüchlich – bezieht Ideen nicht auf eine Gesamtidee – nutzt die Möglichkeiten des Textmusters nicht – leitet nicht in das Thema ein und schließt es nicht ab	– bezieht Ideen zumeist auf eine Gesamtidee – entfaltet seine Gedanken zum Teil mit Begründungen und Beispielen – nutzt einige Möglichkeiten des Textmusters – formuliert einleitende und abschließende Absätze	– hält den eigenen Gedankengang über den größten Teil des Textes durch – bezieht Gedanken begründend aufeinander – ordnet Gedan-ken nach einem Ordnungsprinzip (z. B. folgernd, antithetisch, chronologisch ...) – nutzt Möglichkeiten einschlägiger Textmuster	– entwickelt begründete, sachlogische und ganzheitliche Gedankengänge – unterscheidet Leitideen und Einzelheiten klar – verbindet einzelnen Aussagen mit der Gesamtaussage – nutzt die Möglichkeiten einschlägiger Textmuster sicher und selbstständig
...	...	...	...	...

Tabelle 3: Interne Konsistenz (alpha) und Auswertungs-Objektivität (mittleres Item-Gamma) der Schreibaufgaben (LSE9-2004, Pilotierung)

Schreibaufgabe	Interne Konsistenz alpha	Mittleres Item-Gamma
A 1	.94	.57
A 2	.91	.67
A 3	.92	.54
A 4	.93	.39

Bei den Lernstandserhebungen 2005 wurden die vier Lösungsstufen durch insgesamt 27 niedrig inferent als „erfüllt/nicht erfüllt" einzuschätzende Aspekte (Items) ersetzt. Auch wenn die fachdidaktische Akzeptanz eines solchen Kodierschemas geringer sein mag, lässt sich auf diese Weise nicht nur eine hohe Reliabilität von .87 (in diesem Fall aufgrund des in der Pilotierung 2005 verwendeten Multiple-Matrix-Designs berechnet als „person separation reliability" der Rasch-Skala; siehe Tabelle 6), sondern auch eine zufrieden stellende Objektivität (in diesem Fall .72 als mittleres Item-Gamma) erzielen, so dass die Deutsch-Schreibaufgaben bei den Lernstandserhebungen

Tabelle 4: Auszug aus der Kodierungsanleitung Deutsch-Schreiben LSE9-2005
(Schreibaufgabe „Ich – ein Original?!"; Auswertung der auch bei LSE9-2004 pilotierten Dimension „Gehalt, Substanz, Ideen")

Entscheidend ist jeweils, dass der Aspekt überhaupt bearbeitet wurde: Die Schülerin bzw. der Schüler ...	Erfüllt	Nicht erfüllt
1. hat einen Text ausgewählt (Angabe der Textnummer).	❏	❏
2. macht **überhaupt Ausführungen zur Aufgabe** (mindestens Satzfragmente oder Auflistungen).	❏	❏
3. **bezieht** diese Ausführungen erkennbar **auf den ausgewählten Text**.	❏	❏
4. spricht **mindestens einen inhaltlichen Aspekt** eines der Texte an (auch unbegründet oder in Auflistung bzw. stichwortartig).	❏	❏
5. spricht **mindestens einen sprachlichen Aspekt** eines Textes an (auch unbegründet oder in Auflistung bzw. stichwortartig).	❏	❏
...	❏	❏
27. **begründet**, warum der gewählte Text gerade als Plakat (v. a.) für **Jugendliche geeignet ist** (Akzent: Beachtung, dass der Text auf einem Plakat für Jugendliche stehen soll/Adressatenorientierung).	❏	❏

Tabelle 5: Auswertungsobjektivität der Kompetenzskalen-Items

	Mittleres Item-Gamma	
	LSE9-2004	LSE9-2005
Mathematik	.91	.98
Deutsch (Leseverstehen)	.82	> .90[3]
Deutsch (Zuhören und Verarbeiten)	–[1]	.90
Deutsch (Schreiben)	< .70[2]	.72
Englisch (Hörverstehen)	–[1]	> .90[3]
Englisch (Schreiben)	< .70[2]	.72
Englisch (Leseverstehen)	.80	–[1]

Anmerkungen:
[1] nicht erhoben,
[2] keine Rückmeldung von Ergebnissen an die Schulen,
[3] nur in der Pilotierung überprüft.

2005 zum Einsatz kommen konnten. Tabelle 5 zeigt, dass bei allen Kompetenzskalen die Auswertungs-Objektivität der Items von 2004 nach 2005 erhöht werden konnte.

Evidenz für die Konstruktvalidität der Kompetenzskalen. Abbildung 1 zeigt, dass die bei den Lernstandserhebungen 2005 eingesetzten Kompetenzskalen in systematischer Weise miteinander korrelieren, was Evidenz für die Konstruktvalidität der Testinstrumente darstellt. Die Abbildung visualisiert, als Ergebnis einer nichtmetrischen multidimensionalen Skalierung (Punkte repräsentieren Testinstrumente; je kleiner die Distanz zweier Punkte, desto größer die Korrelation der Testinstrumente; vgl. BORG/GROENEN 2005), die Struktur der Korrelationsmatrix aus Tabelle 6 als eine „Radex"-Struktur (vgl. SHYE/ELIZURE/HOFFMAN 1994) mit dem Fach (Deutsch, Englisch und Mathematik) als ungeordnete „Circumplex-Facette" (die „Tortenstück"-Regionen in Abbildung 1 definierend) und der Kompetenz (rezeptives Lesen, rezeptives Hören, produktives

Abbildung 1: Radex-Struktur der Kompetenzskalen LSE9-2005 (nicht-metrische multidimensionale Skalierung der Korrelationsmatrix in Tabelle 6; Fit-Index „stress" < .001)

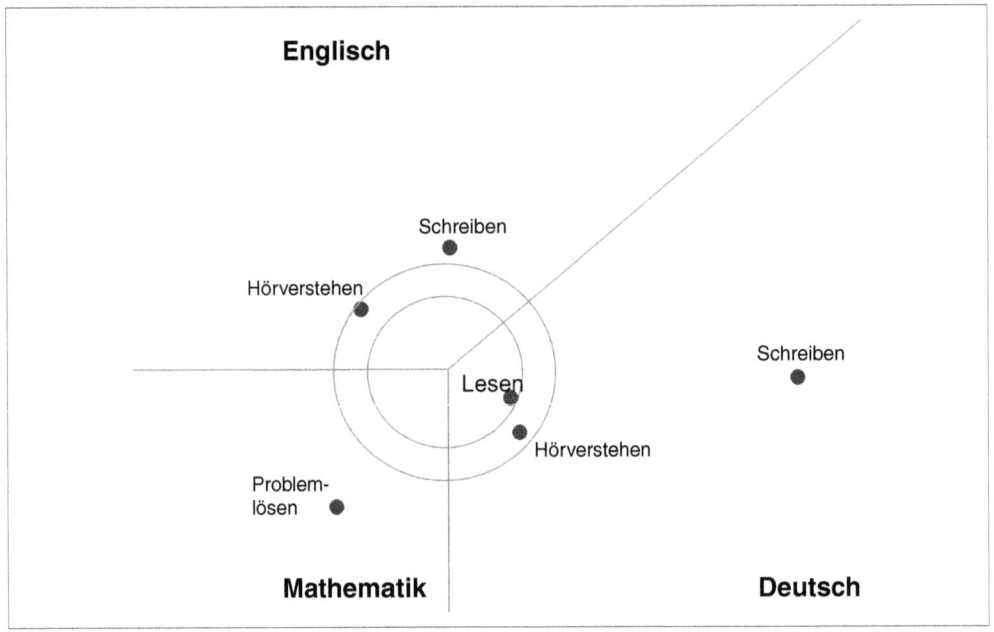

Tabelle 6: Korrelationen (Reliabilitäten) der Kompetenzskalen (LSE9-2005)

	Deutsch-Lesen	Deutsch-Schreiben	Deutsch-Hörverst.	Englisch-Hörverst.	Englisch-Schreiben	Mathematik-Problemlösen
Deutsch-Lesen	(.84)					
Deutsch-Schreiben	.54	(.87)				
Deutsch-Hörverst.	.70	.51	(.83)			
Englisch-Hörverst.	.63	.40	.57	(.82)		
Englisch-Schreiben	.64	.47	.56	.67	(.95)	
Mathematik-Problemlösen	.60	.38	.55	.57	.51	(.84)

Anmerkung:
Reliabilitäten der Kompetenzskalen („person separation reliability") in Klammern auf der Hauptdiagonalen; manifeste Produktmoment-Korrelationen der Personenfähigkeiten (WLE) unterhalb der Hauptdiagonalen.

Schreiben bzw. Problemlösen) als geordneter „Simplex-Facette" (die durch konzentrische Kreise getrennten Regionen in Abbildung 1 definierend). Mit anderen Worten: Sowohl das Fach als auch die Art der Kompetenz ist zu berücksichtigen, um die Korrelation der bei den Lernstandserhebungen 2005 eingesetzten Testinstrumente systematisch zu erklären.

Evidenz für die Kriteriumsvalidität der Kompetenzskalen. Abbildung 2 zeigt, dass die bei den Lernstandserhebungen 2004 in NRW eingesetzten Kompetenzskalen „Mathematik" und „Lesen" (Deutsch), die in der PISA-Studie 2000 mit den Kompetenzskalen „Mathematik" und „Lesen" für NRW festgestellten Schulformunterschiede (BAUMERT et al. 2002, 2003; Deutsches PISA-Konsortium o. J.) in systematischer Weise replizieren, was Evidenz für die Kriteriumsvalidität der Testinstrumente darstellt. Um die Ergebnisse der Lernstandserhebungen mit den Ergebnissen

Abbildung 2: Vergleich PISA 2000 (NRW) und Lernstandserhebungen LSE9-2004 für Mathematik und Lesen: Abweichung der Schulformen (Mittelwert) vom Mittelwert der Gesamtverteilung (in Einheiten der Standardabweichung der Gesamtverteilung; SD-Einheiten)

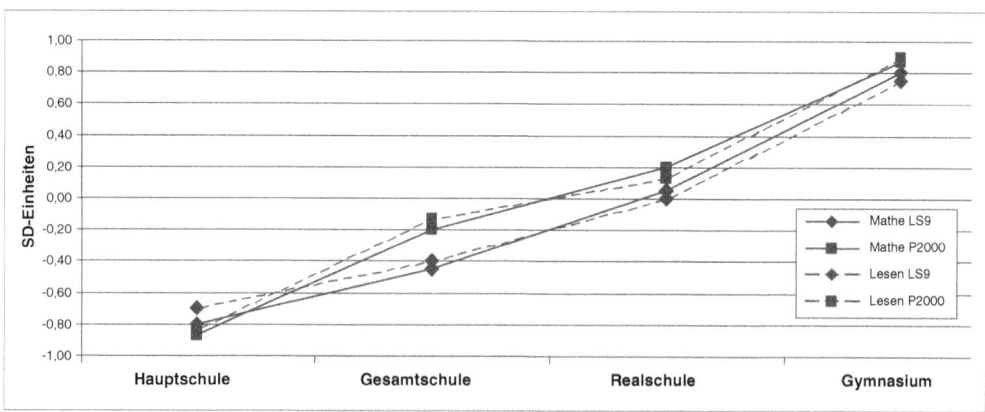

der PISA-Studie vergleichen zu können, sind die Kompetenz-Mittelwerte der Schulformen einer jeden Kompetenzskala in Abbildung 2 als Abweichung vom NRW-Mittelwert in Einheiten der Standardabweichung der jeweiligen Kompetenzskala dargestellt. Wie zu erwarten zeigt sich, dass die Gymnasien in beiden Studien und hinsichtlich beider Kompetenzen am besten abschneiden, gefolgt von den Realschulen, den Gesamtschulen und den Hauptschulen. Dabei fallen die Gesamtschulen etwas aus dem Rahmen: Bei der PISA-Studie liegen sie mit ihren durchschnittlichen Kompetenzen in Mathematik und Lesen etwas näher an den Realschulen, wohingegen sie bei den Lernstandserhebungen etwas näher an den Hauptschulen zu verorten sind. Dagegen sind die Kompetenzunterschiede zwischen den Gymnasien und Realschulen in beiden Studien in etwa gleich groß.

3.4 Rückmeldung von Ergebnissen

Lernstandserhebungen verstehen sich als ein Instrument der Schul- und Unterrichtsentwicklung. Diesen Zweck können sie nur erfüllen, wenn die Ergebnisse der Erhebungen den Schulen in geeigneter Weise rückgemeldet werden. Dass bedeutet insbesondere, dass die Rückmeldungen nicht nur verständlich sein sollten, sondern darüber hinaus auch in nachvollziehbarer Weise für angemessene Vergleiche nutzbar sein müssen.

Verständlichkeit und Nutzbarkeit der Ergebnisrückmeldung für angemessene Vergleiche. Die Ergebnisse der Lernstandserhebungen sollen die Schulen in die Lage versetzen, die Ergebnisse ihrer Klassen anhand kriterialer und sozialer Bezugsnormen zu vergleichen. Beim kriterialen Vergleich geht es darum, die von den Schülerinnen und Schülern erreichten Kompetenzen mit den in den Kernlehrplänen bzw. Bildungsstandards geforderten Kompetenzen zu vergleichen. Beim sozialen Vergleich geht es darum, die in der eigenen Klasse erreichten Kompetenzen mit denen anderer Gruppen von Schülerinnen und Schülern zu vergleichen, z. B. mit dem gesamten Jahrgang derselben Schule oder mit allen Schulen derselben Schulform im Bundesland.

Um den sozialen Vergleich „fair" zu gestalten, werden bei den Lernstandserhebungen in NRW so genannte Schul-„Standorttypen" verwendet, um Unterschiede in leistungsrelevanten Hintergrundmerkmalen der Schülerschaft zu berücksichtigen, die sich durch den Einzugsbereich der

Abbildung 3: Standorttyp-Fragebogen LSE9-2005 (Beispiel Hauptschule)

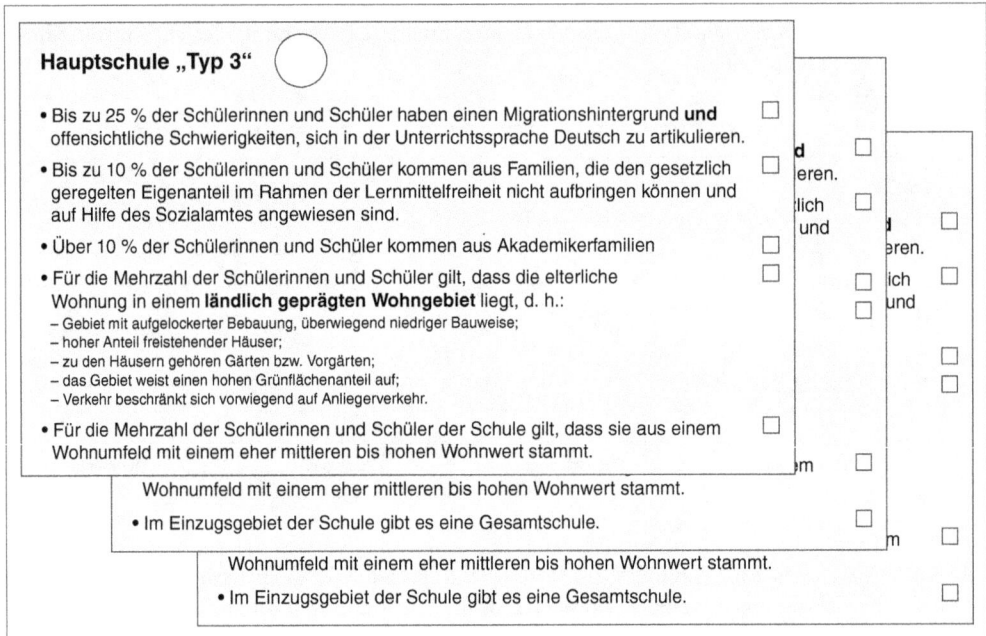

Schulen ergeben und auf die die Schulen keinen unmittelbaren Einfluss haben. Mit anderen Worten: Wenn eine Hauptschule ihre Schülerschaft überwiegend aus einem sozialen Brennpunkt rekrutiert, dann ist zu erwarten, dass auf Seiten der Schülerinnen und Schüler eher Kompetenzdefizite zu erwarten sind als bei einer Hauptschule, die ihre Schülerschaft aus einem anderen Einzugsgebiet rekrutiert. Um Schulen „faire" Vergleichsmöglichkeiten geben zu können und damit eine realistische Einschätzung der Qualität ihrer Arbeit zu ermöglichen, müssen leistungsrelevante Hintergrundmerkmale der Schülerschaft bei der Ergebnisrückmeldung angemessen berücksichtigt werden. In Ermangelung hinreichend geeigneter Daten aus der Schulstatistik und vor dem Hintergrund, dass es – anders z. B. als bei den PISA-Studien – bei den Lernstandserhebungen bisher nicht möglich gewesen ist, landesweit einen Elternfragebogen einzusetzen, ordnen sich die Schulen selbst anhand eines Kategoriensystems (Tabelle 7) einem von drei (Hauptschulen und Gesamtschulen) bzw. einem von zwei (Realschulen und Gymnasien) Standorttypen zu (Abbildung 3). Bei den Rückmeldungen der Ergebnisse besteht dann für die Schulen die Möglichkeit, die Kompetenzen ihrer Schülerinnen und Schüler nicht nur mit allen Schülerinnen und Schülern derselben Schulform zu vergleichen, sondern insbesondere auch mit Schulen derselben Schulform, die sich demselben Standorttyp zugeordnet haben und damit eine vergleichbare Zusammensetzung der Schülerschaft anzeigen.

Um sowohl die sozialen als auch die kriterialen Vergleiche verständlich zu gestalten, wird bei den Lernstandserhebungen in NRW darauf verzichtet, den Klassen und Schulen Mittelwerte der erreichten Kompetenzen zurückzumelden. Stattdessen werden, wie auch bei den PISA-Studien, die Aufgaben bzw. Items eines Faches oder Kompetenzbereiches zunächst Rasch-skaliert, und anschließend werden konsekutive Bereiche der Rasch-Skala als Kompetenzniveaus ausgewiesen (vgl. FLEISCHER/WIRTH/LEUTNER 2007). Jedes Kompetenzniveau wird fachdidaktisch kommentiert und durch exemplarische Aufgaben erläutert. Den Schulen werden dann für jedes Fach bzw. für jeden Kompetenzbereich die Kompetenzniveau-Verteilungen ihrer Klassen und der gesamten

Tabelle 7: Standorttypen LSE9-2005

Schulform	Standorttyp	Anteil von Schülerinnen & Schülern (in %) mit/aus			Mehrzahl der Schülerinnen und Schüler aus			Andere Schulen im Einzugsbereich der eigenen Schule
		Migrationshintergrund	Bezug von Sozialhilfe	Akademikerfamilien	Art des Wohngebietes	Wohnwert des Wohnumfeldes		
Hauptschule	1	> 50	> 20	nahe 0	großstädtisch (Ballungsraum)	eher gering		Gesamtschule vorhanden
	2	25-50	10-20	≤ 10	kleinstädtisch geprägt	eher mittel bis hoch		Gesamtschule vorhanden
	3	≤ 25	≤ 20	> 10	ländlich geprägt	eher mittel bis hoch		–
Gesamtschule	1	> 40	> 10	≤ 10	großstädtisch (Ballungsraum)	eher gering		–
	2	20-40	5-10	10-20	kleinstädtisch geprägt	eher mittel bis hoch		–
	3	≤ 20	≤ 5	> 20	ländlich geprägt	eher mittel bis hoch		–
Realschule	1	> 20	> 5	≤ 20	großstädtisch (Ballungsraum)	eher gering		–
	2	≤ 20	≤ 5	> 20	kleinstädtisch oder ländlich geprägt	eher mittel bis hoch		–
Gymnasium	1	> 15	> 5	≤ 40	großstädtisch (Ballungsraum)	eher gering		–
	2	≤ 15	≤ 5	> 40	kleinstädtisch oder ländlich geprägt	eher mittel bis hoch		–

Abbildung 4: Ergebnisrückmeldung LSE9-2005 (Beispiel für eine Klasse im Fach Mathematik)

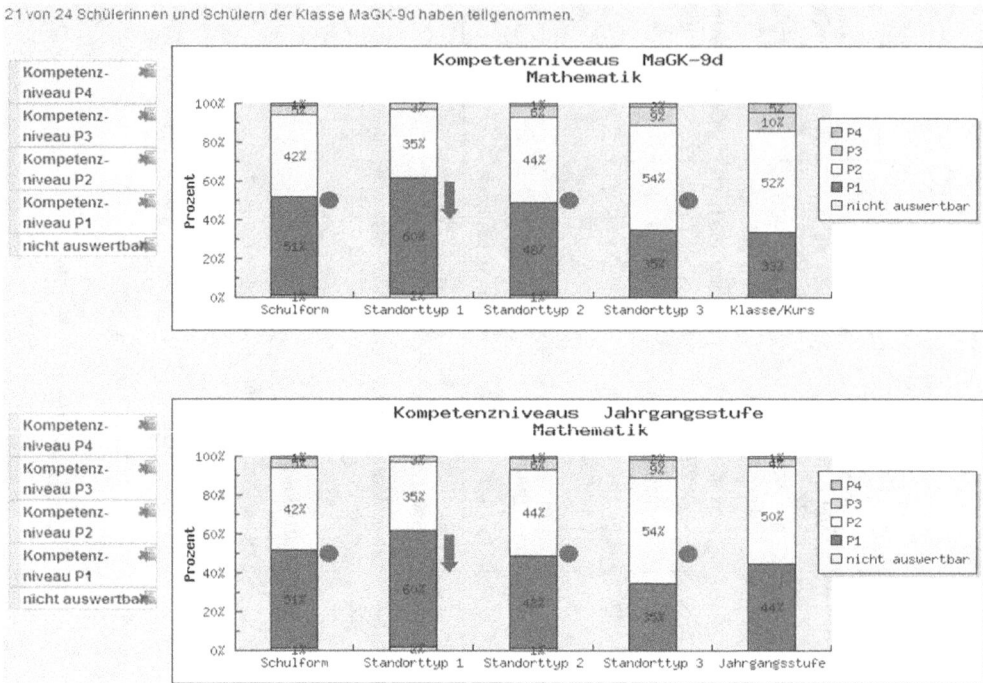

Jahrgangsstufe zurückgemeldet, ergänzt um die Kompetenzniveau-Verteilungen der jeweiligen Schulform und der zugehörigen Standorttypen als Referenzverteilungen für soziale Vergleiche. Abbildung 4 zeigt ein Beispiel für die Ergebnisrückmeldung einer Gesamtschule in Mathematik, die durch die Lehrkräfte der Schule über ein Passwort-geschütztes Internetportal auf dem nordrhein-westfälischen Lernstandsserver abrufbar ist (vgl. für ein fiktives Beispiel http://www.lernstand9.nrw.de/ls9web; Schulnummer: 850873; Schul-Kennwort: schule). Im oberen Teil der Abbildung sind die Ergebnisse des Grundkurses 9d dargestellt, im unteren Teil die Ergebnisse der gesamten Jahrgangsstufe der Schule. Angegeben ist die prozentuale Verteilung der Schülerinnen und Schüler auf die vier Kompetenzniveaus P1 (33%), P2 (52%), P3 (10%) und P4 (5%) zuzüglich einer Kategorie „nicht auswertbar" (0%). Am linken Rand sind die für den kriterialen Vergleich erforderlichen Erläuterungen zu den Kompetenzniveaus abrufbar (Definition und inhaltliche Beschreibung der Kompetenz, Beispielaufgaben, Bezüge zu den Lehrplänen und Hinweise auf typische Schülerfehler sowie Hinweise zur Weiterarbeit mit den eingesetzten Aufgaben). Für den „fairen" sozialen Vergleich sind die Kompetenzniveauverteilungen der drei Gesamtschul-Standorttypen und die Kompetenzniveauverteilung aller Schülerinnen und Schüler der Schulform Gesamtschule in NRW als Referenzverteilungen dargestellt. Die Punkte und Pfeile neben den Verteilungssäulen geben an, ob sich die jeweilige Referenzverteilung statistisch signifikant von der Kompetenzverteilung der Klasse bzw. Jahrgangsstufe unterscheidet: Ein Punkt zeigt an, dass die Referenzverteilung sich nicht unterscheidet; ein Pfeil nach unten (bzw. oben) zeigt an, dass die Referenzverteilung in ihrer zentralen Tendenz unter (bzw. über) dem Niveau der Klasse liegt; und ein Doppelpfeil zeigt an, dass das Niveau der Referenzverteilung sich zwar nicht vom Niveau der Klasse bzw. Jahrgangsstufe unterscheidet, wohl aber in Bezug auf die Streubreite (d. h. die Randkategorien sind stärker oder schwächer besetzt als in der Kompetenzverteilung der Klasse bzw. Jahrgangsstufe; vgl. auch PEEK/DOBBELSTEIN 2006a, 2006b). Dabei werden die Unterschiede im Niveau der Verteilungen anhand des U-Tests nach Mann und Whitney geprüft, Unterschiede in der Streubreite anhand des Rangdispersionstests nach Siegel und Tukey (vgl. FLEISCHER/WIRTH/LEUTNER 2007). Ansatzpunkt für die inferenzstatistische Prüfung ist die Modellvorstellung, dass die Klasse bzw. die Jahrgangsstufe sich als Zufallsstichprobe aus allen Schülerinnen und Schülern der jeweiligen Referenzgruppe rekrutiert und sich aus diesem Grund nicht von der Referenzgruppe unterscheiden sollte. Sollten sich dennoch über den Stichprobenfehler hinausgehende Unterschiede zeigen, indiziert durch Pfeile bzw. Doppelpfeile neben den Referenzverteilungen, dann liegt es nahe, diese Unterschiede als spezifische Eigenart der jeweiligen Klasse oder der jeweiligen Jahrgangsstufe zu interpretieren und im Kollegium über mögliche Ursachen nachzudenken.

3.5 Verwendung der Ergebnisse für die Schul- und Unterrichtsentwicklung

Das bei den Lernstandserhebungen in NRW gewählte Rückmeldeformat soll die Schulen des Landes auf der Basis kriterialer und „fairer" sozialer Vergleiche anregen, Prozesse der Schul- und Unterrichtsentwicklung in Gang zu setzen. Um den diesbezüglichen Aufforderungscharakter zu

Abbildung 5: Erläuterungen zur Ergebnisrückmeldung LSE9-2005 (Beispiel Mathematik)

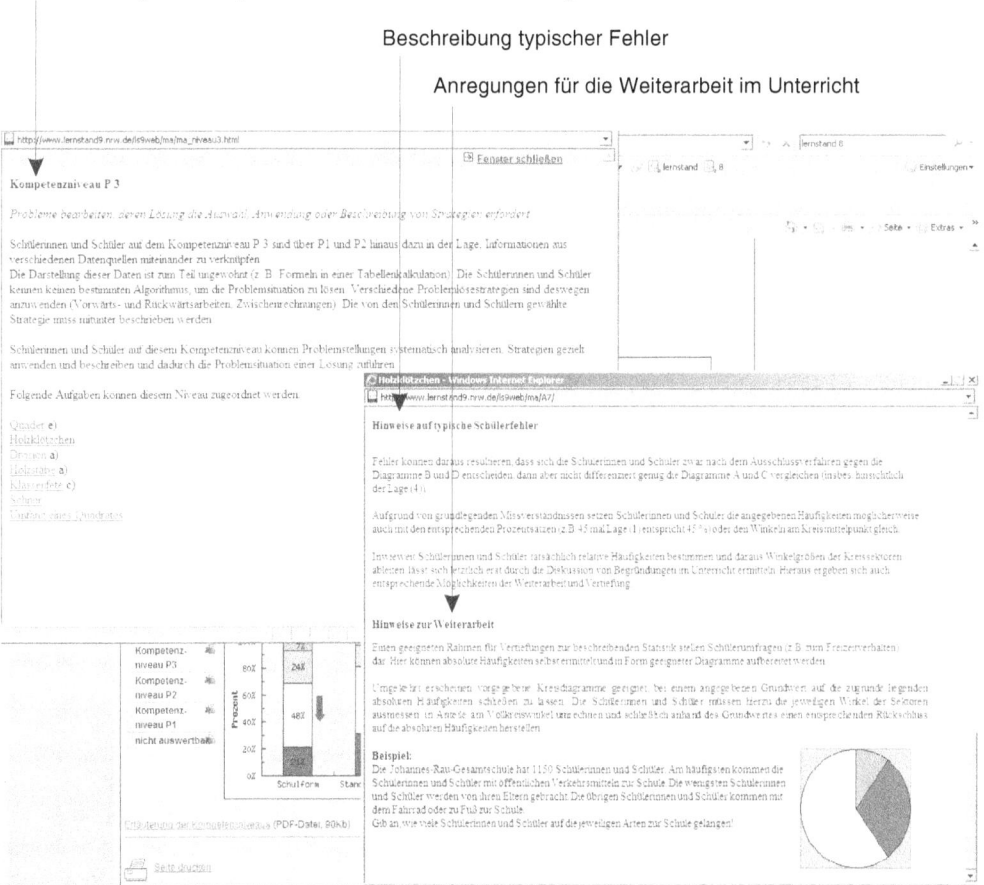

erhöhen, wird über die Kompetenzverteilungen und die Erläuterungen zu den Kompetenzniveaus hinaus noch umfangreiches Begleitmaterial auf dem Lernstandsserver zur Verfügung gestellt, das insbesondere auch Vorschläge zur Verwendung der Ergebnisse und Testmaterialien im Fachunterricht umfasst (Abbildung 5; vgl. auch PEEK/DOBBELSTEIN 2006a, 2006b, sowie MÖLLER/PALLACK/FLEISCHER 2007).

Eine weitere Maßnahme zur Förderung der schulinternen Auseinandersetzung mit den Lernstandsergebnissen ist die durch Erlass geregelte Auflage, dass die Schulen gegenüber der Schulaufsicht Rechenschaft abzulegen haben, welche Ergebnisse sie bei den Lernstandserhebungen erreicht haben, wo sie besondere Stärken und Schwächen der eigenen Schule sehen und welche Konsequenzen sie gezogen haben.

4 Zusammenfassende Diskussion

Landesweite Lernstandserhebungen, wie die in der neunten Jahrgangsstufe aller Schulen in Nordrhein-Westfalen, liegen, wie in diesem Beitrag deutlich geworden sein sollte, in einem sich schwierig gestaltenden Spannungsfeld zwischen Bildungsmonitoring und Individualdiagnostik. Auch wenn von Seiten der Politik an manchen Stellen der Aspekt des Bildungsmonitorings betont und hervorgehoben wird, erlauben die Lernstandserhebungen keine hinreichend verlässlichen Aussagen zur Vorbereitung grundlegender politischer Entscheidungen auf Schulsystemebene. Mindestens zwei Gründe lassen sich dafür anführen: Zum einen decken die Lernstandserhebungen inhaltlich – anders als z. B. bei TIMSS und PISA sowie bei der in Deutschland von der KMK geplanten Normierung der Bildungsstandards – nur Teilbereiche der getesteten Fächer ab, weil die Ergebnisse verlässliche Aussagen über den Stand der Kompetenzentwicklung in einzelnen Klassen erlauben sollen. Zum anderen werden landesweite Lernstandserhebungen im Sinne der Selbstevaluation nicht von externen Testleitern, sondern „nur" von Lehrkräften in den Schulen vor Ort durchgeführt. Um die Gültigkeit der Ergebnisse nicht zu sehr zu beeinträchtigen, dürfte es mit Blick auf „Campbell's Law" (CAMPBELL 1975) ratsam sein, den Lernstandserhebungen einen „high-stakes"-Charakter für die weitere Arbeit der Schulen so weit wie möglich fernzuhalten (vgl. NICHOLS/BERLINER 2005). Dazu gehört auch, dass die Daten der Selbstevaluation nicht für ein öffentliches Schul-Ranking herangezogen werden. Eine entsprechende Zusicherung wurde den beteiligten Lehrerinnen und Lehrern für die Lernstandserhebungen 2004 und 2005 gemacht (vgl. aber ORTH 2005).

Auch wenn von Seiten der Lehrkräfte und Eltern eine individualdiagnostische Nutzung der Ergebnisse der Lernstandserhebungen angefragt oder gar verlangt wird, erlauben sie nur sehr eingeschränkt Aussagen zur Vorbereitung von Selektions- oder Platzierungsentscheidungen im Hinblick auf einzelne Schülerinnen oder Schüler. Grund ist, dass die bei den Lernstandserhebungen eingesetzten Testinstrumente inhaltlich noch zu breit ausgelegt sind, um mit der einsetzbaren Anzahl an Items hinreichend belastbare, d. h. reliable Schätzungen individueller Kompetenzausprägungen, insbesondere an den Randbereichen der Kompetenzskalen, vornehmen zu können. Vor diesem Hintergrund können die Lernstandserhebungen allenfalls die Funktion eines „Screenings" erfüllen, um Schülerinnen und Schüler zu identifizieren bei denen es sich lohnen könnte, mit spezifischeren Testinstrumenten genauer „hinzuschauen".

Überfrachtet man landesweite Lernstandserhebungen nicht mit „high-stakes"-Funktionen, weder auf System-, noch auf Individualebene, dann scheinen gute Chancen zu bestehen, dass sie die ihnen ursprünglich zugedachte Funktion erfüllen können, nämlich die Bereitstellung hochwertiger Testinstrumente zur Selbstevaluation der Schulen zwecks Vorbereitung pädagogischer, didaktischer und ggf. curricularer Entscheidungen auf Schul- und Unterrichtsebene. Die in diesem Beitrag am Beispiel von NRW vorgestellten Ansätze und Vorgehensweisen, den Herausforderungen jährlich durchzuführender landesweiter Lernstandserhebungen in drei Fächern mit über 2000 Schulen und mehr als 200 000 Schülerinnen und Schülern zu begegnen, können zuversichtlich stimmen. Inwieweit die intendierten Ziele hinsichtlich Schul- und Unterrichtsentwicklung mittel- und langfristig tatsächlich aber erreicht werden, ist eine Frage empirischer Forschung, die in ersten Schritten unterwegs ist: zum einen BONSEN/BÜCHTER/PEEK (2007) sowie KÜHLE/PEEK (in Druck) zur Akzeptanz der Lernstandserhebungen LSE9 unter Lehrkräften in NRW als wesentliche Voraussetzung für die Erreichung der Ziele (vgl. auch GROß OPHOFF et al. 2006, zu Ergebnisrückmeldungen und ihrer Rezeption im Grundschul-Projekt VERA) und zum anderen HOSENFELD (2007) sowie SPODEN et al. (2007) zur Frage der Objektivität bei der Durchführung und Auswertung von Lernstandserhebungen und Vergleichsarbeiten durch Lehrkräfte.

Literatur

ADAMS, R. (2002): Scaling PISA cognitive data. In: ADAMS, R./WU, M. (Eds.): PISA 2000 technical report. – Paris: OECD, pp. 99-108.

BAUMERT et al. 1997 = BAUMERT, J./LEHMANN, R./LEHRKE, M./SCHMITZ, B./CLAUSEN, M./HOSENFELD, I./KÖLLER, O./NEUBRAND, J. (1997): TIMSS – Mathematisch-naturwissenschaftlicher Unterricht im internationalen Vergleich. Deskriptive Befunde. – Opladen.

BAUMERT et al. 2001 = BAUMERT, J./KLIEME, E./NEUBRAND, M./PRENZEL, M./SCHIEFELE, U./SCHNEIDER, W./STANAT, P./TILLMANN, K.-J./WEIß, M. (Hrsg.) (2001): PISA 2000: Basiskompetenzen von Schülerinnen und Schülern im internationalen Vergleich. – Opladen.

BAUMERT et al. 2002 = BAUMERT, J./ARTELT, C./KLIEME, E./NEUBRAND, M./PRENZEL, M./SCHIEFELE, U./SCHNEIDER, W./TILLMANN, K.-J./WEIß, M. (Hrsg.) (2002): PISA 2000 – Die Länder der Bundesrepublik Deutschland im Vergleich. – Opladen.

BAUMERT et al. 2003 = BAUMERT, J./ARTELT, C./KLIEME, E./NEUBRAND, M./PRENZEL, M./SCHIEFELE, U./SCHNEIDER, W./TILLMANN, K.-J./WEIß, M. (Hrsg.) (2003): Pisa 2000 – Ein differenzierter Blick auf die Länder der Bundesrepublik Deutschland. – Opladen.

BONSEN, M./BÜCHTER, A./PEEK, R. (2007): Datengestützte Schul- und Unterrichtsentwicklung. Bewertungen der Lernstandserhebungen in NRW durch Lehrerinnen und Lehrer. In: BOS, W./HOLTAPPELS, H. G./PFEIFFER, H./ROLFF, H. G./SCHULZ-ZANDER, R. (Hrsg.): Jahrbuch der Schulentwicklung, Bd. 14, S. 125-148. – Weinheim.

BORG, I./GROENEN, P. J. F. (2005): Modern multidimensional scaling. – New York.

BURKARD, C./PEEK, R. (2004): Anforderungen an zentrale Lernstandserhebungen. In: Pädagogik, Bd. 56, S. 24-27.

CAMPBELL, D. T. (1975): Assessing the impact of planned social change. In: LYONS, G. (Ed.): Social research and public policies: The Dartmouth/OECD Conference. – Hanover, NH, pp. 3-45.

Deutsches PISA-Konsortium (o. J.): Kommentierte Ländertabellen PISA 2000 – Nordrhein-Westfalen (interner Bericht).

EMBRETSON, S. E./REISE, S. (2000): Item response theory for psychologists. – Mahwah.

FLEISCHER, J./WIRTH, J./LEUTNER, D. (2007): Testmethodische Grundlagen der Lernstandserhebungen NRW: Erfassung von Schülerkompetenzen für Vergleiche mit kriterialen und sozialen Bezugsnormen. In: MSW (Hrsg.): Lernstandserhebungen in NRW – Impulse zum Umgang mit zentralen Tests im Fach Mathematik (in Druck). – Stuttgart.

GROß OPHOFF et al. 2006 = GROß OPHOFF, J./KOCH, U./HOSENFELD, I./HELMKE, A. (2006): Ergebnisrückmeldungen und ihre Rezeption im Projekt VERA. In: KUPER, H./SCHNEEWIND, J. (Hrsg.): Rückmeldung und Rezeption von Forschungsergebnissen – Zur Verwendung wissenschaftlichen Wissens im Bildungssystem. – Münster, S. 19-40.

HAMBLETON, R. K./SWAMINATHAN, H./ROGERS, H. J. (1991): Fundamentals of item response theory. – Newbury Park, C.A.

HELMKE, A./HOSENFELD, I. (2003a): Vergleichsarbeiten (VERA): Eine Standortbestimmung zur Sicherung schulischer Kompetenzen – Teil 1: Ziele, Konzepte und Organisation. SchulVerwaltung, Ausgabe Nordrhein-Westfalen (4), S. 107-110.

HELMKE, A./HOSENFELD, I. (2003b): Vergleichsarbeiten (VERA): Eine Standortbestimmung zur Sicherung schulischer Kompetenzen – Teil 2: Nutzung für Qualitätssicherung und Verbesserung der Unterrichtsqualität. SchulVerwaltung, Ausgabe Nordrhein-Westfalen (5), S. 143-145.

HOSENFELD, I. (2007): Wie zuverlässig sind Auswertungen von Vergleichsarbeiten durch Lehrkräfte? (Vortrag, AEPF-Tagung in Lüneburg, Herbst 2007).

IQB, Institut zur Qualitätsentwicklung im Bildungswesen (Hrsg.) (2007): Perspektiven und Visionen. Tätigkeitsbereicht 2005/06. – Berlin.

KLIEME et al. 2003 = KLIEME, E./AVENARIUS, H./BLUM, W./DÖBRICH, P./GRUBER, H./PRENZEL, M./ REISS, K./RIQUARTS, K./ROST, J./TENORTH, H.-E./VOLLMER, H. (2003): Zur Entwicklung nationaler Bildungsstandards – Eine Expertise. – Berlin: Bundesministerium für Bildung und Forschung.

KLIEME, E./LEUTNER, D. (2006): Kompetenzmodelle zur Erfassung individueller Lernergebnisse und zur Bilanzierung von Bildungsprozessen. Beschreibung eines neu eingerichteten Schwerpunktprogramms der DFG. In: Zeitschrift für Pädagogik, Nr. 52, S. 876-903.

KMK (1997): Pressemitteilung. – URL: http://www.kmk.org/aktuell/pm971024.htm – (Download: 07.08.2007).

KMK (2001): Pressemitteilung. – URL: http://www.kmk.org/aktuell/pm011206.htm – (Download: 07.08.2007).

KMK (Hrsg.) (2005): Bildungsstandards der Kultusministerkonferenz. Erläuterungen zur Konzeption und Entwicklung. – München.

KMK/IQB (Hrsg.) (2006): Gesamtstrategie der Kultusministerkonferenz zum Bildungsmonitoring. – München.

Konsortium Bildungsberichterstattung (Hrsg.) (2006): Bildung in Deutschland. Ein indikatorengestützter Bericht mit einer Analyse zu Bildung und Migration. – Bielefeld.

KÜHLE, B./PEEK, R. (im Druck): Nutzung und Nutzen von Evaluationsstudien in Schule und Unterricht: Strategien und Erfahrungen der nordrhein-westfälischen Lernstandserhebungen. In: Empirische Pädagogik, Nr. 21.

LEUTNER, D. (2006): Pädagogisch-psychologische Diagnostik. In: ROST, D. H. (Hrsg.): Handwörterbuch Pädagogische Psychologie. – 3. überarb. Aufl. – Weinheim, S. 559-568.

LEUTNER, D./WIRTH, J./FLEISCHER, J. (2005): Zentrale Lernstandserhebungen in der Jahrgangsstufe 9 im Jahr 2004 in NRW: Erster Kurzbericht zur wissenschaftlichen Begleitung. – URL: http://www.learn-line.nrw.de/angebote/lernstand9/download/ergebn_05/kurzbericht1_wb_04.pdf (Download: 07.08.2007).

MÖLLER, G./PALLACK, A./FLEISCHER, J. (2007): Da schau hin: Was Lehrerinnen und Lehrer aus Lernstandserhebungen über ihre schwachen Schülerinnen und Schüler erfahren können. In: PETER-KOOP, A./BIKNER-AHSBAHS, A. (Hrsg.): Mathematische Bildung – Mathematische Leistung. Festschrift für Michael Neubrand zum 60. Geburtstag. – Hildesheim, S. 97-113.

NICHOLS, S. L./BERLINER, D. C. (2005): The inevitable corruption of indicators and educators through high-stakes testing. Tempe, AZ. – URL: http://www.asu.edu/educ/epsl/EPRU/documents/EPSL-0503-101-EPRU.doc (Download: 07.08.2007).

ORTH, G. (2005): Weiterentwicklung des Lernens. Erfahrungen zu Lernstandserhebungen in NRW. In: Schulmanagement, Nr. 36(5), S. 14-17.

PEEK, R./DOBBELSTEIN, P. (2006a): Benchmarks als Input für die Schulentwicklung – das Beispiel der Lernstandserhebungen in Nordrhein-Westfalen. In: KUPER, H./SCHNEEWIND, J. (Hrsg.): Rückmeldung und Rezeption von Forschungsergebnissen. Zur Verwendung wissenschaftlichen Wissens im Bildungsbereich. – Münster, S. 41-58.

PEEK, R./DOBBELSTEIN, P. (2006b): Zielsetzung: Ergebnisorientierte Schul- und Unterrichtsentwicklung. Potenziale und Grenzen der nordrhein-westfälischen Lernstandserhebungen. In: BÖTTCHER, W./HOLTAPPELS, H. G./BROHM, M. (Hrsg.): Evaluation im Bildungsbereich. Eine Einführung in Grundlagen und Praxisbeispiele. – Weinheim, S. 177-193.

PEEK et al. 2006 = PEEK, R./PALLACK, A./DOBBELSTEIN, P./FLEISCHER, J./LEUTNER, D. (2006): Lernstandserhebungen 2004 in Nordrhein-Westfalen – zentrale Testergebnisse und Perspektiven für die Schul- und Unterrichtsentwicklung. In: EDER, F./GASTAGER, A./HOFMANN, F. (Hrsg.): Qualität durch Standards? Beiträge zum Schwerpunktthema der 67. Tagung der AEPF. – Münster, S. 219-233.

RASCH, G. (1960): Probabilistic models for some intelligence or attainment tests. – 2nd edition – Copenhagen.

ROST, J. (2004): Lehrbuch Testtheorie und Testkonstruktion. – Bern.

SHYE, S./ELIZURE, D./HOFFMAN, M. (1994): Introduction to facet theory: Content design and intrinsic data analysis in behavioral research. – London.
SPODEN et al. 2007 = SPODEN, C./FLEISCHER, J./WIRTH, J./LEUTNER, D. (2007): Indikatoren mangelnder Objektivität bei der Durchführung und Auswertung von Lernstandserhebungen durch Lehrkräfte (Vortrag, AEPF-Tagung in Lüneburg, Herbst 2007).
WOODS, C. M. (2007): Confidence intervals for gamma-family measures of ordinal association. In: Psychological Methods, Nr. 12, pp. 185-204.
WU, M./ADAMS, R. J./WILSON, M. (1998): ACER ConQuest. Generalised item response modelling software manual. – Melbourne: ACER.
Internet-Hinweis:
URL: http://www.lernstand9.nrw.de/ls9web; Schulnummer: 850873; Schul-Kennwort: schule

Kontaktanschriften der Verfasser: Prof. Dr. Detlev Leutner, Lehrstuhl für Lehr-Lernpsychologie, Fachbereich Bildungswissenschaften, Universität Duisburg-Essen, Postfach, D-45117 Essen, E-Mail: detlev.leutner@uni-duisburg-essen.de, Tel.: +49-201-183-2154, Fax: -4350; Dipl.-Psych. Jens Fleischer, E-Mail: jens.fleischer@uni-due.de, Tel.: -4612; Dipl.-Psych. Christain Spoden, E-Mail: christian.spoden@uni-due.de, Tel.: -4612; Dr. Joachim Wirth, E-Mail: joachim.wirth @uni-due-de, Tel.: -2178

Andreas Frey/Timo Ehmke

Hypothetischer Einsatz adaptiven Testens bei der Überprüfung von Bildungsstandards

Zusammenfassung
In den kommenden Jahren ist erstmals empirisch zu überprüfen, inwieweit Schülerinnen und Schüler in Deutschland die durch die Bildungsstandards formulierten Anforderungen erfüllen, was vermutlich einen sehr großen Testaufwand mit sich bringen wird. Adaptives Testen stellt eine effiziente Alternative zur Überprüfung der Bildungsstandards zu konventionellen Papier- und Bleistift-Tests dar, die den Aufwand entscheidend verringern könnte. Basierend auf empirischen Daten untersucht die vorliegende Simulationsstudie, welche Auswirkungen adaptives Testen im Vergleich zum nicht-adaptiven Testen auf die Messeffizienz und auf die Differenzierungsfähigkeit in extremen Kompetenzbereichen hat und inwiefern etwaige Unterschiede von der Testlänge abhängen. In der adaptiven Versuchsbedingung war die Messeffizienz fast doppelt so hoch wie in der nicht-adaptiven Versuchsbedingung. Weiter fiel die Differenzierungsfähigkeit in extremen Kompetenzbereichen beim adaptiven Testen besser aus als beim nicht-adaptiven Testen. Die Vorteile erwiesen sich als unabhängig von der Testlänge. Die Befunde werden im Hinblick auf eine Anwendung adaptiven Testens bei der Überprüfung von Bildungsstandards diskutiert.

Schlüsselwörter: Adaptives Testen; Bildungsstandards; PISA

Summary
Hypothetic Implementation of Adaptive Testing for the Assessment of Educational Standards
In the coming years it will be necessary to test whether German students are meeting the requirements set by the German educational standards by means of standardized tests. This will presumably result in an immense testing effort. Adaptive testing offers an efficient alternative to conventional paper-and-pencil testing procedures and is likely to decrease testing effort significantly. Based on empirical data this study compares adaptive testing to non-adaptive testing with regard to measurement efficiency and differentiability in extreme areas of competency for different test lengths. Measurement efficiency is shown to be nearly twice as high in the adaptive framework as in the non-adaptive framework. Furthermore, the differentiability in extreme areas of competency was better for adaptive testing than for non-adaptive testing. The advantages of adaptive testing were independent of the test length. The relevance of the obtained results is discussed with respect to the forthcoming tests of educational standards in Germany.

Keywords: adaptive testing; educational standards; PISA

1 Einleitung

In den letzten Jahren wurden für verschiedene Fächer und verschiedene Schulabschlüsse in Deutschland Bildungsstandards beschlossen (z. B. Kultusministerkonferenz 2003, 2004). In den kommenden Jahren soll empirisch überprüft werden, inwieweit Schülerinnen und Schüler den durch die Bildungsstandards formulierten Anforderungen gerecht werden, was vermutlich einen sehr großen Testaufwand mit sich bringen wird (vgl. EHMKE et al. 2006). Im Hinblick auf eine möglichst effiziente und kostensparende Testdurchführung ist im computerisierten adaptiven

Testen (FREY 2007; WAINER 2000) ein interessanter Ansatz zu sehen. Adaptives Testen stellt eine deutliche Effizienzsteigerung in Aussicht, die sich in einer Verminderung der Anzahl, der von den untersuchten Schülerinnen und Schülern zu bearbeitenden Aufgaben, ohne Verlust von Messpräzision im Vergleich zum konventionellen Testen zeigt. Basierend auf empirischen Daten untersucht die vorliegende Simulationsstudie, welche Auswirkungen die Verwendung adaptiven Testens im Vergleich zum herkömmlichen Testen bezüglich verschiedener Kriterien hat.

2 Diagnostische Herausforderungen bei der Überprüfung von Bildungsstandards

Infolge des mittelmäßigen Abschneidens von Schülerinnen und Schüler in Deutschland bei groß angelegten Vergleichsstudien wie der *Third International Mathematics and Science Study* (TIMSS; BEATON et al. 1996), dem *Programme for International Student Assessment* (PISA; OECD 2004) oder der *Internationalen Grundschul-Lese-Untersuchung* (IGLU; BOS et al. 2003) beschäftigte sich die Kultusministerkonferenz der Länder Deutschlands verstärkt mit Möglichkeiten zur Verbesserung der Ergebnisse schulischer Bildungsprozesse. Hierbei wurden ab dem Jahre 2003 bundesweit geltende Bildungsstandards für verschiedene Fächer und verschiedene Schulabschlüsse beschlossen. Für den Primarbereich (Jahrgangsstufe 4), den Hauptschulabschluss (Jahrgangsstufe 9) und den Mittleren Schulabschluss (Jahrgangsstufe 10) wurden Bildungsstandards für die Fächer Deutsch und Mathematik eingeführt. Für den Hauptschulabschluss und den Mittleren Schulabschluss wurden darüber hinaus Bildungsstandards für die erste Fremdsprache (Englisch, Französisch) sowie für den Mittleren Schulabschluss in den naturwissenschaftlichen Fächern Biologie, Chemie und Physik verabschiedet. Die Bildungsstandards beschreiben curricular valide Kompetenzen, die Schülerinnen und Schüler nach einem bestimmten Schulabschluss in zentralen Inhaltsbereichen erworben haben sollen.

Inwieweit die Bildungsstandards erreicht werden, wird zukünftig an quantitativen Daten festgemacht werden. Zu diesem Zweck werden zurzeit verschiedene Testverfahren entwickelt, die eine Überprüfung von Bildungsstandards erlauben. In diesem Zusammenhang wurde das Deutsche PISA-2006-Konsortium unter Leitung des Leibniz-Instituts für die Pädagogik der Naturwissenschaften (IPN) an der Universität Kiel mit der Entwicklung und Erprobung von Aufgaben zur Überprüfung der Bildungsstandards in Mathematik für den Mittleren Schulabschluss beauftragt (vgl. EHMKE et al. 2006). Weitere Aufgabenentwicklungen und Erprobungen wurden und werden durch das 2004 gegründete Institut für Qualitätsentwicklung im Bildungswesen (IQB) an der Humboldt-Universität zu Berlin in Angriff genommen (vgl. BLUM et al. 2006).

Die empirische Überprüfung der Bildungsstandards soll regelmäßig und an großen Stichproben erfolgen. Bislang wurden für 11 Kombinationen aus Fächern und Abschlüssen Bildungsstandards verabschiedet. Es ist somit abzusehen, dass ein enormer Aufwand durch die empirische Überprüfung resultieren wird, der zusammengenommen das Ausmaß der bislang in Deutschland durchgeführten internationalen und nationalen Vergleichsstudien vermutlich stark übersteigen wird. Vor dem Hintergrund knapper öffentlicher Ressourcen wird damit die Frage zu beantworten sein, wie dieser Aufwand möglichst effizient und kostensparend, aber auch psychometrisch angemessen bewältigt werden kann. Mittelfristig erscheint es wahrscheinlich, dass versucht werden wird, den Aufwand durch den Einsatz computerbasierter Datenerhebungsverfahren (vgl. HARTIG/KLIEME 2007) zu senken. Diese gelten als effizienter als konventionelle Datenerhebungsverfahren, die bislang vornehmlich bei groß angelegten Vergleichsstudien wie TIMSS, PISA und IGLU verwendet wurden. Unter konventionellen Datenerhebungsverfahren werden hier Testverfahren verstanden, bei denen die untersuchten Individuen Aufgaben im Papier- und Bleistift-Format bearbeiten, wobei die Reihenfolge der Aufgaben vor der Testung festgelegt wurde. Die Erwartung einer Effizienzsteigerung durch die Einführung computerbasierter Datenerhebungsverfahren lässt sich durch verschiedene Sachverhalte begründen, von denen drei nachfolgend angeführt sind.

Der erste Punkt bezieht sich darauf, dass die Aufgaben bei konventionellen Datenerhebungsverfahren im Papier- und Bleistift-Format vorgelegt werden. Konkret werden Testhefte vorgegeben, in welche die Probanden ihre Angaben von Hand einzutragen haben. Damit die Angaben statistisch analysiert werden können, sind sie in ein digitales Datenformat zu bringen. In Deutschland werden hierzu die ausgefüllten Testhefte meistens an zentraler Stelle mit speziellen Scannern automatisiert eingelesen. Diese Technologie dürfte allerdings den Ländern Deutschlands – die die Überprüfung der Bildungsstandards zu einem wesentlichen Teil koordinieren werden – nur schwer bzw. unter hohen Kosten zugänglich sein. Die alternative Eingabe der Angaben von Hand ist zeit- und kostenintensiv und darüber hinaus relativ fehleranfällig. Bei computerbasierten Verfahren liegen die Daten direkt nach der Testung in digitaler Form vor, was eine höhere Effizienz im Vergleich zum Papier- und Bleistift-Format verspricht.

Der zweite Punkt bezieht sich darauf, dass bei groß angelegten Vergleichsstudien oft sog. Multi-Matrix-Designs als Testheftdesigns eingesetzt werden (z. B. OECD 2005; CARSTENSEN et al. 2004), die in vielerlei Hinsicht einen großen Aufwand bedingen. Multi-Matrix-Designs kommen zum Einsatz, da es aufgrund der hohen Aufgabenanzahlen meistens nicht möglich ist, allen untersuchten Schülerinnen und Schülern die Gesamtmenge der verfügbaren Aufgaben vorzugeben. Aus diesem Grund bekommen die Individuen Testhefte mit einer Teilmenge der Aufgaben präsentiert. Die Aufteilung der Aufgaben auf die Testhefte erfolgt zumeist aufgrund von balancierten unvollständigen Testheftdesigns (vgl. FREY/CARSTENSEN/HARTIG 2006; OECD 2005). Die Verwendung solcher Testheftdesigns bei der Überprüfung von Bildungsstandards ist im Hinblick auf die Effizienz der Datenerhebung als nicht optimal anzusehen. Zunächst stellt die Formulierung balancierter Testheftdesigns mathematisch-kombinatorisch eine anspruchsvolle Aufgabe dar. Zusätzlich existieren optimale Testheftdesigns nur für wenige, ausgewählte Kombinationen von Aufgaben, Elementen pro Testheft und Testheftanzahlen. Letztendlich entsteht ein vergleichsweise großer Aufwand bei der Formatierung von vielen verschiedenen Testheften. Durch computerbasierte Datenerhebungsverfahren können die genannten Nachteile entscheidend vermindert werden, ohne auf die Vorzüge des Multi-Matrix-Designs verzichten zu müssen. Der Zweck von Multi-Matrix-Designs besteht in der systematischen Zuteilung von Aufgaben zu Probanden. Diese systematische Zuteilung kann bei computerbasierten Erhebungsverfahren durch einen geeigneten Algorithmus auf effiziente Weise direkt während der Testung erfolgen.

Drittens wird bei konventionellen Datenerhebungsverfahren je Testheft eine festgelegte Anzahl von Aufgaben unabhängig vom untersuchten Individuum in einer festgesetzten Reihenfolge vorgegeben, wobei viele Aufgaben mit einer mittleren Schwierigkeit Verwendung finden. Dies führt dazu, dass beispielsweise sehr leistungsfähige Probanden mit hoher Wahrscheinlichkeit Aufgaben vorgelegt bekommen, die sie leicht lösen können, und dass Probanden mit niedriger Leistungsfähigkeit mit hoher Wahrscheinlichkeit Aufgaben zu bearbeiten haben, die für sie sehr schwer sind und von denen sie nur sehr wenige lösen können. Über die gesamte Stichprobe betrachtet erlaubt eine solche Testung meistens gute Differenzierungen im mittleren Kompetenzbereich (für den viele Aufgaben mit adäquater Schwierigkeit vorgegeben werden), aber weniger gute in extremen Kompetenzbereichen (für die wenige Aufgaben mit adäquater Schwierigkeit vorgegeben werden). Prinzipiell könnte eine gleichmäßige Differenzierung über den gesamten Kompetenzbereich dadurch erreicht werden, dass eine Gleichverteilung der Aufgabenschwierigkeiten innerhalb sowie zwischen den Testheften realisiert wird. Um eine akzeptable Messgenauigkeit zu erreichen, müssten dann aber bedeutend mehr Aufgaben als üblich vorgegeben werden. Überdies hätte der Großteil der untersuchten Individuen, die ja eine mittlere Kompetenzausprägung aufweisen, mehr Aufgaben mit inadäquater Schwierigkeit (viel zu leicht oder viel zu schwer) zu bearbeiten, was z. B. nachteilige motivationale Effekte haben könnte. Bei computerbasierten Verfahren kann die Schwierigkeit der vorgegebenen Aufgaben an die Kompetenz des untersuchten Individuums angepasst werden, was eine höhere Effizienz verspricht als die konventionell realisierte Vorgabe von Aufgaben in festgelegter Reihenfolge. Der Ansatz zur Anpassung der Schwierigkeit vorgegebener Aufgaben an das Leistungsvermögen der Probanden nennt sich adaptives Testen und wird im folgenden Abschnitt dargestellt.

3 Adaptives Testen

Unter adaptivem Testen versteht man ein spezielles Vorgehen bei der Messung individueller Ausprägungen von Personmerkmalen, bei dem sich die Auswahl der zur Bearbeitung vorgelegten Aufgaben am Antwortverhalten des untersuchten Probanden orientiert (FREY 2007; WAINER 2000). Dabei wird das Ziel verfolgt, einem Individuum solche Aufgaben vorzulegen, die möglichst viel diagnostische Information über die individuelle Ausprägung des zu messenden Merkmals liefern. Bei der Überprüfung der Bildungsstandards besteht das zu messende Merkmal in der individuellen Ausprägung der Kompetenz (bzw. einer Subkompetenz) in dem betreffenden Fach. Die angestrebte Maximierung diagnostischer Information je Aufgabe wird beim adaptiven Testen meistens durch eine Abstimmung von Schwierigkeit der vorgegebenen Aufgaben und zum gegenwärtigen Testzeitpunkt geschätzter individueller Ausprägung im zu messenden Merkmal erreicht. Probanden mit hoher Merkmalsausprägung bekommen dabei schwierigere Aufgaben vorgelegt als Probanden mit niedriger Merkmalsausprägung (FREY 2007). Hierdurch wird vermieden, dass leistungsfähige Probanden viele für sie zu leichte und deshalb problemlos zu lösende Aufgaben bearbeiten müssen, bzw., dass Probanden mit geringer Leistungsfähigkeit viele für sie zu schwere und deshalb kaum lösbare Aufgaben bearbeiten müssen. Eine adaptive Anpassung der Aufgabenauswahl bringt es allerdings mit sich, dass verschiedene Probanden in der Regel unterschiedliche Aufgaben bearbeiten. Da Probanden mit hoher Merkmalsausprägung systematisch schwierigere Aufgaben vorgelegt bekommen als Probanden mit niedriger Merkmalsausprägung, können faire interindividuelle Vergleiche nicht durch einfaches Auszählen der Häufigkeit korrekter Antworten erreicht werden.

Adaptiven Tests legt man deshalb Modelle der Item-Response-Theorie (IRT; z. B. HAMBLETON/SWAMINATHAN/ROGERS 1991; ROST 2004) als *Messmodell* zugrunde. Bei IRT-Modellen können interindividuell vergleichbare Schätzungen für die Ausprägung in dem zu messenden Merkmal bestimmt werden, auch wenn die Probanden unterschiedliche Aufgaben bearbeitet haben. Voraussetzung ist, dass alle Aufgaben Konformität mit den Annahmen des verwendeten IRT-Modells aufweisen (vgl. FREY 2007). Meistens werden als Messmodelle relativ einfache logistische IRT-Modelle für dichotome Aufgaben mit einem Parameter (1PL), zwei Parametern (2PL) oder drei Parametern (3PL) verwendet (z. B. HAMBLETON et al. 1991).

Die konkrete Funktionsweise eines adaptiven Tests wird von einem *adaptiven Algorithmus* gesteuert, unter dem ein Regelsystem zu verstehen ist, das Aufgabenauswahl zu Beginn der Testung, Aufgabenauswahl während der Testung und Kriterien zur Beendigung des Tests spezifiziert.

Der Einsatz adaptiver Tests hat eine Reihe von Auswirkungen auf psychometrische Kenngrößen sowie auf die Probanden selbst (vgl. FREY 2006; FREY/HARTIG/MOOSBRUGGER 2006; SEGALL 2005). In der Literatur wird meistens die hohe Messeffizienz adaptiver Tests hervorgehoben. Die Messeffizienz eines Tests ist als Quotient von Messpräzision und Testlänge (Aufgabenanzahl m) definiert (FREY 2007; SEGALL 2005). Die Messpräzision kann auf Skalenebene durch den Kehrwert der mittleren quadratischen Abweichung (engl.: Mean Square Error, MSE) der wahren Ausprägung θ von der geschätzten Ausprägung $\hat{\theta}$ des zu messenden Merkmals ausgedrückt werden. Die Messeffizienz (ME) ergibt sich entsprechend durch:

$$\text{ME} = \frac{\text{Messpräzision}}{\text{Testlänge}} = \frac{\dfrac{1}{\text{E}(\hat{\theta}-\theta)^2}}{m}$$

Die im Vergleich zu nicht-adaptiven Testverfahren vorteilhafte Messeffizienz adaptiver Tests zeigt sich in zwei Sachverhalten. Einerseits werden bei adaptiver Aufgabenvorgabe meistens 40 – 60 Prozent weniger Aufgaben benötigt, um genauso präzise zu messen wie bei nicht-adaptiver Aufgabenvorgabe (vgl. FREY 2006). Andererseits werden die Standardfehler der geschätzten Personenparameter zwischen den Probanden angeglichen. Inwieweit die Angleichung der Standardfehler erfolgreich ist, hängt neben dem Antwortverhalten der Probanden wesentlich von der Beschaffenheit des sog. Aufgabenpools ab, der alle für den adaptiven Test verfügbaren Aufgaben enthält. Damit ein adaptiver Algorithmus optimal arbeiten kann, müssen für die individuelle Merkmalsausprägung eines jeden Probanden hinreichend viele trennscharfe Aufgaben mit adäquater Schwierigkeit vorhanden sein. Eine präzise Einschätzung der Effizienzzugewinne, die beim Ersetzen eines nicht-adaptiven Tests durch einen adaptiven Test zu erwarten sind, ist deshalb optimalerweise vor dem Hintergrund der Merkmale des Aufgabenpools und verlässlichen Kennwerten für die Zielpopulation zu treffen.

4 Fragestellungen

Einleitend wurde ausgeführt, dass bei der anstehenden Überprüfung der Bildungsstandards vermutlich ein sehr großer Testaufwand entstehen wird. Der Testaufwand könnte möglicherweise bedeutend vermindert werden, wenn adaptive Testverfahren anstelle nicht-adaptiver Testverfahren Verwendung finden würden. Mit der vorliegenden Studie werden zu erwartende Auswirkungen des adaptiven Testens bei der Überprüfung von Bildungsstandards am Beispiel der Bildungsstandards in Mathematik für den Mittleren Schulabschluss untersucht. Es wird drei Fragestellungen nachgegangen, die eine Abwägung von Vor- und Nachteilen erlauben. Die erste Fragestellung zielt auf mögliche Effizienzgewinne durch adaptives Testen ab:

(1) Wie groß ist der Zugewinn an Messeffizienz, der bei gleichbleibender Messpräzision durch den Einsatz adaptiven Testens bei der Messung der Bildungsstandards in Mathematik für den Mittleren Schulabschluss zu erwarten ist?

Bei nicht-adaptiven Tests fällt die Differenzierungsfähigkeit in den Extremen der Kompetenzverteilung in der Regel niedriger aus als in der Mitte der Kompetenzverteilung. Zweitens wird die Frage untersucht, inwieweit diese unerwünschte Eigenschaft durch adaptives Testen vermieden werden kann:

(2) Welche Auswirkungen hat der Einsatz adaptiven Testens bei der Messung der Bildungsstandards in Mathematik für den Mittleren Schulabschluss auf die Differenzierungsfähigkeit in extremen Kompetenzbereichen?

Für einen etwaigen Einsatz adaptiven Testens bei der Überprüfung der Bildungsstandards in Mathematik ist es von Interesse, ob, und wenn ja bei welcher Testlänge, besonders große Vorteile durch adaptives Testen erzielt werden können. Die dritte Fragestellung beschäftigt sich deshalb mit der Wechselwirkung der Art der Aufgabenvorgabe (adaptiv, nicht-adaptiv) und der Testlänge:

(3) Hängen etwaige Unterschiede zwischen adaptivem und nicht-adaptivem Testen bezüglich der Messeffizienz und der Differenzierungsfähigkeit in Extrembereichen von der Testlänge ab?

5 Methode

Die oben genannten Fragestellungen wurden im Rahmen einer Simulationsstudie untersucht. Dabei wurden empirische Daten herangezogen, die bei der Erprobung von Aufgaben zur Überprüfung der Bildungsstandards in Mathematik für den Mittleren Schulabschluss am zweiten Testtag der Hauptstudie von PISA 2006 erhoben wurden. Die Simulationsstudie gliedert sich in die drei Schritte *Skalierung*, *Erzeugung künstlicher Daten* und *Simulation des Testvorgangs*.

5.1 Skalierung

Zunächst wurden die Antworten der $N = 9577$ Neuntklässlerinnen und Neuntklässlern, die die Bildungsstandardsaufgaben bearbeiteten, mit dem Raschmodell (z. B. ROST 2004) eindimensional skaliert. Die Skalierung erfolgte mit dem Programm BILOG-MG 3 (ZIMOWSKI et al. 1996). Um möglichst direkte Schlüsse von den Analysen auf reale Überprüfungen der Bildungsstandards in Mathematik zu gewährleisten, wurden bei der Skalierung nur Aufgaben berücksichtigt, die computerbasiert vorgegeben und direkt bewertet werden können. So wurden z. B. Aufgaben ausgeschlossen, bei denen geometrische Konstruktionen mit Geodreieck und/oder Zirkel gefordert waren, oder Aufgaben, bei denen Begründungen niedergeschrieben werden müssen. Insgesamt wurden 209 Aufgaben im Multiple-Choice- und im halboffenen Format verwendet. Je Individuum wurde ein Personenparameter (MAP-Schätzer) als Maß für die geschätzte individuelle Ausprägung mathematischer Kompetenz berechnet. Die Skalierungsergebnisse wurden abschließend so transformiert, dass der Personenparameter einen Mittelwert von 0 und eine Standardabweichung von 1 aufweist. Bei der Skalierung zeigte sich, dass die Itemparameter über einen hinreichend weiten Bereich streuen, so dass der Aufgabenpool grundsätzlich zum adaptiven Testen ge-

Abbildung 1: Häufigkeitsverteilung der Aufgabenschwierigkeiten (Itemparameter) aller 209 Aufgaben des Aufgabenpools

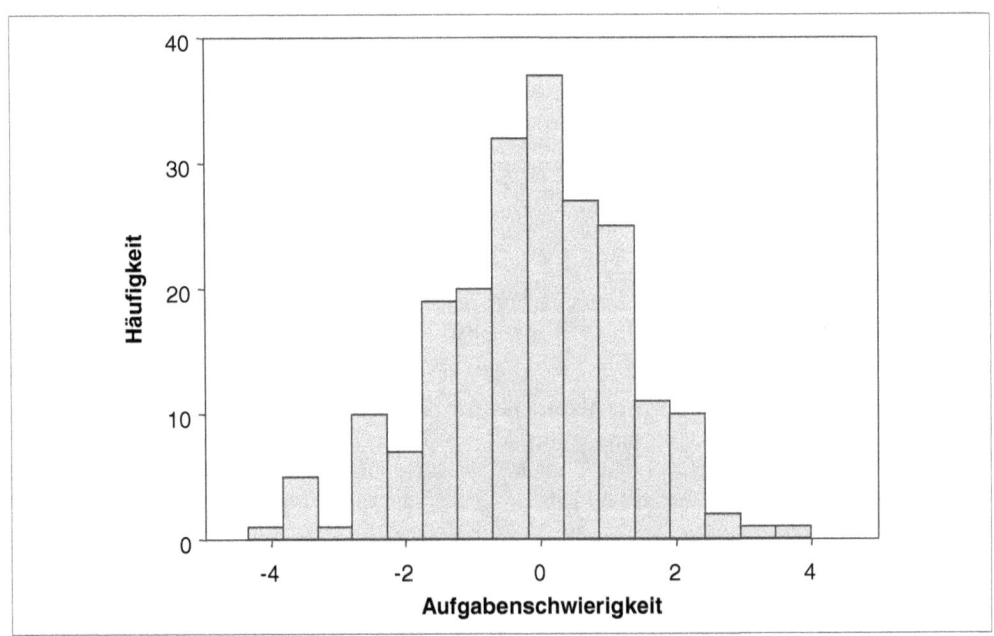

eignet ist. Einschränkend ist aber zu konstatieren, dass der Großteil der Aufgaben eine mittlere Schwierigkeit aufweist und nur relativ wenige Aufgaben mit extremen Schwierigkeiten vorliegen (Abbildung 1). Vor allem liegen sehr wenige anspruchsvolle Aufgaben mit Schwierigkeiten über 2.5 vor.

5.2 Erzeugung künstlicher Daten

Bei der Erprobung der Bildungsstandards in Mathematik für den Mittleren Schulabschluss wurde ein Testheftdesign verwendet, welches bedingt, dass die untersuchten Individuen jeweils nur eine Teilmenge aller Aufgaben zur Bearbeitung vorgelegt bekommen. Um Antworten aller Individuen auf alle Aufgaben zu bekommen (was für die Simulation adaptiven Testens nötig ist), wurden in einem zweiten Schritt künstliche Antworten für alle Probanden erzeugt. Hierzu wurden die bei der Skalierung erhaltenen Verteilungseigenschaften der Personen- (M = 0.000, SD = 1.000) und Itemparameter (M = 0.128; SD = 1.397) verwendet und unter Gültigkeit des Raschmodells zufallsabhängige Antworten generiert. Diese Antworten liefern die Grundlage für die nachfolgend dargestellten Analysen.

5.3 Simulation des Testvorgangs

Um die aufgestellten Fragestellungen zu beantworten, wurde ein vollständig gekreuzter zweifaktorieller Versuchsplan mit dem dreifach gestuften Faktor *Testlänge* (40 Minuten, 60 Minuten, 120 Minuten) und dem zweifach gestuften Faktor *Aufgabenvorgabe* (nicht-adaptiv, adaptiv) verwendet. In jeder der sechs Zellen des Versuchsplans wurde ein künstlicher Testvorgang simuliert.

Die Stufen des Faktors *Testlänge* wurden so gewählt, dass sie für reale Überprüfungen der Bildungsstandards in Mathematik für den Mittleren Schulabschluss realistisch sind. Für alle Aufgaben wurde vereinfachend eine durchschnittliche Bearbeitungszeit von zwei Minuten angenommen.

Auf der Stufe „nicht-adaptiv" des Faktors *Aufgabenvorgabe* wurde eine feste Anzahl von Aufgaben in vorab festgelegter Reihenfolge virtuell vorgegeben und nachfolgend Personenparameter (MAP-Schätzer) berechnet. Die Aufgaben wurden per Zufall aus dem Aufgabenpool ausgewählt. Auf der Faktorstufe „adaptiv" wurde das Vorgehen eines adaptiven Tests mit Hilfe des Programms POSTSIM 2 (WEISS 2005) simuliert. Als Aufgabenpool wurden alle 209 Aufgaben verwendet. Der verwendete adaptive Algorithmus hatte folgende Spezifikationen:

– Als Startwert wurde für den Personenparameter ein Zufallswert im Bereich einer Standardabweichung um den für die Stichprobe mittleren Kompetenzwert von 0 verwendet.
– Im Verlauf der Testung wurde jeweils aus den 10 Aufgaben mit höchster Information (unter Bedingung des vorläufigen Personenparameters, der aufgrund des vorherigen Antwortverhaltens geschätzt wurde bzw. bei der ersten Aufgabe wie beschrieben gewählt wurde) eine Aufgabe zufällig ausgewählt. Die entsprechende Antwort wurde aus den künstlich erzeugten Daten entnommen und die Testung so lange fortgesetzt, bis das Abbruchkriterium erreicht war.
– Der Test wurde abgebrochen, sobald der für den nicht-adaptiven Test bei gleicher Testlänge berechnete mittlere Standardfehler des Personenparameters unterschritten wurde oder wenn die maximale Aufgabenanzahl der jeweiligen Versuchsbedingung (20 Aufgaben für 40 Minuten, 30 Aufgaben für 60 Minuten, 60 Aufgaben für 120 Minuten) erreicht war. Abschließend wurde für jeden Probanden ein Personenparameter berechnet (MAP-Schätzer).

6 Ergebnisse

In den nachfolgenden Abschnitten werden Ergebnisse zur Beantwortung der drei formulierten Fragestellungen gegeben.

6.1 Messeffizienz

Die erste Fragestellung beschäftigt sich mit der Größe des Zugewinns an Messeffizienz, der durch den Einsatz adaptiven Testens im Vergleich zum nicht-adaptiven Testen bei der Messung der Bildungsstandards in Mathematik für den Mittleren Schulabschluss zu erwarten ist. In Tabelle 1 sind Mittelwerte und Standardabweichungen der bei den simulierten Testungen geschätzten Personenparameter abgetragen. Für die adaptive und die nicht-adaptive Versuchsbedingung zeigen sich sehr ähnliche Ergebnisse, welche die der Simulation zugrunde gelegten Verteilungsparameter (M = 0.000, SD = 1.000) insgesamt gut widerspiegeln, obgleich die Personenparameterstreuung leicht unterschätzt wird.

Tabelle 1: Deskriptive Ergebnisse der Personenparameterschätzung in Abhängigkeit der Art der Aufgabenvorgabe (nicht-adaptiv; adaptiv) und der Testlänge

Testlänge (Min.)	Nicht-adaptiv					
	M	SD	Min	Max	MSE	ME
40	-0.009	0.903	-2.903	2.127	0.137	0.365
60	0.002	0.934	-2.911	2.532	0.093	0.359
120	0.002	0.967	-3.042	3.011	0.050	0.337

Testlänge (Min.)	Adaptiv					
	M	SD	Min	Max	MSE	ME
40	0.002	0.922	-3.477	3.639	0.129	0.679
60	0.001	0.944	-3.526	3.480	0.089	0.670
120	0.001	0.969	-3.739	3.576	0.047	0.671

Anmerkung: MSE = Mean Square Error; ME = Messeffizienz.

In der nicht-adaptiven Versuchsbedingung ergibt sich eine geringere Streubreite als in der adaptiven Versuchsbedingung. Die in der adaptiven Versuchsbedingung gefundene Streubreite entspricht der bei der Datenerzeugung zugrunde gelegten Streubreite (Min = -4.031; Max = 4.151) besser als die Streubreite in der nicht-adaptiven Versuchsbedingung.

In der vorliegenden Studie zeigen sich für den MSE unbedeutende Unterschiede zwischen nicht-adaptiver und adaptiver Testung, so dass die jeweils erzielte Messpräzision (1/MSE) zwischen den beiden Modi der Aufgabenvorgabe als vergleichbar anzusehen ist. Aufgrund des gewählten Abbruchkriteriums war dies auch zu erwarten gewesen.

Berücksichtigt man außerdem die Anzahl benötigter Aufgaben, dann zeigt sich eine klare Überlegenheit des adaptiven Testens hinsichtlich der Messeffizienz. Die Messeffizienz wurde wie oben beschrieben berechnet. Dabei wurden die bei der Skalierung erhaltenen Personenparameter als wahre Personenparameter θ angesehen (Tabelle 2). Beim adaptiven Testen werden zwischen

Tabelle 2: Deskriptive Ergebnisse der Aufgabenanzahl in Abhängigkeit der Art der Aufgabenvorgabe (nicht-adaptiv; adaptiv) und der Testlänge

Testlänge (Min.)	Nicht-adaptiv				Adaptiv			
	M	SD	Min	Max	M	SD	Min	Max
40	20.00	0.00	20.00	20.00	11.38	1.16	10.00	20.00
60	30.00	0.00	30.00	30.00	16.79	1.48	15.00	30.00
120	60.00	0.00	60.00	60.00	31.58	3.68	29.00	60.00

43 und 47 Prozent weniger Aufgaben benötigt als beim nicht-adaptiven Testen. Dies führt dazu, dass die Messpräzision beim adaptiven Testen im Vergleich zum nicht-adaptiven Testen fast doppelt so hoch ausfällt.

Zusätzlich lohnt ein differenzierter Blick auf die relativ niedrige Streuung der Aufgabenanzahl in der adaptiven Versuchsbedingung. In den Abbildungen 2 bis 4 ist gut zu erkennen, dass bei allen drei Testlängen in den meisten Fällen ähnliche Aufgabenanzahlen vorgegeben wurden. Dies ist im Hinblick auf eine Testanwendung vorteilhaft. Durch eine Beschränkung der maximalen Aufgabenanzahl auf jene, die in mind. 95% der Fälle vorgelegt wurden, (14 bei 40 Minuten, 19 bei 60 Minuten und 36 bei 120 Minuten) ließe sich im vorliegenden Fall ohne großen Messpräzisionsverlust die Testlänge zwischen den Probanden auch beim adaptiven Testen gut angleichen.

Abbildung 2: Kumulierte prozentuale Häufigkeit (cum. %) der in der adaptiven Versuchsbedingung vorgegebenen Aufgaben bei einer Testlänge von 40 Minuten

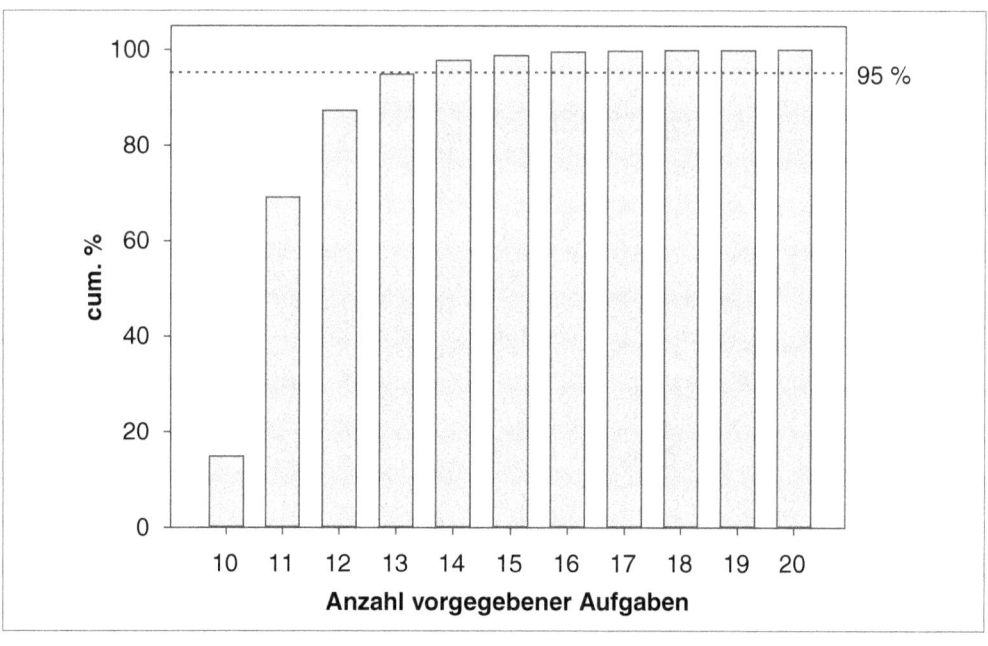

Abbildung 3: Kumulierte prozentuale Häufigkeit (cum. %) der in der adaptiven Versuchsbedingung vorgegebenen Aufgaben bei einer Testlänge von 60 Minuten

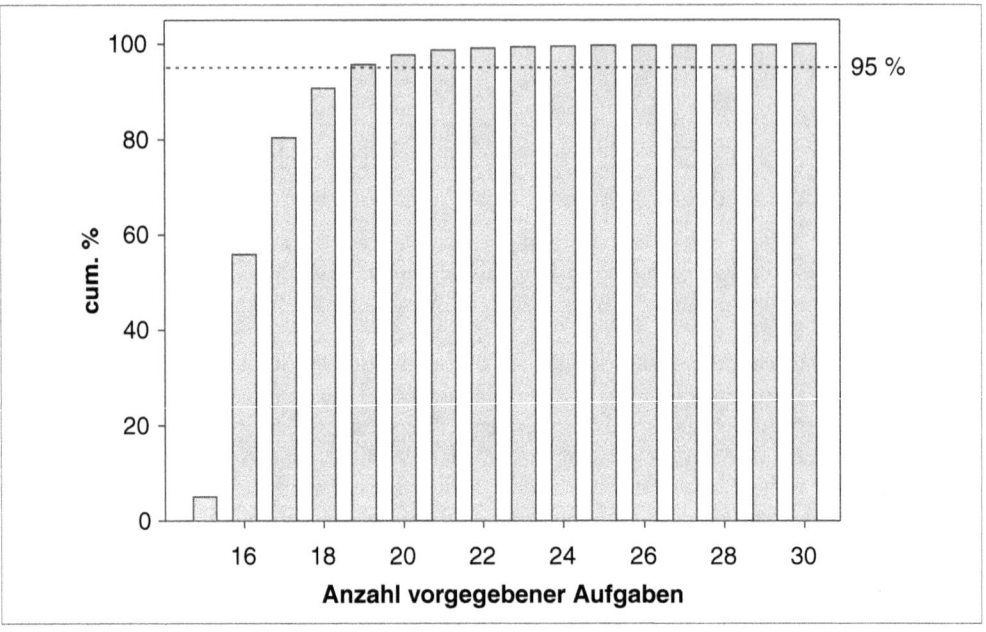

Abbildung 4: Kumulierte prozentuale Häufigkeit (cum. %) der in der adaptiven Versuchsbedingung vorgegebenen Aufgaben bei einer Testlänge von 120 Minuten

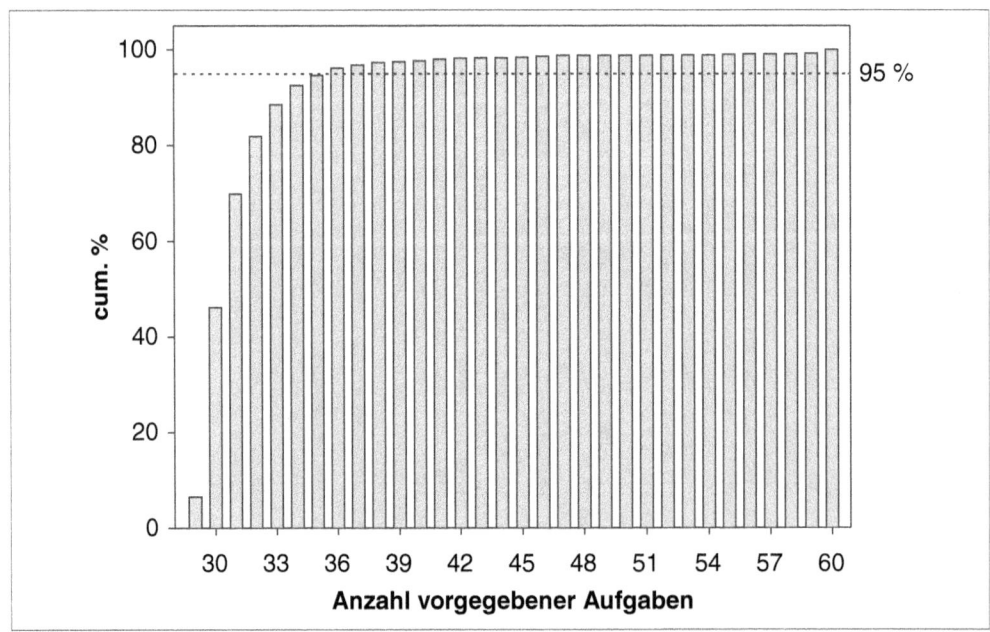

6.2 Differenzierung in Extrembereichen

Mit der Fragestellung 2 wird untersucht, welche Auswirkungen der Einsatz adaptiven Testens bei der Messung der Bildungsstandards in Mathematik auf die Differenzierungsfähigkeit in Extrembereichen der Kompetenzverteilung hat. Einen ersten Anhaltspunkt zur Beantwortung der Frage gibt die Streuung der Standardfehler der geschätzten Personenparameter. Es ist zu erwarten, dass diese Streuung umso geringer ausfällt, je gleichmäßiger die Differenzierungsfähigkeit über den Kompetenzbereich und somit auch in den Extrembereichen ist. Es zeigen sich sowohl bei einer Testlänge von 40 Minuten ($SD_{\text{Nicht-adaptiv}} = 0.036$; $SD_{\text{Adaptiv}} = 0.005$), als auch bei einer Testlänge von 60 Minuten ($SD_{\text{Nicht-adaptiv}} = 0.040$; $SD_{\text{Adaptiv}} = 0.004$) und einer Testlänge von 120 Minuten ($SD_{\text{Nicht-adaptiv}} = 0.031$; $SD_{\text{Adaptiv}} = 0.005$) beim adaptiven Testen signifikant kleinere Streuungen der Standardfehler der geschätzten Personenparameter als beim nicht-adaptiven Testen ($p < .001$). Die Abbildungen 5 bis 7 zeigen, dass beim nicht-adaptiven Testen die Standardfehler der geschätzten Personenparameter vor allem in den Extrembereichen größer ausfallen als im Mittelbereich. Die Personenparameterschätzung ist beim nicht-adaptiven Testen folglich in den Extremen der Kompetenzverteilung unpräziser als im Mittelbereich. Im Vergleich dazu erweisen sich die Standardfehler beim adaptiven Testen als stabiler über den Kompetenzbereich. Lediglich bei sehr niedrigen ($\theta < -2.5$) und vor allem bei sehr hohen Personenparametern ($\theta > 2.5$) sind auch bei adaptivem Testen Anstiege des Standardfehlers zu verzeichnen, die aber geringer ausfallen als in der nicht-adaptiven Versuchsbedingung. Da im vorliegenden Fall 97.50 Prozent der Probanden einen Personenparameter im Bereich zwischen -2.5 und 2.5 aufweisen, stellt dies auf Stichprobenebene zwar kein schwerwiegendes Problem dar, ist aber psychometrisch gesehen nicht optimal.

Abbildung 5: Standardfehler (*SE*) der geschätzten Personenparameter in Abhängigkeit des Personenparameters (θ) und der Art der Aufgabenvorgabe (nicht-adaptiv; adaptiv) bei einer Testlänge von 40 Minuten

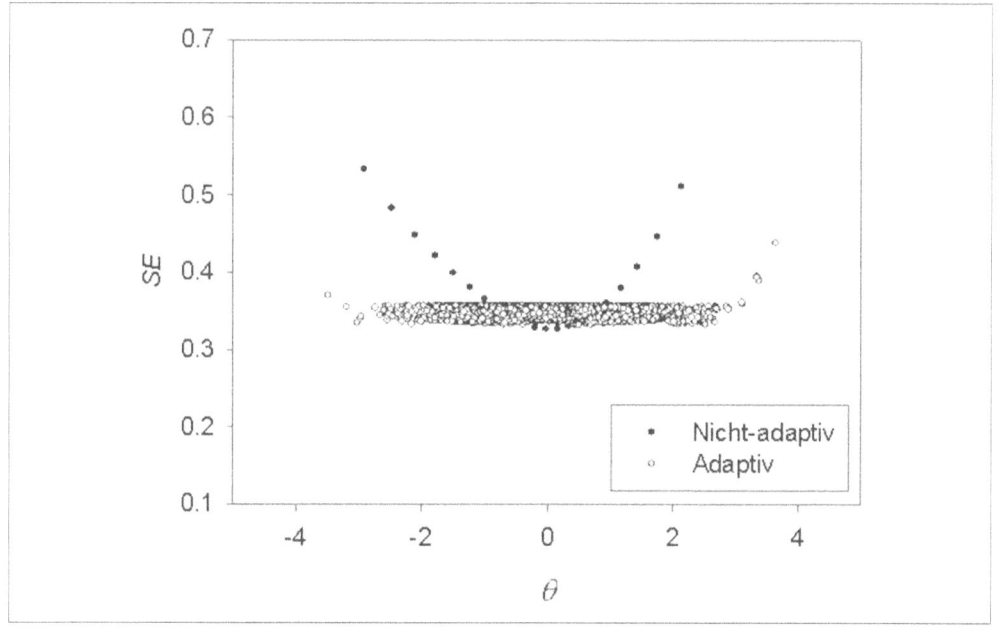

Abbildung 6: Standardfehler (*SE*) der geschätzten Personenparameter in Abhängigkeit des Personenparameters (θ) und der Art der Aufgabenvorgabe (nicht-adaptiv; adaptiv) bei einer Testlänge von 60 Minuten

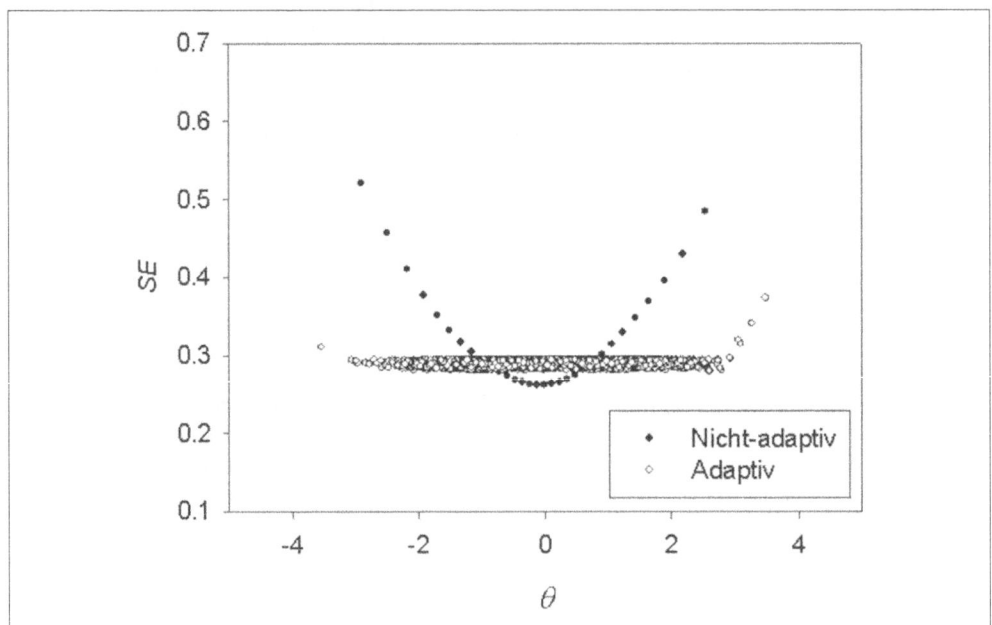

Abbildung 7: Standardfehler (*SE*) der geschätzten Personenparameter in Abhängigkeit des Personenparameters (θ) und der Art der Aufgabenvorgabe (nicht-adaptiv; adaptiv) bei einer Testlänge von 120 Minuten

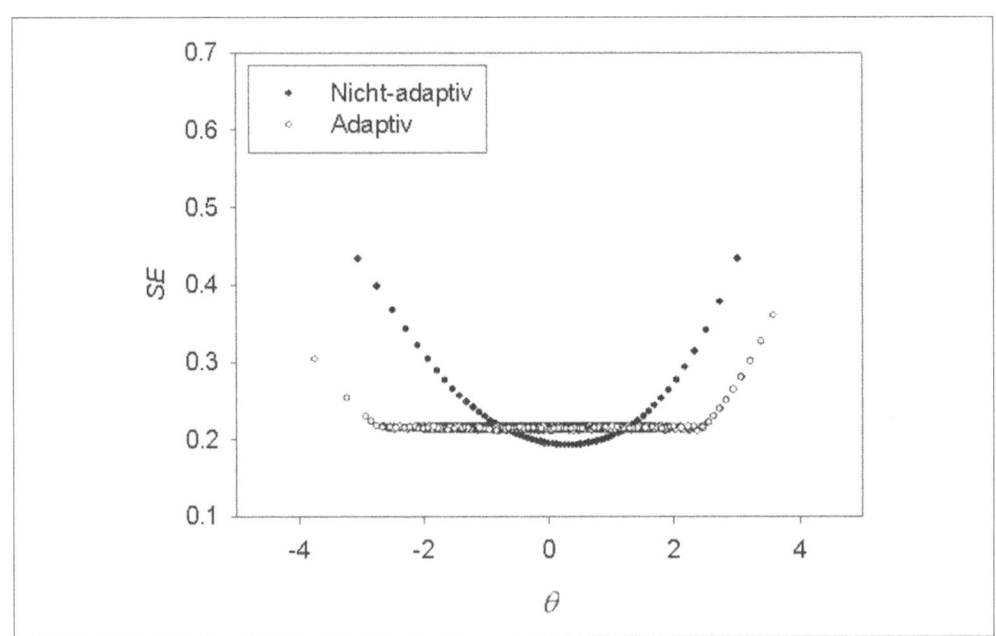

6.3 Testlänge

Der dritten Fragestellung folgend wird untersucht, ob etwaige Unterschiede zwischen adaptivem und nicht-adaptivem Testen bezüglich der Messeffizienz und der Differenzierungsfähigkeit in Extrembereichen von der Testlänge abhängen. Die Fragestellung bezieht sich auf die Wechselwirkung von Adaptivität und Testlänge.

Obgleich der Vorteil adaptiven Testens hinsichtlich der *Messeffizienz* im Vergleich zum nichtadaptiven Testen in Abhängigkeit der Testlänge variiert, ist kein belastbarer Trend zu verzeichnen. Insgesamt scheinen die Messeffizienzvorteile adaptiven Testens weitgehend unabhängig von der Testlänge zu sein.

In ähnlicher Weise zeigt sich hinsichtlich der *Differenzierungsfähigkeit in Extrembereichen*, dass die Unterschiede zwischen adaptiver und nicht-adaptiver Versuchsbedingung bezüglich der Streuung der Standardfehler der geschätzten Personenparameter nicht systematisch in Abhängigkeit der Testlänge variieren. Die Vorteile adaptiven Testens hinsichtlich der Differenzierungsfähigkeit in Extrembereichen können deshalb als weitgehend unabhängig von der Testlänge angesehen werden.

7 Diskussion und Ausblick

Nachfolgend werden zunächst die drei Fragestellungen der vorliegenden Studie aufgrund der berichteten Ergebnisse diskutiert und darauf Vor- und Nachteile der Verwendung adaptiven Testens bei der Überprüfung der Bildungsstandards besprochen.

7.1 Zusammenfassung und Diskussion der Befunde

Die erste Fragestellung der vorliegenden Studie zielt auf das Ausmaß der zu erwartenden Messeffizienzsteigerung ab, das bei der Überprüfung von Bildungsstandards durch adaptives Testen zu erwarten ist. Bei der Simulationsstudie wurden die im Rahmen der Erprobung von Aufgaben zur Messung der Bildungsstandards in Mathematik ermittelten Item- und Personenparameter berücksichtigt, so dass die vorliegenden Befunde verlässliche Vorhersagen für reale Testungen erwarten lassen. Die Messeffizienz erweist sich in der vorliegenden Studie in der adaptiven Versuchsbedingung als fast doppelt so hoch wie in der nicht-adaptiven Versuchsbedingung. Obwohl dieser Zugewinn an Messeffizienz für die Testpraxis bereits erhebliche Einsparungen des Testaufwandes verspricht, sind weitere Steigerungen der Messeffizienz bei Ergänzung des Aufgabenpools durch Aufgaben mit extremen Schwierigkeiten (sehr leicht und vor allem sehr schwer) zu erwarten.

Da die Überprüfung von Bildungsstandards vermutlich als Gruppentestung durchgeführt werden wird, ist es erstrebenswert, dass die Testzeit nicht zu stark zwischen den untersuchten Schülerinnen und Schülern variiert. Die Befunde zeigen, dass eine weitgehend konstante Anzahl vorgegebener Aufgaben (und somit eine relativ konstante Testzeit) auch beim adaptiven Testen durch eine Beschränkung der maximalen Aufgabenanzahl ohne nennenswerten Verlust an Messpräzision erreicht werden kann.

Zweitens wurde der Frage nachgegangen, welche Auswirkungen der Einsatz adaptiven Testens bei der Messung der Bildungsstandards in Mathematik auf die Differenzierungsfähigkeit in Extrembereichen der Kompetenzverteilung hat. Die Präzision der Personenparameterschätzung fällt beim adaptiven Testen über den Kompetenzbereich gleichmäßiger aus als beim nicht-adaptiven Testen. Während beim nicht-adaptiven Testen die Personenparameter in den Extrembereichen bedeutend unpräziser sind als im Mittelbereich der Kompetenzverteilung, ist die Präzision von Personenparametern beim adaptiven Testen über den Kompetenzbereich einheitlicher. Eine Verwendung adaptiven Testens würde vor dem Hintergrund dieser Ergebnisse die Möglichkeit zu einer gesteigerten Präzision bei der Analyse und der Rückmeldung von Kompetenzwerten von Klassen oder Schulen mit sehr hohem oder sehr niedrigem Leistungsniveau eröffnen. Darüber hinaus wären adaptiv erhobene Kompetenzwerte bei Bedarf auch für Analysen und Rückmeldungen auf Individualebene geeignet (vgl. HERZBERG/FREY 2007). Dies ist bei konventionellen Tests mit Multi-Matrix-Design nur eingeschränkt möglich, da diese auf die Ableitung von Aussagen auf Populationsebene ausgerichtet sind. Als kleine Einschränkung zeigen sich im vorliegenden Fall auch beim adaptiven Testen geringe Anstiege des Standardfehlers des geschätzten Personenparameters in extremen Kompetenzbereichen. Diese sind durch die Charakteristik des Aufgabenpools bedingt und können durch das Hinzufügen weiterer Aufgaben mit extremen Schwierigkeiten behoben werden.

Drittens wurde der Frage nachgegangen, ob etwaige Unterschiede zwischen adaptivem und nicht-adaptivem Testen bezüglich der Messeffizienz und der Differenzierungsfähigkeit in Extrembereichen von der Testlänge abhängen. Es zeigt sich, dass die gefundenen Vorteile adaptiven Testens gegenüber dem nicht-adaptiven Testen nicht systematisch von der Testlänge abhängig sind.

7.2 Praktische Implikationen und Ausblick

Im Hinblick auf eine etwaige Verwendung adaptiven Testens bei der Überprüfung von Bildungsstandards ist es sinnvoll, Vor- und Nachteile gegeneinander abzuwägen, die mit dieser Art der Aufgabenvorgabe verbunden sind.

Als *Nachteile* sind zu nennen, dass die Einführung adaptiven Testens einen relativ hohen organisatorischen, finanziellen und technischen Initialaufwand bedingt. Dieser entsteht vor allem durch die Entwicklung oder den Kauf von Software und möglicherweise durch die Anschaffung von Computern zur Testdurchführung. Im weiteren Verlauf beschränkt sich der Mehraufwand im Vergleich zum konventionellen Testen vor allem auf das Verfügbarmachen von Computern am Testort. Ein weiterer Nachteil ist darin zu sehen, dass beim adaptiven Testen nur Aufgabenformate verwendet werden können, bei denen die Angaben der Probanden direkt vom Computer bewertet werden können. Offene Aufgabenformate oder Aufgaben mit komplexen Interaktionsmöglichkeiten sind in der Regel nicht einsetzbar. Leider sind gerade solche Aufgaben inhaltlich oft besonders gut zur Messung schulisch vermittelter Kompetenzen geeignet (ZENISKY/SIRECI 2002).

Aus den Befunden der vorliegenden Studie gehen einige *Vorteile* hervor, die eine Verwendung adaptiven Testens bei der Überprüfung der Bildungsstandards mit sich bringen würde: eine Steigerung der Messeffizienz, eine weitgehend stabile Differenzierungsfähigkeit über den gesamten Kompetenzbereich und die Eröffnung von präzisen Analysen und Rückmeldungen für Gruppen mit sehr hohem oder sehr niedrigem Leistungsniveau sowie auf Individualebene. Unabhängig von der vorliegenden Studie besteht ein weiterer Vorteil darin, dass die in der Praxis aufwändige Erstellung von Testheftdesigns entfällt, weil die Aufgaben beim adaptiven Testen während der Testung vom Computer ausgewählt und vorgegeben werden. Zusätzlich ist der Arbeitsaufwand bei der Auswertung adaptiv erhobener Testdaten bedeutend geringer und stellt geringere Anforderungen an die Qualifikation des auswertenden Personals als dies bei nicht-adaptiven Tests der Fall ist. Über die Kalibrierung hinaus Personenparameter liegen direkt nach der Testung vor und können bei Bedarf sofort zurückgemeldet werden. Es ist keine IRT-Skalierung vor der Analyse oder der Rückmeldung der Daten nötig. Auch die weitere Pflege des Tests stellt einige Erleichterungen im Vergleich zum nicht-adaptiven Testen in Aussicht. Insbesondere das Pilotieren und Einpflegen neuer Aufgaben ist beim adaptiven Testen leicht während des Testbetriebs möglich. Durch die Vermeidung von gedruckten Testheften und der Tatsache, dass bei jeder Testung unterschiedliche Aufgabenzusammenstellungen präsentiert werden, ist überdies die Testsicherheit adaptiver Tests im Vergleich zu nicht-adaptiven Tests als überlegen anzusehen.

Obgleich die vorliegende Studie drei zentrale Fragestellungen im Hinblick auf eine Verwendung adaptiven Testens bei der Überprüfung von Bildungsstandards beantwortet, gibt es vier anschließende Punkte, deren Beantwortung im Hinblick auf einen Einsatz dieser Art der Aufgabenvorgabe zu beachten sind.

Erstens ist einschränkend anzumerken, dass bei der vorliegenden Studie nicht beachtet wurde, dass Aufgaben zur Überprüfung von Bildungsstandards meistens zu sog. Units zusammengefasst sind (vgl. BLUM et al. 2006). Unter einer Unit versteht man einen Stimulus mit mehreren Aufgabenstellungen, die sich alle auf den Stimulus beziehen. Units können beim adaptiven Testen als sog. Testlets (z. B. WAINER/KIELY 1987) betrachtet werden. Spezielle Modelle zur Skalierung des Antwortverhaltens bei Tests, die aus Testlets bestehen, finden sich bei WAINER/BRADLOW/WANG (2007). Obgleich zu erwarten ist, dass auch bei der Berücksichtigung von Testlets die gefundenen Vorteile des adaptiven Testens im Vergleich zum nicht-adaptiven Testen im Wesentlichen aufzufinden sein werden, wäre es ratsam, dies vor einer Verwendung adaptiven Testens bei der Überprüfung von Bildungsstandards konkret zu untersuchen.

Zweitens ist noch nicht abschließend geklärt, welche Effekte adaptives Testen auf die Probanden selbst hat. Momentan werden in diesem Zusammenhang vor allem die Auswirkungen adaptiven Testens auf die Motivation zur Testbearbeitung diskutiert (vgl. FREY 2006; FREY/HARTIG/MOOSBRUGGER 2006). Es ist zu vermuten, dass das Ausmaß der Motivation zur Testbearbeitung durch ein Zusammenwirken verschiedener Test-, Person- und Situationsmerkmale bedingt wird und deshalb differenzierter als bisher betrachtet werden muss. Belastbare Befunde – insbesondere solche für die bei der Überprüfung von Bildungsstandards untersuchte Stichprobe von Schülerinnen und Schülern – liegen bislang nicht vor.

Drittens ist zu klären, welche Effekte es mit sich bringt, wenn das Ergebnis einer adaptiven Testung nicht in einem kontinuierlichen Messwert besteht, sondern wenn kategoriale Entscheidungen abgeleitet werden sollen, wie bspw. „Standard erreicht" oder „Standard nicht erreicht". Ein adaptiver Test könnte im Gegensatz zu einem nicht-adaptiven Test für jedes Individuum dann abgebrochen werden, wenn es aufgrund der gegebenen Antworten mit akzeptabler Irrtumswahrscheinlichkeit einer Kategorie zugeordnet werden kann. Bei einem solchen Vorgehen sind weitere drastische Steigerungen der Messeffizienz zu erwarten.

Letztendlich weist die vorliegende Studie darauf hin, dass das Ausmaß der Vorteile adaptiven Testens durch die Beschaffenheit des verfügbaren Aufgabenpools bestimmt wird. Um möglichst effiziente und gut in extremen Kompetenzbereichen differenzierende Messungen zu ermöglichen, sollte deshalb vor der Implementierung eines adaptiven Tests bei der Überprüfung von Bildungsstandards ein Aufgabenpool zusammengestellt werden, der hinreichend viele Aufgaben über den gesamten beobachtbaren Kompetenzbereich aufweist.

Können die genannten Punkte zufriedenstellend beantwortet bzw. umgesetzt werden, dann stellt adaptives Testen eine innovative und zukunftsfähige Möglichkeit zur Überprüfung von Bildungsstandards dar.

Literatur

BEATON et al. 1996 = BEATON, A. E./MULLIS, I. V. S./MARTIN, M. O./GONZALEZ, E. J./KELLY, D. L./SMITH, T. A. (1996): Mathematics achievement in the middle school years: IEA's Third International Mathematics and Science Study (TIMSS). – Chestnut Hill.

BLUM et al. 2006 = BLUM, W./DRÜKE-NOE, C./HARTUNG, R./KÖLLER, O. (2006): Praxisbuch Bildungsstandards Mathematik: konkret. – Berlin.
BOS et al. 2003 = BOS, W./LANKES, E.-M./PRENZEL, M./SCHWIPPERT, K./WALTHER, G./VALTIN, R. (Hrsg.) (2003): Erste Ergebnisse aus IGLU. Schülerleistungen am Ende der vierten Jahrgangsstufe im internationalen Vergleich. – Münster.
CARSTENSEN et al. 2004 = CARSTENSEN, C. H./KNOLL, S./ROST, J./PRENZEL, M. (2004): Technische Grundlagen. In: PRENZEL, M./BAUMERT, J./BLUM, W./LEHMANN, R./LEUTNER, D./NEUBRAND, M./PEKRUN, R./ROLFF, H.-G./ROST, J./SCHIEFELE, U. (Hrsg.): PISA 2003. Der Bildungsstand der Jugendlichen in Deutschland – Ergebnisse des zweiten internationalen Vergleichs. – Münster, S. 371-387.
EHMKE et al. 2006 = EHMKE, T./LEIß, D./BLUM, W./PRENZEL, M. (2006): Entwicklung von Testverfahren für die Bildungsstandards Mathematik. Rahmenkonzeption, Aufgabenentwicklung, Feld- und Haupttest. In: Unterrichtswissenschaft, Bd. 34, S. 220-238.
FREY, A. (2006): Validitätssteigerungen durch adaptives Testen. – Frankfurt a. M.
FREY, A. (in Druck): Adaptives Testen. In: MOOSBRUGGER, H./KELAVA, A. (Hrsg.): Testtheorie und Fragebogenkonstruktion. – Berlin.
FREY, A./CARSTENSEN, C. H./HARTIG, J. (2006): BIB-Designs in Large Scale assessments. Paper presented at the meeting of the Psychometric Society (IMPS). – Montreal.
FREY, A./HARTIG, J./MOOSBRUGGER, H. (2006): Effekte des adaptiven Testens auf die Motivation zur Testbearbeitung. – Manuskript eingereicht zur Publikation.
HAMBLETON et al. 1991 = HAMBLETON, R. K./SWAMINATHAN, H./ROGERS, H. J. (1991): Fundamentals of item response theory. – Newbury Park.
HARTIG, J./KLIEME, E. (Hrsg.) (2007): Möglichkeiten und Voraussetzungen technologiebasierter Kompetenzdiagnostik. Berlin: BMBF.
HERZBERG, P. Y./FREY, A. (2007): Kriteriumsorientiertes Testen. – Manuskript eingereicht zur Publikation.
Kultusministerkonferenz (2003): Bildungsstandards im Fach Mathematik für den Mittleren Schulabschluss. – Beschluss vom 4.12.2003 – München.
Kultusministerkonferenz (2004): Bildungsstandards der Kultusministerkonferenz. Erläuterungen zur Konzeption und Entwicklung. – München.
OECD (2004): Lernen für die Welt von morgen. Erste Ergebnisse von PISA 2003. – Paris.
OECD (2005): PISA 2003 Technical Report. – Paris.
ROST, J. (2004): Lehrbuch Testtheorie, Testkonstruktion. – 2. Aufl. – Bern.
SEGALL, D. O. (2005): Computerized Adaptive Testing. In: KEMPF-LEONARD, K. (Ed.): Encyclopedia of Social Measurement. – New York.
WAINER, H. (2000): Computerized adaptive testing: A primer. – 2nd ed. – Mahwah.
WAINER, H./BRADLOW, E. T./WANG, X. (2007): Testlet response theory and its applications. – New York.
WAINER, H./KIELY, G. L. (1987): Item clusters and computerized adaptive testing: A case for testlets. In: Journal of Educational Measurement, vol. 24, pp. 185-201.
WEISS, D. J. (2005): Manual for POSTSIM: Post-hoc simulation of computerized adaptive testing. Version 2.0. – St. Paul.
ZENISKY, A. L./SIRECI, S. G. (2002): Technological innovations in large-scale assessment. In: Applied Measurement in Education, Vol. 15, pp. 337-362.
ZIMOWSKI et al. 1996 = ZIMOWSKI, M. F./MURAKI, E./MISLEVY, R. J./BOCK, R. D. (1996): BILOG-MG: multiple-group item analysis and test scoring. – Chicago.

Anschrift der Verfasser: Dr. Andreas Frey, Leibniz-Institut für die Pädagogik der Naturwissenschaften (IPN), Olshausenstraße 62, 24098 Kiel, E-Mail: frey@ipn.uni-kiel.de; Dr. Timo Ehmke, Leibniz-Institut für die Pädagogik der Naturwissenschaften (IPN), Olshausenstraße 62, 24098 Kiel, E-Mail: ehmke@ipn.uni-kiel.de.

V ANWENDUNGEN

Hartmut Ditton

Kompetenzdiagnostik bei Übergangsentscheidungen

Zusammenfassung
Übergangsentscheidungen sind wegweisende und folgenreiche Entscheidungen, bei denen Fehler hohe Kosten verursachen. An die Übergangsdiagnostik sind daher besonders hohe Anforderungen zu stellen. Die Komplexität von Übergangsverfahren wird im vorliegenden Beitrag insbesondere anhand der Ergebnisse einer Untersuchung zum Übergang auf die weiterführenden Schulen nach der Grundschule behandelt.

Schlüsselwörter: Übergänge; Differenziertes Bildungssystem; Selektionsentscheidungen; Übertrittsempfehlungen; Bildungslaufbahn; Kompetenzaufbau

Summary
Competency Diagnostics for Transition Decisions
Transition decisions between different levels in an education system have important consequences and lead to high costs, when erroneous. For this reason, the expectations placed on transition diagnostics are very high. The complexity of transition procedures will be presented here on the basis of the results of a study concerning transition to secondary level schools following primary education.

Keywords: Transitions; differentiated education system; decisions on selection; teacher recommendations at selection stages; educational career; development of competence

1 Fragestellung

Das deutsche Bildungssystem hat eine außergewöhnlich plurale Struktur, die besonders im Vergleich zu anderen Systemen weltweit auffällt. Es gibt von daher auch zahlreiche und vielfältige Übergänge und Entscheidungsoptionen. Die wichtigste der Übergangsentscheidungen (BLOSSFELD 1988), der Wechsel auf die weiterführenden Schulen nach der Primarstufe, wird nachfolgend im Mittelpunkt der Ausführungen stehen. In Deutschland erfolgt der Schulübertritt zu einem frühen Zeitpunkt in der Bildungslaufbahn und beinhaltet im Vergleich der Länder unterschiedliche Optionen. Das traditionelle dreigliedrige Schulsystem ist nicht mehr die bundesweit dominante Form, vielmehr existieren zwei- bis sechsgliedrige Systeme nebeneinander, wobei die Sonder- oder Förderschulformen noch gar nicht mitgezählt sind (AVENARIUS et al. 2003, S. 54 f.).

Die Pluralität und frühe Trennung nach Laufbahnen mit unterschiedlicher Wertigkeit kann durchaus kritisch gesehen werden. Dem Vorwurf einer frühen und recht starren Separierung der Bildungswege wird inzwischen immer häufiger mit der *Entkoppelungsthese* begegnet (CORTINA et al. 2005). Es wird darauf verwiesen, dass der Erwerb eines bestimmten Schulabschlusses keineswegs (mehr) an den Besuch einer bestimmten Schulform gebunden ist und atypische Wege zu Bildungsabschlüssen zunehmend häufiger genutzt werden. Prinzipiell schließt der Besuch der Hauptschule nicht aus, einen mittleren Abschluss oder die Berechtigung zum Hochschulzugang zu erlangen.[1] Die Zahl der Übergangspunkte ist insofern noch weitaus größer als es auf den ersten Blick erscheint, weil auch die möglichen Wechsel im Systemdurchlauf sowie die Anschlussstellen mit in den Blick zu nehmen sind. Streiten ließe sich darüber, ob die Vielfalt eine Bereicherung oder fast schon eine Zumutung ist. Übersichtlich sind die Strukturen mit Blick auf die Uneinheitlichkeit der Optionen und Übergangsregelungen im Vergleich der Länder zumindest nicht.

Im Bildungssystem sind nicht alle Wege für alle offen und können es auch nicht sein. Durch Selektion und Selbstselektion gibt es im Durchlauf durch das System immer auch Gewinner und Verlierer. Dabei handelt es sich keineswegs um einen Fehler im System, sondern um eine seiner immanenten Funktionen. Das Bildungssystem bildet nicht nur (aus) und qualifiziert, sondern hat als Teil eines leistungsorientierten gesellschaftlichen Verteilungssystems auch die Funktion zu selektieren (FEND 1981). So soll zwar Sorge dafür getragen werden, dass sich jedes Individuum seinen Möglichkeiten entsprechend bestmöglich (aus)bilden und entfalten kann, dies kann aber auch beinhalten, Individuen von der Wahl eines Bildungsweges abzuhalten, für den sie bei realistischer Betrachtung keine ausreichende Aussicht auf Erfolg hätten. Natürlich sind mit Übergangsentscheidungen erhebliche Herausforderungen verbunden und zahlreiche Fehlerquellen gegeben. Wie bei jedem Auswahl- oder Testverfahren riskiert man Fehler erster und zweiter Art, die sich nicht gleichzeitig minimieren lassen. Werden die Hürden hoch angesetzt, dann erhöht sich die Wahrscheinlichkeit, ungeeignete Bewerber von Laufbahnen abzuhalten, aber auch das Risiko, geeignete Bewerber abzuweisen. Bei niedrigen Hürden steigt die Chance, geeignete Bewerber nicht irrtümlich auszuschließen, aber auch die Wahrscheinlichkeit, ungeeignete Bewerber aufzunehmen. Um so wichtiger ist die Erwartung an die Regelungen der Übergangsverfahren, dass Entscheidungen der Sache angemessen erfolgen und sich in allererster Linie an den tatsächlich notwendigen Voraussetzungen für eine Laufbahn ausrichten. Hierbei muss die Chancengleichheit gewährleistet sein, und dies bedeutet im Sinne des Artikel 3(1) des Grundgesetzes, dass niemandem Vor- oder Nachteile durch sein Geschlecht, seine Abstammung, Rasse, Sprache, Heimat und Herkunft, seinen Glauben, seine religiöse oder politische Anschauungen oder durch seine Behinderung entstehen dürfen.

Vor dem skizzierten Hintergrund sind für Übergangsentscheidungen diagnostische Verfahren zur Ermittlung von Kompetenzen nötig, die eine möglichst zuverlässige, verlässliche und faire Entscheidung bezüglich der Weichenstellungen im Bildungsverlauf gewährleisten. Durch die Übergangsregelungen sollte sowohl den Anforderungen des Bildungs- und Gesellschaftssystems als auch den Erwartungen und Möglichkeiten der Individuen bestmöglich entsprochen werden können – alles andere als eine leichte Aufgabe.

2   Übergänge und Selektionsentscheidungen

Die Übergänge, die im deutschen Bildungssystem im Verlauf einer Bildungskarriere anstehen, haben unterschiedlichen Charakter. Schon der Wechsel von einer Jahrgangs- oder Klassenstufe in die nächste ist in aller Regel ein formaler Übergang, bei dem danach differenziert wird, ob das Klassen- bzw. Jahrgangsziel erreicht wurde oder nicht. Üblicherweise wird dies an Hand der erzielten Noten entschieden. Im Bereich der Grundschule existieren teilweise abweichende Regelungen, vor allem in den in neuerer Zeit etablierten Modellversuchen mit flexiblen Eingangs- und Durchgangsphasen. Als Übergänge innerhalb des schulischen Systems sind auch Zulassungen zu besonderen Kursen bzw. Zweigen an einer Schulform anzusehen. Dazu gehören etwa Entscheidungen über den Besuch des Hauptschul- oder Realschulzweigs an einer Mittel-, Regel-, oder Sekundarschule. Ein weiteres Beispiel ist die Aufnahme in den höheren Zweig einer Hauptschule (sog. „M-Zug"), der zwar an der Schulform Hauptschule angesiedelt ist, aber statt zum Hauptschulabschluss zu einem mittleren Abschluss führt. Wechsel der Hochschule oder des Studienfaches bzw. der Studienrichtung und Wechsel des Ausbildungsplatzes sind ebenfalls Übergänge. Schließlich sind auch Ortswechsel, die allein schon durch einen Umzug bedingt sein können, Übergänge. Weder im schulischen noch im Ausbildungs- oder Hochschulbereich sind derartige Übergänge immer leicht oder problemlos zu bewerkstelligen. Schwierig wird es häufig vor allem dann, wenn Wechsel über Ländergrenzen hinweg anstehen. Selbst wenn Regelungen für die formale Anerkennung bereits erbrachter Leistungen existieren, ist damit nicht gewährleistet, dass Plätze vorhanden und die inhaltlichen Anforderungen und das Anforderungsniveau miteinander kompatibel sind.

Bezogen auf Bildungslaufbahnen sind mit dem Begriff *Übergänge* üblicherweise nicht alle Arten von Wechsel gemeint, sondern entweder (a) der *Eintritt* in bzw. das *Ausscheiden* aus dem Bildungssystem oder (b) *Übergänge* zwischen Teilsystemen des Bildungssystems.

Die markantesten Übergänge im Sinn eines Systemwechsels sind der Schuleintritt, der Übergang von der Schule in die beruflich-betriebliche Ausbildung bzw. in die Hochschule und der Übergang vom Bildungssystem in das Berufssystem. Der Übergang von der Grundschule in die weiterführenden Schulen sowie der Wechsel der Schulform, die im Verlauf der Sekundarstufe durch Auf- und Abstiege bedingt sind, stellen wichtige Übergänge zwischen den Teilsystemen des schulischen Systems dar. Mit ihnen werden wegweisende Entscheidungen im wahrsten Sinne des Wortes getroffen. Übergänge sind mit einem merklichen Einschnitt in der Bildungsbiographie verbunden und es existieren formale Regelungen zum Übertrittsverfahren. Für Übergänge gibt es definierte Zeiten, entweder gemessen am Lebensalter oder als Zeitabschnitt in der Bildungskarriere. Der Regelzeitpunkt für den Schuleintritt ist die sog. Schulreife mit dem sechsten Lebensjahr, der Übergang in die Sekundarstufe erfolgt nach Beendigung der vierten bzw. sechsten Jahrgangsstufe. Die Erfüllung der Schulpflicht ist nach Jahren des Schulbesuchs geregelt. Übergänge orientieren sich also an separierbaren Sequenzen der Bildungslaufbahn, nach denen ein Abschnitt der Bildungslaufbahn beendet ist und die Voraussetzungen (inhaltlich und/oder formal) erfüllt sind, um eine Bildungslaufbahn zu beenden oder in einen darauf aufbauenden Abschnitt zu wechseln. Übergänge bilden also die Nahtstellen bzw. Statuspassagen in Bildungsverläufen. Wichtig ist jeweils, ob gesetzte Ziele erreicht und durch Zertifikate oder Bildungstitel attestiert worden sind und welche weiteren Anschlüsse wählbar sind. Üblicherweise ist im System auch vorgesehen, dass an den Übergangsstellen Möglichkeiten für *Quereinstiege* bestehen, wobei ebenfalls über die Anerkennung von zuvor erbrachten Leistungen entschieden werden muss. Das ist schon bei offiziellen Zertifikaten bzw. Titeln und Leistungsnachweisen im formalen Bildungssystem nicht ohne Probleme (Anerkennung von im Ausland erworbenen Abschlüssen; Anerkennung von Abschlüssen zwischen den Ländern). Noch strittiger ist, wieweit in nonformalen oder informellen Settings erworbene Qualifikationen anrechenbar sind und als Zugangsbedingung berücksichtigt werden können bzw. sollen.

Übergreifend wichtige Aspekte bei Übergängen sind die folgenden:

Zeitpunkt des Übergangs. Unter zeitlicher Perspektive können Übergänge einmal auf das Lebensalter und zum anderen auf die Phasen des Bildungslebenslaufs bezogen werden. Daraus ergeben sich kontrovers diskutierte Fragen nach dem richtigen Zeitpunkt für Übergänge, etwa für den Schuleintritt oder die Differenzierung nach unterschiedlichen Schulformen sowie nach der Dauer des Schulbesuchs und der Ausbildungszeiten bis zum Berufseintritt insgesamt. Bei der Behandlung dieser Fragen ist die pure gesellschaftliche oder politische Wünschbarkeit mit den bestehenden Anforderungen bezüglich der gewünschten Ausbildungsqualität oft nicht leicht abzugleichen. Dies zeigen u. a. die überwiegend heftigen Kontroversen um die Einführung eines achtstufigen Gymnasiums und die Turbulenzen im Zuge der Umstellung auf modularisierte B.A.- und M.A.-Studiengänge an den Hochschulen. Zum Zeitpunkt des Schuleintritts ist im Gespräch, ob eine Vorverlegung auf fünf Jahre und/oder eine verpflichtende Kindergarten- bzw. Vorschulzeit angebracht wäre. Bezüglich des Übergangs auf die weiterführenden Schulen stellt sich vor allem die Frage, ob zu diesem Zeitpunkt eine Aussage über die Eignung für eine der Schulformen schon sicher genug getroffen werden kann.

Wählbare Optionen. In allen Fällen, in denen Entscheidungen getroffen werden müssen, ist es wichtig danach zu unterscheiden, welche Optionen überhaupt wählbar sind und wie stark sich diese voneinander unterscheiden, etwa bezüglich des Profils und der Perspektiven, die mit der Wahl einer Option verbunden sind. Die Zahl der Optionen und ihrer Unterscheidbarkeit sind von Bedeutung für die Schwierigkeit, eine Entscheidung zu treffen und für die Treffsicherheit der Entscheidung. Je zahlreicher die Optionen sind und je weniger sie sich voneinander unterscheiden, umso schwieriger dürfte die Entscheidung sein.

Tragweite und Revidierbarkeit. Entscheidungen sind umso schwerwiegender, je mehr sich die Chancen bzw. Gewinne unterscheiden, die mit der Wahl der Optionen verbunden sind. Zugleich ist von Bedeutung, ob einmal getroffene Entscheidungen schwer oder leicht revidierbar bzw. langfristig vs. kurzfristig bindend sind. Das deutsche Bildungssystem ist dabei eher auf Bildungslaufbahnen hin angelegt, die dem Modell eines generalisierenden und längerfristig angelegten *Streaming* folgen und weniger einem differenzierteren und variableren *Setting*. Von daher sind an die Übertrittsverfahren besonders hohe Anforderungen zu stellen.

Entscheidungsträger. Entscheidungen können danach klassifiziert werden, wer die Entscheidung trifft. Dies kann die Person, die Bildung nachfragt, selbst sein (bzw. ein Stellvertreter, wie bei Minderjährigen oder nicht voll geschäftsfähigen Personen vorgesehen) oder die aufnehmende Institution bzw. eine dazu beauftragte Behörde oder Agentur (z. B. ZVS). Der weitaus häufigere Fall bei Bildungslaufbahnen ist der, dass die Entscheidung auf Antrag der Person (bzw. ihres Stellvertreters) von institutioneller Seite getroffen wird.

Grundlagen des Übergangsverfahrens. Hier stellt sich die Frage, auf der Basis welcher Gesetze, Verordnungen und Regelungen der Übergang stattfindet und wie eindeutig interpretierbar und umsetzbar das Verfahren ist. Bedeutsam sind auch die Möglichkeiten, Widerspruch gegen Entscheidungen einzulegen und ob bzw. welche Rechtsmittel dafür zur Verfügung stehen.

Datenbasis und Qualitätskontrolle. Entscheidungen über Bildungslaufbahnen werden auf der Grundlage unterschiedlicher Daten getroffen. Fast immer werden Leistungsbeurteilungen herangezogen, die in Form von Noten bzw. Zeugnissen vorliegen, zum Teil werden auch Ergebnisse aus Tests, Beobachtungen, Interviews und Portfolios verwendet. Dabei wird davon ausgegangen, dass die verwendeten Informationen objektiv, reliabel und (prognostisch) valide hinsichtlich der Eignung für eine Laufbahn sind. Die Qualität der Daten für das Übergangsverfahren sollte also bekannt sein und regelmäßig systematisch überprüft werden. Wenn unterschiedliche Informationen verwendet werden, sind zudem Festlegungen nötig, mit welchem Anteil und ggf. in welcher Gewichtung einzelne Informationen in die Entscheidung eingehen. Dies ist nur überzeugend möglich, wenn Überprüfungen zur Bewährung des Verfahrens erfolgen und Verfahrensänderungen auf der Basis solcher Kontrollen erfolgen. Diesbezüglich lässt sich noch danach unterscheiden, ob empirische Untersuchungen nach dem Stand der Technik durchgeführt werden oder ob die Auswahl der Daten, ihre Gewichtung und Qualität aus Professionswissen mehr oder weniger intuitiv abgeleitet bzw. erschlossen wird. Weit überwiegend kann davon ausgegangen werden, dass zur Qualität der Daten und der Übergangsverfahren nur wenig an empirisch abgesicherten Ergebnissen vorliegt.

3 Grundlagen zu Übergangsentscheidungen

Übergangsentscheidungen beziehen sich auf das Zusammenspiel von institutionellen Bedingungen und individuellen Erwartungen und Fähigkeiten. Auf der einen Seite stehen somit Übergangs- bzw. Zugangsvoraussetzungen, in denen gesellschaftliche bzw. institutionell im System vorgegebene *Anforderungen* als Zugangsvoraussetzungen zum Ausdruck kommen, die zugleich bekannte oder vermutete Verbleibs- und Erfolgsbedingungen für eine Laufbahn sind. Dem stehen die individuellen *Ziele* der Bewerber, d. h. deren Wünsche und Erwartungen sowie zugleich auch deren Fähigkeiten, ihr Handlungs- und Bewältigungs*vermögen* gegenüber. Die Erwartung an Übergangsregelungen und -verfahren besteht darin, die Anforderungen mit den Befähigungen abzugleichen und möglichst auch die Wünsche und Erwartungen der Bewerber mit zu berücksichtigen.

An Übergangsentscheidungen sind im Regelfall unterschiedliche Systemebenen und Akteure beteiligt. Auf der Systemebene werden dabei Festlegungen getroffen, die für alle Akteure und Institutionen, die Übergangsentscheidungen bezogen auf einen Bildungsabschnitt treffen, gleichermaßen gelten. Die zentralen Festlegungen sollen für eine Gleichbehandlung und die Fairness des Verfahrens sorgen. Die Umsetzung des Verfahrens erfolgt dann jedoch innerhalb der einzelnen Bildungseinrichtungen durch die darin zuständigen Akteure. Diese haben sich zwar an die systemweit gültigen Regelungen zu halten, dennoch bestehen in der realen Handhabung mehr oder weniger große Interpretationsspielräume. Insofern müssen sich die intendierten Regelungen bei einer Analyse der Praxis der einzelnen Einrichtungen nicht ungebrochen wieder finden. Im Zusammenspiel der Ebenen muss nicht nur eine Entsprechung bzgl. der Verfahrensregelungen in inhaltlicher Hinsicht gewährleistet sein. Das Zusammenspiel funktioniert vielmehr auch nur dann, wenn die aus den Entscheidungen der einzelnen Akteure resultierenden Verteilungen auf Laufbahnen keine große Diskrepanz zu den verfügbaren Plätzen aufweisen. Herausforderungen bestehen insbesondere da, wo es um den Zugang zu bzw. um die Verteilung weniger Plätze bzw. knapper Güter geht, also in den Fällen, in denen die Nachfrage das Angebot übersteigt. Im (deutschen) Bildungssystem ist das geradezu notorisch der Fall: bei Plätzen in Kinderkrippen oder Kindergärten ebenso wie beim Zugang zu den höheren Schulformen, zu Ausbildungsplätzen und zu Studienplätzen. Die Übergangsregelungen sind nicht nur hoch bedeutsam, weil begehrte Güter zur Verteilung anstehen, sondern auch, weil bei fehlerhaften Zuweisungen hohe materielle und immaterielle Kosten für das Individuum, die Bildungseinrichtungen und die Gesellschaft als Ganzes entstehen.

Eine nicht weniger wichtige Frage ist, ob das System und die Regelung der Verfahren für die Übergänge transparent und nicht korrumpierbar ist und ob es bei den Übergängen und Auswahlverfahren gerecht zugeht. Zum großen Teil erfolgen Zulassungen und die Vergabe von Abschlüssen nach gezeigten Leistungen. Einen herausragenden Stellenwert haben, genauer gesagt, *Leistungsurteile*, die zum größten Teil in Notenform etabliert sind. Solche Zulassungsverfahren setzen voraus, dass die Noten fair vergeben wurden und über die Institutionen, in denen sie erreicht wurden, vergleichbar sind. Dass das primäre Kriterium für Übergänge Leistungen sind, ist nicht so zu interpretieren, dass damit ausschließlich rein kognitive oder ausschließlich fachliche Leistungen gemeint wären. Beispielhaft zeigen das die Vereinbarungen des Sekretariats der Ständigen Konferenz der Kultusminister der Länder in der Bundesrepublik (KMK) zu den Übergängen nach der Grundschule. Hier ist davon die Rede, dass die *Kenntnisse und Fertigkeiten*, aber auch die *Eignung, Neigung* und der *Wille des Kindes zu geistiger Arbeit insgesamt* zu werten sind. Weiter heißt es, dass nicht nur fachliche Leistungen, sondern *die für den Schulerfolg wichtigen allgemeinen Fähigkeiten* sowie *das jeweilige Umfeld, die Lernausgangslagen und die Lernmöglichkeiten der Schülerinnen und Schüler* zu beachten sind. Die Entscheidung dürfe außerdem nicht durch das Ergebnis einer Prüfung von wenigen Stunden oder Tagen bestimmt sein. Das Verfahren müsse sich vielmehr über einen längeren Zeitraum erstrecken, der hinreichend Gelegenheit zur Beobachtung des Kindes und zur Beratung der Eltern gibt. Überhaupt solle auf jede schematische und mechanische Gestaltung des Verfahrens verzichtet werden (KMK – Sekretariat der Ständigen Konferenz der Kultusminister der Länder in der Bundesrepublik Deutschland 2003). Die relative Unbestimmtheit der Aussagen ist nicht nur für diese Vereinbarung typisch, sondern ließe sich ebenso für andere Regelungen zu Übergangs- bzw. Zulassungsverfahren nachweisen.

Übergangsentscheidungen – rationale Wahlen?

Angesichts der Vielfalt und Komplexität von Übergängen im Bildungssystem überrascht es nicht, dass keine geschlossene Theorie existiert, auf die man verweisen oder sich berufen könnte. Teils wird nach eher psychologisch und eher soziologisch ausgerichteten Analyse- und Erklärungsansätzen unterschieden (SCHUMACHER 2004). Aus Sicht des Individuums betrachtet erfordern Übergänge, Entscheidungen zu treffen und Veränderungen zu bewältigen. Die anstehenden Veränderungen können als kritische Lebensereignisse aufgefasst werden, die eine Herausforderung darstellen und entweder als Bedrohung oder als Chance wahrgenommen werden können. Wie erfolgreich Übergänge bewältigt werden, hängt davon ab, welche Strategien zur Bewältigung der Situation zur Verfügung stehen und welche Risiko- und Schutzfaktoren seitens der Person und ihrer Umgebung vorhanden sind. Bei Übergängen stellen sich Herausforderungen nicht nur auf der individuellen Ebene, sondern auch auf der interaktionalen und der kontextuellen Ebene (GRIEBEL 2004).

Da bei Übergängen Entscheidungen über Zulassungen und Ablehnungen bzw. die Weiterführung oder Beendigung einer Laufbahn anstehen, nimmt es kein Wunder, dass der prominenteste Erklärungsansatz Rational-Choice-Modelle sind (COLEMAN/FARARO 1992). Dem Modellansatz zu Folge versuchen Akteure bei anstehenden Entscheidungen den erwarteten Nutzen der Handlung zu maximieren. Der Nutzen ergibt sich dabei aus einer Abwägung der erwarteten Erträge, der Erfolgswahrscheinlichkeit der Handlung und den erwarteten Kosten. Trotz der Abweichungen zwischen unterschiedlichen Modellen (BREEN/GOLDTHORPE 1997; ERIKSON/JONSSON 1996) ist der Nutzen jeweils als das Produkt aus Erträgen und Erfolgswahrscheinlichkeit abzüglich der Kosten anzusehen (DITTON 1992; MAAZ et al. 2006). Die erwarteten Erträge können der Erwerb von Statusmerkmalen, das erzielbare Einkommen, das soziale Prestige oder der Erhalt der sozialen Position der Herkunftsfamilie sein. Unter die Kosten fällt all das, was von den Akteuren eingebracht werden muss, also nicht nur monetäre Aufwendungen, sondern auch entgangenes Einkommen und zu leistender Aufwand in jeglicher Form. Die in Verbindung mit den eher psychologisch ausgerichteten Modellen erwähnten Faktoren (Belastungen, Stress, Unsicherheit, Vorfreude auf neue Herausforderungen) können im RC-Modell als Kosten bzw. Nutzen oder auch als Aspekte der Erfolgserwartung integriert werden. Eine besondere Bedeutung bei der Wahl von Bildungslaufbahnen kommt dem Risiko eines *Statusverlusts* zu. ESSER (1999) führt daher die Wahrscheinlichkeit eines Statusverlust als eigenen Faktor in sein Erklärungsmodell ein. Summiert man zu diesem Faktor den (erwarteten) Bildungsertrag resultiert daraus die *Bildungsmotivation*, der das *Investitionsrisiko*, gebildet als Quotient aus Kosten und Erfolgswahrscheinlichkeit, gegenüber steht. Die Wahl einer (anspruchsvolleren) Bildungslaufbahn erfolgt letztlich dann, wenn die Bildungsmotivation größer ist als das Investitionsrisiko. Das Modell wird bislang nahezu ausschließlich als ein individuelles Kalkulationsmodell aus Sicht der Nachfrager verstanden, es wäre jedoch lohnend, seine Anwendbarkeit auf die institutionelle resp. Anbieterseite zu prüfen (DITTON 2004).

Das Rational-Choice-Modell ist ohne Frage ein hilfreicher Ansatz zur Systematisierung der für Bildungsentscheidungen relevanten Faktoren. Trotzdem bestehen bezüglich der Erklärungskraft

Grenzen (DITTON 1992). Bei Übergangsentscheidungen handelt es sich um *ungewisse* Entscheidungen, denen keine eindeutigen Konsequenzen zugeordnet werden können. Zudem sind die Konsequenzen nicht mit eindeutig bestimmbaren Eintretenswahrscheinlichkeiten verbunden. Die Entwicklung der für den Bildungserfolg relevanten Faktoren ist schließlich nicht leicht vorherzusagen. Das eigentliche Kriterium für Entscheidungen ist von daher jeweils – auch bezüglich der erwarteten Kosten und Erträge – die *subjektive Einschätzung* der Akteure und diese kann mehr oder weniger gut mit der Realität übereinstimmen und überdies zwischen den beteiligten Akteuren divergieren. Überhaupt werden Akteure nicht in jedem Fall eine *bestmögliche* Entscheidung treffen (können). In Abhängigkeit von personellen und situativen Bedingungen kann es rational sein, lediglich eine subjektiv als *zufriedenstellend* empfundene Wahl zu treffen (vgl. SIMON 1978) oder sogar *habitualisiert* zu entscheiden (ESSER 1990). Vor allem ist jedoch wichtig, dass Entscheidungen immer auch eine *Vorgeschichte* und *Entstehensbedingungen* haben und sich nicht ausschließlich aus dem hier und heute erklären lassen. In vielen Fällen haben vorab getroffene Entscheidungen oder auch zeitgleich anstehende Entscheidungen in anderen Handlungskontexten Auswirkungen. Zur Erklärung von Entscheidungen bei Übergängen im Bildungssystem ist daher auch ihr Zustandekommen mit zu berücksichtigen, womit vorangegangene Erfahrungen, soziale Verpflichtungen und Traditionen ins Spiel kommen. Schließlich und keineswegs zuletzt haben institutionelle Faktoren einen erheblichen Einfluss auf die Wahl von Bildungslaufbahnen, insbesondere der Zeitpunkt der Entscheidung in der Schullaufbahn, die Dauer des Schulbesuchs bei der Wahl der Alternativen, die Extension bzw. Expansion des Bildungssystems und die Erreichbarkeit der Bildungsangebote (ERIKSON/JONSSON 1996).

Eine wichtige und bis heute prominente Unterscheidung nach Effekten, die bei Entscheidungen über Bildungslaufbahnen auftreten, hat BOUDON (1974) vorgenommen. Als *primäre Effekte* bezeichnet er die Effekte auf die Laufbahnentscheidungen, die über Leistungen vermittelt sind. Als *sekundäre Effekte* versteht BOUDON darüber hinausgehende Wirkungen der sozialen Herkunft. Seiner Auffassung nach sind die sekundären Effekte auf eine zwischen den sozialen Gruppen unterschiedliche Kosten-Nutzen-Kalkulation zurück zu führen. BOUDON geht in seinen Arbeiten davon aus, dass den sekundären Effekten bezüglich ungleicher Bildungschancen die größere Bedeutung zukommt, zumindest bei einer Betrachtung über die gesamte Bildungskarriere. Dies ist nicht unbedingt überzeugend und dürfte damit in Zusammenhang stehen, dass die Unterscheidung nach Leistungs- und anderen Faktoren unklar und für Verlaufsanalysen zu wenig differenziert ist. Bezüglich der leistungsbezogenen Faktoren, die Laufbahnentscheidungen beeinflussen, ist zwischen *objektiven Leistungen*[2], *Leistungsurteilen* und den für die Kosten-Nutzen-Kalkulation relevanten *subjektiven Erfolgserwartungen* zu unterscheiden. Diese Leistungsindikatoren kovariieren in aller Regel zwar recht eng, sie sind aber nicht deckungsgleich. Schon die Leistungsurteile spiegeln die objektiven Leistungen nicht unbedingt unverzerrt wieder, und die Erfolgserwartungen sind nicht notwendigerweise ein direktes Abbild der Leistungen oder Leistungsurteile. Noch wichtiger ist jedoch, dass Entscheidungen über Bildungslaufbahnen nicht überzeugend als ein zu einem definierten Zeitpunkt spontan auftretendes Ereignis bzw. als das Ergebnis einer erst zum Entscheidungszeitpunkt erfolgenden Kalkulation beschrieben werden können. Angesichts der hohen Bedeutung von Übergängen ist stattdessen davon auszugehen, dass die Akteure schon erhebliche Zeit vor dem eigentlichen Entscheidungszeitpunkt eine *Vorentscheidung* getroffen haben und versuchen werden, das ihnen Mögliche zu tun, um die gewünschte Option verwirklichen zu können (ERIKSON et al. 2005). Die Vorentscheidung wird die endgültige Entscheidung daher nicht nur direkt beeinflussen, sondern zudem indirekte Wirkungen über die Leistungen bzw. die Leistungsentwicklung zeigen. Bei einer früh getroffenen Vorentscheidung für eine höhere Bildungslaufbahn werden Akteure mehr in die Leistungsförderung investieren als es bei einem geringeren Anspruchsniveau der Fall sein wird. Letztlich ist es also notwendig, Verlaufsmuster von Übergängen zu analysieren und die dabei relevanten Sozialisationsbedingungen

und -prozesse differenzierter zu berücksichtigen als es bislang üblich ist (BAUMERT/STANAT/
WATERMANN 2006; BAUMERT/WATERMANN/SCHÜMER 2003; BLOSSFELD/MÜLLER 1996).
Aussagekräftige Untersuchungen zu Übergängen im Bildungswesen erfordern somit eine differenzierte Berücksichtigung der Bedingungsstrukturen, die durch personale, familial-soziale und institutionelle Faktoren gegeben sind und ebenso die Berücksichtigung des Zustandekommens von Entscheidungen über einen längeren Zeitraum. Auch darf nicht übersehen werden, dass oftmals nicht ein einzelner Akteur allein entscheiden kann und sich die Perspektiven und Einschätzungen der Akteure voneinander unterscheiden können. Beim Zustandekommen von Übergangsentscheidungen finden Aushandlungsprozesse statt, die im idealen Fall dazu führen, dass eine Annäherung an eine bestmögliche Entscheidung erreicht wird, die alle Parteien zufrieden stellt. Andernfalls wird eine der „Rationalitäten" obsiegen und es ist dann die Frage, wer die größere Macht und die Entscheidungsbefugnis hat.

4 Entscheidungen zum Übergang auf weiterführende Schulen

Um die Herausforderungen bei Übergangsentscheidungen exemplarisch zu konkretisieren, konzentrieren sich die nachfolgenden Ausführungen auf den Übergang in die weiterführenden Schulen nach der Grundschule. Dazu werden Ergebnisse aus dem Projekt *Kompetenzaufbau und Laufbahnen im Schulsystem* (KOALA-S) vorgestellt, das von der Deutschen Forschungsgemeinschaft gefördert wird. Grundlegende Informationen zur Untersuchung finden sich in DITTON/KRÜSKEN (2006); DITTON/KRÜSKEN/SCHAUENBERG (2005). An der Untersuchung, die als Längsschnitt zum Ende der dritten und vierten Jahrgangsstufe durchgeführt wurde, waren N = 27 Schulklassen aus Bayern mit N = 650 Schülern beteiligt. Neben den Schulanmeldungen, den Übertrittempfehlungen der Lehrkräfte und den Bildungsaspirationen der Eltern wurden die Zeugnisnoten sowie die fachlichen Leistungen in Deutsch und Mathematik mit lehrplanvaliden Tests erfasst. Zum Entscheidungskontext liegen ausführliche Informationen zu Einstellungen und Hintergrundmerkmalen aus Befragungen der Schüler, Eltern (N = 457) und Lehrkräfte vor.[3]

Für die Übertritte von der Grundschule an eine Realschule oder ein Gymnasium sind in Bayern die Regelungen zu den geforderten Durchschnittsnoten aus den Hauptfächern Deutsch, Mathematik sowie Heimat- und Sachkunde ausschlaggebend. Bis zu einer Durchschnittsnote von 2,33 ist der Übertritt an eine Realschule uneingeschränkt möglich. Bis zu einem Schnitt von 2,66 kann der Übertritt an die Realschule dann erfolgen, wenn die Noten in Deutsch und Mathematik 2/3 bzw. 3/2 oder besser sind. Für das Gymnasium gilt ebenfalls ein Notenschnitt von 2,33, wobei eine Beratung der Eltern obligatorisch ist, sofern der Durchschnitt der Fächer Deutsch und Mathematik schlechter als 2,0 ist. Sind diese Voraussetzungen nicht erfüllt, so setzt die Aufnahme an eine Realschule oder ein Gymnasium die erfolgreiche Absolvierung eines Probeunterrichts an der gewünschten Schulform voraus, zu dem die Eltern das Kind gegen Ende des vierten Schuljahres dort anmelden müssen.

Knappheit und Selektion. Ein Vergleich der Bildungsaspirationen der Eltern mit den Übertrittsempfehlungen der Lehrkräfte zeigt erhebliche Diskrepanzen. In vielen Fällen liegen die Bildungswünsche der Eltern über der Empfehlung, die das Kind erhält. Insbesondere gibt es weit mehr Empfehlungen für eine Hauptschul- (46% vs. 16%) und weniger Empfehlungen für eine Realschullaufbahn (23% vs. 47%) als die Eltern das wünschen. Hinsichtlich der Gymnasiallaufbahnen sind die Diskrepanzen geringer (32% vs. 37%). Der weit überwiegende Teil der Eltern (85%) folgt bei der Schulanmeldung der Übertrittsempfehlung. Differenziert nach der empfohlenen Schulform zeigt sich, dass von den Eltern, die eine Hauptschulempfehlung für ihr Kind erhalten, 14% nach oben abweichen. Eltern mit einer Gymnasialempfehlung weichen in 9% der

Fälle nach unten ab und melden ihr Kind an einer Realschule an. In den Fällen, in denen eine Realschulempfehlung erteilt wurde, weichen 23% der Eltern nach oben (Gymnasium) und 5% nach unten (Hauptschule) ab. Abweichungen nach oben sind dabei signifikant häufiger für die höheren Statusgruppen festzustellen, Abweichungen nach unten für die unteren. Zwischen den sozialen Gruppen bestehen insgesamt sehr gravierende Unterschiede in der Wahl der Schullaufbahn. Der Anteil der Anmeldungen an der Hauptschule sinkt im Vergleich der EGP-Klassen von 74% in der Gruppe der un- und angelernten Arbeiter auf 11% bei der oberen Dienstklasse. Gegenläufig verhalten sich die Anteile der Anmeldungen am Gymnasium (Anstieg von 10% auf 73%).

Stabilität und Variabilität. In nicht wenigen Fällen ergeben sich Änderungen zwischen den voraussichtlichen Empfehlungen der Lehrkräfte zum Ende der dritten und den tatsächlichen Empfehlung am Ende der vierten Jahrgangsstufe. Dabei bleiben die Empfehlungen für die Hauptschule und das Gymnasium vergleichsweise stabil. In 87 bzw. 84% der Fälle ergibt sich keine Änderung. Für die Realschulempfehlungen stellt sich das anders dar. Hier stimmen die voraussichtlichen und endgültigen Empfehlungen nur zu 46% überein, 24% der Schüler erhalten letztlich eine Hauptschul- und 29% eine Gymnasialempfehlung.

Übergangskriterien. Die Anmeldungen an den weiterführenden Schulen erfolgen in allererster Linie leistungsbezogen. Allein die Noten in den Hauptfächern erklären 85% der Varianz in den Übertrittsempfehlungen und 72% der Varianz in den Schulanmeldungen[4]. Diese Anteile erhöhen sich durch die zusätzliche Berücksichtigung von Merkmalen der sozialen Herkunft (Geschlecht, Muttersprache, Bildungs- und sozialer Status) für die Übertrittsempfehlungen nur unwesentlich (87%), bezüglich der Schulanmeldungen dagegen etwas stärker (78%). Die enge Kopplung der Wahl der schulischen Laufbahn an die soziale Herkunft erklärt sich insofern zum allergrößten Teil über Unterschiede im erreichten Leistungsniveau, d. h. über primäre Herkunftseffekte. Die sekundären, über Leistungsunterschiede hinausgehenden Herkunftseffekte sind im Vergleich dazu gering und kommen eher vermittelt über die Bildungsaspirationen der Eltern bzw. die Abweichungen der Schulanmeldungen von den Lehrkraftempfehlungen zum Tragen. Analysen zur Entwicklung der schulischen Leistungen in Deutsch und Mathematik zeigen, dass die Leistungsunterschiede zwischen den sozialen Gruppen im Verlauf der vierten Jahrgangsstufe zunehmen (DITTON/KRÜSKEN 2006). Da dies vermutlich auch für die davor liegende Schulzeit zutreffen dürfte, sind die unterschiedlichen Schuleingangsvoraussetzungen zwischen den sozialen Gruppen und die differentielle Leistungsentwicklung als die eigentliche Herausforderung für eine (partielle) Entkopplung von Bildungslaufbahn und sozialer Herkunft anzusehen (vgl. für die Schweiz: MOSER/KELLER/TRESCH 2002; MOSER/RHYN 2000).

Entscheidungsfeld. Die Erwartung, dass das Kind eine anspruchsvollere Bildungslaufbahn erfolgreich absolvieren wird, ist in den höheren Statusgruppen auch bei gleichen Leistungen und Noten größer als in den unteren. Insgesamt scheint diese stärker ausgeprägte Erfolgszuversicht ein Faktor von größerer Bedeutung für die Schulwahl zu sein als die erwarteten Kosten und der erwartete Nutzen. Anfallende Kosten sind dem Anschein nach eher in den unteren Statusgruppen von Bedeutung (SCHAUENBERG 2007). Insofern spricht einiges dafür, dass im Zusammenhang mit der Intention, einen Statusverlust zu vermeiden, die Risikobereitschaft bzw. Risikomöglichkeit ein bedeutsamer Erklärungsfaktor ist. Weitere Faktoren, die in die Wahl der Schullaufbahn durch die Eltern mit hinein spielen, sind die sozialspezifische Wahrnehmung und Vertrautheit mit den Schulformen sowie die Nähe zu schulischer Bildung. Im Gesamtzusammenhang gesehen stellen sich Wahlen von Bildungslaufbahnen als Teilaspekt der Lebensplanung dar (MEULEMANN 1985), der in Beziehung zur Mobilitätsbereitschaft und zur Modernität der Lebensform steht. Es hat den Anschein, dass nicht alle soziale Gruppen für die Erwartungen, die an Bildungs- und berufliche Laufbahnen in der heutigen Zeit gestellt werden, gleich gut gerüstet sind.

Auch wenn die Übertrittsempfehlungen der Lehrkräfte in erster Linie an den schulischen Leistungen ausgerichtet sind, bedeutet das nicht, dass sie frei von sozialem Bias sind. Neben den fachlichen Leistungen spielen Einschätzungen zur Begabung der Schüler und zur Unterstützung durch das Elternhaus in die Empfehlungen hinein. Zum Tragen kommen diese Faktoren vor allem in Zweifelsfällen, d. h. dann, wenn von den fachlichen Leistungen her die Empfehlung für eine der schulischen Laufbahnen weniger eindeutig möglich ist (DITTON/KRÜSKEN 2006). Dies muss keineswegs als Indiz für eine gezielte soziale Diskriminierung interpretiert werden. Es könnte vielmehr so sein, dass Lehrkräfte den Schülern späteren schulischen Misserfolg ersparen möchten und daher versuchen, die spezifischen Erwartungen und Anforderungen zu berücksichtigen, die in den weiterführenden Schulen an die Schüler und ihr Lernumfeld gestellt werden. Für die sozialspezifischen Differenzen in der Leistungsentwicklung könnte jedoch mit von Bedeutung sein, dass Kinder der oberen Statusgruppen von den Lehrkräften auch bei gleichen fachlichen Leistungen bezüglich ihrer Begabungen und sprachlichen Fähigkeiten positiver eingeschätzt werden und die etwas besseren Noten bekommen als Kinder der unteren sozialen Gruppen (DITTON im Druck a).

Haupt- und Nebenwirkungen. Die Übertritte auf die weiterführenden Schulen nach der Primarstufe sind nicht nur folgenreich für die weitere Entwicklung der schulischen Leistungen und den später erreichten Bildungsabschluss. Ein bisher weitgehend vernachlässigter Bereich ist die Wirkung der Klassifikationserfahrung auf motivationale Variablen (schulisches Fähigkeitsselbstkonzept, Lernfreude, Anstrengungsmotivation). Analysen hierzu zeigen, dass sich hinsichtlich der Lernfreude und der Anstrengungsmotivation in der dritten Klasse noch keine Unterschiede zwischen Kindern finden, die später unterschiedliche Übertrittsempfehlungen erhalten werden. Dagegen weisen zum Ende der vierten Jahrgangsstufe zukünftige Hauptschüler deutlich weniger Lernfreude und Anstrengungsmotivation auf als zukünftige Gymnasiasten. Was das Fähigkeitsselbstkonzept betrifft, zeigen sich zwar auch schon in der dritten Klasse Unterschiede in der Form, dass angehende Gymnasiasten – auch vor Erteilung der Übertrittsempfehlung – ein günstigeres Fähigkeitsselbstkonzept haben als angehende Haupt- und Realschüler, jedoch wird der Abstand von den zukünftigen Hauptschülern zu den zukünftigen Realschülern und Gymnasiasten von der dritten zur vierten Klasse bedeutsam größer (DITTON im Druck a). Diese Befunde weisen auf signifikant nachteilige Wirkungen negativer Selektionserfahrungen hin, die in der Diskussion zu Übergängen im Bildungsverlauf nicht übersehen werden sollten.

Differentielle Übergangsprozesse. Übergänge finden in unterschiedlichen sozial- regionalen Kontexten statt. Analysen hierzu zeigen, dass im Vergleich von Schulklassen und Regionen unterschiedliche Muster des Übertrittsverhaltens vorliegen, die mit den Kontextfaktoren systematisch kovariieren. Zusammenfassen lassen sich die Befunde so, dass von sozial höheren und privilegierteren Kontexten eine Art Sogwirkung bzw. ein Verstärkereffekt ausgeht und häufiger die höheren Bildungsangebote gewählt werden als von den individuellen Voraussetzungen her zu erwarten wäre. Während der soziale Kontext vorrangig einen Einfluss auf die Bildungsaspirationen der Eltern hat, spielt das vorhandene schulische Angebot in einer Region sowohl eine Rolle für die Bildungsaspirationen als auch für die Empfehlungspraxis der Lehrkräfte. Da der Grad der Versorgung mit höheren schulischen Angeboten regional unterschiedlich ist, wirkt dies auch heute noch als ein regulatives Element des Bildungsmarktes (DITTON im Druck b).

5 Diskussion

Deutschland hat ein im internationalen Vergleich außergewöhnlich stark differenziertes Bildungssystem mit zahlreichen wählbaren Optionen, vielen Übergangsstationen und manchmal recht verschlungenen und nicht sehr übersichtlichen Wegen. Dies steht auch in Beziehung damit, dass der frühen Trennung in unterschiedliche schulische Laufbahnen durch ein umfangreiches Angebot an Anschlussoptionen zu begegnen versucht wird. International vergleichende Analysen liefern starke Indizien dafür, dass in Bildungssystemen mit frühen Entscheidungszeitpunkten und zahlreichen Optionen Herkunftsmerkmale stärker auf den Bildungserfolg durchschlagen (OECD 2004, 2005). Es muss insofern nicht verwundern, dass in Deutschland die Kopplung der Bildungslaufbahnen an die soziale Herkunft überdurchschnittlich stark ausgeprägt ist.

Die Diagnostik von Kompetenzen an den Übergangsstellen erweist sich ebenfalls als ein recht komplexes und nicht sehr transparentes System. Welche Leistungs- und sonstigen Voraussetzungen faktisch vorliegen müssen, um welchen Weg dann wann und wohin gehen zu dürfen, ist oft nicht einfach zu entschlüsseln. Bislang erweist sich die Übergangsdiagnostik als eine Diagnostik von Kompetenzen in einem weit zu verstehenden Sinn. Neben fachlichen Leistungen und kognitiven Fähigkeiten sind auch soziale und kommunikative Fähigkeiten, Belastbarkeit, Durchhaltevermögen, Zielstrebigkeit, Zähigkeit und sozialer Support für Bildungsverläufe und damit auch für die Übergangsdiagnostik relevant. Kontroversen dürften sich daran entzünden, ob das so akzeptabel ist, oder ob nicht vielmehr nur objektiv nachweisliche und primär fachliche Leistungen im engeren Sinn zählen sollten.

In neuerer Zeit werden im Zusammenhang mit der Etablierung von Vergleichsarbeiten an Grundschulen Überlegungen angestellt, deren Ergebnisse für Übergangsentscheidungen mit heranzuziehen. Ob das Übergangsverfahren damit treffsicherer und weniger sozial selektiv ausfallen würde – darüber können eher Spekulationen angestellt als empirisch fundierte Aussagen getroffen werden. Die Anwendung von Standards aus diesen (landesweit oder sogar länderübergreifend einheitlichen) Testverfahren für Schulübertritte würde bedeuten, dass vergleichbare Anforderungen gestellt und gleiche Bezugsmaßstäbe zu Grunde gelegt würden. Dies würde sich allerdings nur auf die mit den Tests erfassten fachlichen Leistungsaspekte beziehen. Ob diese allein ausschlaggebend für den späteren schulischen Erfolg sind, kann bezweifelt werden, zumal sich die Erhebungen bislang auf die Fächer Deutsch und Mathematik konzentrieren und auch hier – allein schon auf Grund der Testzeit – jeweils nur spezifische Aspekte der fachlichen Kompetenzen berücksichtigt werden (können). Ebenso schwierig wie bei Noten bzw. Notendurchschnitten würde es dabei sein, Grenz- oder Schwellenwerte der Testleistungen hinsichtlich der Eignung für eine weiterführende Schulform zu definieren. Hinterfragbar ist ebenfalls, ob einem singulären Test eine so hohe Bedeutung zukommen sollte, und es ist zu überlegen, welche Konsequenzen ein möglicherweise gezielt einsetzendes Testtraining (in der Schule, durch Eltern, Nachhilfeinstitute, Übergangstrainer) haben könnte. Einheitliche Tests würden zwar für *vergleichbare Standards* sorgen, an den *ungleiche Bedingungen* schulischen Lernens (Schülervoraussetzungen, Zusammensetzung der Schulklassen und Schulen, Schul- und Unterrichtsqualität) würde dies jedoch – zumindest zunächst einmal – nichts ändern. Wieweit eine vergleichbare Ausbildungsqualität die Voraussetzung dafür ist, dass Standards nicht im Grunde höchst unfair sind, bliebe in jedem Fall noch zu klären. Zu guter Letzt ist nicht zu erwarten, dass sich durch eine Objektivierung der Übertrittsverfahren an der sozialen Selektivität des Systems Entscheidendes ändern würde, da die Selektivität, wie oben ausgeführt, in erster Linie über Unterschiede in den schulischen Leistungen vermittelt wird.

Eine „Objektivierung" der Übergangsdiagnostik auf der Grundlage standardisierter Testverfahren wäre insofern mit zahlreichen Unwägbarkeiten verbunden und würde sicherlich nicht nur auf Akzeptanz stoßen, sondern vielfach Befürchtungen und Widerstände hervorrufen. Vor einem übereilten Vorgehen ist in der Tat auch zu warnen. Die Untersuchung der Tragfähigkeit diagnostischer und prognostischer Entscheidungen ist ein komplexes Untersuchungsfeld, in dem nur Längsschnittstudien weiter helfen (KRISTEN et al. 2005). Sucht man derzeit nach solchen Studien, so ist die Ausbeute gering. Dass man über die prognostische Validität der Übergangsentscheidungen so wenig weiß, steht im Widerspruch zum hohen Stellenwert und der erheblichen Bedeutung, die Übergänge individuell und gesellschaftlich haben. Allerdings ist die mangelhafte Datenlage schon deshalb kein Wunder, weil die organisatorischen und datenschutzrechtlichen Voraussetzungen, um Bildungswege im Längsschnitt zu verfolgen, in Deutschland außergewöhnlich schwer zu erfüllen sind. Selbst davon abgesehen ist Forschung zu Übergängen und Bildungsverläufen ein Gebiet mit etlichen Fallstricken und zahlreichen Herausforderungen (CORTINA 2003). Bis empirische Bewährungskontrollen von Übergangsdiagnosen der Regelfall sein werden, ist noch einiges an Arbeit zu leisten.

Aus den Unklarheiten und Unsicherheiten der Entscheidungssituation bei Übergängen ergibt sich fast zwingend, dass eine differenzierte und aussagekräftige Diagnostik mit einer intensiven Beratung verbunden werden muss. Die bisherigen Verfahren können so auch als Mischung aus einer Diagnostik auf der Basis harter und weicher Daten und einer mehr oder weniger individualisierten und intensiven Übergangsberatung gekennzeichnet werden. Das mag durchaus unbefriedigend erscheinen. Solange keine besseren Diagnoseinstrumente vorliegen, d. h. Verfahren, die *nachweislich* treffsicherer und fairer sind, könnte man dennoch gut beraten sein, dies nicht allzu schnell und allzu sehr zu verändern.

Anmerkungen

1 Die Allgemeine Hochschulreife wird jedoch immer noch zu 75% an Gymnasien erworben (Konsortium Bildungsberichterstattung 2006)
2 Hiermit sind in erster Linie intersubjektiv (z. B. durch objektivierte Testverfahren) nachprüfbare Leistungen gemeint.
3 Eine zusammenfassende Veröffentlichung wird im Sommer 2007 erscheinen (DITTON im Druck a)
4 R-Quadrat nach Nagelkerke in multinomialen Regressionsanalysen. Wenn statt der Noten die Ergebnisse in den Leistungstests verwendet werden, ändern sich die Ergebnisse nicht substantiell.

Literatur

AVENARIUS et al. 2003 = AVENARIUS, H./DITTON, H./DÖBERT, H./KLEMM, K./KLIEME, E./RÜRUP, M./TENORTH, H.-E./WEISHAUPT, H./WEIß, M. (2003): Bildungsberichterstattung für Deutschland. Erste Befunde. – Opladen.
BAUMERT, J./STANAT, P./WATERMANN, R. (2006): Herkunftsbedingte Disparitäten im Bildungswesen: Differenzielle Bildungsprozesse und Probleme der Verteilungsgerechtigkeit. Vertiefende Analysen im Rahmen von PISA 2000. – Wiesbaden.
BAUMERT, J./WATERMANN, R./SCHÜMER, G. (2003): Disparitäten der Bildungsbeteiligung und des Kompetenzerwerbs. Ein institutionelles und individuelles Mediationsmodell. In: Zeitschrift für Erziehungswissenschaft, 6(1), S. 46-72.
BLOSSFELD, H.-P. (1988): Sensible Phasen im Bildungsverlauf. In: Zeitschrift für Pädagogik, 34, S. 45-64.
BLOSSFELD, H.-P./MÜLLER, R. (1996): Sozialstrukturanalyse, Rational Choice Theorie und die Rolle der Zeit. Ein Versuch zur dynamischen Integration zweier Theorieperspektiven. In: Soziale Welt, 47, S. 382-400.
BOUDON, R. (1974): Education, Opportunity, and Social Inequality. – New York.
BREEN, R./GOLDTHORPE, J. H. (1997): Explaining Educational Differentials. Towards a Formal Rational Action Theory. In: Rationality and Society, 9, pp. 275-305.
COLEMAN, J. S./FARARO, T. J. (1992): Rational Choice Theory. Advocacy and Critique. – Newbury Park.
CORTINA, K. S. (2003): Der Schulartwechsel in der Sekundarstufe I: Pädagogische Maßnahme oder Indikator eines falschen Systems? In: Zeitschrift für Pädagogik, 49(1), S. 127-141.
CORTINA, K. S./BAUMERT, J./LESCHINSKY, A./MAYER, K.-U./TROMMER, L. (Hrsg.) (2005): Das Bildungswesen in der Bundesrepublik Deutschland. – Reinbek.

DITTON, H. (1992): Ungleichheit und Mobilität durch Bildung. Theorie und empirische Untersuchung über sozialräumliche Aspekte von Bildungsentscheidungen. – Weinheim und München.
DITTON, H. (2004): Der Beitrag von Schule und Lehrern zur Reproduktion von Bildungsungleichheit. In: BECKER, R./LAUTERBACH, W. (Hrsg.), Bildung als Privileg? Erklärungen und Befunde zu den Ursachen der Bildungsungleichheit. – Wiesbaden, S. 251-281.
DITTON, H. (Hrsg.) (im Druck a): Kompetenzaufbau und Laufbahnen im Schulsystem. Eine Längsschnittuntersuchung an Grundschulen. – Münster.
DITTON, H. (im Druck b): Schulwahlentscheidungen unter regionalen Bedingungen. In: SCHUCHART, C./BÖHM-KASPER, O. (Hrsg.), Kontexte von Bildung. Regionale, sozialräumliche und institutionelle Bedingungen des Lehrens und Lernens. – Münster.
DITTON, H./KRÜSKEN, J. (2006): Der Übergang von der Grundschule in die Sekundarstufe. In: Zeitschrift für Erziehungswissenschaft, 9(3), S. 348-372.
DITTON, H./KRÜSKEN, J./SCHAUENBERG, M. (2005): Bildungsungleichheit – der Beitrag von Familie und Schule. In: Zeitschrift für Erziehungswissenschaft, 8(2), S. 285-304.
ERIKSON et al. 2005 = ERIKSON, R./GOLDTHORPE, J. H./JACKSON, M./YAISH, M./COX, D. R. (2005): On class differentials in educational attainment. In: The National Academy of Sciences of the USA, 102(27), pp. 9730-9733.
ERIKSON, R./JONSSON, J. O. (1996): Explaining Class Inequality in Education: The Swedish Test Case. In: ERIKSON, R./JONSSON, J. O. (Eds.): Can Education be Equalized? The Swedish Case in Comparative Perspective. – Boulder, pp. 1-63.
ESSER, H. (1990): „Habits", „Frames" und „Rational Choice". Die Reichweite von Theorien der rationalen Wahl. In: Zeitschrift für Soziologie, 19, S. 231-247.
ESSER, H. (1999): Soziologie. Spezielle Grundlagen. Band 1: Situationslogik und Handeln. – Frankfurt a. M.
FEND, H. (1981): Theorie der Schule. – München.
GRIEBEL, W. (2004): Übergangsforschung aus psychologischer Sicht. In: SCHUMACHER, E. (Hrsg.): Übergänge in Bildung und Ausbildung. Gesellschaftliche, subjektive und pädagogische Relevanzen. – Bad Heilbrunn/Obb., S. 25-45.
KMK – Sekretariat der Ständigen Konferenz der Kultusminister der Länder in der Bundesrepublik Deutschland (2003): Übergang von der Grundschule in die Schulen des Sekundarbereichs I. Informationsunterlage. – Bonn.
Konsortium Bildungsberichterstattung (2006): Bildung in Deutschland. Ein indikatorengestützter Bericht mit einer Analyse zu Bildung und Migration. – Bielefeld.
KRISTEN et al. 2005 = KRISTEN, C./RÖMMER, A./MÜLLER, W./KALTER, F. (2005): Längsschnittstudien für die Bildungsberichterstattung – Beispiele aus Europa und Nordamerika. Gutachten im Auftrag des BMBF. – Berlin.
MAAZ et al. 2006 = MAAZ, K./HAUSEN, C./MCELVANY, N./BAUMERT, J. (2006): Stichwort: Übergänge im Bildungssystem. Theoretische Konzepte und ihre Anwendung in der empirischen Forschung beim Übergang in die Sekundarstufe. In: Zeitschrift für Erziehungswissenschaft, 9(3), S. 299-328.
MEULEMANN, H. (1985): Bildung und Lebensplanung. Die Sozialbeziehung zwischen Elternhaus und Schule. – Frankfurt a. M.
MOSER, U./KELLER, F./TRESCH, S. (2002): Evaluation der 3. Primarschulklassen – Schlussbericht. – Zürich: Kompetenzzentrum für Bildungsevaluation und Leistungsmessung an der Universität Zürich.
MOSER, U./RHYN, H. (2000): Lernerfolg in der Primarschule: eine Evaluation der Leistungen am Ende der Primarschule. – Aarau.
OECD (2004): Lernen für die Welt von morgen. Erste Ergebnisse von PISA 2003. – Paris.
OECD (2005): School Factors related to Quality and Equity. Results from PISA 2000. – Paris.
SCHAUENBERG, M. (2007): Übertrittsentscheidungen nach der Grundschule. Empirische Analysen zu familialen Lebensbedingungen und Rational-Choice. – München.
SCHUMACHER, E. (Hrsg.) (2004): Übergänge in Bildung und Ausbildung. Gesellschaftliche, subjektive und pädagogische Relevanzen. – Bad Heilbrunn/Obb.
SIMON, H. A. (1978): Rationality as Process and as Product of Thought. In: American Economic Review, 68, pp. 1-16.

Anschrift des Verfassers: Prof. Dr. Hartmut Ditton, Institut für Pädagogik, Ludwig-Maximilians Universität, Leopoldstr. 13, 80802 München, E-Mail: ditton@lmu.de

Tina Seidel/Manfred Prenzel

Wie Lehrpersonen Unterricht wahrnehmen und einschätzen – Erfassung pädagogisch-psychologischer Kompetenzen mit Videosequenzen

Zusammenfassung

Im Projekt „LUV – Lernen aus Unterrichtsvideos" wurde untersucht, inwieweit sich Kompetenzen von Lehrpersonen in der Analyse von Unterricht mit Hilfe eines standardisierten videobasierten Einschätzverfahrens erfassen lassen. Ausgangspunkt war die Annahme, dass professionelle Wissensstrukturen bei Lehrpersonen kontext- und situationsgebunden sind und Videoaufzeichnungen dementsprechend diese Wissensstrukturen aktivieren können. In diesem Beitrag werden Ergebnisse zu drei Fragestellungen berichtet: (1) Akzeptanz der videogestützten Erfassung von Kompetenzen, (2) Facetten der Analysekompetenz von Unterricht, (3) Unterschiede zwischen Gruppen unterschiedlicher Expertise. Die Versuchspersonen (Lehrkräfte) beurteilten mit standardisierten Einschätzverfahren Videoclips aus dem Physikunterricht in der computerbasierten Lernumgebung LUV. Insgesamt wurden drei Personengruppen unterschiedlicher Expertise untersucht: Studierende des Lehramts (N = 19), erfahrene Lehrpersonen (N = 96) und Schulinspektoren (N = 20). Die Ergebnisse der Skalierungen zeigen, dass die Analysekompetenz der Lehrkräfte in den drei Facetten des Beschreibens, Erklärens und Bewertens von Unterrichtsszenen zuverlässig erfasst werden konnte. Tests auf Unterschiede zwischen den drei Expertisegruppen zeigen die höchste Analysekompetenz für die Gruppe der Schulinspektoren, gefolgt von den erfahrenen Lehrpersonen und den Lehramtsstudierenden. Von allen Teilnehmenden wurde die videogestützte Auseinandersetzung mit Unterrichtsszenen als anregend wahrgenommen und akzeptiert.

Schlüsselwörter: Kompetenzdiagnostik; Lehrkräfte; Unterrichtswahrnehmung

Summary

How teachers perceive lessons – Assessing educational competencies by means of videos

In the project "LUV – Learning from classroom videos" we investigated to what extent competencies of teachers in analyzing classroom teaching can be assessed by means of a standardized video-based rating system. As a starting point we conjectured that professional knowledge structures of teachers are context and situation bound. Authentic video recordings of classrooms are suitable to activate these knowledge structures. In this article, findings with regard to three research questions are presented: (1) teachers' acceptance of a video-based assessment of competencies, (2) components of the competency to analyze classroom teaching, (3) differences between groups of distinct expertise in analyzing classroom teaching. Participants in the study (teachers) used standardized rating systems to evaluate video clips of physics teaching that were presented through the learning environment LUV. In total, three expertise groups were investigated: teacher students (N = 19), experienced teachers (N = 96), and school inspectors (N = 20). The results show that the competency of teachers to analyze classroom teaching can be assessed by three components: describing, explaining, and evaluating teaching sequences. Tests on differences between expertise groups show that the highest analytic competency was found for the group of school inspectors, followed by experienced teachers and teacher students. All participants showed high acceptance of the assessment tool and rated the video-based analysis of classroom teaching as stimulating.

Keywords: educational competencies; teachers; assessment

1 Einleitung

Der vorliegende Beitrag[1] beschäftigt sich mit der Frage, wie Kompetenzen von Lehrpersonen erfasst werden können[2]. Mit der Studie „LUV – Lernen aus Unterrichtsvideos" stellen wir einen Ansatz vor, Kompetenzen von Lehrpersonen zu untersuchen, nämlich die Kompetenz, Qualitäten von Unterricht mit Hilfe von Videosequenzen wahrzunehmen und einzuschätzen (PRENZEL/SEIDEL 2003). Damit behandelt dieser Beitrag ein berufsbezogenes Anwendungsfeld der Kompetenzdiagnostik, das mit besonderen Herausforderungen verbunden ist.

In der Bildungsforschung werden seit langem Kompetenzen von Lehrpersonen als grundlegend für deren erfolgreiche Berufsausübung angesehen (BROMME 1992; SHULMAN 1986). Empirisch untersucht sind viele der Annahmen über professionell bedeutsame Kompetenzen bislang allerdings noch nicht (ALLEMANN-GHIONDA/TERHART 2006; BAUMERT/KUNTER 2006; COCHRAN-SMITH 2003; KORTHAGEN/LOUGHRAN/LUNENBERG 2005; OSER/ACHTENHAGEN/RENOLD 2006). Die Gründe für diesen Forschungsstand sind vielfältig. Die Untersuchung von Kompetenzen mit Testverfahren, wie sie beispielsweise im Bereich der Erfassung von Kompetenzen bei Schülerinnen und Schülern eingesetzt werden, stieß bisher bei Lehrpersonen auf keine Akzeptanz. Damit blieb die Untersuchung von Kompetenzen bei Lehrpersonen häufig auf die Verwendung „weicher" Instrumente beschränkt. Der größte Teil der Studien zu Kompetenzen bei Lehrpersonen nutzte bisher Fragebogen, Interviews oder berufsbiographische Daten (FREY 2006).

In der Aufarbeitung des Forschungsstandes wird deutlich, dass von Lehrpersonen ein breites Spektrum an Kompetenzen erwartet wird: Unter Kompetenzen von Lehrpersonen werden unter anderem erworbene Wissensstrukturen, das professionelle Handeln in Schule, Kollegium und Unterricht, und sogar die erzielten Wirkungen auf das Lernen der Schülerinnen und Schüler verstanden (ALLEMANN-GHIONDA/TERHART 2006; BAUMERT/KUNTER 2006; BROMME 1992). Die Konzeptualisierung von Kompetenzen betrifft so die Ebenen des Wissens, des Handelns und sogar der Wirkungen dieses Handelns. Für eine klare Systematisierung schlagen wir deshalb vor, konsequent einerseits zwischen *Anforderungen* im Lehrberuf und andererseits den zur Bewältigung dieser Anforderungen notwendigen *Kompetenzen* zu trennen (KOSTER et al. 2005). In diesem Sinne betreffen Anforderungen die definierten Tätigkeiten im professionellen Handeln in Schule, Kollegium und beim Unterrichten selbst. Die zur Bewältigung dieser Anforderung notwendigen Kompetenzen beruhen unter anderem auf bestimmten Wissensstrukturen.

Professionsbezogene Wissensstrukturen lassen sich jedoch kaum mit Fragebogenverfahren oder anderen „weichen" Erhebungsinstrumenten erfassen, denn sie sind hochgradig situations- und kontextgebunden (BORKO 2004). Erforderlich ist deshalb eine Konfrontation mit Aufgaben, die sich auf eine Stichprobe professionsrelevanter Situationen beziehen. In diesem Sinn sind standardisierte Erhebungsverfahren für Kompetenzen von Lehrpersonen zu entwickeln, die systematisch Reaktionstendenzen von Lehrkräften auf bestimmte Unterrichtssituationen erfassen.

Videoaufzeichnungen von Unterricht sind ein Mittel der Wahl, um in Verbindung mit standardisierten Testaufgaben professionsbezogene Wissensstrukturen situativ, authentisch und kontextbezogen zu erfassen. Dies gilt insbesondere für Anforderungen, die pädagogisch-psychologische Kompetenzen beanspruchen. Diese betreffen beispielsweise die Bewältigung von Anforderungen im Unterricht, die mit dem Erkennen und Bereitstellen von Grundbedingungen eines lernwirksamen Unterrichts verbunden sind (DARLING-HAMMOND 2006).

Vor diesem Hintergrund wurde im DFG-Projekt „LUV – Lernen aus Unterrichtsvideos" untersucht, wie Lehrpersonen lernrelevante Situationen im Unterricht wahrnehmen und einschätzen. Als Erhebungsverfahren dienten Videosequenzen von Unterricht, die systematisch mit standardisierten Einschätzverfahren verknüpft wurden (SEIDEL et al. 2004). Das Projekt LUV entstand auf der Grundlage einer Videostudie zum unterrichtlichen Handeln im Physikunterricht

(SEIDEL et al. 2006a; SEIDEL et al. 2006b). In gewisser Weise beschreibt unser Beitrag damit den Weg von einer systematischen Beobachtung des Unterrichts (und den dort vorherrschenden Praktiken in der Bewältigung von Anforderungen) zu einer Untersuchung von Kompetenzen bei Lehrpersonen, Unterricht differenziert wahrzunehmen und einzuschätzen. Im Folgenden stellen wir den entsprechenden Forschungshintergrund dar.

2   Der Blick auf den Unterricht: Unterrichtliches Handeln von Lehrpersonen

In den letzten Jahren haben mehrere Studien die vorherrschende Unterrichtspraxis und die Bewältigung von Anforderungen im Unterricht untersucht (KLIEME et al. 2006; KLIEME/REUSSER 2003; SEIDEL et al. 2006a). Diese Studien nutzen auf besondere Weise Forschungsdesigns:

– Um zu möglichst belastbaren Aussagen über Unterrichtspraktiken zu gelangen, wird der Unterricht auf Video aufgezeichnet;
– bei der Analyse der aufgezeichneten Unterrichtsstunden durch Experten werden außerdem systematisch Perspektiven der beteiligten Akteure (Lehrpersonen, Schülerinnen und Schüler) einbezogen;
– um die Wirkungen des unterrichtlichen Handelns auf das Lernen der Schülerinnen und Schüler zu untersuchen, werden längsschnittliche Forschungsdesigns verwendet (z. B. über den Verlauf eines Schuljahres) und standardisierte Erhebungsverfahren zur Erfassung von Kompetenzentwicklungen eingesetzt.

Die Forschungsprojekte haben für verschiedene Unterrichtsfächer (allen voran Mathematik und Naturwissenschaften) gezeigt, dass videobasierte Unterrichtsbeobachtungen aussagekräftiges Wissen darüber liefern, wie Lehrpersonen mit den Anforderungen im Fachunterricht umgehen.

In der IPN-Videostudie wurden beispielsweise (vor dem Hintergrund des aktuellen Forschungsstandes zu Merkmalen eines lernwirksamen Naturwissenschaftsunterrichts) vier theoretisch zentrale Bereiche des Physikunterrichts fokussiert (SEIDEL et al. 2006a):

(a) Zielorientierung,
(b) Lernbegleitung,
(c) Fehlerkultur und der Umgang mit Schülervorstellungen,
(d) Rolle der Experimente und naturwissenschaftliche Denk- und Arbeitsweisen.

In zwei aufeinander aufbauenden DFG-Projekten wurde in 63 Schulklassen der Physikunterricht hinsichtlich der vier lernwirksamen Bereiche mittels Videoaufzeichnungen analysiert und die Kompetenzentwicklung über den Verlauf eines Schuljahres untersucht. Wie die Ergebnisse des Forschungsprojekts zeigen, entspricht der praktizierte Physikunterricht in Deutschland allenfalls ansatzweise dem in der Forschung als lernwirksam beschriebenen Unterricht. Es wird aber auch deutlich, dass trotz erstaunlich gleichförmiger Unterrichtszugänge doch systematische Unterschiede zwischen Lehrpersonen bestehen bleiben.

Für das anschließende Forschungsprojekt „LUV – Lernen aus Unterrichtsvideos" lag es deshalb nahe, nun den Blick auf die Lehrpersonen zu richten. Dabei hat uns besonders interessiert, wie die Lehrpersonen selbst Unterricht wahrnehmen und einschätzen, und insbesondere, ob sie selbst lernwirksame Merkmale des Unterrichts wahrnehmen und entsprechend einordnen können.

3 Der Blick auf die Lehrpersonen: Wie Lehrpersonen Unterricht wahrnehmen und einschätzen

Der Forschungsstand belegt, dass lernwirksame Merkmale des Unterrichts nicht auf der Ebene oberflächlicher Aktivitäten angesiedelt sind, sondern die tieferliegende Struktur des Unterrichts betreffen. Um diese tiefer liegende Struktur identifizieren und einordnen zu können, bedarf es eines gezielten und differenzierten Blicks auf Unterricht, der einer systematischen Beobachtung entspricht. Die Anforderungen werden durch verschiedene Facetten bestimmt (EVERTSON/ GREEN 1986; FEGER 1983): Um systematisch zu beobachten, müssen Beobachtende Unterrichtssituationen differenziert *beschreiben*, diese vor dem Hintergrund theoretischer Modelle des Lernens und Lehrens *erklären*, und auf dieser Basis zu einer entsprechenden *Bewertung* und Einordnung der Situation gelangen. Dementsprechend werden in der Beobachtungsforschung häufig systematische Verfahren entwickelt, die sich an diesen drei Facetten orientieren.

Betrachtet man den Forschungsstand zu Kompetenzen, die Lehrpersonen im Verlauf ihrer Ausbildung erwerben sollen, dann wird dort die adäquate Wahrnehmung und Einschätzung von lernwirksamen Unterrichtsmerkmalen als zentral herausgestellt (BERLINER 1987; BORKO/ LIVINGSTON 1989; HAMMERNESS/DARLING-HAMMOND/SHULMAN 2002; ROTH 2004; SANTAGATA 2003; VAN ES/SHERIN 2002). Angenommen wird, dass Lehrpersonen Kompetenzen in der Wahrnehmung und Einschätzung von Unterricht entwickeln müssen, um adäquat im Unterricht handeln zu können. Obwohl diese Annahmen weitgehend geteilt werden, gibt es nur wenige empirische Studien, die auf die Klärung dieser Frage zielen. Wie diese wenigen Studien bisher zeigen, unterscheiden sich Experten systematisch von Novizen in der Wahrnehmung und Einschätzung von Unterrichtsmerkmalen (BERLINER 2001; CARTER et al. 1987; PALMER et al. 2005). Während sich Novizen auf eine detaillierte Beschreibung von Unterrichtssituationen konzentrieren, bündeln Experten Unterrichtssituationen in Sinneinheiten und nehmen komplexere Unterrichtsstrukturen wahr. In Bezug auf die drei Facetten der Analysekompetenz (Beschreiben, Erklären, Bewerten) fokussieren Novizen auf eine Beschreibung des Unterrichts, während Experten auf der Basis ihrer vorhandenen Wissensstrukturen schneller zu Erklärungen und Einordnungen gelangen. Studien zur Entwicklung dieser Kompetenzen verweisen darauf, dass Lehrpersonen im Verlauf ihrer Ausbildung diese Kompetenzen erwerben können, und sich entsprechend von naiven Beschreibungen des Unterrichts hin zu komplexen Erklärungen und Einordnungen bewegen (HAMMERNESS/DARLING-HAMMOND/SHULMAN 2002). Zur Erfassung der Kompetenzen in der Analyse von Unterricht ziehen diese Studien situative und kontextbezogene Erhebungsverfahren wie Fallbeschreibungen, Unterrichtsdias oder Videoclips von Unterrichtssituationen als „Anker" heran. Ziel ist es, kontextgebundene Wissensstrukturen zu aktivieren und so einer Erfassung zugänglich zu machen.

Die Studie „LUV – Lernen aus Unterrichtsvideos" beruht auf den Erkenntnissen der IPN-Videostudie und greift die dargestellten theoretischen Überlegungen bei der Entwicklung einer computerbasierten Lernumgebung auf. Ein erstes Ziel des experimentell angelegten Projekts bestand darin, zu untersuchen, durch welche instruktionalen Maßnahmen Lehrpersonen in der Analyse von Unterricht unterstützt werden können (PRENZEL/SEIDEL 2003). Deshalb wurde systematisch variiert, mit welchem Videomaterial die Lehrpersonen arbeiteten (Aufzeichnung einer eigenen Unterrichtsstunde; Aufzeichnung eines unbekannten Kollegen) und wie strukturiert die Aufgabenstellungen zur Analyse der Unterrichtsaufzeichnung waren (strukturiert, unstrukturiert). Zweitens sollte exploriert und erprobt werden, wie man Kompetenzen von Lehrpersonen in der Analyse von Unterricht erfassen kann. Für diesen Zweck wurde ein videobasiertes Verfahren entwickelt, bei dem Lehrpersonen kurze Videoclips von Unterrichtssituationen in Hinblick auf die Umsetzung lernwirksamer Merkmale einschätzen. Die empirischen Ergebnisse zu den mit diesem Verfahren erfassten Kompetenzen in der Analyse von Unterricht sind Gegenstand dieses

Beitrags. Hervorzuheben bleibt, dass es sich hier um einen ersten, explorativen Ansatz zur Diagnose von Kompetenzen in der Analyse von Unterricht handelt. Dennoch weisen die Ergebnisse auf systematische Möglichkeiten hin, standardisierte videobasierte Erhebungsverfahren für die Diagnose von professionellen Kompetenzen von Lehrpersonen zu nutzen.

4 Fragestellungen

Dieser Beitrag konzentriert sich auf drei Fragestellungen des Projekts und berichtet die entsprechenden Befunde. Die Forschungsfragen lauten:

(1) Inwieweit akzeptieren Lehrpersonen ein standardisiertes, videogestütztes Verfahren zur Erfassung ihrer Kompetenzen?
(2) Lassen sich die theoretisch relevanten Facetten des Beschreibens, Erklärens und Bewertens von lernwirksamen Unterrichtssituationen mit videobasierten Aufgaben empirisch beschreiben und differenzieren?
(3) Lassen sich über dieses Erhebungsverfahren systematisch Unterschiede zwischen Gruppen unterschiedlicher Expertise feststellen? Weisen Personen mit großer Erfahrung in der Wahrnehmung und Einschätzung von Unterricht systematisch höhere Kompetenzen auf als Personen mit geringer Erfahrung?

5 Methoden

5.1 Das Tool: Die Lernumgebung LUV

Im Rahmen des DFG-Projekts „LUV – Lernen aus Unterrichtsvideos" wurde eine computerbasierte Lernumgebung entwickelt. Ziel war es, Lehrpersonen eine einfach strukturierte und nutzerfreundliche Lernumgebung bereitstellen zu können. Die Lernumgebung ist modular aufgebaut. Die Module beziehen sich auf die vier lernwirksamen Bereiche, die in der IPN-Videostudie untersucht wurden (Zielorientierung, Lernbegleitung, Fehlerkultur, Experimente). Die Aufgabenstellungen betreffen kurze Videosequenzen (Videoclips) und die Aufzeichnung einer 45-minütigen Physikunterrichtsstunde. In der experimentellen Studie LUV wurde die Lernumgebung so eingesetzt, dass die Teilnehmerinnen und Teilnehmer individuell arbeiteten. Dazu wurde die Lernumgebung auf PCs mit Windows XP Betriebssystem eingerichtet. Die Lernumgebung bestand aus interaktiv nutzbaren HTML-Dokumenten, die in einem Web-Browser dargestellt wurden. In der Bearbeitung der Lernumgebung folgten die Teilnehmenden so einem vorgegebenen Programm von Analyseaufgaben zu Videoclips und Unterrichtsaufzeichnungen.

Der Ablauf sah vor, dass im Teil A zuerst einige kurze Videoclips (zwei-minütige Sequenzen) betrachtet und anhand vorgegebener Aussagen (Rating-Items) eingeschätzt wurden (Abbildung 1, Bild Mitte). Im Teil B analysierten die Teilnehmenden eine 45-minütige Unterrichtsstunde zunächst ohne Vorgabe, aber mit der Möglichkeit, das Video in einem Textfenster zu kommentieren. Danach folgten offene, aber strukturierte Fragen und Aufgabenstellungen. Im Teil C des Programms wiederholte sich Teil A des Programms. Für die Fragestellungen dieses Beitrags fokussierten wir auf Teil A der Lernumgebung: Die Kompetenzen von Lehrpersonen in der Einschätzung von Videoclips mittels standardisierter Ratingverfahren.

Die Datenerhebungen erfolgten im Rahmen eintägiger Workshops. Die Bearbeitung der Lernumgebung nahm in etwa 5 bis 6 Stunden in Anspruch. Die Bearbeitung des ersten Teils (Teil A) umfasste dabei in etwa 30 bis 45 Minuten.

Abbildung 1: Lernumgebung LUV: Startseite (links), Beispiel für Teil A des Programms (Mitte), Beispiel für Teil B des Programms (rechts)

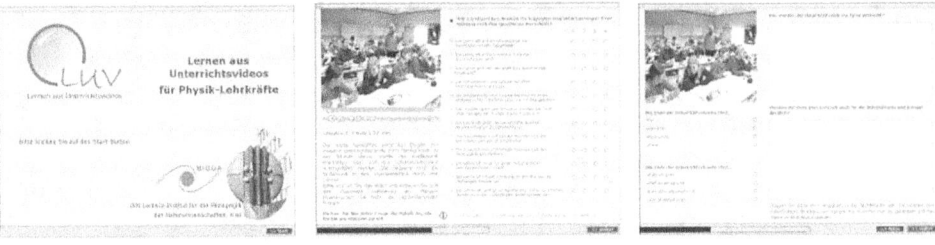

5.2 Stichproben: Gruppen unterschiedlicher Expertise

In die Datenerhebungen wurden insgesamt drei Expertisegruppen einbezogen.

Schulinspektoren: In der ersten Gruppe nahmen 20 Schulinspektorinnen und Schulinspektoren des Landes Schleswig-Holstein teil, die über umfangreiche Erfahrung in der Hospitation und Evaluation von Unterricht verfügten.

Physiklehrpersonen: Die zweite Gruppe umfasste eine Zufallsstichprobe von 96 Physiklehrpersonen aus vier Bundesländern in Deutschland. 70 % der Gruppe verfügten über eine mehr als fünf-jährige Unterrichtserfahrung.

Studierende des Lehramts: In der dritten Gruppe nahmen 19 Studierende des Lehramts der Universität Kiel teil, die sich im Rahmen eines Blockseminars mit Unterrichtsforschung beschäftigten. Die Studierenden bearbeiteten die Lernumgebung zu Beginn des Seminars ohne vorherige Informationen zum Thema. Die Studierenden verfügten über keine Unterrichtserfahrung.

5.3 Videomaterial: Auswahl von Videoclips

Für den ersten Teil der Lernumgebung LUV (Teil A) wurde aus dem Pool der Unterrichtsaufzeichnungen der IPN-Videostudie eine Unterrichtsstunde ausgewählt, die auf der Basis der Videokodierungen als „typisch" für den Physikunterricht in Deutschland eingestuft wurde. Aus dieser 45-minütigen Unterrichtsstunde wurden je zwei Videoclips (zwei-minütig) zu den vier lernwirksamen Merkmalsbereichen (Zielorientierung, Lernbegleitung, Fehlerkultur und Experimente) ausgewählt (N = 8 Videoclips). Als Grundlage dienten wiederum die Ergebnisse der Videokodierungen der IPN-Videostudie. Die Reihenfolge der Clips wurde so gewählt, dass sie dem zeitlichen Verlauf der Unterrichtsstunde entsprach. Zusätzlich wurde zu jedem Clip eine kurze Beschreibung der Szenen dargeboten.

5.4 Erhebungsverfahren: Ratings zu den Videoclips

Zu jedem Videoclip wurden auf der Basis der Videokodierungen der IPN-Videostudie Rating-Items formuliert. Zu jedem der vier lernwirksamen Merkmalsbereiche lagen somit je zwei Videoclips mit entsprechenden Rating-Items vor. Bei den Rating-Items wurden außerdem systematisch drei Facetten der Analysekompetenz variiert: Beschreibung, Erklärung und Bewertung der Unterrichtsszene im Videoclip. Zusätzlich wurden die Lehrpersonen gebeten, die Stärken und Schwächen der Unterrichtsszene einzuschätzen. Das Antwortformat aller Rating-Items war vierstufig (0 = „trifft nicht zu", 1 = „trifft eher nicht zu", 2 = „trifft eher zu", 3 = „trifft zu"). Insgesamt wurden 134 Rating-Items entwickelt.

Zur Festlegung einer Bezugsnorm für die Einschätzungen der Teilnehmerinnen und Teilnehmer dienten Expertenurteile. Zur Überprüfung der Zuverlässigkeit der Einschätzungen wurden die Übereinstimmungen zwischen den fünf Experten berechnet. Die Korrelationen zwischen den Experten lagen im Mittel bei .62. Rating-Items mit extremen Abweichungen zwischen den Experten wurden mittels Expertenbesprechungen validiert. Auf der Basis der Korrelationen und der nachfolgenden Expertenvalidierungen erfolgte abschließend die Festlegung von Kriterien („Normwerten") aus Sicht der Expertengruppe.

5.5 Erhebungsverfahren: Akzeptanz und Beurteilung des videobasierten Erhebungsverfahrens

Zur Evaluation der Lernumgebung LUV wurden die Teilnehmerinnen und Teilnehmer zwei Wochen nach den Workshops gebeten, einen Fragebogen auszufüllen. Der Bogen enthielt Fragen zur Berufsbiographie, zur Einschätzung der Arbeit mit Teil A und B der Lernumgebung LUV, und zum subjektiv wahrgenommenen Lerngewinn aus der Teilnahme am Workshop und der Bearbeitung der Lernumgebung LUV. Die Bearbeitung des Fragenbogens nahm in etwa 20 Minuten in Anspruch. Die Einschätzungen zu den Videoclips und Rating-Items erfolgten auf einer vierstufigen Likert-Skala (0 = „trifft nicht zu" bis 3 = „trifft zu"). Für die Einschätzung der Videoclips und Rating-Items wurden auf der Basis von Faktorenanalysen drei Skalen zu den Bereichen Stimulation/Aktivität (M = 1.81; SD = 0.56, α = .85), kognitive Belastung (M = 1.34; SD = 0.62, α = .72) und Authentizität/Praxisrelevanz (M = 2.23; SD = 0.48, α = .60) gebildet.

6 Ergebnisse

Die Darstellung der Ergebnisse folgt den drei Fragestellungen: Akzeptieren Lehrpersonen ein standardisiertes, videogestütztes Verfahren zur Erfassung von Kompetenzen? Lassen sich relevante Facetten des Beschreibens, Erklärens und Bewertens von lernwirksamen Unterrichtssituationen empirisch beschreiben und differenzieren? Lassen sich über dieses Erhebungsverfahren systematisch Unterschiede zwischen Gruppen unterschiedlicher Expertise feststellen?

6.1 Akzeptanz der videogestützten Erfassung von Kompetenzen

Mit der Studie „LUV – Lernen aus Unterrichtsvideos" wurde ein Ansatz erprobt, Kompetenzen für die Analyse von Unterricht mittels eines standardisierten, videogestützten Einschätzverfahrens zu erfassen. Nachdem es sich hier um ein neuartiges Verfahren handelt, haben wir zuerst die Akzeptanz bei den Teilnehmerinnen und Teilnehmern überprüft. Hierzu wurden die Angaben aus dem Evaluationsfragebogen herangezogen, der zwei Wochen nach der Bearbeitung der Lernumgebung ausgefüllt wurde. Die Antworthäufigkeiten sind in Tabelle 1 dargestellt. Sie beziehen sich auf drei Bereiche: Auswahl der Videoclips, Auswahl der Rating-Items zu den Videoclips, Bearbeitung der Rating-Items zu den Videoclips.

Auf die Frage, wie die Lehrpersonen die Auswahl der Videoclips eingeschätzt haben, ergibt sich insgesamt ein positives Bild: In der Mehrheit berichten die Teilnehmerinnen und Teilnehmer, dass sie die Videoclips ergiebig, aussagekräftig, in der Länge angemessen, typisch, authen-

Tabelle 1: Beurteilung der Videosequenzen und Rating-Items durch die Teilnehmenden

	% Häufigkeiten				M	SD
	0 Trifft nicht zu	1 Trifft eher nicht zu	2 Trifft eher zu	3 Trifft zu		
Die Videoclips waren ...						
Ergiebig	1.7	12.9	34.5	50.9	2.34	0.77
Aussagekräftig	0.8	15.3	51.7	32.2	2.15	0.70
Nicht zu kurz	3.4	12.7	31.4	52.5	2.33	0.83
Typisch	3.4	12.8	36.8	47.0	2.27	0.82
Authentisch	1.7	7.6	45.8	44.9	2.34	0.70
Interessant	4.2	12.7	41.5	41.5	2.20	0.82
Die Ratingitems zu den Videoclips waren ...						
Produktiv	1.7	23.7	55.1	19.5	1.92	0.71
Nicht schwierig	17.8	50.0	23.7	8.5	1.23	0.84
Interessant	3.4	20.5	60.7	15.4	1.88	0.70
Angemessen	1.7	13.7	63.2	21.4	2.04	0.65
Erhellend	6.0	47.4	32.8	13.8	1.54	0.81
Passend	1.7	9.4	46.2	42.7	2.30	0.71
Die Beantwortung der Ratingitems war ...						
Zu umfangreich	28.4	30.2	24.1	17.2	1.30	1.00
Technisch nicht schwierig	0.8	5.1	24.6	69.5	2.63	0.62
Inhaltlich schwierig	23.7	42.4	32.2	1.7	1.12	0.79
Anstrengend	11.0	29.7	41.5	17.8	1.66	0.90
Aufwendig	18.8	35.0	35.9	10.3	1.38	0.91
Herausfordernd	12.0	40.2	36.8	11.1	1.47	0.85
Anregend	2.5	30.5	50.0	16.9	1.81	0.74
Abwechslungsreich	19.7	37.6	31.6	11.1	1.34	0.92

tisch und interessant fanden. Die Akzeptanz der Rating-Items fiel demgegenüber etwas niedriger aus. Dennoch lagen die Einschätzungen fast durchgehend über dem theoretischen Mittelwert der Skala. Die Rating-Items zu den Videoclips wurden als relativ produktiv, nicht zu schwierig, interessant, angemessen und passend eingeschätzt. Deutlichere Unterschiede in der Akzeptanz zwischen den Teilnehmerinnen und Teilnehmern gab es hinsichtlich der Beantwortung der Rating-Items. Eine Hälfte der Teilnehmenden berichtete, die Rating-Items gut beantwortet haben zu können. Die andere Hälfte gab beispielsweise an, dass die Beantwortung der Items zu umfangreich, anstrengend und aufwendig war.

Betrachtet man die aus den Einzelitems gebildeten Skalen zur „Stimulation/Aktivität", „kognitive Belastung" und „Authentizität/Praxisrelevanz" zeigen sich ebenfalls Mittelwerte, die insgesamt auf eine positive Akzeptanz des videobasierten Einschätzverfahrens hinweisen (Stimulation/Aktivität: M = 1.81; SD = 0.56; Kognitive Belastung: M = 1.34; SD = 0.62; Authentizität/Praxisrelevanz: M = 2.23; SD = 0.48).

6.2 Facetten der Analysekompetenz von Unterricht

Die Konstruktion der Rating-Items folgte den drei Facetten der Unterrichtsanalyse (Beschreiben, Erklären und Bewerten) und den vier lernwirksamen Merkmalen des Physikunterrichts (Zielorientierung, Lernbegleitung, Fehlerkultur, Experimente). Die empirische Prüfung der Facetten erfolgte in der LUV-Studie unter Anwendung von Modellen der Item-Response-Theorie mit der Software ConQuest (WU/ADAMS/WILSON 1997). Die Skalierungen basierten auf folgenden Schritten (siehe Abbildung 2):

Abbildung 2: Skalierung der videobasierten Einschätzverfahren unter Verwendung von Modellen der Item-Response-Theorie. Rating-Items beziehen sich auf die vier lernwirksamen Bereiche Zielorientierung (ZO), Experimente (EX), Fehlerkultur (FK) und Lernbegleitung (LB), sowie auf die drei Facetten der Analysekompetenz Beschreiben, Erklären und Bewerten

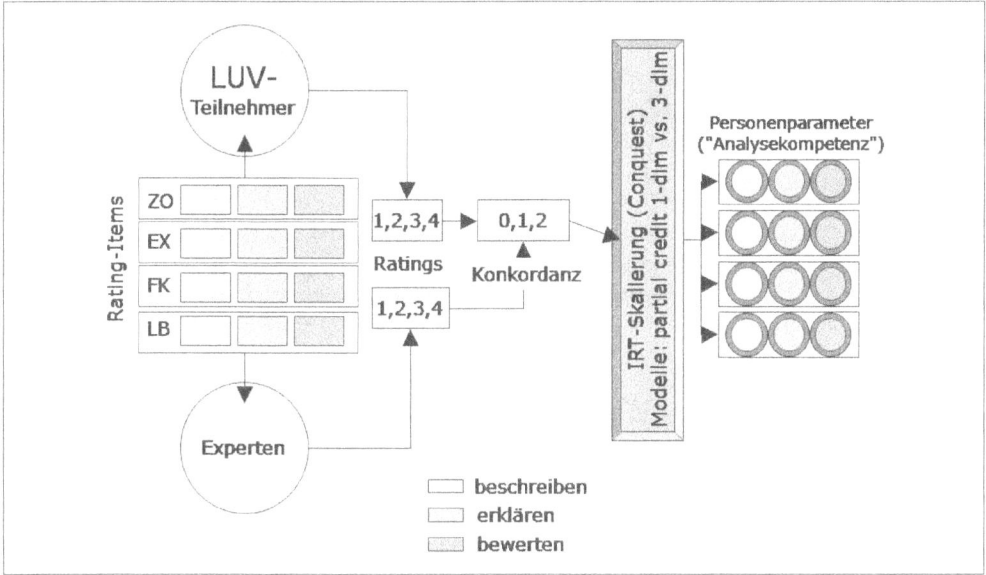

In einem ersten Schritt wurden die Einschätzungen der Teilnehmenden mit den Expertenurteilen verglichen (siehe auch Methoden) und dementsprechend Konkordanzwerte ermittelt. Die Teilnehmerinnen und Teilnehmer erhielten pro Rating-Item eine „2", wenn sie das Expertenurteil genau trafen; eine „1", wenn die Einschätzung in dieselbe Richtung ging (zwei Richtungen: trifft nicht zu und trifft eher zu; trifft eher zu und trifft zu); eine „0", wenn die Einschätzung das Expertenurteil völlig verfehlte. Im nächsten Schritt wurde die Güte der 134 Original-Rating-Items geprüft. Aufgrund der ermittelten Item-Analysen erfolgte eine Reduzierung des Item-Pools auf 68 Items. Von diesen 68 Items bezogen sich 29 auf die Einschätzung von Stärken und Schwächen der Unterrichtssequenz. Diese 29 Rating-Items wurden gesondert skaliert und sind nicht Gegenstand dieser Untersuchung. Die restlichen 39 Rating-Items bezogen sich auf die vier lernwirksamen Bereiche des Unterrichts und auf die drei anvisierten Facetten des Beschreibens, Erklärens und Bewertens von Unterrichtssequenzen.

Weiterhin wurde die Struktur dieser Facetten empirisch geprüft. Unsere Annahme war es, dass es sich dabei um drei unterschiedliche Facetten einer Kompetenz handelt. Dementsprechend wurden ein eindimensionales Modell unter der Annahme einer zugrundeliegenden Kompetenz gegen ein dreidimensionales Modell unter der Annahme dreier unabhängiger Kompetenzen des Beschreibens, Erklärens und Bewertens von Unterricht getestet und die Fit-Indizes der beiden Modelle verglichen. Die Ergebnisse der Skalierungen unterstützen insgesamt die Annahme einer eindimensionalen Kompetenz, die sich aber in die drei unterschiedlichen Facetten des Beschreibens, Erklärens und Bewertens differenzieren lässt. So belegen die Ergebnisse der Skalierungen, dass das dreidimensionale Modell (Final Deviance: 23363.05; geschätzte Parameter: 96) im Vergleich zum eindimensionalen Modell (Final Deviance: 23428.69; geschätzte Parameter: 91) den besseren Fit ergibt. Gleichzeitig weist das dreidimensionale Modell niedrige Reliabilitäten für die drei Skalen auf. Die Reliabilität für das eindimensionale Modell beträgt 0.72, die Reliabilitäten für das dreidimensionale Modell 0.43 für Beschreiben, 0.59 für Erklären und 0.43 für Bewerten von Unterricht. Vor diesem Hintergrund gehen wir davon aus, dass sich die Kompetenzen zur Analyse von Unterricht zuverlässig in einem Kompetenzbereich (eindimensionales Modell) erfassen, sich dann aber in die unterschiedlichen Facetten des Beschreibens, Erklärens und Bewertens differenzieren lassen.

Um die Struktur der theoretisch postulierten Facetten weiter zu analysieren, wurden bi-variate Korrelationen zwischen dem eindimensionalen Modell und den drei Skalen des dreidimensionalen Modells berechnet. Die korrelativen Zusammenhänge zeigen, dass die drei Facetten des Beschreibens, Erklärens und Bewertens von Unterrichtssequenzen eng mit der übergeordneten Kompetenz der Analyse von Unterricht zusammenhängen ($r_{beschreiben \times gesamt}$ = .72; $r_{erklären \times gesamt}$ = .87; $r_{bewerten \times gesamt}$ = .64; alle $p < .001$). Gleichzeitig lässt die Modellierung dreier unabhängiger Skalen des Beschreibens, Erklärens und Bewertens erkennen, dass die beiden Skalen des Erklärens und Bewertens einen engeren Zusammenhang aufweisen ($r_{erklären \times bewerten}$ = .55, $p < .001$) im Vergleich zu den Zusammenhängen mit der Skala des Beschreibens von Unterrichtssequenzen ($r_{erklären \times beschreiben}$ = .37, $p < .001$; $r_{bewerten \times beschreiben}$ = .10, n.s.). Damit unterstützen die korrelativen Zusammenhänge das bisher festgestellte Bild: Die Kompetenz in der Analyse von Unterrichtsereignissen lässt sich auf einer Dimension abbilden. Gleichzeitig differenziert sich diese Kompetenz in drei Facetten des Beschreibens, Erklärens und Bewertens von Unterrichtsereignissen.

Zur vertiefenden Analyse sind in Abbildung 3 weiterhin die Verteilung der Personen und Item-Schwierigkeiten der beiden Modelle dargestellt (links: eindimensionales Modell, rechts: dreidimensionales Modell).

Aus den Verteilungen der Personen wird ersichtlich, dass es eine Reihe von Teilnehmenden gibt, die insgesamt hohe Kompetenzwerte erzielen. Vergleicht man das ein- und dreidimensionale Modell, dann wird deutlich, dass diese Personengruppe generell bei allen drei anvisierten Facetten hohe Werte erzielt (siehe linker Teil, x = cases). Dies deutet auf eine eher allgemeine Kompetenz in der Analyse von Unterricht hin. Ansonsten verteilen sich die Personen über den gesamten Bereich, mit einer Tendenz zu einer dichteren Verteilung in der Mitte der Skala.

Die Darstellung der Item-Schwierigkeiten (siehe rechter Teil, + item) verdeutlicht zudem Optimierungsmöglichkeiten in der Item-Konstruktion. Rating-Items im Bereich des Erklärens erstrecken sich im eindimensionalen Modell über den gesamten Schwierigkeitsbereich, könnten aber in der Tendenz durchaus noch schwieriger gestaltet werden. Im Bereich des Beschreibens ordnen sich die Items vorwiegend im mittleren Bereich an. Items im Bereich des Bewertens weisen im Vergleich zu den anderen beiden Facetten im eindimensionalen Modell vorwiegend niedrige Schwierigkeiten auf. Dies widerspricht unserer Annahme, dass Bewertungen einen systematischen Einbezug von Wissen erfordern und deshalb schwieriger sein müssten. Vielmehr scheinen die entwickelten Rating-Items im Bereich des Bewertens besonders leicht gewesen zu sein. Bei einer Weiterentwicklung dieser Erhebungsverfahren sollten also noch größere Schwierigkeitsspektren angestrebt werden.

Abbildung 3: Item-Schwierigkeiten beim eindimensionalen (links) und dreidimensionalen (rechts) Modell für die Facetten des Beschreibens, Erklärens und Bewertens

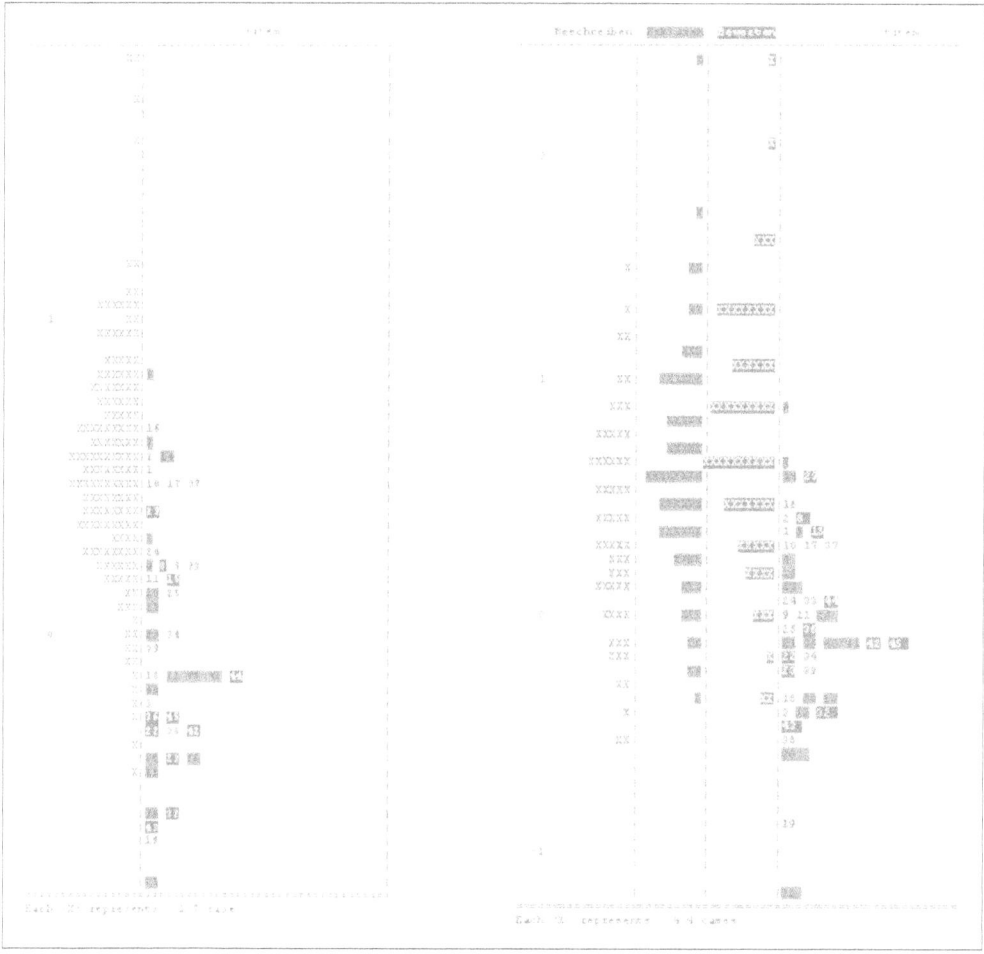

Insgesamt zeigen die Analysen, dass es bei der „Neuartigkeit" dieses videobasierten Verfahrens und der Eingeschränktheit der Videoclips und Testaufgaben durchaus gelungen ist, die anvisierte Analysekompetenz empirisch zu fassen und zu beschreiben. Gleichzeitig liefern die Analysen wichtige Ansatzpunkte für eine Optimierung des Erhebungsverfahrens.

6.3 Unterschiede zwischen Gruppen unterschiedlicher Expertise

Abschließend wurde geprüft, inwieweit sich Unterschiede zwischen Gruppen unterschiedlicher Expertise in der Analysekompetenz von Unterricht nachweisen lassen. Dazu wurden in den Untersuchungen mit der Lernumgebung LUV systematisch drei Gruppen einbezogen: Schulinspektoren, erfahrene Physiklehrkräfte, und Studierende des Lehramts. Es wurde angenommen, dass Schulinspektoren die höchste Expertise für die Analyse von Unterricht aufweisen, da sie über langjährige Erfahrung in der Hospitation und Bewertung von Unterricht verfügen. Dies sollte vor allem für die beiden Facetten des Erklärens und Bewertens sichtbar werden. Erfahrene Physiklehrkräfte dagegen verfügen über Erfahrung im unterrichtlichen Handeln, sind aber nicht notwendigerweise mit der systematischen Analyse von Unterricht vertraut. Dementsprechend sollten sie in der Analyse von Unterrichtssequenzen nicht notwendigerweise über besonders hohe Kompetenzen verfügen. Bei den Studierenden wurde die Annahme vertreten, dass sie sich als Novizen auf die Beschreibung von Unterrichtsereignissen konzentrieren.

Zur Überprüfung der Annahmen wurden Varianzanalysen mit dem Faktor „Expertisegrad" und der abhängigen Variable der Analysekompetenz durchgeführt. Dabei wurden die geschätzten Personenparameter für die Analysekompetenz auf der Basis des eindimensionalen Modells, als auch die geschätzten Personenparameter für die drei Facetten des Beschreibens, Erklärens und Bewertens herangezogen. Die Ergebnisse der Varianzanalysen zeigen folgendes Bild (Abbildung 4).

Abbildung 4: Unterschiede zwischen Gruppen unterschiedlichen Expertisegrades in der Analysekompetenz: Mittlere Personenparameter für die Gesamtskala und die drei Facetten des Beschreibens, Erklärens und Bewertens von Unterrichtssequenzen

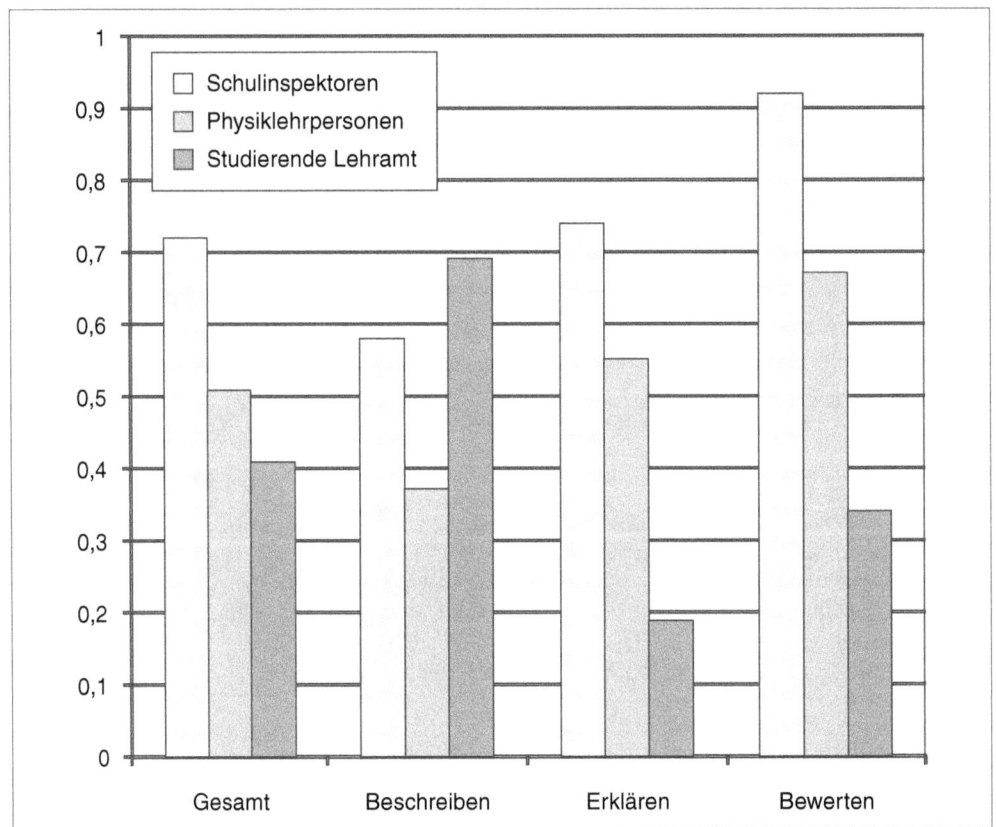

Wie theoretisch angenommen, erreicht die Gruppe der Schulinspektoren die höchsten Werte in der Analyse von Unterrichtsequenzen. Die Unterschiede werden vor allem im Vergleich mit den Studierenden deutlich. Dieser systematische Unterschied zeigt sich zuerst für die Gesamtskala der Analysekompetenz, $F(2,131) = 3.27$, $p = .041$, allerdings mit einer relativ geringen Effektstärke von $\eta^2 = .048$. Ein Blick auf die drei Facetten der Analysekompetenz unterstützt die theoretisch getroffenen Annahmen weiter. Schulinspektoren erreichen im Vergleich zu den Studierenden vor allem bei den Facetten des korrekten Erklärens und Bewerten von Unterrichtssequenzen die höchsten Kompetenzwerte: Beschreiben, $F(2,131) = 3.87$, $p = .023$, $\eta^2 = .056$; Erklären, $F(2,131) = 5.18$, $p = .007$, $\eta^2 = .073$; Bewerten, $F(2,131) = 7.11$, $p = .001$, $\eta^2 = .098$. Aber auch die erfahrenen Physiklehrpersonen erreichen in der Analysekompetenz von Unterrichtssequenzen systematisch höhere Kompetenzwerte als die Lehramtsstudierenden (Post-hoc-Tests für Unterschiede zwischen Gruppen). Studierende dagegen erreichen, wie angenommen, die höchsten Werte im Bereich des Beschreibens von Unterrichtssequenzen und unterscheiden sich hier systematisch von der Gruppe der erfahrenen Physiklehrpersonen.

7 Diskussion

Die Kompetenz von Lehrpersonen, lernwirksame Elemente des Unterrichts zu erkennen, diese differenziert zu beschreiben, auf der Basis wissenschaftlicher Theorien zu erklären und adäquat einzuordnen, ist ein wesentliches Element pädagogisch-psychologischer Kompetenzen und wird als zentral für die Ausbildung von Lehrpersonen angesehen (BORKO 2004; HAMMERNESS/DARLING-HAMMOND/SHULMAN 2002; VAN ES/SHERIN 2002). Obwohl diese Annahmen weitgehend geteilt werden, liegen bisher nur wenige empirisch gesicherte Erkenntnisse über die Struktur und die Entwicklung dieser Kompetenz vor.

Mit dem Projekt LUV – Lernen aus Unterrichtsvideos ist es zum ersten Mal gelungen, ein standardisiertes videobasiertes Verfahren zu entwickeln, das die Kompetenz zur Analyse lernwirksamer Unterrichtssituationen zuverlässig erfasst. Es wurde ein Verfahren entworfen, das (auf der Basis von Ergebnissen systematischer Videoanalysen) erstens kurze Videosequenzen zu lernwirksamen Situationen im Unterricht nutzt und zweitens standardisierte Einschätzverfahren verwendet. Bei der Entwicklung der Einschätzverfahren berücksichtigen wir neben den Inhaltsbereichen (zu lernwirksamen Unterrichtselementen) die drei theoretisch differenzierten Facetten des Beschreibens, Erklärens und Bewertens von Unterrichtssituationen. Damit lag ein standardisiertes videobasiertes Erhebungsverfahren vor, das in Umfang und Anspruch zwar explorativ angelegt war, aber dennoch einen systematischen empirischen Einblick in die Struktur von Kompetenzen bei Lehrpersonen liefern sollte. Bei der Diskussion der Ergebnisse orientieren wir uns im Folgenden an den drei Kernbereichen der Entwicklung: Der Auswahl von Videosequenzen, der Entwicklung von Rating-Formaten und den Antwortschwierigkeiten in der Bearbeitung der Rating-Items zu den Videosequenzen.

Auswahl von Videosequenzen: In der Entwicklung des Erhebungsverfahrens war zuerst die Art des zu verwendenden Videomaterials von entscheidender Bedeutung (KRAMMER/REUSSER 2005; REUSSER 2005). Gegenwärtig werden bei der Nutzung von Videos in der Aus- und Weiterbildung von Lehrpersonen eine Fülle von Ansätzen verfolgt, Videomaterial auszuwählen. Allerdings erfolgt diese Auswahl bisher intuitiv, ohne systematische empirische Wissensbasis über die Vor- und Nachteile einer bestimmten Auswahl. Für die Entwicklung eines standardisierten videobasierten Verfahrens war es von Bedeutung, über eine ausreichende Anzahl von Video-Stimuli zu verfügen, die in einem begrenzten Zeitrahmen bearbeitet werden können. Gleichzeitig sollten die Stimuli ausreichend Kontextinformationen bereitstellen, damit eine Wissensrepräsentation über das abgebildete Geschehen aufgebaut werden kann. In der Pilotphase des Projekts LUV haben sich hierbei 2- bis 3-minütige Videosequenzen als brauchbar erwiesen, wenn sie mit Kontextinformationen in Textform ergänzt wurden.

Die Ergebnisse der Akzeptanz der in der LUV-Studie verwendeten Videosequenzen zeigen, dass die Auswahl der Videosequenzen in der Lernumgebung LUV gelungen ist. Die Teilnehmenden schätzten das verwendete Videomaterial als ergiebig, aussagekräftig, in der Länge angemessen, typisch, authentisch und interessant ein. In der vorliegenden Studie wurden aufgrund des explorativen Charakters allerdings nur acht Videoclips zu vier lernwirksamen Bereichen des Physikunterrichts eingesetzt. Für weitere Studien wäre es aus messtheoretischer Sicht sinnvoll, den Pool an Video-Stimuli systematisch zu erweitern. Die bisherigen Ergebnisse unterstützen diesen Anspruch.

Entwicklung der Einschätzverfahren zu den Videoclips: Zentral für die Entwicklung der Erhebungsverfahren war die Entscheidung über mögliche Antwortformate. Im Bereich der Analyse von Unterricht mittels Videoaufzeichnungen bieten sich auch hier verschiedene Formate an. In der Regel erfolgen Analysen längerer Unterrichtssequenzen auf der Basis offener Antwortformate (mit der Bitte um schriftliche Ausführungen) (KRAMMER et al. 2006; LessonLab 2003). Die wenigen Studien, die sich mit der Nutzung kürzerer Videosequenzen beschäftigen, verwenden zum Teil geschlossene Antwortformate (KRAUSS et al. 2004; OSER et al. 2005). Allerdings sind die Ergebnisse dieser Entwicklungen bisher noch nicht veröffentlicht. Im Rahmen der LUV-Studie wurde entschieden, für die Analyse von Videosequenzen geschlossene Antwortformate zu erproben. Die Ergebnisse der Skalierungen dieser Rating-Items auf der Basis von Modellen der Item-Response-Theorie zeigen, dass es zum ersten Mal gelungen ist, ein zuverlässiges Verfahren zur Erfassung der Analysekompetenz von Lehrpersonen zu entwickeln. Die Ergebnisse unterstützen die Annahme, dass sich diese Kompetenz in die drei Facetten des Beschreibens, Erklärens und Bewertens von Unterricht differenzieren lässt. Gleichzeitig weisen die Ergebnisse der Skalierungen auch auf Optimierungsmöglichkeiten hin, die vor allem die Erhöhung der Item-Schwierigkeiten betreffen. Zu diskutieren bleibt, ob das Antwortformat von Ratings für alle drei anvisierten Kompetenzbereiche optimal ist oder ob nicht für die Bereiche des Erklärens und Bewertens andere geschlossene Formate (z. B. komplexe Multiple-Choice Items) verwendet werden sollten.

Antwortschwierigkeiten in der Bearbeitung der Rating-Items zu den Videosequenzen: Die Ergebnisse der Skalierungen zeigen, dass eine Reihe von Teilnehmenden in allen drei Facetten des Beschreibens, Erklärens und Bewertens über sehr hohe Kompetenzen für die Analyse von Unterricht verfügten. Dies deutet auf eine eher allgemeine Kompetenz für die Analyse von Unterricht hin. Bei der Untersuchung von Unterschieden zwischen Gruppen unterschiedlicher Expertise zeigten sich die theoretisch vermuteten Differenzen: Schulinspektoren – eine Gruppe mit hoher Expertise in der Analyse von Unterricht – zeigten im Allgemeinen die höchsten Kompetenzwerte. Studierende des Lehramts – eine Gruppe von Novizen der Unterrichtsanalyse – verfügten über hohe Kompetenzen in der differenzierten Beschreibung von Unterricht, scheiterten aber bei der Erklärung und Bewertung von Unterricht. Diese Ergebnisse unterstützen bisherige Annahmen und Befunde der Expertiseforschung (BERLINER 2001), die besagen, dass Novizen sich vor allem auf die differenzierte Beschreibung konzentrieren, aber Schwierigkeiten mit der übergeordneten Strukturierung komplexer Situationen haben. Dementsprechend nehmen Experten komplexe Situationen auf der Basis von größeren Sinneinheiten wahr und ordnen Ereignisse auf der Basis dieser Wissenseinheiten ein.

Zusammenfassend ist festzuhalten, dass es im Projekt „LUV – Lernen aus Unterrichtsvideos" gelungen ist, ein standardisiertes videobasiertes Erhebungsverfahren zur Erfassung von Kompetenzen in der Analyse von Unterricht zu entwickeln. Das Projekt war zwar in Umfang und Anspruch explorativ angelegt, die empirischen Ergebnisse liefern aber einen systematischen Einblick in die Struktur von Kompetenzen bei Lehrpersonen. Diese ersten Ergebnisse werden in den nächsten Studien vertiefend geprüft und weitergeführt.

Anmerkungen

1 Das Projekt wurde im Rahmen des DFG-Schwerpunktprogramms BiQua (Bildungsqualität von Schule) von 2004-2006 gefördert (PR 743/2-3).
2 Wir bedanken uns bei den Personen, die an der LUV-Studie teilgenommen haben. Unser Dank gilt zudem den Mitgliedern des Projektteams Rolf RIMMELE, Katharina SCHWINDT, Mareike KOBARG, Inger Marie DALEHEFTE, Lena MEYER, Constanze HERWEG und Gun-Brit THOMA.

Literatur

ALLEMANN-GHIONDA, C./TERHART, E. (2006): Kompetenzen und Kompetenzentwicklung von Lehrerinnen und Lehrern: Ausbildung und Beruf. In: Zeitschrift für Pädagogik, Bd. 52, H. 51, S. 7-13.
BAUMERT, J./KUNTER, M. (2006): Stichwort: Professionelle Kompetenz von Lehrkräften. In: Zeitschrift für Erziehungswissenschaft, Bd. 9, H. 4, S. 469-520.
BERLINER, D. C. (1987): Der Experte im Lehrerberuf: Forschungsstrategien und Ergebnisse. In: Unterrichtswissenschaft, Bd. 15, S. 295-305.
BERLINER, D. C. (2001): Learning about and learning from expert teachers. In: International Journal of Educational Research, Vol. 35, pp. 463-482.
BORKO, H. (2004): Professional Development and Teacher Learning: Mapping the Terrain. In: Educational Researcher, Vol. 33 (8), pp. 3-15.
BORKO, H./LIVINGSTON, C. (1989): Cognition and improvisation: Differences in mathematics instruction by expert and novice teachers. In: American Educational Research Journal, Vol. 26, pp. 473-498.
BROMME, R. (1992): Der Lehrer als Experte. – Bern.
CARTER et al. 1987 = CARTER, K./SABERS, D./CUSHING, K./PINNEGAR, P./BERLINER, D. C. (1987): Processing and using information about students: A study of expert, novice and postulant teachers. In: Teaching and Teacher Education, Vol. 3, pp. 147-157.
COCHRAN-SMITH, M. (2003): Assessing assessment in teacher education. In: Journal of Teacher Education, Vol. 54 (3), pp. 187-191.
DARLING-HAMMOND, L. (2006): Assessing teacher education – The usefulness of multiple measures for assessing program outcomes. In: Journal of Teacher Education, Vol. 57 (2), pp. 120-138.
EVERTSON, C. M./GREEN, J. L. (1986): Observation as Inquiry and Method. In: WITTROCK, M. C. (Ed.): Handbook of Research on Teaching. – New York/London, Vol. 3, pp. 162-213.
FEGER, H. (1983): Planung und Bewertung von wissenschaftlichen Beobachtungen. In: FEGER, H./BREDENKAMP, J. (Hrsg.): Enzyklopädie der Psychologie. Themenbereich B. Methodologie und Methoden. Serie I: Forschungsmethoden der Psychologie. – Göttingen, Bd. 2, S. 1-75.
FREY, A. (2006): Methoden und Instrumente zur Diagnose beruflicher Kompetenzen von Lehrkräften – eine erste Standortbestimmung zu bereits publizierten Instrumenten. In: Zeitschrift für Pädagogik, Bd. 52, H. 51, S. 30-46.
HAMMERNESS, K./DARLING-HAMMOND, L./SHULMAN, L. S. (2002): Toward expert thinking: How curriculum case writing prompts the development of theory-based professional knowledge in student teachers. In: Teaching Education, Vol. 13 (2), pp. 221-245.
KLIEME, E./REUSSER, K. (2003): Unterrichtsqualität und mathematisches Verständnis. In: Unterrichtswissenschaft, Bd. 31, H. 3, S. 194-205.
KLIEME et al. 2006 = KLIEME, E./EICHLER, W./HELMKE, A./LEHMANN, R. H./NOLD, G./ROLFF, H.-G./SCHRÖDER, K./THOMÉ, G./WILLENBERG, H. (2006): Unterricht und Kompetenzerwerb in Deutsch und Englisch. Zentrale Befunde der Studie Deutsch-Englisch-Schülerleistungen-International (DESI). – Frankfurt a. M.
KORTHAGEN, F./LOUGHRAN, J./LUNENBERG, M. (2005): Teaching teachers – studies into the expertise of teacher educators: an introduction to this theme issue. In: Teaching and Teacher Education, Vol. 21 (2), pp. 107-115.
KOSTER et al. 2005 = KOSTER, B./BREKELMANS, M./KORTHAGEN, F./WUBBELS, T. (2005): Quality requirements for teacher educators. In: Teaching and Teacher Education, Vol. 21 (2), pp. 157-176.
KRAMMER, K./REUSSER, K. (2005): Unterrichtsvideos als Medium der Aus- und Weiterbildung von Lehrpersonen. In: Beiträge zur Lehrerbildung, Bd. 29, H. 1, S. 35-50.

KRAMMER et al. 2006 = KRAMMER, K./RATZKA, N./KLIEME, E./LIPOWSKY, F./PAULI, C./REUSSER, K. (2006): Learning with Classroom Videos: Conception and first results of an online teacher-training program. In: Zeitschrift für Didaktik der Mathematik, Bd. 38, H. 5, S. 422-432.
KRAUSS et al. 2004 = KRAUSS, S./KUNTER, M./BRUNNER, M./BAUMERT, J./BLUM, W./NEUBRAND, M./JORDAN, A./LÖWEN, K. (2004): COACTIV: Professionswissen von Lehrkräften, kognitiv aktivierender Mathematikunterricht und die Entwicklung von mathematischer Kompetenz. In: DOLL, J./PRENZEL, M. (Hrsg.): Bildungsqualität von Schule: Lehrerprofessionalisierung, Unterrichtsentwicklung und Schülerförderung als Strategien der Qualitätsverbesserung. – Münster, S. 31-53.
LessonLab (2003): LessonLab Viewer. – Los Angeles.
OSER, F./ACHTENHAGEN, F./RENOLD, U. (Eds.) (2006): Competence oriented teacher training. – Rotterdam.
OSER et al. 2005 = OSER, F./RENOLD, U./GAY-DES-COMBES, B./KERN, M./MAIELLO, C./STEINER, C./SCHWALLER, C./STÄDELI, C. (2005): Professional Minds: Handlungssituationen und Standards für die Berufsausbildenden. – Fribourg.
PALMER et al. 2005 = PALMER, D. J./STOUGH, L. M./BURDENSKI, T. K./GONZALES, M. (2005): Identifying teacher expertise: An examination of researchers' decision making. In: Educational Psychologist, Vol. 40 (1), pp. 13-25.
PRENZEL, M./SEIDEL, T. (2003): Wie können Lehrkräfte von Unterrichtsvideos profitieren? – Eine experimentelle Studie. Fortsetzungsantrag im Rahmen des DFG-Schwerpunktprogramms BiQua. – Kiel.
REUSSER, K. (2005): Situiertes Lernen mit Unterrichtsvideos. In: Journal für Lehrerinnen- und Lehrerbildung, Bd. 2 (2005), S. 8-18.
ROTH, K. J. (2004): TIMSS 1999 Science Video Study Methodology: Developing a Shared „Words-to-Images" Language. Annual Meeting of the American Educational Research Association (AERA) – 12.-16.04.2004 – San Diego.
SANTAGATA, R. (2003): Video analysis as a tool for studying teaching and for teacher learning. 10th European Conference for Research on Learning and Instruction. – Padova.
SEIDEL et al. 2004 = SEIDEL, T./PRENZEL, M./RIMMELE, R./MEYER, L./DALEHEFTE, I. M. (2004): Lernprogramm LUV – Lernen aus Unterrichtsvideos für Physiklehrkräfte. – Kiel.
SEIDEL et al. 2006a = SEIDEL, T./PRENZEL, M./RIMMELE, R./DALEHEFTE, I. M./HERWEG, C./KOBARG, M./SCHWINDT, K. (2006a): Blicke auf den Physikunterricht. Ergebnisse der IPN Videostudie. In: Zeitschrift für Pädagogik, Bd. 52, H. 6, S. 798-821.
SEIDEL et al. 2006b = SEIDEL, T./PRENZEL, M./RIMMELE, R./SCHWINDT, K./KOBARG, M./HERWEG, C./DALEHEFTE, I. M. (2006b): Unterrichtsmuster und ihre Wirkungen. Eine Videostudie im Physikunterricht. In: PRENZEL, M./ALLOLIO-NAECKE, L. (Hrsg.): Untersuchungen zur Bildungsqualität von Schule. Abschlussbericht des DFG-Schwerpunktprogramms. – Münster, S. 100-124.
SHULMAN, L. S. (1986): Paradigms and research programs in the study of teaching: A contemporary perspective. In: WITTROCK, M. C. (Ed.): Handbook of Research on Teaching, pp. 3-36.
VAN ES, E. A./SHERIN, M. G. (2002): Learning to notice: scaffolding new teachers' interpretations of classroom interactions. In: Journal of Technology and Teacher Education, Vol. 10 (4), pp. 571-596.
WU, M./ADAMS, R. J./WILSON, M. R. (1997): ConQuest: Multi-Aspect Test Software. – Camberwell.

Kontaktanschrift der Verfasser: Prof. Dr. Tina Seidel, Friedrich-Schiller-Universität Jena, Institut für Erziehungswissenschaft, Am Planetarium 4, 07737 Jena, E-Mail: Tina.Seidel@uni-jena.de

Neu im Programm Bildungswissenschaft

Bernd Dollinger
Klassiker der Pädagogik
Die Bildung der modernen Gesellschaft
2006. 376 S. Br. EUR 26,90
ISBN 978-3-531-14873-1

Von Rousseau bis Herbart, über Diesterweg, Natorp, Nohl und Mollenhauer bis Luhmann werden in diesem Band die Grundlegungen der Pädagogik der modernen Gesellschaft dargestellt.

Marius Harring / Christian Palentin / Carsten Rohlfs (Hrsg.)
Perspektiven der Bildung
Kinder und Jugendliche in formellen, nicht-formellen und informellen Bildungsprozessen
2007. 310 S. Br. EUR 29,90
ISBN 978-3-531-15335-3

Hans-Rüdiger Müller / Wassilios Stravoravdis (Hrsg.)
Bildung im Horizont der Wissensgesellschaft
2007. 256 S. Br. EUR 29,90
ISBN 978-3-531-15561-6

Christian Palentien / Carsten Rohlfs / Marius Topor (Hrsg.)
Kompetenz-Bildung
Soziale, emotionale und kommunikative Kompetenzen von Kindern und Jugendlichen
2008. ca. 280 S. Br. ca. EUR 28,90
ISBN 978-3-531-15404-6

Norbert Ricken
Die Ordnung der Bildung
Beiträge zu einer Genealogie der Bildung
2006. 383 S. Br. EUR 39,90
ISBN 978-3-531-15235-6

Dass Bildung und Macht miteinander zusammenhängen und einander bedingen, ist offensichtlich; wie aber das Verhältnis beider genauer justiert werden muss, ist weithin umstritten und oszilliert meist zwischen Widerspruch und Funktionsbedingung. Vor diesem Hintergrund unternehmen die Studien zur Ordnung der Bildung eine machttheoretische Lektüre der Idee der Bildung und eröffnen einen irritierenden Blick in die Macht der Bildung.

Erhältlich im Buchhandel oder beim Verlag.
Änderungen vorbehalten. Stand: Juli 2007.

www.vs-verlag.de

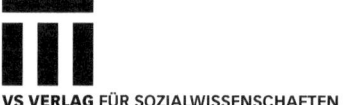
VS VERLAG FÜR SOZIALWISSENSCHAFTEN

Abraham-Lincoln-Straße 46
65189 Wiesbaden
Tel. 0611.7878-722
Fax 0611.7878-400

GPSR Compliance

The European Union's (EU) General Product Safety Regulation (GPSR) is a set of rules that requires consumer products to be safe and our obligations to ensure this.

If you have any concerns about our products, you can contact us on

ProductSafety@springernature.com

In case Publisher is established outside the EU, the EU authorized representative is:

Springer Nature Customer Service Center GmbH
Europaplatz 3
69115 Heidelberg, Germany

www.ingramcontent.com/pod-product-compliance
Lightning Source LLC
LaVergne TN
LVHW080312260326
834688LV00038B/1080